2004年4月3日，胡锦涛、江泽民、吴邦国、温家宝、贾庆林、曾庆红、黄菊、吴官正、李长春、罗干等领导来到北京朝阳公园参加义务植树活动（摄影：韩广奇）

2004年4月3日，中共中央总书记胡锦涛同志在北京朝阳公园参加义务植树活动（摄影：韩广奇）

上图：2004年4月12日，市委书记刘淇在延庆县千家店镇大石窑村进行生态林补偿政策调研（供稿：延庆县林业局）

下图：2004年11月27日，市长王岐山、副市长牛有成到门头沟区视察森林防火，市林业局局长宋希友（左三）陪同（供稿：韩广奇）

北京市绿化林业工作会议，左起：张建民、黄德峰、冯端翊、甘敬、李树旺、宋希友、史贵升、康德铭、王苏梅、高士武（摄影：佟永宏）

2004年12月8日，副市长牛有成（右四）出席密云县生态林补偿资金发放仪式，市林业局局长宋希友（右五）陪同（摄影：韩广奇）

绿色环抱北京城（摄影：韩广奇）

城市绿化隔离地区建设

通州区隔离地区治沙片林（摄影：韩广奇）

通州区二道隔离地区绿化（摄影：韩广奇）

朝阳区将台城市隔离片林（绿化模范城市）（摄影：韩广奇）

“五河十路”绿色通道建设

朝阳区西坝河将台段绿化（千亩湖）（摄影：韩广奇）

温榆河绿化工程——昌平段绿化工程景观（摄影：韩广奇）

平原绿色通道建设——东六环路通州段景观（摄影：韩广奇）

南五环绿景（摄影：李荣桓）

京沈路绿化（摄影：韩广奇）

京津风沙源治理工程

昌平区流村荒滩治理一期工程（供稿：治沙办）

延庆县龙庆峡荒滩治理工程（摄影：韩广奇）

密云县溪翁庄荒沙滩治理工程（摄影：韩广奇）

播草盖沙工程

平谷紫花苜蓿（摄影：李荣桓）

延庆大柏老荒滩（摄影：李荣桓）

爆破造林

爆前钻孔（供稿：李荣桓）

爆破造林运苗（供稿：李荣桓）

昌平区爆破造林工程（供稿：李荣桓）

门头沟区爆破造林工程（摄影：白丽红）

退耕还林

密云县太师屯前南台村退耕还林工程（左上）
昌平区流村荒滩治理二期工程（左下）
密云区穆家峪镇荆子峪特色经济林退耕还林（右上）
延庆县退耕还林后种植的仁用杏树（右下）
（供稿：治沙办）

飞播造林

飞播造林成果（摄影：李荣桓）

人工播种

药剂拌种

当年生油松小苗

当年生臭椿小苗

（摄影：李荣桓）

延庆县四海镇山区飞播造林（摄影：韩广奇）

造林抚育（摄影：李荣桓）

中幼林抚育

延庆县四海镇海字口落叶松中幼林抚育

延庆县清泉堡中幼林抚育前（左图）后（右图）林内景观（摄影：戴金宝）

（供稿：延庆县林业局）

“三北”防护林体系建设工程

“三北”防护林体系建设工程通州区速生丰产林建设（供稿：造林处）

“三北”防护林体系建设工程农田林网建设（供稿：造林处）

大兴区“三北”防护林体系建设工程京津塘绿色通道（供稿：大兴区林业局）

太行山绿化工程

太行山绿化——西山林场针阔混交林景观（摄影：韩广奇）

昌平区太行山绿化工程（摄影：韩广奇）

房山区朱各庄北山太行山绿化工程

房山区蔡家口太行山绿化工程

房山区太行山绿化工程

（供稿：造林处）

绿化美化

北京市林业局机关大院（花园式单位）（摄影：黄桂林）

通州区宋庄小城镇建设（摄影：果海巍）

花园式单位——怀柔区北京啤酒朝日有限公司（摄影：柴亚军）

房山区卫星城绿化景观（供稿：朱华俊）

门头沟区斋堂镇——小城镇绿化建设景观（摄影：韩广奇）

门头沟区卫星城绿化景观（摄影：白丽红）

怀柔区卫星城绿化景观（摄影：韩广奇）

湿地保护

海淀区翠湖湿地（供稿：海淀区农林委）

延庆野鸭湖（供稿：韩广奇）

林政资源管理

办局召开林政资源管理工作会议（供稿：林政处）

办局领导到大兴区林地现场检查工作（供稿：大兴区林业局）

北京市森林资源二类调查技术培训暨动员大会（供稿：林勘院）

密云县巨各庄镇唐子小学一级古银杏（供稿：林政处）

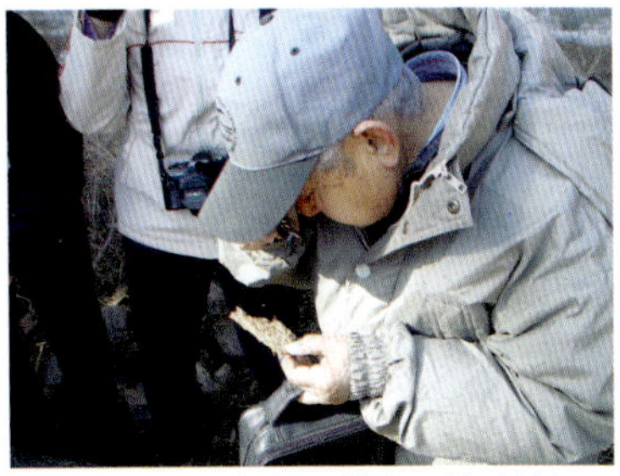

古树专家现场考察（供稿：林政处）

现场技术培训（供稿：林勘院）

集中内业小班勾绘（供稿：林勘院）

京郊古树（供稿：林政处）

林业执法

林政执法检查（供稿：稽查大队）

爱鸟周宣传（摄影：付瑞海）

在“安全通道行动”执法专项活动中，查获非法粘捕的鸟类（供稿：森林公安局）

森林公安民警勘察现场（供稿：森林公安局）

市野生动物保护部门与海关密切配合查没国家保护野生动物（供稿：徐庆元）

野生动物保护宣传（供稿：付瑞海）

林业科学技术

北方国家级林木种苗示范基地容器育苗空气断根技术

怀柔区板栗密植矮化栽培技术

在延庆县玉渡山实验的"生态垫"技术
（供稿：科教处）

林业标准化

标准化知识培训（供稿：科教处）

市林业局首届林业科技成果推介会（摄影：张洪）

林业科技推广

昌平区百善镇农民正在为六环路通道树木涂刷防啃剂
（摄影：李荣桓）

林业教育培训

专业技术人员参加"当代育苗与管理技术高级研讨班"的继续教育（供稿：林干校）

信息化建设

局领导与林业信息中心工作人员专题研究

市林业信息咨询服务中心主任张旸在亚欧城市林业研讨会上发言

北京市林业局网上审批系统建设项目成果验收

举办网上审批培训

（供稿：信息中心）

林业站建设

延庆县珍珠泉乡林业工作站

昌平区马池口镇林业工作站

（供稿：市林业总站）

基层党组织建设

办局党组领导与基层党支部书记一起在培训班上听课
（摄影：张宝珠）

办局党组组织系统党务干部赴上海学习考察
（摄影：张宝珠）

机关党员参观“西柏坡革命精神展”（摄影：张宝珠）

工会与计划生育工作

机关党委和办局工会举办“第一届职工钓鱼比赛”
（摄影：刘长林）

办局召开人口与计划生育工作会议（供稿：张怡）

办局计生办举办加快林业发展建设幸福家庭讲座
（供稿：张怡）

北京市绿化林业系统庆祝建国55周年文艺汇演
（摄影：韩广奇）

北京市林政稽查大队在海淀区健翔桥地区打击非法鸟市（左图）；在海淀区八大处公园进行执法宣传（右图）（供稿：稽查大队）

北京市林业保护站领导在飞防前部署任务（左图）；开展飞机撒药防治林木病虫害工作（右图）（供稿：市林保站）

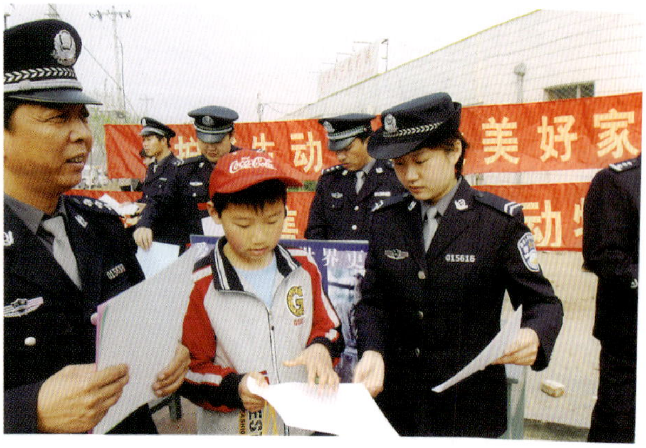

北京市野生动物保护自然保护区管理站领导到密云县领取被当地林政部门救护的大天鹅（左图）（供稿：付瑞海）；开展爱鸟周宣传活动（右图）（摄影：付瑞海）

北京市林业种子苗木管理总站领导参加获得北京市质量信得过苗圃单位的揭牌仪式（左图）；组织种苗站工作人员进行种苗质量检查（右图）（供稿：市种苗站）

北京市林业勘察设计院的党员干部在学习和研究工作（左图）（摄影：王金增）；专业人员深入基层在实地检查树木采伐情况（右图）（摄影：戴金宝）

北京市林业局防沙治沙办公室技术人员实地检查平谷区黄松峪乡退耕还林后桃树嫁接换优的情况（供稿：治沙办）

北京市林业局后勤服务中心在京林大厦召开后勤全体职工2004年年终总结大会（摄影：刘长林）

北京市林业工作总站深入基层宣传林业政策法规（上图）；积极开展基层林业站站长岗位培训（下图）（摄影：赵秀琴）

北京市蚕业蜂业管理站领导刘进祖为蜂农讲解养蜂知识（上图）；召开北京市蜂业工作会议（下图）（摄影：吴忠高）

北京市林业国际合作项目管理办公室全体人员（左图）；中日小渊基金密云水库水源保护林示范项目签字仪式；小渊基金北京门头沟水源涵养林示范项目启动仪式（右图）（供稿：周彩贤）

北京市林业信息咨询服务中心开展数字林业平台会员培训（供稿：赵丽君）

北京市林业宣传中心召开首都绿化林业宣传工作会议（供稿：刘晓晶）

北京市林业基金管理站会计人员在记账（供稿：耿建华）

北京市野生动物救护中心总体布局（供稿：郑蓉城）

北京市林业局干部学校举办种苗技术工人培训

北京市林业局老干部活动站积极开展工作，召开办局老干部工作会议（摄影：李国忠）

首都绿色文化碑林管理处—百望山森林公园

北京市绿化事务服务中心设计的竹藤美景造型（供稿：市绿化事务服务中心）

北京市西山林场安装有微波图像传输系统的防火瞭望塔（左图）；中幼林抚育工作效果（右图）（供稿：西山林场）

北京市十三陵林场中层以上干部工作会议（上图）；林场蟒山公园防火瞭望塔（下图）（供稿：彭强）

北京市共青林场潮白河森林公园南部鸟瞰图（上图）；林场绿色度假村（下图）（供稿：石云）

北京市八达岭林场场部一景（左图）（摄影：殷兰）；林场丁香谷景观（右图）（摄影：韩广奇）

北京市大东流苗圃办公楼（左图）；北方国家级林木种苗示范基地温室内的垂吊兰花卉（右图）（供稿：大东流苗圃）

北京市天竺苗圃办公楼（上图）；苗圃良乡育苗基地（下图）（摄影：杜光辉）

北京市温泉苗圃办公楼前绿化景观（上图）；苗圃生产的白皮松（下图）（摄影：吴亚洁）

北京市黄垡苗圃办公楼（上图）；苗圃引种的韩国梨树园（下图）（摄影：李淑文）

北京市琅山苗圃——北京市林业局西部生活区暨金辉园住宅小区开工典礼（上图）（摄影：魏秀云）；苗圃顺义生产基地（下图）（摄影：陈振泉）

北京市蚕种场东营苗圃基地的桧柏生产（上图）及野生花卉（下图）（摄影：张忠顺）

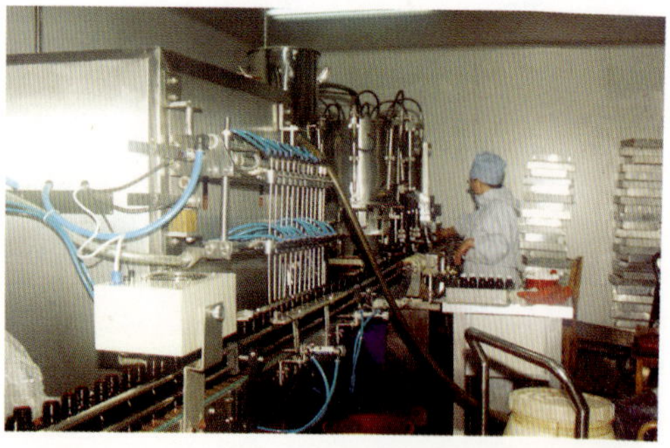

北京市南大荒苗圃——北京市龙泰基药业有限公司（上图）（摄影：石郁勤）；所属北京市永定苗圃（下图）（摄影：胡葆莉）

北京市森林旅游公司大森林酒店餐厅（供稿：王逯屏）

北京市林业建筑工程公司承建的办公楼工程（摄影：莽九洲）

朝阳区绿化局局长赵全宝（右二）陪同市园林局领导检查居住小区绿化工作（上图）；朝阳区北郊洼里片林（下图）（供稿：王荣先）

丰台区林业局局长张建国（前右一）陪同市审计局领导检查工作（上图）；丰台区道路绿化（下图）（供稿：李娟）

门头沟区林业局局长李建（右一）陪同市林业局领导视察玉兰培育基地（上图）；门头沟区雁翅有机苹果基地；门头沟区荒山造林（下图）（供稿：白丽红）

海淀区农林委主任王文元（中）检查绿化工作（上图）；白家疃休闲园（下图）（供稿：凌宏勤）

石景山区农委主任孙金生（右一）检查绿化工作（上图）；石景山区衙门口绿洲休闲农庄（下图）（供稿：杨闯）

房山区林业局局长顾金锁（右二）陪同铁道部领导参加义务植树活动（上图）；房山区大环境绿化；柿子专场大赛（下图）（供稿：朱华俊）

通州区林业局局长张春华（左三）在部署工作（上图）（摄影：梁龙跃）；通州区"三河三路"工程（温榆河）（摄影：梁龙跃）；通州区第二道隔离地区台湖镇工业园区建设（下图）（摄影：姜新福）

顺义区林业局领导孙绍洲（右一）在检查绿化工作（上图）；顺义区六环路路段绿化；顺义绿色奥运纪念林（下图）（供稿：黄平）

昌平区林业局党委书记苏卫东（前排右二）带队检查果树科技工作（上图）（供稿：区林业局）；昌平区林业局办公楼（摄影：张朝荣）；昌平区流村镇南沙滩治理前后对比（下图）（摄影：张朝荣）

大兴区林业局局长阮志恒（右二）在研究工作（上图）；排球国手在大兴区千亩精品梨园采摘；大兴区林业局苗圃火鹤生产基地（下图）（供稿：王亚民）

平谷区林业局局长张永富（右三）检查黄松峪水库水源涵养林工程（上图）；平谷区峪口绿化广场；平谷区平顺路绿化云峰寺路段（下图）(供稿：王兴富)

平谷区果品办公室主任邢彦峰（右四）下乡检查果树科技推广工作（上图）；平谷区大华山万亩大桃基地（下图）（供稿：杜相堂）

怀柔区林业局局长赵学恭（左二）陪同市林业局领导检查绿化工作（上图）；怀柔区京密路绿化；怀柔区板栗（下图）(供稿：柴亚军)

密云县林业局局长王铁明（左）下乡检查果树科技成果（上图）；密云县水库水源涵养林；密云县飞播造林成果（下图）(供稿：张海军)

延庆县林业局局长李凤毅（中）在检查护林防火工作（上图）；延庆县玉渡山爆破造林；延庆县四海镇百合基地（下图）（供稿：刘艳萍）

延庆县果品服务中心主任王立新（右二）陪同延庆县人大代表视察果树科技园区（上图）（供稿：赵凤霞）；延庆县海棠（下图）（摄影：丁双六）

2005 北京林业年鉴

北京市林业局 编纂

中国林业出版社

图书在版编目（CIP）数据

北京林业年鉴. 2005/北京市林业局编纂 . -北京：中国林业出版社，2006. 4
ISBN 7-5038-4361-6

Ⅰ. 北… Ⅱ. 北… Ⅲ. 林业-北京市-2005-年鉴 Ⅳ. F326. 271-54

中国版本图书馆 CIP 数据核字（2006）第029298号

出版 中国林业出版社（100009 北京西城区德内大街刘海胡同7号）
网址 www. cfph. com. cn
E-mail cfphz@ public. bta. net. cn 电话：(010)66184477
发行 中国林业出版社
印刷 北京地质印刷厂
版次 2006年4月第1版
印次 2006年4月第1次
开本 787mm×1092mm 1/16
印张 14. 25
插页 32
字数 355千字
定价 80. 00元

北京林业年鉴编辑委员会

主　任　宋希友　首绿办主任　北京市林业局局长
副主任　李树旺　首绿办副主任　北京市林业局副局长
　　　　史贵升　首绿办副主任　北京市林业局副局长
　　　　甘　敬　首绿办副主任　北京市林业局副局长
　　　　康德铭　首绿办副主任　北京市林业局副局长
　　　　王苏梅　首绿办副主任　北京市林业局副局长
　　　　冯端翊　北京市纪委驻北京市林业局纪检组组长
　　　　黄德峰　首绿办、北京市林业局助理巡视员
　　　　高士武　首绿办、北京市林业局助理巡视员
　　　　张建民　首绿办、北京市林业局助理巡视员
委　员　梁成才　北京市林业局办公室主任
　　　　赵健英　北京市林业局史志办公室主任
　　　　冀　捷　北京市林业局法制处处长
　　　　闫　霖　首绿办、北京市林业局联络处处长
　　　　叶向阳　首绿办、北京市林业局绿化处处长
　　　　蔡宝军　北京市林业局造林处处长
　　　　王　山　北京市林业局林政资源处处长
　　　　王春城　北京市林业局野生动植物保护处处长
　　　　付占芳　北京市林业局果树产业处处长
　　　　赵五一　北京市林业局花卉产业处处长
　　　　杨德连　北京市林业局林场处处长
　　　　袁功英　北京市林业局科教处副处长（正处级调研员）
　　　　朱国成　北京市林业局计财（审计）处处长
　　　　宁晋杰　北京市林业局森林公安局局长
　　　　侯宝坤　首绿办、北京市林业局工会主席
　　　　张玉斗　首绿办、北京市林业局机关党委副书记
　　　　赵凌云　首绿办、北京市林业局监察处处长
　　　　施　海　北京市林业工作总站站长
　　　　陶万强　北京市林业保护站站长
　　　　卢宝明　北京市林业种子苗木管理总站站长
　　　　李金海　北京市林业局防沙治沙办公室主任
　　　　刘进祖　北京市蚕业蜂业管理站站长
　　　　佟永宏　北京市林业宣传中心主任
　　　　张　旸　北京市林业信息咨询服务中心主任
　　　　王继兴　北京市林业勘察设计院党支部书记
　　　　孔令水　北京市林政稽查大队队长
　　　　王小平　北京市林业国际合作项目管理办公室主任
　　　　黄桂林　北京市林业局史志办公室副主任

北京林业年鉴

主　编　宋希友

副主编　李树旺　史贵升　甘　敬　康德铭　王苏梅

编　辑　赵健英　黄桂林　倪继成　谭天鹰

特约编辑（按姓氏笔画为序）

王平玺	王亚民	王荣先	王逯屏	方建辉
石　云	石来印	叶占波	白丽红	付瑞海
曲　宏	朱华俊	任丽荣	任燕军	刘　忠
刘　畅	刘　然	刘　寰	刘艳萍	刘晓晶
闫　琰	陈　化	孙丽君	孙洪玲	纪勇茂
杜建军	杜相堂	李　娟	李艺琴	李国忠
李淑文	杨　闯	杨在岚	吴继贵	张　怡
张云飞	张玉斗	张连强	张林玉	张林菁
张宝珠	张海军	宋增兵	周志荣	周彩贤
郑蓉城	孟晓光	胡鸣鹤	赵凤霞	赵成华
赵丽君	赵凌云	侯　智	侯宝坤	袁士保
耿建华	徐　文	徐庆元	凌宏勤	高淑学
黄　平	曹美萍	崔　巍	续　源	梁崇波
彭　强	董晓军	景海燕		

编辑说明

一、《北京林业年鉴》（以下简称《年鉴》）是一部全面、准确地记载北京绿化林业行业上一年度工作成果和各方面新进展、新事物、新经验的资料性工具书和史料文献，每年出版一卷。在首都绿化委员会办公室、北京市林业局领导下，由北京林业年鉴编辑委员会主持编纂。

二、《年鉴》科学地反映客观情况，为领导决策提供可资参考的依据；为绿化林业部门和局属各单位总结工作、制定计划提供有价值的资料；为国内外各方面人士认识、了解北京绿化林业事业提供最新的、最具权威的信息资料；同时为编纂《北京林业志》积累史料。

三、《年鉴》为北京绿化林业年鉴，属地方性专业年鉴类型。

四、《年鉴》根据北京市绿化林业行业的工作特点和内容采用分类编纂法，设栏目、类目、条目 3 个层次，以条目为主。本年鉴栏目、类目、条目的设置尚在探索中，欠妥疏漏之处恳请读者指正。

五、编入《年鉴》的文章和条目，均由各级绿化林业部门及局直属单位负责撰稿或提供，并经领导审核。涉及全行业的统计数字，由北京市林业局计财处审核确定。

六、《年鉴》采用文章和条目两种体裁，以条目为主，用记述体和规范的语言，直陈其事，文字力求言简意赅。为精简文字，年鉴中经常提到的机关名称，均用简称：①首都绿化委员会，简称为首绿委；②全国绿化委员会，简称为全绿委；③北京市人民政府，简称为市政府；④首都绿化委员会办公室、北京市林业局，简称为首绿办、市林业局；⑤首都绿化委员会办公室 北京市林业局党组，简称为办局党组；⑥北京市编制委员会，简称为市编委；北京市编制委员会办公室，简称为市编办。

七、本年鉴序号为 2005 年，是《北京林业年鉴》创刊号，集中记述 2004 年 1 月 1 日至 2004 年 12 月 31 日期间北京绿化林业总体的发展情况（部分内容依据实际情况时限略有前后延伸），凡 2004 年的事情，均直书月、日，不再写年份。

八、《北京林业年鉴》首卷的编辑出版，是全局各级领导、联络员、撰稿和编辑、编审人员辛勤劳动的成果。在此，表示衷心地感谢！

《北京林业年鉴》编辑部

目　录

特　辑

重要文件

概　况

林业生态体系建设

林业产业体系建设

森林资源安全保障体系建设

基础建设

党的建设

精神文明

2004 年北京林业大事记

直属单位

区县林情

荣誉记载

统计资料

附　录

特　辑

市领导对林业工作的重要讲话

首都绿化委员会主任、市长王岐山
在首都绿化委员会第23次全体会议上的讲话

（2004年2月12日）

2003年，首都的绿化美化建设工作，坚持以邓小平理论和“三个代表”重要思想为指导，全面贯彻党的十六大精神，认真落实胡锦涛总书记去年年初视察北京工作时的重要指示，万众一心，奋力拼搏，在取得了防治“非典”的阶段性重大胜利的同时，首都的绿化美化工作又有了新的进步，年初确定的任务超额完成，全市的林木覆盖率增加了2个百分点，达到了47.5%；城区人均绿地增加了2平方米，达到了44平方米，首都城乡生态环境建设取得了新的进展。

这些成绩的取得，是党中央、国务院高度重视和关怀的结果，是首都各行各业的广大干部群众和社会各界共同努力的结果。特别是与中直机关、中央国家机关和驻京解放军部队、武警部队，对首都绿化美化建设多年来给予的大力支持密不可分。借此机会，我代表市委、市政府和首都绿化委员会，向中直机关、中央国家机关的领导和广大干部职工、向驻京解放军部队、武警部队的广大指战员，向战斗在首都绿化美化建设第一线的全体同志表示崇高的敬意和衷心的感谢！

北京作为首都，要建设生态环境水平一流的现代化国际大都市，今后的绿化建设任务更加艰巨。按照党的十六届三中全会提出的坚持以人为本，树立全面、协调、可持续的科学发展观的要求，还有很大的差距，要实现“新北京，新奥运”的战略构想，为中央党政军机关和首都市民创造更好的工作、生活环境，还有大量的工作要做。2004年首都绿化建设尤其要抓好以下几点：

一、全面贯彻党的十六届三中全会精神，认真落实《中共中央国务院关于加快林业发展的决定》

党的十一届三中全会以来，首都绿化建设在改革开放的有力推动下取得了巨大的成就。但是，城乡之间、地区之间发展不协调、不平衡的矛盾仍然存在。党的十六大和十六届三中全会，总结20多年改革开放的经验，根据社会经济发展的客观要求，提出了“五个统筹、五个坚持”的重要原则，为首都绿化建设指明了方向。创造良好的生态环境，就是统筹人与自然和谐发展，实现人与自然和谐共进的一项基础性工作，从根本上说，也是贯彻“三个代表”

重要思想的具体实践。最近，党中央、国务院颁布了《关于加快林业发展的决定》。决定明确指出：森林是陆地生态系统的主体，林业是生态建设最根本、最长期的措施。在贯彻可持续发展战略中，要赋予林业以重要地位；在生态建设中，要赋予林业以首要地位；在西部大开发中，要赋予林业以基础地位。各级党委和政府一定要认真学习贯彻党中央和国务院的这个决定，充分认识林业建设在改善首都生态环境中的基础和主体地位，坚持把林业建设作为城市基础设施的重要组成部分，推进以植树造林为主体的绿化建设，努力使首都的生态环境得到明显的改善。

二、建首善之区、创一流水平，使首都绿化建设再上新台阶

搞好绿化建设，创造优美的环境，是首都发挥城市功能的重要基础。胡锦涛总书记去年年初来北京视察工作时指出："要做好城市绿化工作，美化环境，改善城市面貌，提高群众的生活质量。要抓好郊区生态环境建设，切实做好退耕还林工作，植树种草，不断改善北京市周围的生态条件。"同时还要求我们"一定要在各方面走在全国的前列，要率先实现现代化。"锦涛同志对首都的发展寄予了厚望，对首都的生态安全给予了高度重视。我们一定要把绿化造林作为首都经济、社会可持续发展的重大举措，赋予极其重要的地位，加快构筑首都的三道绿色生态屏障，把北京建设成为全国生态环境一流的首善之区。

首先要广泛调动社会各方面的积极性，大力开展群众性的植树造林。同时，还要抓住那些对首都生态建设有着全局性影响的关键区域，有针对性地进行集中建设，组织实施重点工程，通过大工程带动全市的大发展。对已经确立的重大工程，要坚持高标准规划，高质量建设，高效能管理。要充分发挥首都的科技优势，人才优势，运用先进的科学生产技术和管理手段，提高科技对首都绿化建设和生态质量改善的贡献率。要尊重自然规律，坚持因地制宜，注重植物多样性建设。随着首都森林资源总量的不断增长，确保首都森林资源安全必须要提到重要的议事日程上来。要采用先进技术、设备，加快完善专业化、正规化、现代化的森林防火队伍，不断增强对森林火灾的预防、控制和扑救能力；要高度重视林木病虫害的检疫和监测，严防危险性病虫害的入侵，建设高水平的森林资源安全保障体系。

三、正确处理好绿化建设和经济、社会发展的关系，切实维护好、实现好、发展好广大农民群众的利益

绿化造林为改善首都生态环境、促进首都经济发展作出了贡献，对于调整农业结构，促进农业和农村的经济发展，扩大城乡就业，增加农民收入，发挥了重要作用，而且这种作用的发挥将会越来越明显。这是我们大家的共识。在这一过程中，广大农民群众是作出了巨大奉献的。随着首都经济、社会的不断发展，特别是农村城市化进程和城市绿化隔离地区建设的加快，会越来越多地涉及到相关地区农民的利益问题。各级党委和政府一定认识到，这不仅是农村产业结构调整，而且是一场深刻的社会变革，因为随着土地用途的改变，农民的生产、生活方式都必将发生变化，这种变化会有很多不确定因素。如果处理不好的话，我们的绿化事业就不可能顺利开展。因此，各级领导干部一定要看得远一些，想得深一些，制定和运用政策调整好这种利益关系的改变。

处理好绿化造林与农民的利益关系，首要的就是各级政府要加大公共财政的投入。凡占用农民承包土地进行绿化的，不仅要给足农民补偿，更要研究解决好农民的就业和社会保障，这是保护农民利益最根本的措施。我们务必要统筹考虑城乡协调发展，处理好全局与局部、集体与个人、长远与近期、发展与稳定的关系，在工作的各个环节，都要充分考虑和切实维护农民的利益，高度重视、关心并妥善地处理好农民的利益，认真实践“三个代表”重要思想。

四、坚持深化改革，推进体制、机制和政策的创新

首先是体制创新。要创建鼓励社会力量跨所有制、跨行业、跨地区投资发展绿化事业的新体制。要加快推进森林、林木和林地的流转，发展非公有制林业，实现所有制多元化。凡有能力的农户、城镇居民、科技人员、私营企业主、外国投资者等，都可单独或合伙参与绿化林业的开发建设。国家已经明确了非公有制林业的法律地位，对以承包、租赁、转让、划拨、协商等方式参与流转，依法获得林地使用权的社会单位和个人，都要维护其合法权益。各级政府要为各种经营主体创造公平竞争的环境，对参与林业建设的，要给予享受政府优惠、扶持政策的权利。

其次是机制创新。一是要进一步实行分类经营。北京市的林木绿地分为公益林和商品林两大类，其中主体是公益林。要采取不同的管理体制、经营机制和政策措施。对公益性的公共绿地的建设与管理，要按照城市基础设施项目列入城市基本建设计划，其投资要纳入市、区县政府的财政预算，并作为公共财政的重要内容之一，建立长期稳定的投入机制。二是积极拓宽全民义务植树的新形式，组织广大市民和社会各界，通过多种形式履行植树义务。要继续大力开展认建认养活动，鼓励社会各界出资出力认建认养公益性的林木绿地，推进林木绿地管理的社会化。三是政策创新。随着改革的深化和市场经济的发展，首都绿化建设也面临着许多新情况，新问题，各级党委和政府要解放思想，坚持政府主导和市场机制相结合，不断创新、完善相关政策。要放开绿化造林经营权，调动社会造林、育林的积极性。对商品林的开发建设，要在认真执行国家已经出台的各项林业税收优惠政策的同时，制定出适合首都实际的扶持政策。农业综合开发等财政支农资金要向绿化造林事业倾斜。对重点地区速生丰产用材林基地建设中的森林防火、病虫害防治和优良种苗的开发推广等，各级政府都要安排扶持资金。对调整种植结构所栽植的速生丰产林及其他商品性的经济林，可依据经营方案进行采伐利用，不受采伐限额限制。

同志们：我们已经跨入了新的历史时期，首都的绿化建设任重道远。各级党委和政府一定要把绿化林业工作放到重要位置，搞好规划、落实责任、增加投入、抓好检查，迅速掀起首都绿化美化建设的新高潮，推动首都绿化美化建设持续、快速、协调发展，为实现新北京、新奥运战略构想而努力奋斗！

牢固树立和认真贯彻科学发展观
努力开创首都林业工作新局面

牛有成副市长在全市林业工作会议上的工作报告

（2004年6月11日）

为了认真贯彻落实《中共中央国务院关于加快林业发展的决定》和全国林业工作会议精神，市委、市政府颁布了《关于加快北京市林业发展的决定》，并决定召开这次全市林业工作会议，部署当前和今后一段时期的林业工作。市委、市政府对开好这次会议非常重视，岐山市长还要作重要讲话，我们要认真学习领会，全面贯彻落实。下面，我先讲几点意见。

一、回顾与总结

长期以来，在党中央、国务院的亲切关怀和中央单位、驻京部队、社会各界以及广大市民的参与、支持下，市委、市政府把植树造林作为改善北京生态环境的战略措施来抓，全市林业建设取得了令人瞩目的成就。目前，全市林地面积达到83万公顷，林木覆盖率47.5%，森林覆盖率34.3%。林业建设的发展，为改善首都生态质量和环境面貌，促进经济社会可持续发展发挥了重要作用。

（一）绿化隔离地区绿化建设工程成效显著。城市绿化隔离地区绿化建设主体工程基本完成，共实现绿化面积112平方千米，造林0.87万公顷，植树2000多万株，形成了7块万亩以上的绿色板块。超额完成了市委、市政府提出的“用3年时间完成100平方千米绿化任务”的预定目标。目前，按照市委、市政府的要求，第二道绿化隔离地区绿化建设已全面启动。

（二）以“五河十路”为主体的绿色通道建设工程基本完成。共栽植各类树木3100多万株，基本完成了市政府提出的任务目标。其他市级以上公路、河道90%基本实现了绿化。绿色通道建设工程基本完成后，京郊平原初步形成了色彩浓重、气势浑厚的绿色生态走廊。

（三）山区绿色生态屏障建设步伐加快。山区生态建设以“三北”防护林工程和太行山绿化工程为重点，大力开展植树造林活动，提高涵养水源、保持水土、改善首都生态环境的功能。目前，山区有林地面积达到了67.07万公顷，林木覆盖率达到63.8%，森林覆盖率44.4%，90%以上的宜林荒山实现了造林绿化。

（四）以创建园林城镇为目标，郊区卫星城、小城镇环境面貌得到改善。有9个远郊卫星城建成园林卫星城，15个中心镇建成园林城镇。并建成了一批生态功能显著、文化内涵丰富、深受百姓喜爱的绿化精品工程。

（五）中幼林抚育工程进展顺利。从2002年开始，按照市政府“用3年时间基本完成本市山区主要公路、铁路、河流两侧和重点风景区20万公顷的中幼林抚育工作”的要求，在全国率先开展中幼林抚育工作。目前，已完成11万公顷的抚育任务，占全部抚育任务的55%。

（六）防沙治沙工程水平不断提高。国家实施京津风沙源治理工程以来，全市开展了大规模的造林治沙活动，以“三河、两滩”（永定河、大沙河、潮白河、康庄、南口）为重点的核心区共营造防风固沙林7.33万公顷，沙地播草覆盖0.67万公顷，五大风沙危害区得到有效治理。同时，按照国家有关规定，在山区和沙地实施退耕还林，已完成5.13万公顷，占总任务的92.8%。

（七）全民义务植树工作广泛开展。党和国家领导同志率先垂范，每年都带头参加首都的义务植树劳动。中央国家机关、驻京部队积极参与义务植树活动，为首都绿化美化建设作出了突出贡献。中央及市属单位每年都有50多万人次赴郊区参加义务植树劳动。每年的首都义务植树日，全市参加义务植树的人数都达到200万人。

（八）大力发展绿色产业，实施林业富民工程。坚持绿化造林与产业发展相结合，与农业结构调整相结合，促进经济发展和农民致富。果品、林木种苗、速生丰产林、花卉（蜂业）和森林旅游休闲等五大绿色产业已初具规模。2003年，五大绿色产业总产值达34亿元。特别是果品产业发展势头强劲。以山区、半山区为重点，以大桃、苹果、梨、柿子、板栗五大果品为主体的果树面积近13.33万公顷，实现年产值17.2亿元。

（九）森林资源安全保障体系建设取得进展。严格实施国家相关法律法规，并制定了《北京市森林资源保护管理条例》等4项地方性法规和6项政府规章。2000年以来，共查处各类林业案件1234起，对涉及使用林地和伐移林木的建设项目始终坚持了严格的审批制度，对乱砍滥伐、损毁侵占林木绿地的行为，进行了坚决的查处和有力的打击，森林、野生动植物和湿地资源得到了有效保护。不断加强森林防火和森林病虫害防治基础建设，山区瞭望监测面积由1997年的30%提高到2004年的60%以上，重点林区初步实现自动监控。市和有关区县分别建立了森林防火指挥中心，组建了1000人的市森林消防总队，基本实现了林火的预测、预报、接报警、扑火指挥手段的现代化。为严防主要危险性病虫害的侵入，制定了以监测和预测预报为基础，生物防治为重点的综合防治技术措施和防控体系。

回顾首都林业建设工作，有不少在实践中积累的经验和做法，值得我们认真总结。

一是坚持着眼全局抓林业，发挥林业在生态环境建设中的主体作用。改善城市生态环境，是全市人民的共同愿望，是履行“四个服务”职能的重要基础，也是率先基本实现现代化，实现“新北京、新奥运”战略构想的一项重要内容。林业建设是生态建设最根本、最长期的措施，只有加强林业建设，保证森林资源永续利用，才能保障生态安全。摆正林业在首都经济社会发展中的位置，是林业加快发展的重要前提。

二是坚持林业建设与经济发展相结合，切实把广大农民的利益维护好、实现好、发展好。只有把植树造林与发展地方经济、增加农民收入紧密结合起来，调动广大农民的积极性，变“要我造林”为“我要造林”，林业发展才能有源源不断的动力。近年来，我们坚持实施林业富民工程，树立“绿起来、活起来、富起来”的新理念，在保障生态效益的前提下，大力发展绿色产业。其根本着眼点就在于通过保障农民的物质利益，调动农民群众造林护林的持久积极性。

三是坚持以重大工程为主导，全面推进林业建设进程。集中力量，抓一批对首都生态环境全局有重大影响的绿化造林工程，从而带动和促进林业建设的大发展。重大工程建设坚持高标准规划、高质量建设、高效能管理、高水平经营，充分发挥了重点造林工程对生态环境建设的示范带动作用，有力地推动了首都生态环境改善。

四是坚持科技兴林，为林业发展提供有力的技术支撑。加快林业发展，既要靠政策、靠投入、靠机制，也要靠科技进步。只有充分尊重自然规律，严格按科学规律办事，加强林业科技教育工作，加快科技进步，增加造林育林的科技含量，才能确保首都森林资源安全，提升林业建设整体水平。

五是坚持依法治林，为林业发展提供有力的法律保障。随着林木、绿地总量的迅速增长，依法治林，高效管理，巩固绿化造林成果，已成为北京生态建设的重要任务。正确处理保护和利用的关系，既要依靠政策引导，发挥市场机制作用，更需要强有力的法制保障。只有加强立法，严格执法，依法规范各种造林、管林、用林行为，才能保障林业建设的健康发展。

我们所取得的经验，既是对林业工作取得成绩的总结，也是对以往失误教训的吸取，是我们付出了艰辛努力、也付出了一定代价之后才获取的宝贵财富，对做好今后的林业工作具有重要的指导意义。

二、坚持科学发展观，努力开创林业建设新局面

党的十六大提出了全面建设小康社会的奋斗目标。这个目标所包含的一个重要内容，就是“可持续发展能力不断增强，生态环境得到改善，资源利用效率显著提高，促进人与自然的和谐，推动整个社会走上生产发展、生活富裕、生态良好的文明发展道路。”林业作为生态建设的主体，在推进全面建设小康社会的伟大进程中，肩负着重要使命。林业建设必须把保护生态安全作为首要任务，建立以森林植被为主体、林草结合的生态安全体系，为改革开放和国民经济发展提供强有力的生态保障；必须把改善人民生活质量作为根本任务，通过植树造林，努力营造良好的生活环境，不断提高社会的生态文明程度；必须把提供丰富的林产品作为重要任务，通过发展高效益的绿色产业，为经济社会的可持续发展提供重要的物质保障。

党的几代领导集体对首都林业建设都非常关心，倾注了大量心血。去年年初，胡锦涛总书记来北京市视察工作时明确提出：“要做好城市绿化工作，美化环境，改善城市面貌，提高群众的生活质量。要抓好郊区生态环境建设，切实做好退耕还林工作，植树种草，不断改善北京市区周围的生态条件。”这些指示为我们在新形势下做好北京生态建设工作指明了方向。

为进一步贯彻落实党中央、国务院对首都生态建设的指示精神，适应全面建设小康社会对林业工作提出的新要求，市委、市政府制定了《关于加快北京市林业发展的决定》，明确了今后一个时期我市林业工作的指导思想、基本方针和奋斗目标。

指导思想是：以邓小平理论和“三个代表”重要思想为指导，深入贯彻党的十六大精神，按照“新北京、新奥运”和建设生态城市的要求，确立生态建设、生态安全、生态文明总体战略，高标准规划、高质量建设、高水平经营、高效能管理，加快构筑高标准的林业生态体系、高效益的林业产业体系、高水平的森林资源安全保障体系，大力保护、培育和合理利用森林资源，实现全面、协调、可持续发展，使林业更好地为我市经济社会发展服务。

基本方针是：坚持生态优先，景观优美，产业优化，生态效益、经济效益和社会效益相统一，实现林业的全面发展；坚持政府主导，市场调节，科学经营，兴林富民，实现城乡林业的协调发展；坚持全民动手，改革创新，因地制宜，严格保护，实现林业的可持续发展；坚持科教兴林，依法治林，工程带动，创建精品，实现林业的跨越式发展。

主要目标是：到2008年，全市林木覆盖率达到50%，森林覆盖率达到36%，建成山区、平原、城市绿化隔离地区三道绿色生态屏障，形成城市青山环抱、市区森林环绕、郊区绿海田园的生态景观，努力率先基本实现林业现代化。到2020年，建成比较完备的高标准的林业生态体系、高效益的林业产业体系和高水平的森林资源安全保障体系，为建设山川秀美、空气清新、环境优美、生态良好、人与自然和谐、经济社会全面协调可持续发展的生态城市奠定基础。

按照“两轴—两带—多中心”城市空间新格局，西部山区规划为“两带”中的“西部生态带”，要建设成为北京的生态屏障。这是以林业为主体的生态建设的又一重要战略目标。

这些战略目标的提出，是我市林业建设史上又一个新的里程碑，标志着我市林业进入一个实现历史性转变和跨越式发展的新阶段。实现这个战略目标，我们正面临着前所未有的大好机遇。党中央、国务院强调要在实施可持续发展战略中，把林业建设放在更加突出的位置。全社会更加重视保护森林、植树造林，加强生态建设，生态文明、生态安全正在成为全社会的广泛共识。北京实施“绿色奥运”战略，对首都林业的发展提出了很高的要求，同时也为加快林业发展创造了良好条件。我们必须抓住机遇，乘势而上，把我市的林业建设搞得更好。

在看到有利条件的同时，我们也要清醒地看到面临的问题与挑战。主要是森林资源总量需要进一步增加，林业的整体水平和森林生态体系的整体功能需要进一步提升，森林资源的保护管理需要进一步加强，林业体制和机制需要进一步创新，林业科技含量需要进一步提高，林业富民工程需要进一步拓展等6个方面。解决这些矛盾和问题，任重而道远。

实现新世纪林业发展的战略目标，必须认真贯彻落实党的十六大、十六届三中全会精神，坚持以人为本，树立全面、协调、可持续的发展观。要深刻认识到，林业是生态建设最根本、最长期的措施。北京林业是以生态建设为主体的公益林业，是以建设世界一流的现代化国际大都市为目标的城市林业，是以高科技为支撑的现代林业，是以兴林富民为目标的高效林业。各级党委、政府一定要坚定不移地把加强生态建设作为新世纪林业工作的主要任务，使林业发展更好地适应时代的要求，适应“新北京、新奥运”战略构想的要求。同时，在加快林业发展的过程中，要统筹协调好各方面的关系，特别是要正确处理植树造林与耕地保护的关系，认真执行《国务院关于坚决制止占用基本农田进行植树等行为的紧急通知》，切实保护好基本农田；要处理好生态建设与农民致富的关系，实施“生态富民”工程，切实保障农民利益。

三、认真落实北京《决定》，扎实做好工作

贯彻市委、市政府《关于加快北京市林业发展的决定》，要着重抓好以下几项工作。

（一）深化林业改革，加快形成适应市场经济要求和林业自身特点的管理体制和运行机制。要尽快建立林业分类经营管理体制。实行林业分类经营，科学划分公益林业和商品林业，建立相应的管理体制、经营机制和建设方式。科学确定公益林和商品林的比例，搞好区划界定，确保地类、权属清楚，经营主体明确。公益林业要按照公益事业进行管理，以政府投资为主，鼓励和吸引社会力量共同建设。北京林业主体是公益林，划分为国家级和市级两类。公益林建设投资和森林生态效益补偿基金，国家级的由国家和市承担，市级的由市和区县承担。公益林区施行禁牧、禁猎、禁薪、禁垦；天然林区、风景名胜区、自然保护区等要实行禁伐和限伐。商品林业要按基础产业进行管理，主要由市场配置资源，自主经营，政府给予必要扶持。

进一步完善林业产权制度。要依法严格保护林权所有者的财产权，维护其合法权益。对权属明确并已核发林权证的，要切实维护林权证的法律效力；对权属明确尚未核发林权证的，要尽快核发；对权属不清或有争议的，要抓紧明晰或调处，并尽快核发权属证明。退耕土地还林后，要依法及时办理相关手续。已经划定的自留山，由农户长期无偿使用，不得强行收回。自留山上的林木，一律归农户所有。分包到户的责任山，要保持承包关系稳定。对目前仍由集体统一经营管理的山林，要区别对待，积极探索有效的经营形式。对宜林荒山荒地，可直接采取分包到户、招标、拍卖等形式确定经营主体，也可以由集体经济组织统一开发后，再以适当方式确定经营主体；对造林难度大的宜林荒山荒地，可通过公开招标的方式，将一定期限的使用权无偿转让给有能力的单位或个人开发经营，但必须限期绿化。不管采取哪种形式，都要经过集体经济组织成员的民主决策，集体经济组织内部的成员享有优先经营权。

加快推进森林、林木和林地使用权的合理流转。在明确权属的基础上，鼓励各种社会主体，以承包、租赁、转让、拍卖、划拨、协商等方式参与流转，依法获得林地使用权。森林、林木和林地使用权可以依法继承、抵押、担保、入股和作为合资、合作的出资或条件。要规范流转程序，加强管理，流转中坚决防止出现乱砍滥伐、改变林地用途、改变公益林性质和公有财产流失等现象。切实加强对流转后应当用于林业建设资金的监督管理。

要深化国有林场、苗圃管理体制改革。全市国有林场为生态公益型林场，以保护和培育森林资源为主要任务，按从事公益事业单位管理，所需资金按行政隶属关系由同级政府承担。国有苗圃逐步推行企业化管理，按市场机制运作，自主经营，自负盈亏。加快公有制林业管理体制改革，鼓励打破行政区域和行业界限，采取联合、兼并、股份制等形式组建各种形式联合体，实现规模经营，提高效益。

（二）加快高标准的林业生态体系建设，提高三道绿色生态屏障水平。隔离地区绿化建设工程。城市绿化以植树造林为主体，把美化环境与增强生态功能相结合，提高建设水平。城市绿化隔离地区绿化建设要全面完成125平方千米绿化建设任务，形成市区森林环绕的生态景观。第二道绿化隔离地区绿化建设要按照北京城市空间布局调整规划进行建设，实现绿化达标、生态良好、产业优化、农民增收的目标，把该地区建设成为重要生态区、绿色产业区和旅游休闲区。

平原绿色生态屏障建设工程。要与城市中心区—边缘集团—卫星城—小城镇的城市化体系相适应，合理利用水资源和土地，建成点、线、面相结合，网、片、带相协调的高标准防护林体系。绿色通道工程建设要与道路建设和河渠整治统筹规划，同步实施，形成由北京通往外埠的生态走廊和绿色风景线；治沙造林工程重点是巩固和提高永定河、潮白河、大沙河流域和康庄、南口等重点风沙危害区整治水平，基本消除全市境内沙尘源；加快卫星城、小城镇绿化建设，达到园林城镇建设标准；乡镇政府所在地和重点村庄要按照规划，营建一定规模的生态林，逐步达到园林化标准。

山区绿色生态屏障建设工程。结合国家实施的京津风沙源治理和太行山绿化等工程，加快山区绿化步伐，形成优美的自然生态景观。加快实施天然林资源保护工程和水源涵养林、水土保持林工程，增强森林涵养水源、净化水质、减少水土流失的功能；认真抓好退耕还林工程，注重实效，落实各项补助政策，切实解决好农民的长远生计问题；继续推进各种景区景点绿化工程建设，为发展生态旅游创造良好的环境；加强中幼林抚育工程建设，优化森林结构，提升生态功能。

野生动植物保护及自然保护区建设工程。认真落实《北京城市总体规划》、《野生动植物和自然保护区建设总体规划》、《湿地保护工程规划》，加大野生动植物、湿地、重点物种及其栖息地等保护区的建设。合理扩大自然保护区范围，加快野生动植物保护、救护、繁育的网络体系建设，为实现生物多样性创造必要条件。2008 年前，全市自然保护区面积达到国土面积的 10% 以上。

（三）促进高效益的林业产业体系建设，实现林业富民。以五大林业主导产业发展为重点，逐步完善社会化服务体系，提高生产经营管理水平，增强林业产业发展活力，提高林业产业的规模和效益。果品产业要以优质为核心，突出特色、培育精品，加快果品产业带建设，大力发展旅游观光果园；速生丰产林产业要与林业生态工程、农村产业结构调整相结合，实行集约经营；花卉产业要以市场为导向，加强新品种培育和新技术研发，提升质量、扩大规模、增加效益；林木种苗产业要增加名特优新树种、速生丰产树种、乡土树种和抗逆性树种等种苗生产，大力培育种苗市场；森林旅游产业要科学规划，重点抓好森林旅游线路和森林公园的基础设施建设。

（四）建设高水平的森林资源安全保障体系，确保生态安全。加强森林防火。坚持依法治火，科学防火，认真落实森林防火各级行政领导负责制，建立健全森林消防监督机制。以专业化、正规化、现代化为目标，建设完备的森林防火预警和监控系统，使重点林区瞭望监测面积达到 90% 以上。加快林地的防火公路、防火阻隔带和森林消防专业队伍建设，增强对森林火灾的预防、控制和扑救能力。

加强森林病虫害防治。认真贯彻“预防为主、综合治理”的方针，不断提高森林病虫害的监测水平和防治水平，逐步形成完善的预测预报和防治网络。积极推进生物防治，加强森林病虫害检疫工作，严防危险性森林病虫害入侵。

加强林地、林木管理。依法严厉打击乱砍滥伐林木、乱垦滥占林地等违法犯罪行为，严禁随意采挖野生植物，严禁乱捕滥杀野生动物。

（五）完善相关政策，为林业发展创造良好的环境和条件。加大政府对林业建设的投入。要把公益林业的建设、管理和森林防火、森林病虫害防治等重大林业基础设施建设的投资纳入市、区县政府财政预算，统筹安排，确保按时足额到位。对重点生态工程建设，各级政府财政要重点保证。

妥善解决好林业建设的涉农问题。林业对于推动郊区经济社会可持续发展有着极其重要的作用，在绿化林业建设中一定要坚持与农村经济发展、农民增收相结合，保护好农民利益。一是解决好城市绿化隔离地区绿化建设中绿化养护管理补助费标准低、年限短问题；二是解决好第二道绿化隔离地区绿化建设中，因政策调整退出基本农田而造成乡村和农户损失的问题；三是解决好“五河十路”绿色通道建设中补助标准偏低、年限短的问题。

建立山区生态公益林建设补偿机制。要落实市委领导提出的“养山就业”的指示，坚持“养山就业、规范补偿、以工代补、建管结合”的原则，进一步巩固和保护好绿化成果，提升山区绿色生态屏障建设水平，切实保护好、维护好山区农民的切身利益，使为山区生态建设作出巨大贡献的山区农民得到合理的经济补偿，解决生计问题，实现山区农民由“靠山吃山”向“养山就业”的重大转变。

加强对林业发展的金融支持。继续对林业实行长期限、低利息的信贷扶持政策，具体贷款期限可根据林木的生长周期由银行和企业协商确定，市、区县政府给予一定的财政贴息。有关金融机构要适当放宽贷款条件，扩大面向农户和林业职工的小额信贷和联保贷款。林业经营者可依法以林木抵押申请银行贷款。要继续执行国家已经出台的各项林业税收优惠政策，进一步改革育林基金征收、管理和使用办法。征收的育林基金要全部返还给林业生产经营者。

搞活林业经营机制，调动社会造林育林的积极性。放活林业经营权，引导各种生产要素向林业领域聚集，创造多种所有制经济成分共同建设、共同发展的环境。积极鼓励各种非公有制主体参与商品林建设，并切实保护他们的合法权益。公益林建设也要引入民营机制，可以实行国有民营，也可以实行公有民营；可以在整个建设过程都实行民营，也可以在某一个环节实行民营。对重点公益林，要严禁采伐；对于一般公益林，要严格实行限额采伐管理；对于商品林特别是速生丰产用材林，逐步实现经营者自主采伐。

进一步扩大林业的对外合作与交流。要进一步密切林业与其他行业、北京林业与周边地区林业的合作，促进跨行业、跨地域的混合所有制、股份制林业发展。搞好林业国际合作，着力引进资金、人才、良种、技术和管理经验，鼓励外商投资造林和发展林产品加工业。

（六）加强林业基础性工作，保证林业建设质量。种苗是林业建设的先导。要根据林业发展的实际需要，加强对种苗生产的引导，提高良种使用率和优质苗木的供应率。大力培育种苗市场，搞好种苗生产与造林绿化的衔接。加强市场监管，严格执行林木种苗生产、经营许可证制度和标签制度，杜绝假冒伪劣种苗进入市场。

充分发挥首都科技、人才优势，加强林业的基础和应用研究，尽快突破生态工程建设、森林资源保育和林产品加工利用等方面的关键技术。林业重点工程建设要注重优良树种的选育，逐步推进人工造林自然化。加快“数字首都林业”建设，实现林业资源的动态监测管理。积极推进林业标准化工作，建立健全林业质量标准和检验检测体系。

（七）依法治林，加强林业法制建设。必须把林业建设的全过程纳入法治轨道，通过严格执法，维护林业生产秩序，打击破坏森林资源的违法犯罪行为，保护林业生产经营者的合法权益。要制定和完善林地保护、林木种子管理、森林公园管理、野生动物保护和经营利用等方面的法规规章，规范林业行政许可和行政管理工作。加强森林公安、林政稽查等队伍和机构建设，加强区县林业行政执法工作，逐步推行林业综合执法和集中行政处罚。严格森林和野生动植物资源保护管理，严厉打击各类涉林违法犯罪行为。加强林业法制教育和生态道德教育，加强行政执法人员培训。坚持资格认证、持证上岗制度，进一步强化执法监督，规范执法行为，促进依法行政，确保依法治林目标的实现。

四、加强和改进对林业工作的领导

各级党委、政府和各有关部门要高度重视林业工作，切实增强抓好林业建设的使命感、责任感和紧迫感，做到认识到位、责任到位、政策到位、工作到位。

坚持林业建设目标责任制。各级政府是本地区林业建设的责任主体，各级政府的主要负责人是第一责任人，分管负责人是主要责任人。林业建设的主要指标和任务，要层层分解、层层落实，责任到人，实行任期目标管理，严格考核、严格奖惩，并接受同级人民代表大会监督。各级地方党委组织部门和纪检监察机关，要把责任制落实情况作为干部政绩考核、选拔任用和奖惩的重要依据。国家及市级林业重点工程建设，要坚持规划落实到区县、任务分解到区县、资金分配到区县、责任明确到区县的管理制度，工程建设的进展情况要定期检查，定期通报。要建立健全重大毁林案件、违规使用林业资金案件和重点工程质量事故责任追究制度。《北京林业发展战略研究与规划》项目已经全面启动，各级林业主管部门要高度重视，深入开展研究，制定好本地区林业发展中长期规划，为《北京城市总体规划》的修编提供科学依据。

动员社会力量关心和支持林业工作。要采取多种有效形式，广泛宣传义务植树的法定性、全民性、公益性，不断丰富和完善义务植树的形式，提高适龄公民履行义务的覆盖面。义务植树要实行属地管理，农村以乡镇为单位，城市以街道为单位，进一步完善义务植树登记制度和考核制度。地方政府要支持中央单位、驻京部队、市属单位郊区义务植树基地建设。继续开展“门前三包”、林木绿地认建认养等活动。全市各级工会、妇联、共青团组织及其他社会团体，要发挥各自作用，动员社会各界力量，投身首都绿化事业。新闻媒体要将林业宣传纳入公益性宣传范围，普及林业和生态知识，不断提高全体市民的生态文明意识。

切实加强林业部门自身建设。要结合林业实际，切实加强各级林业主管部门的思想、作风、组织、业务、制度建设，努力造就一支政治坚定、业务精通、作风过硬的林业干部职工队伍。主管部门要切实转变政府职责，加强对林业建设的组织指导和监督管理。要做到寓服务于管理之中，转变工作作风，深入开展调查研究，不断完善林业建设的相关标准和政策。要根据加快林业发展的需要，强化林业行政管理体系，健全林业推广服务体系。

乡镇林业工作站是林业工作的重要基础，是林业建设的直接组织者和实施者，要加强队伍建设，充分发挥他们的作用。目前，全市 13 个区县（不含石景山区），共有 186 个乡镇，只有 75 个乡镇有林业工作站，占总数的 40%。林业建设的任务越来越繁重，乡镇林业工作站建设不稳定，会影响和制约加快我市林业建设的发展，必须引起我们各级领导的高度重视。要进一步加强乡镇林业工作站机构和队伍建设，努力做到机构、人员、经费的落实。

同志们，今年春季绿化造林共完成 2.07 万公顷，超额完成春季计划任务 0.07 万公顷。下半年的工作任务还很重，我们要再接再厉，采取有力措施，切实抓好雨季和秋季绿化造林工作，抓好森林防火、病虫害防治等工作，确保高标准完成全年的各项工作任务。

我相信，有市委、市政府的高度重视和正确领导，有全市人民的大力支持和全社会的广泛参与，有一支能战斗、能吃苦、能拼搏的林业队伍，我们一定能够承担起历史的重任。让我们携起手来，牢固树立和认真贯彻科学发展观，大力弘扬求真务实精神，积极投身林业建设的伟大事业，为把首都北京建设成为山川秀美、生态和谐的生态城市而努力奋斗！

加强领导 精心组织
全面落实山区生态林补偿机制工作

牛有成副市长在全市山区生态林补偿机制工作动员大会上的讲话

（2004年9月24日）

今天我们在这里召开全市山区生态林补偿机制工作动员大会，主要目的就是以“三个代表”重要思想和科学发展观为指导，全面贯彻落实市委、市政府关于建立山区生态林补偿机制的决定精神和《北京市人民政府关于建立山区生态林补偿机制的通知》要求，动员山区的各级领导干部和广大群众，按照市委、市政府的统一部署，全面实施山区生态林补偿机制的工作。

为全面推进首都现代化建设，实现城乡统筹，维护山区广大农民的切身利益，推进山区林业建设，改善生态环境，促进首都经济社会协调发展，为保护首都生态环境，建立有利于山区林业建设的长效机制，实现山区可持续发展，在建设好首都的大环境的同时实现农民增收，加快山区农村建设小康社会的步伐，刘淇书记七进山区乡村进行调研，指示要研究解决促进山区经济发展、农民增收、保护生态、养山就业，建立山区生态林补偿机制的问题。王岐山市长主持召开了市有关部门、有关区县负责人参加的专题会议，研究建立山区生态林补偿机制的有关政策。市委、市政府在广泛调查研究的基础上，经市政府常务会议和市委常委会议讨论决定，作出了建立山区生态林补偿机制的重大决策。市政府于今年8月下发了《北京市人民政府关于建立山区生态林补偿机制的通知》。市委、市政府要求“各级党委、政府要高度重视，精心组织，认真贯彻执行。要制定具体办法措施，并在实践中不断完善，把工作做细，确保市委、市政府决策落到实处”。

实施山区生态林补偿机制工作，涉及面广，政策性强，问题复杂，我们必须以“三个代表”重要思想为指导，牢固树立和落实科学发展观，坚持城乡统筹，狠抓落实。为此，我就如何推进这项工作，讲几点意见：

一、要充分认识建立山区生态林补偿机制的重要性和必要性

建立山区生态林补偿机制，不但可以使为首都生态建设作出巨大贡献的山区农民得到合理的经济补偿，实现山区农民由“靠山吃山”向“养山就业”的重大转变，有利于保护好、维护好、实现好山区农民的切身利益，而且可以有效地保护好山区造林绿化成果，实现由造林向营造林的根本转变，提升山区绿色生态屏障建设水平，充分发挥森林资源的综合效益，促进山区经济社会的全面、协调、可持续发展。

一是建设现代化国际大都市的需要。良好的生态环境是现代化国际大都市客观要求，要建设世界一流的现代化国际大都市，实现山川秀美、空气清新、环境优美、生态良好、人与自然和谐、经济社会全面协调可持续发展的生态城市景观，必须加强以生态环境为主体的生态林建设。建国以来，党中央、国务院和历届市委、市政府非常重视首都的生态环境建设和发展，始终把林业特别是山区林业建设放在突出位置，作为重要工作来抓，并采取了一系列措施，各级干部和群众做了大量工作，付出了艰辛的努力，山区绿化造林取得了巨大成就：构筑了山区绿色生态屏障，形成了青山环抱北京城的优美景观，建成了一大批以森林旅游为主的风景区，极大地改善了首都的生态环境，为全市经济社会发展和首都现代化国际大都市建设作出了重大贡献。但由于缺乏长效的管护机制，多年来造林投入多，管护投入少，形成了造林有补助、无钱去管护、造林越多包袱越重的局面，致使森林资源保护和管理粗放，林木长势弱，乱砍滥伐、侵占林地、森林火灾和林木病虫害时有发生，使来之不易的森林资源遭到不同程度的侵害和损失，森林资源的生态、社会、经济效益难以得到充分发挥。如不尽快采取有力措施，不仅绿化建设的目标难以实现，而且会严重制约全市经济发展和现代化建设的进程。全面实施山区生态林补偿机制可以有效地保护森林资源，发挥森林的最佳效益，更好地为城市建设和经济社会发展服务。各级党委、政府要不断增强绿化意识、生态意识，把建立山区生态林补偿机制，作为首都率先基本实现现代化的基础任务，作为建设现代化国际大都市的重要内容，作为履行对国际社会的承诺、贯彻绿色奥运理念、办好2008年奥运会的历史使命来完成。

二是首都生态建设和可持续发展的需要。市委、市政府《关于加快北京市林业发展的决定》中明确指出“要在贯彻可持续发展战略中，赋予林业以重要地位；在生态建设中，赋予林业以首要地位；在山区建设中，赋予林业以基础地位”。森林是陆地生态系统的主体，林业建设是生态建设最根本、最长期的措施，只有林木茂盛，才能山清水秀，才能保证国土的生态安全，实现整个经济社会的可持续发展。随着经济发展、社会进步和人民生活水平的提高，社会对加快林业发展、改善生态状况的要求越来越迫切，林业在经济社会发展中的地位和作用越来越突出。胡锦涛总书记来北京市视察工作时要求我们，要抓好生态环境建设，提高群众的生活质量，不断改善北京市周围的生态条件，要把郊区建设成为北京城市可持续发展的支撑点。建立山区生态林补偿机制是贯彻《中共中央国务院关于加快林业发展的决定》和市委、市政府《关于加快北京市林业发展的决定》，建设“新北京、新奥运”的积极实践，是落实胡锦涛总书记来京视察工作所作出的重要指示的具体行动。近年来，经过努力，首都的生态环境质量有了可喜的改善。但与党中央、国务院的要求，与实现“新北京，新奥运”的标准，与首都居民对环境质量的期望相比仍有很大差距，我们面临的任务十分艰巨。

山区生态林是全市生态林的主体，搞好山区生态林补偿机制对建设高标准的首都生态体系和首都经济社会可持续发展至关重要，关系到城市的“肺活量”，关系到城市的“肾功能”，关系到城市的生存，更关系到城市的发展。说到底是关系到北京的明天和后天。我们没有理由不把它落实好、实施好。

三是改善山区发展环境，促进农民增收的需要。按照国家生态林划定的办法和标准，目前，全市山区集体所有的生态林面积为60.8万公顷，占全市生态林面积74.4万公顷的81.6%，占山区生态林67.07万公顷的90.7%，是生态林的主体。涉及7个山区区县和顺义、丰台、海淀的部分山区乡村，主要分布在48个边远山区乡镇的1325个行政村，这些地区交通不便，就业困难，集体经济薄弱，农民收入低，是北京经济社会发展的落后地区、贫困地区。

多年来，山区农民积极参加植树造林和保护森林资源活动，为林业建设及首都生态环境的改善作出了重大贡献，而自身的生产生活却产生了极大困难。特别是在山区实行严格的封山育林和禁牧、禁猎、禁薪、禁垦、禁伐措施后，森林资源增加迅速并得到了有效地保护。但同时打破了山区农民“靠山吃山”的传统生活生产方式，经济来源受到了制约，直接影响了山区农民的经济收入。刘淇书记在七进深山时说，没有农村、郊区的现代化，就没有北京的现代化，北京的现代化起步在城市，最终完成在郊区。他嘱咐山区干部，在北京城市空间发展战略中，山区被划为绿色生态环境带，保护山林，关乎首都社会的可持续发展，要改变世代因袭的“靠山吃山”的生产生活方式，探索山区农业发展的新思路，找到农民增收的新途径。实施山区生态林补偿机制，不再走“靠山吃山”，破坏生态环境的老路，使山区农民上岗务林，让农民在保护生态环境中，实现增收，促进地区经济的发展，提高农民的收入水平，使为首都生态建设作出贡献的农民得到经济补偿，实现山区农民由“靠山吃山”向“养山就业”的重大转变。

建立山区生态林补偿机制，是市委、市政府决策的一件大事，是山区农民的一件好事，是大好事。

之所以说是好事，因为：第一，从国际交往角度来说，首都是我们全国对外交往的中心，60.8万公顷的生态林是我们全市第一道生态屏障。作为国际大都市，如果没有生态屏障，我们的生活、生态质量，都要受到直接的影响。从这个角度来看，我们必须把林木管好，把生态建设好。管护好它的意义不仅仅局限于林木长的好坏，它产生的直接的、间接的、经济的和社会的效益也是非常广泛的。这是建设现代化国际化大都市的需要，也是一件大好事。第二，实现可持续发展，生态非常重要。特别是山区的绿化，一刻也不能放松，丝毫不能轻视。全市已有84万公顷林地，树木多了，品种多了，珍贵树种也在增加。这都是我们可持续发展的基础。市委、市政府下这么大决心，决不是权宜之计，而是按照党的十六大的要求建立城乡统筹和谐发展的有效机制。把我们的林木保护好，把生态保护好，把可持续发展的底子打好，基础奠定好。所以说是大好事。第三，建立山区生态林补偿机制，由原来的靠山吃山，变成养山就业，4万多农民实现就业得到实惠。受益的除了4万多务林农民之外，还有1400万市民和成千上万到北京开会、商务活动和旅游观光的国内外友人。所以说，建立山区生态林补偿机制代表了最广泛的人民群众的根本利益，是大好事。

此外，通过建立山区生态林补偿机制，我们还要实现山区全面发展的三个提高：一是提高山区的生态环境品位；二是提高山区对生产要素的吸附力；三是提高山区农民的生活水平。

今天我们召开专题会议，就是要把这一机制落实好。各级党委、政府要充分认识到，建立山区生态林补偿机制绝不仅仅是个简单的养山护林问题，也是首都现代化建设、可持续发展的基础。把搞好山区生态林生态补偿工作，作为实践“三个代表”重要思想，“立党为公，执政为民”的重要内容，作为首都率先基本实现现代化的基础任务抓紧抓好。让我们北京的山更绿，生态更好，人民生活质量更高。使首都成为更美丽的国际化、现代化、可持续发展的大都市。

二、落实山区生态林补偿机制，要妥善解决好几个问题

建立山区生态林补偿机制是加快山区林业建设、保护森林资源的长效机制政策，标志首都林业由造林向营造林的历史性根本转变，事关首都生态环境，关乎全市经济社会的可持续发展、山区农民就业和农村的社会稳定。为搞好山区生态林补偿机制工作，《北京市人民政府关于建立山区生态林补偿机制的通知》中明确了一系列政策措施。为贯彻好、落实好、实施好山区生态林补偿机制工作，需要解决以下几个问题：

（一）要明确指导思想。政府文件中明确规定，建立山区生态林补偿机制，要以“三个代表”重要思想为指导，坚持以人为本和科学发展观，对山区生态林建设和管理实行“养山就业、规范补偿、以工代补、建管结合”的方针，通过建立生态林补偿机制，实现山区农民由“靠山吃山”向“养山就业”转变，推进山区林业建设，促进山区经济发展和社会进步。明确提出了建立生态林补偿机制要与维护当地农民利益相结合，农民通过上岗务林，参与生态林建设和管护，实现就业，获得生态补偿资金收入。需要强调的是，生态补偿资金不是救济资金、低保资金，不能按户、按人平均分配；建立山区生态林补偿机制，也不是重新确定林地使用权、经营权，要保持政策的稳定。

（二）严格补偿范围和补偿标准。按照市政府政策规定，本次实施的山区生态林补偿范围是经区划界定的山区集体所有的生态林，总面积为60.81万公顷。其中，中幼林类型39.87万公顷，成林类型2.87万公顷，灌木林类型18.07万公顷。经济林和国有的生态林不能享受本次的山区生态林补偿机制政策。补偿标准主要是根据目前全市山区的经济发展状况确定的。2003年全市山区人均年收入约5000元，其中人均年收入低于5000元的农户占总农户的60%。对此，将管护人员工资定为月均400元，年均4800元标准。补偿年限从2004年开始，暂定到2010年。经测算，全市山区生态林需要配置管护人员近4万名，年投入补偿资金1.92亿元，平均每亩每年投入21元。其中，中幼林类型每亩年投入补偿资金25元，成林类型每亩年投入补偿资金20元，灌木林类型每亩年投入补偿资金15元。各区县要按照已经界定的范围和标准，认真抓好落实。

（三）补偿资金采取直补方式兑现给管护人员。本着发挥市、区县两个积极性的原则，山区生态林补偿资金由市、区县两级财政按8∶2比例投入，并列入本级财政预算，专款专用。补偿资金采取以山区生态林所在乡镇为单位，由乡镇财政以直补方式发给管护人员。各区县要严格按照市政府的要求，安排本区县的山区生态林配套补偿资金，并纳入财政年度预算，确保资金及时兑现给管护人员。有条件的区县、乡镇在此基础上，可根据本地区实际，增加补偿资金的投入。任何乡镇、村级组织不得以任何借口挤占挪用补偿资金。要认真按照市财政局制定的补偿资金管理办法落实。

（四）管护人员选用要坚持三条基本原则。一是坚持公开、公平、公正原则。由乡镇政府统一组织，采取农民个人自荐、村民委员会推荐，经审核，在乡村公示后确定管护人员。管护人员要身体健康，具有从事管护工作的能力，市只明确管护人员的基本条件，管护人员的具体条件和年龄由区县、乡镇作出规定。二是坚持用工本地化。管护人员必须从本村农民中选用，不得雇用外地人员。生态林面积大、劳动力不够的村，由乡镇政府负责就近从邻村的农民中选用管护人员。对林木少、劳动力多的村，管护人员可以采用定期轮换制度，但管护时限不得低于一年。三是坚持面向低收入农民。管护人员要优先选用符合条件的低收入农民。鉴于本市山区乡镇、村差异较大，低收入农民的标准由区县或乡镇确定，低收入的农民要符合从事生态林管护人员条件。

（五）明确管护人员职责。生态林管护人员要在划定的管护范围内，承担林木抚育和防止森林火灾、乱砍滥伐、乱捕滥猎、乱采滥挖以及防治病虫害等职责。具体职责有四条，一是在划定的管护责任区范围内，按照林业部门编制的管护方案和技术规程对林木进行抚育，并达到要求标准。二是监测病虫害，一旦发生要及时发现、及时报告。三是要按照区县森林防火指挥部发布的森林防火期、森林防火戒严期的要求，按时上岗巡查，不脱岗、漏岗，制止在责任区内野外用火，监测林地火情，一旦发生要及时发现、及时报告、及时扑救，防止发生森林火灾。四是制止乱砍滥伐、乱捕滥猎、乱采滥挖、偷盗树木、放牧毁林等破坏森林资源的行为，保护森林资源。

要建立管护人员考核制度。一是乡村要与管护人员签订管护合同，实行合同制管理。要明确管护人员的管护地块、范围、管护内容和管护责任，责任到人。二是按照管护标准和管护人员的职责，乡村干部要经常对管护人员的管护情况进行检查，市、区县林业部门要定期进行检查，年终以村为单位公布检查考核结果。三是对管护合格的人员按规定给予报酬，对管护不合格的人员要扣减报酬，对不能认真履行职责、造成森林资源损失的管护人员，要取消管护资格。凡是在森林防火期内，没有按时上岗巡查，发现火情没有及时报告、及时扑救，形成森林火灾的，要取消管护人员的管护资格，构成刑事责任的，要依法追究责任。在开展林木抚育过程中，没有达到抚育标准的，要扣减管护人员的报酬，抚育违规进行操作，造成森林资源较大损失的，也要取消管护人员的管护资格。

（六）严格控制管护人员管护面积。根据现有生态林的林分状况、区位差异、林相不同和管护人员的能力水平不同，确定管护人员管护面积，配置管护人员。为了保证实现管护标准，同时考虑到管护人员收入水平，市制定管护面积的上限、下限。原则上，以幼林为主的管护人员管护面积不得低于6.67公顷，不得高于20公顷；以成林为主的管护人员管护面积不得低于13.3公顷，不得高于26.7公顷；以灌木林为主的管护人员管护面积不得低于20公顷，不得高于33.3公顷。

（七）要稳定林业政策。为加快造林步伐，开发利用森林资源，改革开放以来，国家和市制定了鼓励农民和社会参与造林绿化的一系列政策，促进了山区林业建设。要稳定政策，发挥农民和社会造林、护林的积极性和创造性，使农民在生态林管护中获得更多的就业和致富机会，让更多的农民成为林业建设的主体和长远受益的主体，积极投身首都的生态建设。

一是稳定“两山”（自留山、责任山）政策。据初步统计，全市1983～1985年划分的自留山、责任山，属生态林的还有2.4万公顷。在划分自留山、责任山时，由区县政府颁发了证书，多数农民现在持有区县政府颁发的证书，有的还办理了林权证书。但也有一部分未向农民颁发证书。建立山区生态林补偿机制后，区县、乡村要稳定“两山”政策，原则上谁的自留山、责任山，由谁管护，保持政策稳定。

二是稳定承包大户的承包关系。要从实际出发，原则上稳定大户的承包关系，应按照承包大户的家庭劳动力数量、管护面积上限，优先给予安排，对承包大户无能力管护的面积由村委会商承包大户，安排本村的劳动力参加管护。

三是稳定中央和市属单位义务植树基地的管理。据统计，中央和市属单位义务植树基地管理的生态林近4000公顷，对于这些生态林，原则上不享受山区生态林补偿机制的政策，继续由义务植树单位进行管护，进一步调动社会力量参与生态林建设。

四是稳定社会力量租赁山区生态林的租赁关系。同时也要从实际出发，对确需调整的，由乡村负责协调解决。可以由村与租赁者联合管护，管护人员在本村范围内选用；租赁者有能力并坚持自主负责管护的，原则上不享受山区生态林补偿政策。

（八）建立管护机制，实行专业化管理。生态林管理要建立专业队、专业组，实行合同制管理。村级组织是山区生态林补偿机制工作最具体的实施单位，要实行村级组织负责制度。以村为单位，建立管护专业队、专业组，也可以在乡镇范围内成立管护专业队。但不论是专业队、专业组都要实行责任到人、到地块。乡镇或村级组织与专业队、专业组、管护人员签订管护合同，实行合同制管理，明确责任，建立奖罚制度。采取专业队、专业组组织形式，实行合同制管理，有利于山区生态林补偿机制工作组织管理和检查考核，是确保管护成效的关键。

检验山区生态林补偿机制工作应有三条标准：一是全市生态林管理水平和林分质量大大提高，生态功能和景观效果明显改善；二是山区农民得到实惠，就业增收；三是保持农村稳定。

三、加强领导，精心组织，迅速落实，实现良好开局

（一）编制好实施方案。山区生态林面积大、村民居住分散，自然条件、经济条件相差悬殊，准确掌握生态林经营现状和乡村的经济社会基本情况，对于搞好生态林补偿机制工作十分必要。各区县、乡镇要迅速组织力量，开展调查研究工作，按照市政府文件和市有关部门的规定，结合实际制定本区县、乡镇的具体政策和管理办法或实施办法，进一步明确乡镇、村和管护人员的责任，进一步明确管护人员的选用条件和考核办法，制定低收入农民的标准和组织管理形式等，为山区生态林补偿机制的顺利实施奠定基础。

要依据森林资源清查成果，以村为单位，准确划定本地区生态林的范围、面积、管护类型和经营形式，按地块小班上图、汇总表格。按照区域组建管护专业队、专业组，划定管护人员的管护地块的四至范围、面积、管护类型，责任到人、到地块。在此基础上，编制实施方案，明确管护内容、技术标准，各阶段管护的主要任务，量化考核指标，逐步建立起一套完整的检查考核体系，使山区生态林补偿机制科学、有序地开展。

（二）制定好管理办法。建立山区生态林补偿机制是全市郊区的一项重要工作，也是一项重大的生态建设工程，要达到既定的目标和标准，必须严格管理，建立“政策透明、制度公开、要求明确、监督到位”的工作体系和长效机制。各区县要严格执行市委、市政府关于建立山区生态林补偿机制的各项政策和市农委、市林业局、市财政局制定的有关规定。今后每年的计划于头年11月底前报市林业局，经市林业局会同市农委、财政局审核后报市政府主管市长批准实施；在实施过程中，坚持管护人员实行合同制、公示制管理，接受社会监督；坚持检查验收制度，区县、乡镇要经常、不定期地开展检查活动，及时解决实际问题，以村为单位公布检查结果。市林业局、市农委、市财政局每年进行一次联合检查，并把结果通报各区县，作为考核区县和年终总结表彰的依据。

（三）管好用好补偿资金。生态林补偿资金是市、区县政府投入的大额林业建设资金，要专账管理、专款专用，任何单位、任何人不得以任何理由挤占、挪用、截留资金。各区县要按照市政府政策规定足额给予配套，纳入年度财政计划。实施过程中，市、区县财政要会同林业局、农委等部门定期、不定期地对补偿资金使用情况进行检查，审计部门跟踪审计，开展效能监察，确保市委、市政府建立山区生态林补偿机制的各项政策落到实处，将补偿资金兑现到管护人员手中，让农民实实在在地感觉到政府在为他们办实事，促进山区经济发展和社会稳定。

（四）建立领导责任制。各级党委、政府、各个部门要以高度的历史责任感和紧迫感，提高对落实山区生态林补偿机制重要性、必要性的认识，把山区生态林补偿纳入重要议事日程，加强对此项工作的领导，切实把各项任务和措施落到实处。按照市委、市政府的通知要求，由市林业局牵头，会同市农委、市财政局、市发改委等部门组织协调生态林补偿机制的建立和实施工作，有关部门要各负其责，密切配合。市林业局要负责做好全市山区生态林区划界定、前期规划、设计审批、技术指导和检查验收等工作。市农委要重点做好组织实施和管护人员的选用及有关政策的落实，把生态林补偿作为山区经济社会发展的重要内容。市财政局要严格资金管理，及时拨付资金，并监督检查使用情况。

各区县政府是本地区实施生态林补偿机制的责任主体，负责本地区生态林补偿机制的建立和实施工作，要建立目标管理责任制，层层落实任务，责任到人。要结合各自的实际，制定切实可行的实施方案，创造性地开展工作，及时解决实施中的各种问题，切实把山区生态林补偿机制落实好，管理好。各区县林业部门是山区生态林补偿工作的主管部门，要成立办公室，组织精兵强将，负责本地区的山区生态林补偿管理工作。

（五）要充分发挥基层林业站的作用。乡镇林业站是实施山区生态林补偿机制的具体技术管理部门，负责编制本乡镇区域内的生态林管护实施方案、作业设计，并监督实施；要定期对管护人员和村级组织进行技术培训、技术指导，按照标准做好检查验收、总结宣传工作；要建立森林资源管理档案，做到文字、图表资料齐全，分类清晰，详实准确。由于基层林业站的责任大、任务重，各区县、乡镇要加强林业站建设，保证人员工资待遇和一定管理经费，为他们创造良好的工作环境，有效地推进山区生态林补偿机制工作。

（六）要严格督查。要运用多种形式加强对山区生态林补偿机制工作的督促检查，做到考核指标科学合理，目标责任一清二楚，奖惩兑现，明明白白。市政府和首都绿化委员会要根据评比考核结果，每年进行一次总结表彰。市林业局要对工作进展情况、存在的问题利用专报形式进行上下通报。

（七）要抓好典型，推广先进经验。各区县、各乡镇要在山区生态林补偿机制工作中注意发现新鲜的事例，总结成功的经验。特别是解决农民就业，增加农民致富的典型要及时宣传推广，使之成为共同的财富。

同志们，建立山区生态林补偿机制，既是一项生态工程，也是一项富民工程，事关首都生态环境建设的全局，关乎全市经济社会的可持续发展，山区农民就业和农村的社会稳定。搞好这项工作功在当代、利在千秋。我们要以党的十六届三中、四中全会精神为指导，全面贯彻落实“三个代表”重要思想，以对人民、对明天负责的态度和精神，周密安排，精心组织，狠抓落实，扎实工作。为把北京建设成为空气清新、环境优美、生态良好、人与自然和谐、经济社会全面协调可持续发展的生态城市而努力奋斗！

市森林防火指挥部指挥、副市长牛有成在北京市森林防火工作电视电话会议上的讲话

（2004年10月28日）

目前，全市即将进入森林防火期。今天在这里召开会议，总结和部署森林防火工作。刚才，希友同志代表市森林防火指挥部，对上一年度工作进行了总结，并就下一年度工作安排讲了很好的意见。希友同志在讲话中，对森林防火工作的措施和特点讲得比较充分，下一步防火工作的任务部署得很明确，也分析了森林防火形势和工作重点、难点问题，我在这里不再重复。请各区县森林防火指挥部和市森林防火指挥部各成员单位，认真加以落实。

近年来，市、各区县和各乡镇政府对森林防火工作高度重视，从政策上倾斜，经费上支持，人员上保证，做了大量工作，取得了很好的成绩。在此，我代表市委、市政府向森林防火战线的全体同志表示亲切的慰问，向长期关心和支持森林防火工作的各级领导、各有关部门、驻京部队和武警官兵表示衷心的感谢，向受到表彰的先进区县、先进集体和先进个人表示热烈的祝贺。

下面，我再补充三点意见：

一、进一步提高对森林防火重要性的认识

对森林防火的认识问题，有几点需要进一步明确。

（一）*森林防火就是保护生态环境*。北京的森林以生态林为主，它对全市生态环境的改善，对人们生活质量的提高有着至关重要的作用。森林防火已经不只是保护树木的简单问题，而是涉及保护生态、保护我们生活环境的重大问题，是关系首都的可持续发展和国际声誉的政治问题。随着森林资源的不断增加，社会发展和人们生活水平的不断提高，以及2008年“绿色奥运”的临近，森林防火工作显得更为突出、更加重要，森林防火的任务和责任显得更重。这种认识是应该进一步统一的。

（二）*森林防火就是保护生产力*。森林资源是北京郊区尤其是山区社会经济生活中须臾不离、不可或缺的一部分，也是山区农民增收致富的一个财富源。今年，市委、市政府把山区60.8万公顷生态林纳入了生态林补偿机制范围，如果把这60.8万公顷生态林进行综合评估，其价值我认为很难用树木本身的价值作出评定的。因为这60.8万公顷森林带来的价值，不仅仅是树木的价值，更主要的是它改善了生态环境和空气质量，每天给城市提供负氧离子。我们每天都很关注所在地区的空气质量指数，森林保护得越好，绿树越多，空气质量指数就越理想。这种森林保护，实际上也是一种潜在的生产力。这一点，我们已经有切身体会了。山是郊区的原始股，而这种原始股要增值，主要就靠森林树木。如果森林保护不住，山里的植被长不好，这个原始股也不会增值。过去被人们称作穷山恶水的地方，现在城里人去的越来越多，为什么呢？主要是树多了，山绿了，环境变美了，逐渐地增值了。环境的改善，促进

了旅游和观光业的发展，促进了农民增收致富。所以，从这个角度说，森林防火就是保护生产力。

（三）森林防火就是提高对生产要素的吸附力。这主要是对山区而言。据统计，今年1～9月份全市郊区农民人均现金收入已达6140元，其中工资性收入占60%，山区农民经营性收入比去年提高了20%以上，山区农民经营性收入的一个重要来源是山区的民俗旅游。这一点，在座的山区县领导应该有体会。民俗游之所以能方兴未艾，一个重要原因是山和林变好了，带来了效益。这一点旅游局应该是最有感受的。今年“十一”长假期间，市农委组织有关人员到怀柔区搞民俗旅游调研，发现有的农户7天就挣了7万元，最多的13万。我们可以细算这笔收入账：如果成本开支能占三分之一甚至一半，刨去成本开支，13万元收入中，也可得纯利6.5万元啊！一周就净挣6.5万元，这是何等可观的收入啊！能有这样的收入，是什么因素形成的呢？我认为有一个重要的原因，就是森林增多，生态环境变好，提高了生产要素的吸附力。城里人愿意来旅游，企业家愿意来投资，主要是看中这里的山，这里的水，特别是这里的树。郊区的一个突出矛盾是有资源缺要素。实践证明，生态环境变好了，就可以聚集要素，就有人来投资。从这个角度看，森林防火实际上就是提高郊区生产要素的吸附力。

二、森林防火要坚持以人为本，安全第一

这里讲的安全，不单纯是指森林树木不被烧毁，更重要的是生态安全和人的安全。安全问题一刻也不能放松。一定要把生态安全和人的安全提到应有的位置去认识，并采取科学有力的措施予以保证。要强化安全意识，落实安全措施，坚持科学预防和安全扑救，减少火灾及其损失，确保不发生重大森林火灾，确保不发生人员伤亡事故。这是下一年度全市森林防火工作目标和要求。

今年3、4月份，全市山火较多，主要是因为天气干燥，植被蓄积量增多，加上旅游和农事活动带来的许多隐患，导致了一些森林火灾的发生。各级森林防火指挥部在森林防火工作方面作出了很大的努力，及时发现，及时扑救，没有酿成大灾。现在的林子多，森林蓄积量大，一旦着火，造成的损失是无法估量的。市林业局去年开始搞森林价值评估工作，争取明年完成。各区县也应该对本地区的森林价值做一个评估，并做好宣传，让群众认识到森林的价值，包括直接价值和潜在价值。现在距2008年奥运会的时间越来越近，如果火灾不断，要想达到举办“绿色奥运”的要求，再补栽都来不及。所以，我们一定要高度重视森林防火工作，全力预防和控制森林火灾，特别是不能发生重大森林火灾。如果发现火情，要及时发现、迅速扑灭。在扑火中，要以人为本，安全第一。我们说“安全第一”，这不是一句空话。安全要年年讲、月月讲、天天讲，一刻也不能放松。

今年，市委、市政府下了决心，决定在山区县实行生态林补偿机制，每年拨出1.92亿元补偿金，长年给下去。在决策过程中，刘淇同志七进山区进行调研，岐山同志主持会议认真研究，市农委、市财政局，特别是市林业局做了大量的工作。这批补偿金现在已经准备好，10月份落实，11月开始兑现。当然，实施这一政策也是一把双刃剑。一方面，在山区增加了4万多名护林员，加强了管护力量。但另一方面，如果对这批管护力量落实不好、管理不严密，也可能造成更多的隐患，甚至产生一些负面作用。对此，要引起我们足够的重视。希望涉及到生态补偿的区县，一定要把生态补偿机制落实工作抓好，不能出现问题。如果出现了问题，要及时、妥善地加以解决。

三、森林防火要落实责任，以预防为主

森林防火是各级政府的重要职责。各区县政府是责任主体。政府主要负责同志为第一责任人，分管负责同志为主要责任人，林业行政主管部门负责人为直接责任人。森林防火不是简单地由林业部门负责，林业主管部门当然负有重要责任，但这是政府的事，是全社会的事，大家都有责任。各区县政府一定要把责任制落实好，森林防火指挥部成员单位都有自己的责任，一定要各负其责。在森林火灾的预防和扑救过程中，各单位一定要紧密配合，协同作战。

森林防火一定要讲成本，体现在预防为主。只有早投入，加强预防工作，才能减少损失，降低成本。一要加强巡逻检查，把平时的预防工作做细。虽然我们已有专业森林消防队伍，但希望不用，宁肯花钱建、花钱养，也最好不用。护林员很管用，有生态补偿的山区要把4万名管护人员作用发挥好，实现养山就业良性循环。预防工作做好了，不发生火灾是最好，发生了能早发现也是好的。这都是低成本的。二要加强宣传教育，广泛发动群众支持和参与森林防火工作。要把森林防火知识和扑火常识向当地群众讲清楚，向广大市民讲清楚，向游客讲清楚，宣传到位，不留死角。要移风易俗，改革殡葬方式，提倡种植纪念树，减少火灾隐患。三要加强检查，落实各项责任和措施。各区县要定期和不定期地组织森林防火检查。四要坚持“群专结合、以专为主”。平时预防是以群众为主，落实预防责任。一旦出现火情，以专为主。各区县要结合各自特点把扑火预案准备好，加强日常值班，加强专业森林消防队伍训练。专业森林消防队伍全市一盘棋，服从市森林防火指挥部的指挥调度。一旦发生火情，要统一调度，各单位要服从指挥，集中专业力量迅速扑救，要避免人员伤亡事故发生。

同志们，今天的会议是一个总结、表彰和动员会。参加会议的各位同志回去后要认真落实本次会议精神，结合实际，创造性地搞好森林防火工作，确保不发生重大森林火灾、确保不发生人员伤亡，为首都经济社会可持续发展创造一个良好的生态平台和基础。

加强领导　严防严管　努力做好2005年度森林防火工作

市森林防火指挥部副指挥、市林业局局长宋希友
在北京市森林防火工作电视电话会议上的讲话

（2004年10月28日）

11月1日全市将进入2005年度森林防火期。下面，我就2004年度全市森林防火工作情况做一简要回顾，并对下一步工作提出几点意见。

一、2004年度全市森林防火工作情况

进入2004年度防火期以来，在市委、市政府和市森林防火指挥部的领导下，全市森林防火战线认真落实国务院办公厅《关于进一步加强森林防火工作的通知》精神，按照“早投入、早发现、早报告、早扑救”的森林防火工作要求，抢前抓早，主动预防，积极扑救，全力以赴做好森林防火的各项工作。

（一）*严防严管，实现了年度森林防火工作目标*。去冬今春气候条件十分不利，特别是在防火戒严期期间，连续干旱高温，大风天气频繁，森林火险等级居高不下。面对极为不利的防火形势，市领导高度重视。王岐山市长批示：“我市的森林防火工作要统一到国务院的要求上来。对近期森林防火形势也要研究一次，在措施的完善和落实上下功夫。最重要的是将责任层层分解落实下去。”牛有成副市长也作出批示，并多次深入林区检查防火工作。市政府办公厅及时发出了做好森林防火工作紧急通知。为了认真贯彻国务院办公厅的通知精神，落实市领导的批示，按照全国森林防火工作电视电话会议要求，市林业主管部门及森林防火指挥部认真分析形势，采取了多项重大措施。果断延长了森林防火戒严期，积极落实各项防火责任。全市各有林部门加强防火工作，公安、消防部门、驻京部队武警官兵等积极参加防火工作，气象、供电、水务、民政、电信等相关部门主动参与森林防火工作。各级领导齐抓共管，积极应对，经受住了严峻防火形势的考验，实现了确保不发生重大森林火灾的工作目标。

（二）*强化预防措施，取得明显成效*。一是广泛开展宣传活动，增强全民森林防火意识。各级森林防火机构，利用多种宣传形式，大力宣传森林防火的法律法规，普及森林扑火基本知识，力求做到宣传到户、预防到人。2004年度，全市设立宣传站395个，出动宣传车2985辆次，张贴发放各类宣传品52万份，重点地区设置规范的防火宣传牌4750块。二是全面开展防火检查，消除火险隐患。进入森林防火期，市防火办及时对专业森林消防队伍、巡查队伍和护林员队伍进行了检查，针对问题及时召开会议，通报情况，提出整改意见。市森林防火指挥部先后组织开展了5次全市性森林防火大检查，重点检查存在的问题、责任的落实、措施

的到位和隐患的整改情况。通过检查共消除、整改森林火灾隐患252处。三是增加巡逻护林人员，严格火源管理工作。在“两节”、“两会”、“戒严期“和“五一”等重点时期，增加护林力量，延长守护时间，严格控制野外用火。在通往重点林区的主要路口，设立检查哨卡，严禁火种进山入林，严格制止上坟烧纸、林内吸烟、烧荒燎地边等违章用火行为。四是严格执法，加大处罚力度。森林公安机关认真履行职责，抽调警力，加强巡逻检查和处罚违章用火现象，制止违法用火行为1600余起，处罚近2000人次。五是严格报告制度，坚持有火必报。在森林防火期内市森林防火指挥中心共接到火情报告107起，由于报告及时，组织扑救工作得力，87%的火情得到迅速控制，没有形成森林火灾，从而避免了直接经济损失。

（三）增加投入，加强基础建设。市财政、市发改委加大了森林防火的投入力度，全年共投入森林防火资金1000多万元，重点加强基础设施建设和消防专业队伍建设。完成了市森林防火指挥中心的改造升级，视频监控设备由18套增加到28套，全市新建防火瞭望塔3座，总数达到92座，有效提升了卫星监测和自动监测林火水平。10个区县建成了森林防火指挥室，全市基本形成由高空监测、山头瞭望、地面巡逻组成的立体林火监测网络。加强了林火预测预报工作，进行了林火气象监测试点工作。加强林火阻隔网络建设，开设森林防火隔离带，清理大量林下可燃物。专业森林消防队伍建设得到了进一步加强，组建了市直属森林消防大队，区县新建4支专业森林消防队，并多次投入森林扑火战斗。全市专业森林消防队已达36支，重点乡镇建立了专业、半专业森林消防队32支，专业消防队已达1600余人，基本实现了森林扑火专业化、正规化。

（四）落实预案，发挥专业森林消防队的主力军作用。市、区县森林防火指挥部分别编制了森林火灾扑救预案，并组织进行实战演练。从队伍调集、通讯联络、扑火技能、现场指挥等方面进行模拟训练，增强了专业森林消防队伍的整体作战能力。各级森林防火机构加强指挥调度和协调，全市森林消防队伍形成“一盘棋”，服从命令，听从指挥，密切配合，协同作战。森林防火期内，森林消防队始终保持备战状态，严阵以待，随时应战。接到扑火命令后，快速反应，立即出动，及时扑救，发挥了专业森林消防队的主力军作用。

二、存在问题

全市森林防火工作总的情况是好的，但也存在着差距和问题。一是火灾次数上升，扑救火灾出现了人员受伤现象。去年没有发生森林火灾和火警，而本年度森林防火期，发生一般森林火灾6起，森林火警7起，过火面积103公顷，过火有林地面积40公顷。虽然客观上是气候条件恶劣，天气干旱，多风少雨，但主观上也有很多值得汲取的教训。在专业森林消防队布局上，有的地区达不到30分钟到达火场的工作要求。在扑救组织上，仍然有采取人海战术扑火的现象，造成了不必要的人员受伤。二是责任制落实不够彻底，预防措施没有完全到位。部分乡镇及有林单位责任制落实不到位，特别是护林员上岗率不高，管理不严格，管护面积过大，没有杜绝野外火源，有的未做到及时发现、及时报告。三是扑火装备不适应防火要求。森林消防装备、扑火机具、运输车辆等数量少、状况差，大部分区县指挥室软件的开发应用没有及时跟上，不适应森林消防工作要求。特别是通讯联络不够畅通，通讯手段比较单一，对紧急情况的及时报告造成一定影响。一旦发生火情，市、区县森林防火指挥中心不能及时掌握火场情况，影响指挥机构的正确决策。

三、2005 年度森林防火工作安排

全市2005年度森林防火工作要继续贯彻国务院办公厅《关于进一步加强森林防火工作的通知》和全国秋冬森林防火工作会议精神，加强领导，严防严管，全面落实责任制，广泛宣传动员，强化防范措施，加强基础建设和专业队伍建设，完善应急扑救预案。做到早投入、早发现、早报告、早扑救，确保不发生重大特大森林火灾，确保不发生人员死亡事故，确保首都森林资源安全。

（一）落实“四早”要求，切实做好今冬明春森林防火工作。据气象部门和防火专家分析预测，今冬明春季节比常年气温偏高，降水偏少，高火险天气比较多。由于今年夏季雨水较多，草木茂盛，林下可燃物量大，容易发生森林火灾，森林防火总体形势不容乐观。我们必须认真分析形势，积极采取应对措施，绝不能有半点松懈和麻痹思想。要严格按照牛有成副市长对森林防火工作的“四早”要求，安排部署森林防火工作，认真落实各项预防措施，力争抓早、抓实、抓细，切实做好今冬明春的森林防火工作。

（二）健全组织机构，落实各级森林防火责任制。要认真落实温家宝总理提出的森林防火行政领导负责制“五条标准”，不断加强各级领导责任，全面落实各级领导责任制，实行行政一把手负责制。要健全各级森林防火组织机构，加强森林防火办事机构建设，人员不足的要充实，力量薄弱的要加强，形成健全稳定、精干高效、信息畅通、反应快捷、保障有力的森林防火组织体系。要继续推广层层签订责任书的办法，逐级落实森林防火责任。特别是对基层护林员队伍、巡查队伍，要逐一落实责任区，签订责任状，做到人员落实、待遇落实、任务明确、保证上岗到位。真正做到林有人看，火有人管，责有人负。

（三）加大宣传教育力度，增强全民防火意识。加强森林防火宣传，增强全民自觉防火意识，消除违章用火现象是森林防火的一项重要任务，时刻都不能放松。要继续加大宣传力度，深入做好森林防火宣传教育工作。特别要加强森林防火知识和扑火常识的宣传普及工作，适时、快速、多途径地发布防火预警警报等；在林区内，要结合环境整治，在重点地区设置醒目美观的森林防火标志牌和宣传牌，在进山入林路口悬挂横幅、张贴标语，在人员活动频繁地区设立宣传站，制作板报，发放材料。在重点时期、重点林区设立巡逻检查宣传车；要通过电台、电视台适时发布森林火险等级预报，插播森林防火警示字幕，扩大宣传效果。总之，要采取多种形式，通过各种行之有效的途径进行广泛深入的森林法律法规和防火知识的宣传活动。同时，要加大森林火灾案件查处力度，对严重违法违章用火造成重大损失的，要依法查处，并给予曝光。

（四）强化防范措施，严格野外火源管理。森林火灾具有自然和人为双重属性。自然属性主要是气候变化、高温、大风、雷电等高火险天气的影响，各级防火办要及时作出天气形势和火险等级预测，适时发布预警警报。人为属性是诱发森林火灾的直接原因，必须坚决管住火灾源头，杜绝一切火源进入林区。要严格执法，加大火源管理力度。特别是在节假日和遇有高火险天气时，要进行全天候监控。继续开展森林火灾隐患自查、自改、自报活动，突出重点，排查隐患，消除死角。继续采取清理林下可燃物、开设防火隔离带等有效措施，降低形成火灾的机率。积极开展区域联防、行业联防、部门联防活动，建立群防群治的综合防火网络，防止森林火灾的发生。

（五）增加投入，提升森林防火综合水平。重点是加强基础设施建设和专业化队伍建设。在管理和利用好现有基础设施的同时，要进一步扩大计算机网络、遥感、地理信息、全球卫星定位等高新技术的应用。最大效能地发挥现有瞭望塔的作用，按照规划在重点部位继续投资加强建设，尽可能消灭瞭望死角。同时在重点地区增加视频监控设备建设，进一步扩大自动监控面。规范和壮大专业队伍，提高林火的预防和扑救能力。北京市专业森林消防总队在扑救森林火灾中发挥了骨干作用，要进一步增加投入，加强装备，强化训练，规范管理，不断提高扑火作战能力。要按照接到扑火命令后30分钟内到达现场的要求，合理布点设队，在一级森林防火区内的乡镇、国有林场都要建立相应的专业森林消防队。加强通讯网络建设，确保火情报告和指挥作战系统畅通。通讯联络是沟通指挥与火场作战的桥梁，要充分利用各种途径，采取各种方式，改变通讯手段单一、通讯水平落后的现状。要加快森林防火无线通讯系统的改造，增加无线电台的数量，合理规划三级网络的连通。要发挥各指挥中心的作用，各区县要充分发挥现有村队防火组织的有线电话、护林员家庭电话、卫星电话、移动电话等现代通讯工具作用，利用一切可以利用的通讯资源为森林防火工作服务。要加强专职护林员队伍的建设，在一级防火区按照要求配备护林员，确保上岗到位。护林员队伍要实行规范管理，统一登记造册上图，统一佩带标志，培训后持证上岗，按照山头地块落实责任到人。实施本市山区生态林补偿机制的区县，要认真落实集体生态林管护政策。一要保证在森林防火期内管护人员足额上岗。二要对上岗人员进行全面培训，加强对护林员的教育、管理和考核，防止管护人员自身出现违章用火问题。三要落实管护责任，明确管护区域、管护任务以及最终需要达到的管护标准等。

（六）完善应急处置预案，加强综合扑救能力。市防火办根据市政府统一要求，对原森林火灾扑救预案再次进行了修订，将组织机构、预警发布、预案等级、应急响应、措施保障等全部统一到北京市突发公共事件总体应急预案上。各区县要根据市级专项应急预案，结合实际情况，坚持从实战出发，尽快完善和修订相应的森林火灾扑救预案。要从普遍性问题入手，做好多方面准备，既要做好非常时期突发森林火灾扑救方案，也要做好扑救重特大森林火灾的准备，真正做到防患于未然。要遵循以人为本，确保扑火人员人身安全的原则，以专业森林消防队为扑火主体，形成火场最近的专业消防队首先到达、其他专业队按梯队增援的扑火新机制。要充分考虑到现场指挥、物资供应、后勤保障、清理余火、看守火场、原因调查、损失核查、善后处理等各个环节的问题，制定出各种应急工作预案，逐项逐条的加以落实，达到战时应用的要求。

同志们，在新的森林防火年度，我们要认真贯彻落实党的十六届四中全会精神，努力实践“三个代表”重要思想，坚持和实践科学发展观，从讲政治保稳定的高度，以对首都生态安全负责的态度，扎扎实实地做好森林防火工作，为确保首都森林资源的安全作出应有的贡献。

首绿办主任（市林业局局长）宋希友
在首都绿化委员会第23次全体会议上的讲话

（2004年2月12日）

现在，我将2003年的首都绿化美化建设情况和2004年工作安排意见做简要汇报。

一、2003年首都绿化美化建设情况

2003年，首都绿化美化建设认真贯彻落实党的十六大、十六届三中全会和胡锦涛总书记视察北京工作时的重要讲话精神，认真实践“三个代表”重要思想，按照市委、市政府和首都绿化委员会的部署，一手抓抗击“非典”，一手抓绿化建设，围绕“办绿色奥运、建生态城市”的目标，坚持高标准、高质量，加强管理，提升水平，以大工程带动大发展，创建精品，全面推进，取得了新的成绩。

2003年全市共造林3.93万公顷，植树5112万株。林木覆盖率达到47.5%，比2002年增加了2个百分点。森林覆盖率达到34.3%。其中：山区造林2.2万公顷，平原绿化造林1.73万公顷，城区植树300多万株，新增绿地409公顷，城市绿化覆盖率达到41.07%，人均绿地达到44平方米。圆满完成了市政府、首都绿化委员会年初确定的各项绿化指标和市政府“为市民办60件实事及折子工程”中的绿化任务。

（一）绿色生态体系建设水平不断提高

1. 城市绿化隔离地区绿化建设主体工程基本完成，第二道绿化隔离地区绿化建设启动。城市绿化隔离地区绿化突出重点区域、重点部位的绿化和大片绿地的连接，新增绿地1333公顷，绿化总面积达到112平方千米。同时加强已建成绿地的养护管理，绿化整体水平有了新的提高，基本形成森林环绕市区的景观。

全市第二道绿化隔离地区按照规划开始启动，以永定河、温榆河、六环路为绿化造林重点，完成绿化造林2000公顷。

2. 城市中心区绿化取得新的进展。2003年完成元大都城垣遗址公园等大绿地43处，新增绿地213公顷。各街道办事处共建成500平方米小型绿地100多处。城市主要道路绿化步伐加快，对三环路、四环路等城市主要道路进行了绿化改造，增加了时令花卉，扩大绿化面积68公顷，使城市干道景观更加优美。居住区绿化全面推进，绿化水平进一步提高，涌现出一批绿化美化花园式小区。花园式单位创建工作力度明显加大，创建市级花园式单位483个。

3. “五河十路”绿色通道建设工程基本完成。重点实施了五环路二期、六环路二期、京承路一期、北运河等绿色通道绿化工程，完成绿化长度295千米，实现绿化面积7600公顷。市级以上主要公路、河道实现绿化250千米。目前，绿色通道已累计完成900多千米，实现绿化面积2.4万公顷，基本形成了本市通往外埠的绿色廊道。

4. 卫星城、小城镇绿化美化步伐进一步加快。以创建园林城镇为目标，郊区卫星城、小城镇绿化美化建设速度明显加快，郊区城镇的面貌发生了比较大的变化。年初确定的10个重点小城镇绿化美化工作全面完成，目前，全市10个远郊区县的卫星城已有9个达到了园林城镇标准，33个重点小城镇中已有15个达到了园林小城镇标准。

5. 防沙治沙工程稳步推进。结合京津风沙源治理工程，继续加大了永定河、潮白河、大沙河和南口、康庄五大风沙危害区的治理力度，营造治沙片林3267公顷。实施“封沙育草、播草盖沙”3333公顷，五大风沙危害区的面貌发生了显著变化。

6. 山区绿色生态屏障进一步完善。2003年，继续把山区造林绿化作为重点，加大了力度。主要在山区风景旅游区、泥石流易发区、水源保护区、主要公路河道两侧等重点地区营造水源保护林、水土保持林、景观林6667公顷。实施爆破整地造林1333公顷。中幼林抚育工作全面展开，坚持标准，保证质量，共抚育中幼林6.7万公顷。

7. 退耕还林工程进展顺利。各区县继续坚持生态优先、因地制宜、科学规划的方针，适当发展干果、速生丰产林和名优果品等绿色产业基地。实现退耕还林2.4万公顷，其中退耕1.2万公顷，配套荒山造林1.2万公顷。目前，全市已累计完成退耕还林5.1万公顷。

8. 重点景区的绿化美化成效显著。在重点风景区增加彩叶树的栽植数量，共栽植黄栌、火炬、元宝枫、栎类等358万株。在海淀百望山、丰台北宫森林公园、平谷金海湖、昌平蟒山森林公园、房山上方山森林公园、怀柔红螺寺、门头沟妙峰山、延庆龙庆峡等10多处形成以红叶为主的风景观赏区。

9. 过熟林更新改造工程稳步推进。全市从20世纪70年代开始营造杨树林，目前已有4000多公顷过熟老化，已经不能充分发挥其应有的生态功能和防护功能。从2002年起，全市开始改造杨树过熟人工林，2003年又完成过熟林更新改造1000公顷，有效提高了平原地区林分质量和景观。

10. 全民义务植树运动健康发展。胡锦涛总书记等党和国家领导人率先垂范，带头参加首都全民义务植树日劳动，极大地鼓舞了全市广大干部群众绿化首都、美化家园的热情；中直机关、中央国家机关150多位部长参加了植树活动，同时他们一手抓机关庭院绿化，一手抓赴郊区义务植树，巩固了义务植树的绿化成果；中央军委、解放军四总部和驻京解放军、武警部队各大单位近百名将军参加了丰台区华凯花园的植树绿化劳动，并先后出动15万人次参加首都绿化美化建设劳动（共植树10万多棵，整地100多万平方米，种草50多万平方米）；广大市民参与绿化美化的热情高涨，从国有企业到民营公司，从知名人士到广大师生，以多种形式投身绿化，积极参与认建认养林木绿地活动。2004年，全市共有300多万人参加了义务植树活动，新植树1100多万株。

（二）绿色产业体系建设健康发展。按照生态优先、产业优化、景观优美、高质高效的原则，结合农业种植业结构调整，果品、林木种苗、速生丰产林、花卉和森林旅游等五大绿色产业发展迅速，全年实现林业总产值34亿元。果品产业发展势头持续高涨，全年共发展果树1.7万公顷，果品产量和产值分别达到7.6亿千克、17.2亿元，创历史新高；种苗产业稳步发展，全市累计育苗2.4万公顷，实现产值10.5亿元；速生丰产林增势强劲，全市共营造速生丰产林9467公顷；花卉产业有了新的发展，全市花卉生产面积达到3333公顷，年产值达到5.6亿元；森林旅游业克服“非典”影响，保持平稳发展态势，森林旅游区发展到23个，接待国内外游客180多万人次。五大绿色产业已逐步成为郊区经济发展的新的支撑点。

（三）森林资源安全保障体系建设水平稳步提高。全市以护林防火、林木病虫害防治为主体的森林资源安全保障体系日趋完善。森林防火初步实现了专业化、正规化、现代化，进一步完善了林火预防监控体系、林火指挥扑救体系和森林防火保障体系。成立了1000人的市森林消防总队，各个山区县都建立了森林消防大队，配备了直升机灭火。扑火指挥网络基本形成，林火监控网络基本建成，10个区县建成森林防火指挥室，防火瞭望塔累计达89座，监测覆盖面达70%以上。进一步完善了三级预测预报网络，使监测覆盖率达到90%以上。同时，加强了林木种苗的检疫和林木病虫害的防治，有效地防止了林木病虫害重大灾情的发生。

（四）2003年，主要抓了以下六个方面的工作

1. 一手抓抗击“非典”，一手抓绿化建设。2003年春季，面对突入其来的“非典”疫情，全市上下认真贯彻党中央、国务院的指示，落实市委、市政府防治“非典”的工作部署，一手抓抗击“非典”，一手抓绿化造林，坚持任务没减、标准没变、依靠群众、团结奋斗，取得抗击“非典”和绿化建设双丰收。

2. 集中力量抓重点工程，以大工程带动大发展。全市十大重点绿化工程是绿化造林的主体，紧紧抓住大工程作为工作的重点，全市上下始终坚持高标准、创精品，严格进行规划设计、施工组织和检查验收，绿化造林质量明显提高，对全市绿化建设起到了示范带动作用。

3. 积极推进绿化造林机制创新。2003年，各区县以党的十六大精神为指针，转变观念，积极推进绿化机制创新。实施绿化工程监理机制、市民参与监督机制，探索城市社区绿化管理机制。推行绿化工程招标、承包、股份合作等形式，大力推进营林机制改革创新，取得了实效。

4. 加大林业科技支撑力度，提高绿化造林科技含量。充分发挥首都人才和科技资源优势，增加绿化美化和林业科技含量，是提升首都绿化美化工作水平的重点。2003年全市绿化林业系统共组织科技立项58项，实施市级以上科技攻关28项，建立各类市级以上科技示范区10个。电子政务信息化管理系统得到广泛应用，全面推行绿化林业行政职能网上审批工作，加快机关无纸化办公进度，集中整合数据资源，推进首都绿化数字化建设再上新水平。

5. 进一步拓展林业国际合作领域，加强国际合作与交流。学习和借鉴国际绿化建设经验，加强对外合作与交流，是加快全市林业发展的重要举措。2003年全市在良种、技术、资源、管理经验和资金等方面共引进国外项目3个，拓展英国、芬兰等新的合作国家或国际组织6个，新引进资金及设备价值约1800万元。中德、中加（拿大）、中日等合作造林项目年度计划任务全面完成，共造林185公顷。国际互访交流培训达338人次。

6. 加强检查评比工作，花园式单位创建活动热情高涨。全市各区县政府、各系统绿化部门加大了领导、指导、协调和检查评比的工作力度，一手抓创建，一手抓巩固，通过上下结合的检查评比，涌现出了一批花园式单位和绿化先进单位。花园式单位创建数量创历史新高，调动了首都各行各业参加绿化美化建设的积极性。

2003年，首都城乡的环境面貌发生了显著变化，成绩来之不易。这是党中央、国务院亲切关怀的结果，是中直机关、中央国家机关、驻京解放军和武警部队大力支持和帮助的结果，是市委、市政府和首都绿化委员会正确领导的结果，是全市各行各业、广大干部群众共同奋

斗的结果。充分展示了首都北京继往开来、建设新北京、筹备新奥运、昂扬向上的精神风貌。但是，我们也要清醒地看到，在首都绿化建设中还存在许多不足，有些甚至还比较突出，一是首都的森林资源总量和林分质量需要进一步提高；二是林木绿地的养护管理需要进一步加强；三是城乡绿化体制和机制需要进一步改革创新；四是在新的形势下，义务植树的组织管理体制和实施办法，还需要进一步完善和调整。这些问题，我们将在今后的工作中认真研究解决。

二、2004 年首都绿化工作安排意见

（一）指导思想。以邓小平理论和“三个代表”重要思想为指导，全面贯彻党的十六大、十六届三中全会和市委九届六次全会精神，认真贯彻《中共中央国务院关于加快林业发展的决定》，按照“新北京、新奥运”的战略构想和“办绿色奥运、建生态城市”的要求，坚持以人为本，树立全面、协调、可持续的科学发展观，实施生态建设、生态安全、生态文明的总体战略，深化改革，推进创新，加强管理，提升水平，加快建设首都绿化林业三大体系，构筑三道绿色生态屏障，为建设山川秀美、生态良好、人与自然和谐发展的现代化国际大都市努力奋斗！

（二）任务安排。继续推进首都绿化林业三大体系建设，完善三道绿色屏障，抓好五项重点工程，完成市政府为市民办 56 件实事中确定的 3 件绿化造林实事。全市具体安排是：完成绿化造林 3.47 万公顷，林木覆盖率增加 1.5 个百分点，达到 49%；城区新增绿地 500 公顷，绿化覆盖率达到 42%，人均绿地增加 1 平方米，达到 45 平方米。

（三）继续实施五大重点绿化工程，推进首都绿化美化建设快速、健康、协调发展

1. 绿化隔离地区绿化工程。继续推进城市绿化隔离地区绿化建设，新增绿地 533 公顷。推进第二道绿化隔离地区绿化建设，要按照北京城市空间布局调整进行规划，在非基本农田中实施绿化。

2. 城市中心区绿化美化工程。2004 年结合城市综合整治工程，全面提高城市中心区绿化美化水平。继续开展大型绿地建设工程和“500 米半径内建公园、绿地”工程，解决城市中心区的少绿问题；搞好南中轴路大绿地建设、奥林匹克森林公园等一批城市重点绿化工程建设；大力开展单位庭院和居住区绿化美化工程，结合城市环境综合整治开展绿化美化，实施见缝插绿、垂直挂绿、拆墙透绿、拆违还绿和阳台绿化；继续推进花园式单位创建活动。

3. 平原绿色生态屏障建设工程。完成五环路、顺平路、大秦铁路等绿色通道绿化 979.8 公顷。启动潮白河森林公园（顺义段）绿化工程，实现绿化 867 公顷。在五大风沙危害区营造固沙片林 2667 公顷。完成过熟林更新改造 1000 公顷。抓好郊区卫星城和重点小城镇的绿化美化建设。

4. 山区绿色生态屏障建设工程。完成荒山人工造林 1.27 万公顷，退耕还林 9333 公顷，爆破整地造林 1333 公顷。实施彩叶造林 933 公顷。完成中幼林抚育 7.53 万公顷。

5. 林业富民工程。进一步优化林业产业结构，增强绿色产业发展活力，继续抓好果品、花卉、种苗、速生丰产林和森林旅游五大产业。要以优化品种、提高质量为核心，重点建设一批标准化果树示范基地和精品果园。要以北方国家级林木种苗示范基地为龙头，选优、引优、扩繁，推进种苗产业发展。要加强花卉园区、花卉产品标准化建设，建立花卉市场信息

服务体系。要继续推进速生丰产林建设。要在保护生态环境的前提下，搞好森林公园建设，提升服务水平，推进森林旅游业发展。

6. 进一步完善森林资源安全保障体系建设，巩固绿化造林成果。切实搞好森林防火工作。以实现森林防火专业化、正规化、现代化为目标，进一步完善林火预防监控体系、林火指挥扑救体系和森林防火保障体系。新建11座防火瞭望塔，在一级森林防火区增建森林消防队。严格落实扑火预案和防火物资储备。努力实现无重大森林火灾发生。

加强森林病虫害防治工作。进一步完善森林病虫害监测测报网络，加强林木种苗检疫和森林病虫害防治，大力推广生物防治，增加生物和仿生物制剂应用比例，严防美国白蛾、松材线虫病等危险性林木病虫传入，避免重大灾情和疫情的发生。

坚持依法治绿，加大森林资源管理力度。要严厉打击毁坏城市绿地、破坏森林资源的违法犯罪行为。严格征、占用绿地及林地审核，坚决制止绿地、林地的非法流失。搞好退耕还林建档和林权登记发证工作。严格林木采伐管理，保护好古树名木。

三、工作措施

按照党的十六届三中全会提出的“五个统筹”、树立科学发展观的要求，认真贯彻《中共中央国务院关于加快林业发展的决定》，全面落实市委、市政府《关于加快北京市林业发展的决定》，在实施“新北京、新奥运”的战略构想中，要高度重视和大力推进首都林业和绿化美化建设。2004年，要重点抓好以下几个方面的工作：

（一）学习好、宣传好《中共中央国务院关于加快林业发展的决定》，全面贯彻市委、市政府《关于加快北京市林业发展的决定》。2003年6月，《中共中央国务院关于加快林业发展的决定》的颁布是“三个代表”重要思想在林业工作上的集中体现，是新阶段党中央、国务院关心林业、重视林业、加强林业的重大举措，是对多年林业理论和实践发展的深刻总结，是指导当前和今后一个时期林业改革和发展的纲领性文件。我们要学习好、宣传好、贯彻好中央《决定》精神。

按照党中央、国务院的要求，市委、市政府作出了《关于加快北京市林业发展的决定》。北京市《决定》强调了加快林业发展是北京经济社会全面、协调、可持续发展的迫切要求，是实现“新北京、新奥运”战略构想的重大战略举措；分析了北京林业发展存在的主要问题；提出了北京林业的定位；明确了林业在首都经济社会贯彻可持续发展战略中的重要地位，在生态建设中的首要地位，在山区建设中的基础地位；确定了今后林业发展的指导思想和基本方针。我们要全面贯彻落实好这个决定，树立以人为本，全面、协调、可持续的科学发展观，努力把北京建成生态一流的国际化大都市。

（二）坚持改革创新，进一步增强首都绿化发展的活力。要大力推进绿化造林机制创新，积极引入市场机制，鼓励社会力量跨所有制、跨行业、跨地区投资发展绿化造林事业，切实推行并依法保护“谁造谁有、合造共有”。对重点绿化造林工程，要进一步推行政府采购制、监理制和合同制。积极推进营林机制创新。坚持政府主导和市场调节相结合，实现林木绿地分类经营和管理。要进一步完善林业产权制度，规范流转程序，推进森林、林木和林地使用权的合理流转。积极推进管理机制创新。进一步强化组织管理，完善社会机制，大力提倡社会团体和个人认建认养林木绿地，强化单位庭院和门前绿化管理责任制。

（三）坚持以大工程带动大发展，推动首都绿化建设再上新台阶。要集中力量抓好系统整合后的五大重点绿化生态工程，推进生态体系建设再上新水平。要坚持高标准规划，高质量建设，高效能管理和高水平经营，促进首都绿化建设持续快速协调健康发展，加快步伐，提升水平，为实现“新北京、新奥运”的宏伟目标，奠定良好的基础。

（四）坚持绿化建设与经济发展相结合，切实把广大农民的利益维护好、实现好、发展好。在绿化美化建设中，要充分考虑和切实维护好农民的利益，高度重视、关心和妥善处理好农民的利益。继续推进五大绿色产业体系建设，巩固绿色产业在郊区农民、特别是山区农民致富中的基础性地位。坚持绿化建设与农民致富相结合，在实施绿化隔离地区绿化、绿色通道建设、防沙治沙等重点绿化美化工程中，结合郊区种植业结构调整，大力推进速生丰产林、种苗、果品建设。坚持绿化造林资金足额及时到位，应发放给农民的退耕还林补助款、绿色通道建设租地补偿款，要及时发放到农户。

（五）坚持科技兴绿，进一步提升首都绿化美化建设的整体水平。加强绿化林业科技支撑体系建设，实施科技兴绿战略，提升首都绿化建设的整体水平。充分发挥首都科技和人才资源优势，加强绿化林业基础研究、应用研究和高新技术开发。绿化重点工程建设要争创精品，坚持植物材料多样性，采用优良乡土树种和经过驯化的引进品种，形成多林种、多树种、多植物、多色彩、多层次，逐步实行人工造林自然化。要加快绿化科技成果的转化，推广应用抗旱、节水、中水回用等实用绿化造林综合技术。积极推进首都绿化建设数字化，实现资源动态监测管理。抓好各级绿化林业园林队伍建设和人才培养，提高队伍人员素质。

（六）继续广泛动员社会力量，深入开展全民义务植树运动。继续做好春季重大义务植树活动的组织协调和服务工作，推动全民义务植树运动深入开展。做好义务植树基地建设工作，巩固绿化成果。义务植树要实行属地管理，农村以乡镇为单位、城区以街道为单位，进一步建立健全义务植树登记制度和考核制度，不断探索和完善符合市场经济规律的义务植树组织形式，做好全民义务植树工作的检查验收和评比表彰工作，提高义务植树的尽责率和实际成效。

（七）切实加强领导，努力开创绿化建设新局面。全市各级党委、政府要按照党的十六届三中全会提出的统筹人与自然和谐发展的要求，进一步提高对首都绿化工作重要性的认识，做到认识到位、责任到位、政策到位、工作到位，增强抓好绿化工作的使命感、责任感和紧迫感，切实把绿化工作纳入重要议事日程。绿化建设的主要指标、各项任务，要层层分解、层层落实，责任到人，继续实行区县政府主要领导任期目标责任制。市、区县财政部门要逐步加大绿化资金投入，保证绿化资金足额及时到位。加强绿化宣传教育工作，不断提高市民的绿化意识、环境意识和生态意识，动员和组织广大干部群众，与时俱进，团结奋斗，努力开创首都绿化美化建设新局面。

（董晓军）

中共北京市委北京市人民政府
关于加快北京市林业发展的决定

（2004年3月25日）

为贯彻落实《中共中央国务院关于加快林业发展的决定》（中发［2003］9号），进一步加快北京市林业发展，根据实际情况，现作出如下决定。

一、加快林业发展是北京经济社会全面、协调、可持续发展的迫切要求

1. *我市林业建设成就显著*。建国以来，特别是改革开放以来，我市全面贯彻党中央、国务院关于加强北京生态建设的重要指示，把植树造林作为改善生态环境的战略措施，有力地促进了林业发展。全民绿化意识、环境意识、生态意识不断加强，义务植树运动深入开展，全社会办林业、全民搞绿化的积极性不断提高。目前，全市林地面积83万公顷，林木覆盖率47.5%，森林覆盖率34.3%。其中，山区林木覆盖率63.8%，森林覆盖率44.4%，规划宜林荒山荒地的90%已实现绿化；平原地区林木覆盖率25%，森林覆盖率20.4%；城市绿化隔离地区有林地面积100平方公里。全市林业生态体系、产业体系和森林资源安全保障体系基本建成，山区、平原、城市绿化隔离地区三道绿色生态屏障基本形成，生态环境质量明显改善，城市面貌显著改观，林业在全市经济社会发展中发挥着越来越重要的作用。

2. *必须把林业建设放在更加突出的位置*。我市林业是以生态建设为主体的公益林业，是以建设世界一流的现代化国际大都市为目标的城市林业，是以高科技为支撑的现代林业，是以兴林富民为目的的高效林业。随着经济发展、社会进步和人民生活水平的提高，社会对加快林业发展、改善生态状况的要求更加迫切，林业在经济社会发展中的地位和作用更加突出。特别是面对北京市率先基本实现现代化的目标，面对实现“新北京、新奥运”的任务，面对市民对生态环境质量更高的要求，我们必须高度重视和加强林业工作，进一步增加森林资源总量，提升林业整体水平和森林生态体系整体功能，加强森林资源保护管理，创新林业管理体制和经营机制，提高林业科技含量，拓展林业富民工程内容。要在贯彻可持续发展战略中，赋予林业以重要地位；在生态建设中，赋予林业以首要地位；在山区建设中，赋予林业以基础地位。

二、加快林业发展的指导思想、基本方针和主要目标

3. *指导思想*。以邓小平理论和“三个代表”重要思想为指导，深入贯彻党的十六大精神，按照“新北京、新奥运”和建设生态城市的要求，确立生态建设、生态安全、生态文明总体战略，高标准规划、高质量建

设、高水平经营、高效能管理，加快构筑高标准的林业生态体系、高效益的林业产业体系、高水平的森林资源安全保障体系，大力保护、培育和合理利用森林资源，实现全面、协调、可持续发展，使林业更好地为我市经济社会发展服务。

4. 基本方针。

坚持生态优先，景观优美，产业优化，生态效益、经济效益和社会效益相统一，实现林业的全面发展。

坚持政府主导，市场调节，科学经营，兴林富民，实现城乡林业的协调发展。

坚持全民动手，改革创新，因地制宜，严格保护，实现林业的可持续发展。

坚持科教兴林，依法治林，工程带动，创建精品，实现林业的跨越式发展。

5. 主要目标。到2008年，全市林木覆盖率达到50%，森林覆盖率达到36%，建成山区、平原、城市绿化隔离地区三道绿色生态屏障，形成城市青山环抱、市区森林环绕、郊区绿海田园的生态景观，努力率先基本实现林业现代化。到2020年，建成比较完备的高标准的林业生态体系、高效益的林业产业体系和高水平的森林资源安全保障体系，为建设山川秀美、空气清新、环境优美、生态良好、人与自然和谐、经济社会全面协调、可持续发展的生态城市奠定基础。

三、加快高标准林业生态体系建设，提高三道绿色生态屏障水平

6. 整合资源，集中力量抓好四大重点林业生态工程。绿化隔离地区绿化建设工程。城市绿化要以植树造林为主体，把美化环境与增强生态功能结合起来，逐步提高建设水平。全面完成城市绿化隔离地区125平方公里绿化建设任务，形成市区森林环绕的生态景观。

第二道绿化隔离地区绿化建设工程，要按照北京城市空间布局调整规划进行建设，实现绿化达标、生态良好、产业优化、农民增收，把该地区建设成为重要生态区、绿色产业区和旅游休闲区。

平原绿色生态屏障建设工程。要与城市中心区、边缘集团、卫星城、小城镇协调发展的城市格局相结合，合理利用水、土等自然资源，建成点、线、面相结合，网、片、带相协调的高标准防护林体系。绿色通道工程建设要与道路建设和河渠整治统筹规划，同步实施，形成由北京通往外埠的生态走廊和绿色风景线；治沙造林工程要重点提高永定河、潮白河、大沙河流域以及康庄、南口等重点风沙危害区整治水平，基本消除我市境内沙尘源；加快卫星城、小城镇绿化建设，达到园林城镇建设标准；各乡镇政府所在地和重点村庄要按照规划营建一定规模的生态林，逐步实现园林化标准。

山区绿色生态屏障建设工程。要结合国家实施的京津风沙源治理和太行山绿化等工程，采取多种造林绿化形式方法，加快绿化步伐，形成优美的自然生态景观。加快实施天然林保护工程、水源涵养林及水土保持林工程，充分发挥森林涵养水源、净化水质、减少水土流失的作用。认真抓好退耕还林工程，注重实效，落实补偿政策，给予农民必要的扶持，切实解决好退耕农民的长远生计问题。继续推进各种景区景点绿化工程建设，为发展生态旅游创造良好的环境。切实搞好中幼林抚育工程，优化森林结构，增强生态功能。

野生动植物保护及自然保护区建设工程。要始终遵循生态群落演化规律，强化政府行为，提高保护水平。切实保护和利用好野生动植物资源和湿地资源，合理扩大自然保护区范围，加快野生动植物保护、救护、繁育网络体系建设，实现生物多样性。

四、加快高效益林业产业体系建设，实现林业富民

7. 优化产业结构，抓好林业五大产业。逐步完善社会化服务体系，提高生产经营管理水平，加强引导和调控，推动产业升级，增强林业产业发展活力。果品产业要以优质为核心，突出特色、培育精品，加快桃、苹果、梨、柿子、板栗等果品产业带建设，大力发展旅游观光果园。速生丰产林产业要与林业生态工程、农村产业结构调整相结合，实行集约经营。花卉产业要以市场为导向，加强新品种培育和新生产技术研发，提升质量，扩大规模，增加效益。林木种苗产业要增加名特优新树种、速生丰产树种、乡土树种和抗逆性树种等种苗生产，大力培育种苗市场。森林旅游产业要科学规划，重点抓好森林旅游线路和森林公园的基础设施建设。

五、加快高水平森林资源安全保障体系建设，确保生态安全

8. 加强森林防火、森林病虫害防治和林地、林木管理。加强森林防火工作，坚持依法治火、科学防火，认真落实森林防火各级行政领导负责制，以专业化、正规化、现代化为目标，建设完备的森林防火预警和监控系统，使重点林区瞭望监测面积达到90%以上；加快林地防火公路、防火阻隔带和森林消防专业队伍建设，增强对森林火灾的预防、控制和扑救能力；建立健全森林消防监督机制。加强森林病虫害防治工作，认真贯彻“预防为主，综合治理”的方针，不断提高森林病虫害监测预警和防治水平，逐步形成完善的预测预报和防治网络；积极推进生物防治，加强森林病虫害检疫工作，严防危险性森林病虫害入侵。加强林地、林木管理，严禁随意采挖野生植物，依法严厉打击乱砍滥伐林木、乱垦滥占林地等违法犯罪行为。

六、深化林业体制改革，增强林业发展活力

9. 实行林业分类经营管理体制。在充分发挥森林多方面功能的前提下，按照主要用途的不同，将林业区分为公益林业和商品林业两大类，分别采取不同的管理体制、经营机制和政策措施。公益林业要按照公益事业进行管理，以政府投资为主，鼓励和吸引社会力量共同建设。本市林业主体是公益林，分为国家级和市级两级。公益林建设投资和森林生态效益补偿基金，按照事权划分，国家级公益林的补偿将由国家和市承担，市级公益林的补偿由市和区县承担。公益林区施行禁牧、禁猎、禁薪、禁垦；天然林区、风景名胜区、自然保护区等要严格管理，依法实行禁伐和限伐。商品林业要按基础产业进行管理，主要由市场配置资源，自主经营，政府给予必要扶持。

10. 进一步完善林业产权制度。这是调动社会各方面造林积极性，促进林业更好更快发展的重要基础。要依法严格保护林权所有者的财产权，维护其合法权益。对权属明确并已核发林权证的，要切实维护林权证的法律效力；对权属明确尚未核发林权证的，要尽快核发；对权属不清或有争议的，要抓紧明晰或调处，并尽快核发权属证明。退耕土地还林后，要依法及时办理相关手续。已经划定的自留山，由农户长期无偿使用，林木归农户所有。分包到户的责任山，要保持承包关系稳定。对目前仍由集体统一经营管理的山林，要区别对待，分类指导，积极探索有效的经营形式。对宜林荒山荒地，可直接采取分包到户、招标、拍卖等形式确定经营主体，也可以由集体统一组织开发后，再以适当方式确定经营主体；对造林难度大的宜林荒山荒地，可通过公开招标的方式，将一定期限的使用权无偿转让给有能力的单位或个人开发经营，但必须限期绿化。不管采取哪种形式，都要经过本集体经济组织成员的民主决策，集体经济组织内部的成员享有优先经营权。

11. 加快推进森林、林木和林地使用权的合理流转。在明确权属的基础上，鼓励各种社会主体通过承包、租赁、转让、拍卖、协商、划拨等方式参与流转，依法获得林地使用权。森林、林木和林地使用权可依法继承、抵押、担保、入股和作为合资、合作的出资或条件，调动经营者投资开发的积极性。建立森林资源资产评估机构，规范流转程序，加强流转管理。在流转过程中，坚决防止出现乱砍滥伐、改变林地用途、改变公益林性质和公有资产流失等现象。要切实加强对流转后应当用于林业建设资金的监督管理。

12. 放手发展非公有制林业。鼓励各种社会主体跨所有制、跨行业、跨地区投资发展林业。凡有能力的农户、城镇居民、科技人员、私营企业主、外国投资者、企事业单位和机关团体的干部职工等，都可单独或合伙参与林业开发，从事林业建设。进一步明确非公有制林业的法律地位，切实推行并依法保护“谁造谁有、合造共有”。实行平等待遇，统一税费政策、资源利用政策和投融资政策，为各种林业经营主体创造公平竞争的环境。

13. 深化国有林场、苗圃管理体制改革。全市国有林场为生态公益型林场，以保护和培育森林资源为主要任务，按从事公益事业单位管理，所需资金按行政隶属关系由同级政府承担。国有苗圃逐步推行企业化管理，按市场机制运作，自主经营，自负盈亏，实行灵活多样的经营形式，增强发展活力。加快公有制林业管理体制改革，鼓励打破行政区域和行业界限，按照自愿互利原则，采取联合、兼并、股份制等形式组建各种形式联合体，实现规模经营，降低成本，提高效益。切实关心和解决国有林场、苗圃贫困职工生产生活中的困难和问题。

14. 进一步扩大林业对外合作与交流。要充分利用国内外两个市场、两种资源，加快林业发展。进一步密切林业与其他行业以及与周边地区的合作，加大引进力度，着力引进资金、资源、良种、技术和管理经验。努力扩大我市林业利用外资规模，鼓励外商投资造林和发展林产品加工业。

七、加强政策扶持，保障林业长期稳定发展

15. 加大政府对林业建设的投入。要把公益林业建设、管理和森林防火、森林病虫害防治等重大林业基础设施建设的投资纳入市和区县财政预算，并予以优先安排。对重点生态工程建设，各级政府财政要重点保证。部门规划的配套生态工程建设投资，要纳入相关工程的总体预算。森林生态效益补偿基金分别纳入市和区县财政预算，并逐步增加资金规模。土地所有权和土地类别未改变的公益林，市和区县政府给予一定的占地补偿。农业综合开发等财政支农资金，要适当增加对林业建设的投入。对重点地区速生丰产用材林基地建设和珍贵树种用材林建设中的森林防火、病虫害防治和优良种苗的开发推广等社会性、公益性建设，由市和区县政府安排部分投资。逐步规范各项林业生态建设工程的造林补助标准。要继续执行国家已经出台的各项林业税收优惠政策。改革育林基金征收、管理和使用办法，征收的育林基金要逐步全部返还给林业生产经营者，基层林业管理单位因此出现的经费缺口由财政解决。

16. 加强对林业发展的金融支持。要继续对林业实行长期限、低利息的信贷扶持政策，具体贷款期限可根据林木的生长周期由银行和企业协商确定，市和区县政府视情况给予一定的财政贴息。有关金融机构对个人造林育林，要适当放宽贷款条件，扩大面向农户和林业职工的小额信贷和联保贷款。林业经营者可依法以林木抵押申请银行贷款。鼓励林业企业上市融资。

八、强化科教兴林，推进依法治林

17. 加强林业科技教育工作，实施科教兴林战略。要充分发挥首都优势，用好中央在京单位的人才、科技等资源，加强林业科学基础研究、应用研究和高新技术开发。要以科技创新提高林业生态建设的质量和水平，以先进技术提升林业产业建设的规模与效益，实施科教兴林、人才强林战略，推动林业全面、协调、可持续发展。林业重点工程建设要坚持植物材料的多样性，注重优良树种的选育，形成多林种、多树种、多植物、多色彩、多层次，逐步推进人工造林自然化。要积极推进网络数字技术的应用，加快“数字首都林业”建设，实现林业资源的动态监测管理。积极推进林业标准化工作，建立健全林业质量标准和检验检测体系。做好培养、吸引和使用人才的各项工作，通过制定优惠政策和采取各种有效措施，充分发挥优秀科技人才的积极性和聪明才智。对林业科学研究、新技术推广和新产品开发等方面有突出贡献的单位和个人给予重奖。要建立和完善全方位、多层次的林业科技培训体系，加大对林业职工和林农的培训力度，提高林业建设者的整体素质和劳动技能，逐步实现林业队伍的专业化。

18. *加强林业法制建设*。要加快制定和完善林地保护、林木种子管理、森林公园管理、野生动物保护和经营利用等方面的法规规章，并根据新情况和上位法的变化对现有法规规章进行修订。规范林业行政许可和行政确认工作。加强森林公安、林政稽查队伍和机构建设，加强区县林业行政执法工作，进一步加大林业执法力度，逐步推行林业综合执法和集中行政处罚。严格森林和野生动植物资源保护管理，严厉打击各类涉林违法犯罪行为。强化执法监督队伍和制度建设，加强行政执法人员培训，坚持资格认证、持证上岗，实施行政过错追究制度。加强林业法制教育和生态道德教育，加大社会宣传力度，为执法人员依法办事创造良好的社会氛围和执法环境。

九、切实加强对林业工作的领导

19. *各级党委和政府要高度重视林业工作，坚持并完善林业建设任期目标管理责任制*。要充分认识加强林业建设对实施可持续发展战略、全面建设小康社会的重要性和紧迫性，并将其纳入国民经济和社会发展规划，做到认识到位、责任到位、政策到位、工作到位。各有关部门要认真履行职责，密切配合，支持林业发展。根据加快林业发展的需要，进一步强化林业行政管理体系，加强各级政府的林业行政机构建设。健全林业推广和服务体系，乡镇林业工作站是对林业生产经营实施组织管理的最基层机构，要充分发挥政策宣传、资源管护、林政执法、生产组织、科技推广和社会化服务等职能和作用。

各级政府要对本地区林业工作全面负责。政府主要负责同志是林业建设的第一责任人，分管负责同志是林业建设的主要责任人。林业建设的主要指标及各项任务要层层分解、层层落实、责任到人。实行任期目标管理，严格考核、严格奖惩，并接受同级人民代表大会监督。各级党委组织部门和纪检监察机关，要把责任制落实情况作为干部政绩考核、选拔任用和奖惩的重要依据。国家及市级林业重点工程建设，要坚持规划落实到区县、任务分解到区县、资金分配到区县、责任明确到区县的管理制度。工程建设进展情况要定期检查，定期通报。建立健全重大毁林案件、违规使用林业资金案件和重点工程质量事故责任追究制度，对违反规定的，要严肃追究有关领导人的责任。

20. *深入开展全民义务植树活动，动员社会力量关心和支持林业工作*。要采取多种形式宣传义务植树的法定性、全民性、公益性，不断丰富和完善义务植树的形式，提高适龄公民履行义务的覆盖面，提高义务植树的实际成效。义务植树要实行属地管理，农村以乡镇为单位，城市以街道为单位，进一步建立健全义务植树登记制度和考核制度。各区县政府要支持中央在京单位以及市属单位郊区义务植树基地建设。继续开展“门前三包”、林木绿地认建认养等活动。全市各级工会、妇联、共青团组织及其他社会团体，要发挥各自作用，动员社会各界力量，投身首都绿化事业。动员驻京解放军、武警部队，积极支援首都绿化。大力加强林业宣传教育工作，不断提高全体市民的生态安全意识。加强对中小学生的生态教育，普及林业和生态知识。新闻媒体要将林业宣传纳入公益性宣传范围。

北京市人民政府关于调整第二道绿化隔离地区绿化建设用地规模有关问题的批复

（2004 年 3 月 23 日）

市林业局：

你局《关于印发〈北京市人民政府关于调整第二道绿化隔离地区绿化建设用地规模的通知〉的请示》（京林发［2004］3 号）收悉。现批复如下：

一、第二道绿化隔离地区绿化建设在非基本农田范围内实施，新增绿化面积由原规划的 412 平方公里调整为 163 平方公里。

二、第二道绿化隔离地区绿化建设，继续执行《北京市人民政府关于加快本市第二道绿化隔离地区绿化建设的意见》（京政发［2003］15 号）的政策措施。

三、国土房管、规划部门要尽快明确第二道绿化隔离地区内 163 平方公里建设用地的具体地块。

四、第二道绿化隔离地区绿化建设任务提前到 2006 年完成。

北京市人民政府办公厅关于调整城市绿化隔离地区和“五河十路”绿色通道生态林建设管理有关政策的通知

（2004 年 8 月 16 日）

市林业局：

你局《关于请印发〈关于提高城市绿化隔离地区和“五河十路”生态林占地养护补偿、补助标准的通知〉的函》（京林发［2004］10 号）收悉。经市政府同意，现就有关问题通知如下：

一、城市绿化隔离地区生态林占用农村集体土地的，市财政局按每亩地每年 500 元给予占地补偿，对绿色产业项目和经济林占地不予补偿。生态林养护补助标准从每亩地每年 120 元提高到每亩地每年 200 元，对绿色产业项目和经济林不再给予养护补助。占地补偿和调高的养护补助年限从 2004 年开始，暂定到 2010 年。占地补偿费每 3 年递增 10%。

二、“五河十路”绿色通道生态林占用农村集体土地的，市财政按每亩地每年 500 元给予占地补偿，并按照每亩地每年 200 元给予养护补助。占地补偿和养护补助年限从2004年开始，暂定到2010年。占地补偿费每3年递增10%。

北京市人民政府
关于建立山区生态林补偿机制的通知

（2004年8月17日）

各区县人民政府，市政府各委、办、局，各市属机构：

为有效保护山区造林绿化成果，提升本市山区绿色生态屏障建设和管理水平，切实维护山区农民的利益，促进山区经济社会全面、协调和可持续发展，现就建立山区生态林补偿机制的有关问题通知如下：

一、建立山区生态林补偿机制的指导思想

以“三个代表”重要思想为指导，坚持以人为本和科学发展观，对山区生态林建设和管理实行“养山就业、规范补偿、以工代补、建管结合”的方针，通过建立生态林补偿机制，实现山区农民由“靠山吃山”向“养山就业”转变，推进山区林业建设，促进山区经济发展和社会进步。

二、山区生态林补偿范围和补偿标准

山区生态林补偿范围是，经区划界定的山区集体所有的生态林，总面积为60.8万公顷，月人均补偿400元，补助人数全市近4万人。补偿年限从2004年开始，暂定到2010年。

三、建立山区生态林补偿机制的资金安排

生态林补偿资金由市、区县两级财政分别安排，列入本级财政预算，专款专用。市、区县财政按8:2比例投入。补偿资金安排年限从2004年开始，暂定到2010年。

四、补偿资金使用方式

以山区生态林所在乡镇为单位，按一定条件配置生态林管护人员，补偿资金由乡镇财政以直补方式发给管护人员。

五、生态林管护人员选用原则和管护职责

选用管护人员要坚持以下原则：一是公开、公平、公正。由乡镇政府统一组织，农民个人自荐、村民委员会推荐，经审核、公示确定管护人员。二是用工本地化。管护人员应从本村农民中选用，生态林面积大、本村劳动力不够，也可从本乡镇农民中选用。三是面向低收入农民。要优先选用符合条件的低收入农民。

生态林管护人员在划定的管护范围内，承担林木抚育和防止森林火灾、乱砍滥伐、乱捕滥猎、乱采滥挖以及防治病虫害等职责。

六、保障措施

（一）加强组织领导。由市林业局牵头，会同市农委、市财政局、市发改委等部门组织协调生态林补偿机制的建立和实施工作，有关部门要各负其责，密切配合。有关区县政府负责本地区生态林补偿机制的建立和相关工作的实施，确保各项政策措施落实到位。

（二）规范项目管理。市林业局会同市农委、市财政局等部门制定山区生态林管理办法，明确管护工作的质量标准和要求。有关区县制定实施办法，明确生态林的范围、面积、权属和管护人员，明确乡镇、村的管理责任，接受社会监督。市、区县每年要对山区生态林补偿机制实施情况进行检查验收。

（三）严格资金管理。市财政局会同市林业局、市农委等部门制定生态林补偿资金管理办法，补偿资金实行专款专用、专账管理，不得擅自挪用。定期对资金使用情况进行审计，发现违规违纪问题要及时处理。

（四）建立考核制度。一是管护任务实行合同制管理，责任到人。二是按照管护标准和管护人员的职责，定期进行检查，年终以村为单位公布检查考核结果。三是对管护合格的人员按规定给予报酬，对管护不合格的人员要扣减报酬，对不能认真履行职责、造成森林资源损失的管护人员，要取消管护资格。

北京市人民政府办公厅关于进一步加强本市森林防火工作的通知

（2004年11月8日）

各区县人民政府，市政府各委、办、局，各市属机构：

为贯彻落实《国务院办公厅关于进一步加强森林防火工作的通知》（国办发［2004］33号）和《中共北京市委北京市人民政府关于加快北京市林业发展的决定》（京发［2004］5号）精神，全面提高本市森林火灾综合防控能力，经市政府同意，现就有关问题通知如下：

一、认清形势，增强森林防火的紧迫感和责任感

近几年来，本市加快了森林防火专业化、正规化、现代化建设，森林火灾的综合防控和扑救能力得到增强，但森林防火工作仍存在一些薄弱环节：野外火源管理难度大，林区火灾隐患增多；一些乡镇、村和有林单位护林责任落实得不好；预警监测、交通通讯、扑救指挥等基础设施建设还需加强；专业森林消防队伍数量不足，装备也待改善。

随着实施“绿色奥运”，本市生态建设进程加快，森林面积不断扩大，防火任务日益艰巨。森林防火工作事关森林和生态安全，事关人民群众生命财产安全，事关改革发展稳定大局，事关首都的形象。各级政府和有关部门必须以对党和人民高度负责的态度，增强森林防火的紧迫感和责任感，以科学的发展观为指导，以求真务实的精神切实抓好森林防火工作，为加快首都生态建设和林业现代化建设提供有力保障。各有关部门要认真履行职责，密切配合，通力合作，积极开展工作。要加强宣传教育，广泛动员群众，使“护林防火、人人有责”成为人们的自觉行动，真正建立起政府全面负责、部门齐抓共管、群众广泛参与、社会积极支持的森林防火工作机制，努力防止发生重特大森林火灾和人员伤亡事故。

二、健全组织体系，进一步提高森林防火工作管理水平

进一步完善市、区县及乡镇三级森林防火组织机构，形成健全稳定、高效精干、信息畅通、反应快捷、保障有力的组织指挥体系。加强各级森林防火指挥部及其办事机构建设，特别是山区并乡建镇后要建立健全森林防火组织。加快市、区县两级森林防火指挥中心正规化建设，进一步完善市森林防火预警监测中心的功能，有条件的区县要设立森林防火预警监测中心。加强森林公安队伍建设，积极改善警用装备和设施条件。

加强培训和规范化管理。建立森林防火分级培训和轮训制度，分批对森林防火机构工作人员、重点乡镇和国有林场领导、林业站站长和防火技术骨干以及森林消防队员、护林员、巡查队员进行防火业务、扑火技术以及安全自救等方面的培训。林区各单位、乡镇、村要对各自责任区内的消防安全责任人、管理人员进行培训。完善扑火指挥工作规范，健全专职指挥员培训任职考核、森林火灾报告等制度，促进管理工作的制度化和规范化。

三、加强森林消防专业队伍建设，全面提高森林火灾扑救能力。

专业森林消防队伍是扑救森林火灾的主力军，要进一步加强市、区县、乡镇和重点有林单位专业森林消防队伍建设。按半小时内到达火场的要求布防，新建一批专业森林消防队，根据实际需要逐步扩大专业森林消防队伍规模，改善装备，规范管理，提高战斗力。重点增加边远山区的扑救力量，特别是国有林场、自然保护区、以森林景观为主的风景旅游区，以及国家和本市确定的生态公益林区的重点乡镇，都要建立专业森林消防队伍。积极探索开展航空护林灭火工作，利用直升机进行巡护、运输、空中直接灭火。

四、增加投入，加强森林防火基础设施建设

要建立稳定的森林防火投入机制，将森林防火基础设施建设纳入地区国民经济和社会发展规划，将森林火灾的预防和扑救经费作为公共财政支出纳入同级地方财政预算。加强森林防火资金的使用管理和审计监督，提高资金使用效率。

继续加强森林防火预警监测、交通通讯、信息管理、林火阻隔、扑救指挥等系统的建设，进一步提升森林防火现代化水平。完善防火通讯网，着力解决无线通讯设施老化、数量少、不配套等问题，建立一批无线通讯差转台或中继站，配置卫星电话，每个区县配备移动通讯车辆，确保监测网络、报火渠道、扑火指挥的通讯畅通。改善防火交通设施，增加森林消防专用车辆，在重点地区规划修建防火公路，保证扑火道路畅通。加强林火阻隔带的规划和建设，完善林火阻隔系统。加强林火监控设施建设，在重点地区增加视频监控设备，改造和新建防火瞭望塔，使全市防火瞭望监控面达到90%以上。继续加强市、区县两级森林防火指挥中心建设，完善设施，配备专业技术人员，进一步提高指挥调度功能。

五、加强监督检查，推进依法防火

采取严格措施，切实加强野外火源控制和安全用火管理，及时发现和消除火险隐患，防止森林火灾的发生。严格禁止烧荒燎地边、吸烟乱扔烟头、烧香烧纸等违法用火行为。采取山头瞭望、护林员值守、区域巡逻检查等方式，利用卫星监测和视频监控等手段，逐步形成高空监测、山头监控、地面巡逻值守的立体式林火监控网。进一步落实护林和巡查队伍。各区县要建立稳定的森林防火巡查队和护林员队伍，保证上岗到位，切实履行护林防火职责。实施山区集体生态林补偿机制的区县，要认真落实生态林管护要求，保证森林防火期内管护人员上岗到位，把责任落实到山头地块。

加大检查和执法力度。各级森林防火指挥部要组织开展森林防火检查，突出查找存在的问题，查找责任落实、措施到位、隐患整改情况。加强对国有林场、自然保护区、以森林景观为主的风景旅游区和其他重点火险区的检查，督促落实各项责任和措施，及时消除各种火灾隐患。森林防火执法和监督工作要做到“五不放过”，即：隐患整改措施不落实不放过、造成火灾事故原因不查清不放过、事故责任者得不到处理不放过、护林值班人员缺岗失职不放过、迟报瞒报火灾不放过。各级森林公安机关要加大对违法用火行为的管制和森林火灾案件的查处力度。各区县之间，与周边省（市）之间，要强化和完善联防体系，积极开展联防工作。

六、积极组织，科学扑救

各级政府及森林防火指挥机构要加强值班，确保通讯畅通。储备足够的森林防火物资和装备，加强专业森林消防队的训练和管理，全天备勤，随时待命。严格执行火情报告制度，遇有火情，必须迅速向上级政府及森林防火指挥机构报告，不得迟报、瞒报。

按照本市处置突发公共事件总体应急预案要求，进一步修订 完善全市森林火灾扑救专项应急预案，明确各级政府、相关机构及有林单位的责任，指导和规范森林火灾扑救工作。各区县、各部门、各单位也要编制响应预案，经常进行实战演练。扑救森林火灾，要坚持“以专为主，专群结合”的原则，以专业森林消防队为主力，充分依靠驻京部队和武警官兵的力量。要积极研究应用科学扑救的手段和措施，把保证人员安全放在扑救指挥工作的首位。严禁组织老、弱、病、残、幼参加森林扑火。

七、强化森林防火行政领导负责制，层层落实责任

森林防火工作由各级政府负责，行政主管部门组织实施，层层落实责任。一要全面实行行政领导负责制。各级政府主要负责同志为第一责任人，分管负责同志为主要责任人，林业行政主管部门负责人为直接责任人。二要落实专门机构的监管责任。各级森林防火指挥部要加强组织协调和监督指导，指挥部成员单位要明确职责，加强协作，互相配合，快速联动。各级林业行政主管部门要认真履行森林消防监督和管理职能，强化监督机制，预防扑救时按责任分工抓，造成火灾和损失的按责任分工查。三要实行区域管护责任制。国有林场、有林单位和村对森林防火工作负直接管理的责任，要签订责任书，建立岗位责任制，把责任具体落实到人和地块。

要加强监督检查。对领导得力、措施落实、成效显著的单位和个人，予以表彰奖励；对失职、渎职或森林防火责任制不落实引起森林火灾和造成重大损失的，要依法追究当地政府和有关部门领导的责任。

办局文件

北京市林业局关于进一步加强森林植物检疫防止检疫性和危险性林木病虫入侵的通知

（2004 年 1 月 12 日）

各区县林业局、直属有林单位：

当前，春季绿化造林的各项准备工作，特别是苗木调运已经开始，为防止检疫性和危险性林木病虫传入我市，避免重大灾情、疫情发生，根据周边省（市）检疫性和危险性林木病虫发生情况，结合我市实际，现就进一步加强森林植物检疫，防止检疫性和危险性林木病虫入侵通知如下：

一、认真贯彻落实“三生态”、“把病虫害防治纳入造林全过程”和“营造健康森林”的思想，坚持“预防为主、综合治理”的方针，采取多种形式广泛宣传《植物检疫条例》等法律法规，提高全社会对外来有害生物的防范意识，群防群治，严防检疫性和危险性林木病虫传入我市。

二、各级林业主管部门要对周边省（市）危险性林木病虫发生与分布情况心中有数，严禁从疫区和危险性林木病虫发生区调入苗木；各级森林病虫害防治检疫机构要从严加强检疫审批、检疫检查和检疫复检，高度重视大规格苗木的调入和使用问题，建立调运大规格苗木追踪调查制度，并把追踪调查工作落到实处。

三、要制定切实可行的防治预案，储备必要的防治药械、药品，发现松材线虫病、红脂大小蠹、日本松干蚧、苹果蠹蛾、网幕毛虫、锈色粒肩天牛、栗山天牛等危险性林木病虫要及时上报并采取坚决措施予以消灭。

四、要高度重视优质苗木的选育、使用和绿化造林规划设计等全过程的病虫害防治问题；市和区县重点绿化造林工程必须使用带有《植物检疫证书》或《产地检疫合格证》的苗木；严禁带有病虫害的苗木进入绿化造林地。

五、各级森防森检机构以及木材检查站要文明执法、严格执法，对违法调运应施检疫的森林植物及其产品的单位和个人依法进行补检并依法予以必要的行政处罚。

特此通知。

北京市林业局
关于当前我市森林防火工作情况的报告

（2004 年 3 月 29 日）

市政府：

3 月 29 日 14 时左右，我市密云县大城子镇南沟村与河北省交界处发生森林火灾。县森林防火指挥部先后调动 240 名专业森林消防队员和 160 名扑火人员参加扑救。14 时 40 分，市森林防火指挥部办公室接到火情报告后，立即派人赶赴火灾现场。到 17 时，明火已全部被扑灭。经初步估算，过火面积 6.67 多公顷。初步认定，起火原因是一村民燎地边所致，目前正在进一步审查。

同日，在房山区、平谷区也发生森林火警。11 时 16 分，房山区霞云岭乡上石铺村南坡发生一起山火，过火有林地面积近 10 亩。11 时 30 分，房山区南尚乐乡发生一起山火，过火有林地面积近 2 公顷。这两起山火已由区专业森林消防队和当地扑火队伍扑灭。经查明，均为上坟烧纸引起。20 时 36 分，平谷区金海湖镇向阳屯发生山火，区专业森林消防队迅速扑救，到 21 时 50 分将火扑灭。经初步估算，过火有林地面积 2 公顷多，分析起火原因为高压线打火引起。

市领导高度重视森林防火工作，在 3 月 26 日召开的全市农业生产工作会上，有成副市长就当前森林防火工作再次提出了明确要求。市、区县森林防火指挥部严格各项防火措施，加强森林防火工作。但由于我市去冬今春持续干旱，最近几天大风天气多，气温上升快，火险等级居高不下。特别是清明节将至，农事活动和旅游也将进入高峰，火源管理难度很大，森林防火形势十分严峻。针对当前严峻形势，我们将进一步采取以下措施，加强森林防火工作，确保不发生重特大森林火灾和人员伤亡事故，确保清明节期间的安全。

一是立即组织开展森林防火大检查

3 月 29 日晚，市森林防火指挥部已向各区县发出紧急通知，要求从 3 月 30 日开始，区县森林防火机构要组织开展一次森林防火大检查。突出“四查”：即查存在的问题、查责任的落实、查措施的到位、查隐患的整改。着重对重点林区、自然保护区、森林公园、国有林场和清明期间的祭奠、扫墓场所，以及其他重点火险区进行检查，督促各项责任和措施的落实。各级森林防火机构要继续组织开展火灾隐患自查自改自报活动，彻底排查和整改火灾隐患。对发现的火灾隐患，下发隐患通知书，依法责令立即整改。

市森林防火指挥部成员从 3 月 30 日开始带队分别对各区县进行森林防火安全检查。3 月 30 日下午，有成副市长带队到房山区检查森林防火工作。

二是严格野外火源管制，加大处罚力度

针对当前烧荒燎地边、乱扔烟头、上坟烧纸等突出隐患，要采取严格措施，进行重点防控，加大处罚力度。护林员、巡查队员要上岗到位。清明节前后，要延长护林员、巡查队员的上岗时间，并在重点时段、关键部位，增加护防力量，死看死守。对痴、呆、傻等特殊群体，落实专人监护；对重大火险区、重点林区、重点设施等重要部位，严加防范。

三是进一步做好扑救林火准备工作

全市 35 支专业森林消防队进入临战状态，保持高度戒备。进一步加强安全扑救知识的培训和森林火灾扑救预案的演练。把扑火安全放在扑救指挥工作的首位，确保在扑火过程中不发生人员伤亡事故。

四是进一步加强值班，严格火情报告制度

要求各级林业部门及森林防火机构加强值班，确保信息畅通。严格执行国家林业局和市森林防火指挥部关于森林火灾报告制度的规定，不得瞒报、迟报。

五是进一步加大森林防火宣传教育力度

全市统一行动，开展森林防火大型宣传活动。各级森林防火机构要组织力量，深入林区、村镇广泛开展宣传，宣传当前森林防火的严峻形势，宣传森林火灾扑救知识和相关法律法规，重点将预防上坟烧纸、野外吸烟、烧荒燎地边等违法用火行为作为宣传内容。要运用各种传播媒体和宣传手段，加大宣传教育。特别是对火灾案件要严肃处理，公开曝光。同时，我们将与市气象局、北京电视台联系，近期在天气预报节目中增播森林火险等级预报。

特此报告。

北京市林业局关于做好第二道绿化隔离地区 2004 年绿化建设监理工作的通知

（2004 年 5 月 13 日）

各有关区林业局、计委、三元集团、监理公司：

为加强本市第二道绿化隔离地区绿化工程建设管理，提高工程建设水平，充分发挥投资效益，实现绿化目标，市林业局、市发改委按照国家和市对基本建设项目管理的有关要求，已委托、授权北京京岭林林业工程监理公司对 2004 年本市第二道绿化隔离地区绿化建设工程进行全过程监理。为切实做好绿化建设的监理工作，使工程监理规范、有序开展，现通知如下：

一、要充分认识对绿化建设实行监理制的作用，把监理作为加强工程建设管理的重要工作

实行建设监理制是国家对基本建设项目管理的重要内容，是保障工程质量，提高工程效益，防止在建设中出现主观随意性、盲目决断的有效措施。

各区要高度重视绿化建设监理工作，积极支持和配合监理公司做好监理，及时提供监理单位所需要的资料、报表；绿化建设工程计量、质量凭证、工程款拨付必须经监理签字确认；为驻区监理人员提供生活、工作必需的基本条件；各区林业局、计委召开的有关工程会议、工程检查验收等重大活动要通知驻区监理人员参加，互通情况。

二、绿化建设监理的依据和主要内容

第二道绿化隔离地区绿化建设以区为工程单位实施监理。监理的依据是市林业局、市发改委批复各区的年度实施方案、作业设计方案以及国家、市有关规定、技术标准，对绿化工程建设的各种行为进行监督、监控、检查、确认。监理的主要内容是对绿化建设的投资、质量、工期进行控制。具体内容是：审核监理项目的实施方案和有关施工组织计划、施工技术方案并督促实施；在施工过程中严格执行有关的技术规定、规程和标准，控制工程进度和工程质量；督促、检查施工技术管理制度和质量保证体系，同时审查、核验苗木及使用设备等清单；根据工程施工质量和进度，签认付款凭证，对实际付款与投资计划实行动态控制，审核工程结算，未经监理单位签字确认，不得拨付工程款；协助有关部门进行工程竣工初步验收、提出竣工验收报告；协助鉴定质量问题责任。

三、严格监理程序，认真履行职责

北京京岭林林业工程监理公司要依据合同的授权范围，独立开展工作，迅速组建第二道绿化隔离地区绿化建设项目监理机构，严格按照监理程序要求及有关合同规定，正确行使各项监理职权，派出具有相应专业技术水平、经过监理业务培训的监理人员，赴工程现场对施工单位的项目建设开展监理工作。监理人员要守法、诚信、公正、科学、遵守职业道德；施工期间现场监理要配合区林业局对施工现场巡回检查，互相通报情况。施工期间，监理单位每五天书面向市林业局汇报工程进度、质量、经验、问题，并抄报市发改委。工程结束后，监理要写出工程监理总结和工程质量评价报告。监理单位要建立监理月报、旬报、简报、阶段性工作总结和重大事件专项报告制度。

四、加强沟通与协调，共同推进第二道绿化隔离地区绿化建设

第二道绿化隔离地区绿化建设政策性强、涉及面广、工程建设地点较分散，工作量大、难度大，各区、监理公司、施工单位要密切配合，通力合作，加强沟通与协调。要按照基本建设项目监理工作的相关要求，并结合绿化建设的实际，加强监理工作。对监理过程中存在的问题，各区要及时向市林业局和监理单位反馈意见，以便规范监理工作。监理人员在检查中发现工程建设的问题，要及时与区林业局、计委通报，并协调解决，双方难以协商解决的问题或绿化建设中的重大问题要以书面形式向市林业局报告。市林业局第二道绿化隔离地区绿化建设管理办公室负责工程监理的日常管理工作，将定期召开阶段性会议，以使绿化建设监理工作规范、有序开展，确保第二道绿化隔离地区绿化建设目标的实现。

首绿办、市林业局关于进一步深化政务公开工作的实施意见

（2004年6月21日）

直属各单位、机关各处室：

为贯彻落实《中共北京市委办公厅、北京市人民政府办公厅关于进一步深化政务公开工作的意见》（京办发［2004］20号），进一步转变办局职能、改进工作作风、提高行政效能，现就进一步深化办局系统政务公开工作，制定如下实施意见。

一、指导思想和基本原则

指导思想：以“三个代表”重要思想为指导，认真贯彻党的十六大和十六届三中全会精神，以公正便民、依法行政和勤政廉政为基本要求，建立公正透明的运行机制，切实加强对行政权力的监督，提高行政效能，更好地为改革发展稳定大局和首都绿化林业建设服务。

基本原则：深化政务公开，要坚持依法

行政原则，凡是法律、法规和规章规定向社会公开的，必须依法公开；坚持真实准确原则，公开的内容要真实可信；坚持注重实效原则，从实际出发，突出重点，讲求时效，不搞形式主义；坚持有利于监督原则，要便于群众知情，有利于职工群众行使监督权。

二、范围和内容

深化政务公开工作，要在原有政务公开基础上，进一步扩大公开范围，充实公开内容。

扩大公开范围：办局机关全面推行政务公开制度，对办理的与人民群众利益密切相关的事项，除国家和本市有保密规定的以外，全部公开。同时，将政务公开的范围，逐步从办事层面向决策领域公开推进。直属单位中凡是具有行政许可、行政收费、行政处罚和登记的单位，都要实行政务公开。其他基层单位也要进一步深化厂务公开工作，特别是涉及职工群众切身利益的问题，都应以适当方式实行公开，充分保障职工群众的知情权、参与权和监督权，增强工作的透明度。

充实公开内容：在我办局原有10类250余项公开内容的基础上，进一步充实以下内容：

（一）办局优化发展环境的事项。包括在优化首都发展环境中取消、下放和简化手续的审批项目；保留的行政审批项目和办理程序；保留的行政性收费项目及其收费标准、收费方式；制定的公务员和执法人员“服务要求”；对优化发展环境工作的检查考核情况。

（二）行政许可法要求公开的事项。

1. 法定职责。各执法部门法定的执法职责范围。

2. 行政处罚。行政处罚的法律依据、主要办案程序、具体办案结果以及案件举报的有效途径和方式。

3. 行政许可。行政许可的法律依据、许可事项内容、许可标准条件、工作程序期限。

4. 行政收费。行政收费的收费项目、收费标准、收费依据、收费程序。

5. 工作规范。执法工作人员的仪表规范、执法语言规范、行为范围和办公规范。

6. 责任追究制度。建立并公布责任追究制度。

（三）办局制定的和群众利益有关的各类规范性文件。办局制定的和群众利益有关的各类规范性文件，主要有：有关的造林绿化工程建设标准、管理办法、检查验收办法类；生态林、经济林建设类；林政资源管理类；陆生野生动物保护和森林植物保护类、林木种子经营管理类、评比表彰类规定等。

（四）重大工程项目招标情况。对重大工程项目，要坚持招标公开、采购公开、施工公开、验收公开。即：依法必须公开的招标建设项目，要公布项目概况、资格预审条件、评标方法及标准、建设要求等有关项目信息，并及时公布中标结果。工程建设的有关材料、设备等的采购结果要公开。建设工程合同内容、施工进度、质量要求、廉政制度、安全制度及工程资金使用情况要公开，涉及合同主体、工程规模、投资和设计等事项变更，要公开。工程竣工验收、决算审计、交付使用情况要公开。

（五）大额资金的管理和使用情况。绿化林业建设重点工程资金计划、预算情况；绿化林业建设重点项目资金计划、预算情况；政府采购情况。

（六）公务员的录用和任免情况。按照《国家公务员录用暂行规定》和《北京市国家公务员录用实施办法》的规定，坚持公开招录原则。成批招录时，会同市人事局，面向社会公开招录名额、职位、专业、资格条件、报考范围以及其他需要说明的问题等，并以适当形式公告笔试、面试成绩和招录人选。个别招录，按照市人事局的规定执行。公务员的任免，按照《国家公务员职务任免暂行规定》，以适当形式公布任免结果。对党政领导干部的选拔，按照《党政领导干部选拔任用工作条例》规定执行，坚持“群众推荐、组织考察、上级领导班子集体讨论确定”的选拔程序，特别是要深化群众推荐、任前公示和公布任免结果3个环节，扩大职工群众的参与度，增加选拔任用工作的透明度。

（七）基层单位厂务公开情况。包括单位发展规划、经营计划、年度工作目标、财务预决算和资产状况、年度和阶段性生产经营状况；建设项目投资情况；涉及职工切身利益的集体合同方案、劳动用工方案、工资和奖金分配方案，公益金使用情况，单位重要规章制度制定及执行情况，职工住房、医疗、保险情况；领导干部廉洁自律、财务支出情况等。

三、公开形式

实行政务公开要根据方便群众办事，维护群众合法权益，便于监督和力求实效的原则，结合实际情况，采取适当形式，公布公开的内容。

（一）在首都绿化办市林业局政务网站进行公布。在充分完善和利用网站现有6大类35个栏目的基础上，进一步充实政务公开的内容，设立“政务公开”专页，通过电子邮件、在线解答、留言板等形式，就来访、建议、监督等事项进一步深化与群众的网上沟通。

（二）在政务服务厅公布。在原首都绿化办市林业局咨询服务室的基础上，建立首都绿化办市林业局政务服务厅，增加政务公开内容，设立政务公开橱窗和政务公开专线电话，实现行政审批等各项相关政务的公开。

（三）利用新闻发布会或座谈会公布。对需要与群众进行直接对话或面对面交流的政务公开，采取适时召开新闻发布会，或听证会、座谈会的形式，与职工群众直接传递信息、了解情况、公开政务。

（四）借助报刊、广播、电视等新闻媒体公布。充分利用《绿化与生活》杂志和借助各类报刊、广播电台、电视台等媒体将公开的事项向群众宣传。

（五）在办事场所公开。结合办公实际，在办事场所建立宣传栏、公告栏、橱窗、展板、电子触摸屏等，公开政务。基层单位还可通过召开职工大会、职工代表大会、工会会员大会、民主议事会、厂情通报会等形式，实现厂务公开。

四、加强制度建设和组织领导

进一步完善健全政务公开的有关制度，认真贯彻执行重大事项集体讨论决定制度、公示制度、新闻发布制度、群众评议制度、考核奖惩制度和责任追究制度，切实把深化政务公开工作同首都绿化林业建设各项工作有机结合，整体推进。

办局优化发展环境工作领导小组（名单附后）统一领导办局系统政务公开工作，领导小组办公室承担政务公开具体工作。

办局系统各部门、各单位按照本《实施意见》，结合本部门、本单位工作实际，认真研究确定涉及本部门、本单位的公开内容和适当的公开形式，制定实施方案和实施细则，报办局政务公开工作领导小组办公室备案，并抓好贯彻落实。要加强政务公开的日常工作，对政务公开的设施要加强维护，保证正常使用和运转，对公开内容要随着工作的变化及时更新，切实推进政务公开工作的深入开展。办局政务公开工作领导小组在年底对各部门政务公开工作进行检查考核。

附：首绿办、市林业局优化发展环境工作领导小组名单

组长　李树旺（党组副书记、副主任、副局长）

副组长　冯端翊（党组成员、纪检组组长）
王苏梅（党组成员、副主任、副局

长）

黄德峰（党组成员、助理巡视员）

高士武（党组成员、助理巡视员）

成员单位　办公室、人事处、机关党委、监察处、联络处、法规处、林政处、公安局、保护处、林场处及林保站、野保站、林政稽查大队、治沙办、种苗站、信息中心、宣传中心、救护中心

领导小组下设办公室，由人事处、机关党委、法规处、监察处组成。牵头人黄德峰。

北京市林业局关于印发《北京市山区生态林管护职责和标准（试行）》的通知

（2004 年 9 月 23 日）

各区县林业局：

为确保山区生态林管护成效，依据《北京市人民政府关于建立山区生态林补偿机制的通知》（京政发［2004］25 号）要求和有关规定，我局制定了《北京市山区生态林管护职责和标准（试行）》，明确了管护人员、乡镇林业站的职责和山区生态林管护的标准。为切实搞好生态林管护工作，现通知如下：

一、要充分认识实施山区生态林补偿机制的重要性和必要性，认真履行职责

建立山区生态林补偿机制是市委、市政府为全面推进首都现代化建设，实现城乡统筹，维护山区广大农民的切身利益，推进山区林业建设，改善生态环境，促进首都经济社会协调发展作出的重大决策。林业部门担负着搞好山区生态林补偿工作的重要责任，要高度重视，精心组织，扎实工作，认真履行职责，做好全市山区生态林区划界定、前期规划、设计审批、技术指导和检查验收等工作，确保市委、市政府决策落到实处，取得实效。

二、严格执行《北京市山区生态林管护职责和标准（试行）》的有关规定，确保成效

要认真落实管护人员、乡镇林业站的职责，按照生态林管护标准组织实施；广泛开展技术指导和业务培训，加强督促检查，建立健全生态林管理和考核制度，提高全市生态林管理水平和林分质量，增强生态功能和景观效果。

三、抓紧编制生态林管护实施方案

各区县要依据森林资源清查成果，以村为单位，准确划定本地区生态林的范围、面积、管护类型和经营形式，按地块小班上图、汇总表格。按照区域组建管护专业队（组），划定管护人员管护地块的四至范围、面积、管护类型，责任到人、到地块。在此基础上，编制实施方案，明确管护内容、技术标准，各阶段管护的主要任务，量化考核指标，逐步建立起一套完整的检查考核体系，使山区生态林补偿机制科学、有序地开展。

四、积极做好实施山区生态林补偿机制的各项工作

各区县林业部门要把山区生态林补偿机制作为当前林业建设的重点工作来抓，明确责任人和具体人员；认真组织学习政策，迅速开展技术培训，使从事设计、施工、检查、管理等工作的人员尽快熟悉和掌握建立山区生态林补偿机制的政策和有关规定，并贯彻到实际工作之中，推进生态林补偿机制工作。

附件：北京市山区生态林管护职责和标准（试行）

为确保山区生态林管护成效，依据《北京市人民政府关于建立山区生态林补偿机制的通知》（京政发）［2004］25号）要求和有关规定，制定本市山区生态林管护职责和标准。

一、管护人员职责

（一）开展林木抚育。在划定的管护责任区范围内，按照乡镇林业站制定的实施方案对林木进行抚育，并达到要求标准。

（二）监测病虫害。一旦发生要及时发现、及时报告。

（三）搞好森林防火。按照区县森林防火指挥部发布的森林防火期、森林防火戒严期的要求，按时上岗巡查，不脱岗、漏岗；制止在责任区内野外用火；监测林地火情，一旦发生要及时发现、及时报告、及时扑救，防止形成森林火灾。

（四）保护森林资源。制止乱砍滥伐、乱捕滥猎、乱采滥挖、偷盗树木、放牧毁林等破坏森林资源的行为。

二、乡镇林业站职责

（一）按照规划，编制本乡镇区域内的生态林年度管护实施方案，并组织实施。

（二）开展对管护人员的技术培训和技术指导工作。

（三）组织开展生态林管护的检查验收工作。

（四）做好年终生态林管护工作总结和下一年度计划任务，并向乡镇政府和区县林业部门报告。

（五）建立健全森林资源管护档案，做到文字、图表资料齐全，分类清晰，详实准确。

三、生态林管护标准

（一）生态林按照中幼林、成林、灌木林3种类型进行管护。

1. 中幼林类型。主要是指从造林后第二年开始到森林成熟前一个龄级的林木。包括未成林造林地、幼龄林和中龄林。一般针叶树树龄在30年以下，阔叶树树龄在20年以下。

2. 成林类型。主要是指达到近、成熟年龄的林木。一般针叶树树龄在30年以上，阔叶树树龄在20年以上。

3. 灌木林类型。主要是指由灌木树种构成为主体的林木。植被高度1米以上，覆盖度在70%（含70%）以上。

（二）管护内容和标准。

1. 林木抚育。要严格按照抚育技术规程和作业设计方案实施。达到林分结构合理，林木分布均匀，生长旺盛，群落结构稳定，生态功能和景观效果明显。

（1）中幼林类型抚育：要以保护原生植被为前提，采取补植补造、松土扩堰、修枝割灌、间株定株、抚育间伐等技术措施，调整林分密度和结构，改善生长环境，促进林木生长，形成复层群落结构，提高林分质量，增强生态防护功能。

中幼林类型的生态林抚育原则上每3～5年抚育一遍。通过补植补造，使造林后保存率达到85%以上，并形成多树种的混交林；针叶树修枝后保留冠高比为2∶3，阔叶树保留冠高比为1∶2；按照“去弱留强，去劣留优”的原则，对株数过多或密度过大的林分进行间株定株，使郁闭度保持在0.6～0.7，林地内无枯死木、病腐木，林下通风透光。

（2）成林类型抚育：主要是采取以清理枯病死木、被压木、剪出被害枝条的卫生伐（透光伐、疏伐和生长伐）为重点的技术措施，调整林分密度，改善林木生长环境，保护生物多样性和注重景观效果，增加稳定性、抗逆性。

成林类型抚育间伐要以作业小班为单位设置标准地。人工林间伐株数强度为20%～25%，蓄积强度为10%～15%；天然林间伐株数强度为15%～20%，蓄积强度为10%～15%。间伐抚育后人工林郁闭度应不低于0.6～0.7，天然林应不低于0.5～0.6。首次间伐针叶林最大只能降低0.2个郁闭度，以防止人为造成天窗和疏林地；禁止商业性采伐。

（3）灌木林类型抚育：以封禁为主，使主要灌木覆盖度稳定在0.7以上。同时，采取补植补种、平茬复壮、除蘖定株等技术措施，使其逐步成为乔、灌复层林，提高林地生产力，增强生态防护功能。

2. 森林资源保护。未发生乱砍滥伐、乱捕滥猎、乱采滥挖、放牧毁林、偷盗树木等破坏林地、林木行为。

3. 森林防火。开设防火隔离带，监测火情，一旦发生要及时报告、及时扑救，没有形成森林火灾。

4. 监测森林病虫害。一旦发生要及时报告、及时防治，未形成森林病虫灾害。

概　况

【机构建设情况】　1980年7月25日，成立北京市林业局，作为市政府主管全市林业行政的职能部门。国务院于1981年12月16日发文，决定成立由北京市委、市政府和中央有关部门、驻京部队领导参加的首都绿化委员会，北京市市长为主任，统一领导首都城乡绿化工作。并成立了首都绿化委员会办公室，作为常设办事机构，负责义务植树的组织、协调、督促、检查、评比、表彰等项工作。2000年1月机构改革，将首都绿化委员会办公室与北京市林业局合属办公，既是首都绿化委员会的办事机构，也是负责全市林业工作的市政府工作部门。　（梁成才）

【主要职责】

首都绿化委员会办公室

1. 贯彻国家绿化国土、美化环境、改善生态的方针、政策，法律、法规，负责首都绿化委员会、市政府关于首都绿化美化的组织协调；开展首都绿化美化宣传活动，推动全民绿化美化运动。

2. 组织编制首都城乡绿化美化建设规划和制定年度计划；研究提出全市花卉行业政策和发展规划，并指导实施；负责确定市级绿化美化重点工程及实施、检查验收。

3. 组织协调中直机关、中央国家机关、人民解放军、武警部队等驻京单位和社会团体参加首都的义务植树活动；组织协调全市市民开展义务植树活动；协调有关部门的绿化美化工作。

4. 拟定市政府与区县政府绿化美化任期目标责任书，并监督检查落实情况；负责组织首都绿化美化督促检查、评比、表彰工作和对外交流工作。

5. 负责首都绿化委员会的日常工作，承办市政府交办的其他事项。

北京市林业局

1. 贯彻国家林业工作的方针、政策、法律、法规，起草本市有关林业方面的地方性法规、规章草案，并组织实施和依法监督检查；负责本市林业工作的社会宣传和林业法律、法规的普及教育。

2. 负责编制本市林业基本建设的中长期发展规划和年度工作计划，并组织实施；监管国有林业资产；负责本市森林资产评估；指导林业经营工作；管理监督市级以上林业建设项目专项资金及直属单位资金的使用；负责统计、分析、报告林业工作数据。

3. 组织开展植树造林和封山育林工作；组织、指导以植树种草等生物措施防治水土流失和防沙治沙工作；组织实施国家在北京市的林业建设项目，负责本市林业重点项目的管理；指导区县林业工作。

4. 研究提出林业发展的有关政策，制定发展规划；负责林果、花卉、蜂蚕、森林旅游、林业苗木种子等行业管理。

5. 组织、指导本市森林资源的管理和保护工作；组织本市森林资源调查、规划、设计、动态监测和统计；审核监督森林资源的使用，负责林地、林权管理；组织编制森林采伐限额，管理监督凭证采伐、移植及运输；对应由市政府批准的林地征用、占用进行初审；负责协调处理森林权属纠纷。

6. 组织、指导陆生野生动植物资源的保护和合理开发利用；拟定本市重点保护的野生动物、植物名录；负责本市森林、陆生野生动物类型自然保护区和湿地保护的建设和管理；负责国家及本市保护的野生动植物和濒危物种进出口的审核；组织指导森林病虫鼠害的防治和检疫工作。

7. 组织指导和检查监督全市森林防火工作；负责本市森林公安工作；依法查处破坏森林资源案件；管理森林公安队伍。

8. 组织指导林业科技、教育、对外交流和信息化管理。

9. 指导本市林业队伍的建设和林业专业技术人员管理；负责本机关国家公务员及直属单位的组织人事管理工作。

10. 承办市政府交办的其他事项。

（卜志勇）

【机构设置】

首都绿化委员会办公室、北京市林业局设14个职能处室和森林公安局、机关党委、老干部处。

办公室 负责本机关的政务工作；负责公文处理、档案、信息、信访、外事、保密、议案、建议、提案工作；负责重要文件和会议决定事项的督查工作；负责拟定并监督执行本机关的议事规则和工作制度；负责本机关及直属单位计划生育工作。

法制处（研究室） 组织本机关各部门的林业调查研究工作；研究提出林业综合性政策；组织起草本市有关林业的地方性法规、规章草案；负责林业执法监督工作，承办本机关的行政复议、行政赔偿案件和行政的应诉代理工作；组织行政处罚听证工作；组织开展林业法制宣传教育。

联络处（义务植树办公室） 负责义务植树法律、法规的贯彻实施和首都义务植树工作的政策研究；组织协调中直机关、中央国家机关、人民解放军、武警部队等驻京单位和社会其他组织及国际友人等社会各界开展全民义务植树活动；负责首绿办会务、提案、议案、信息、信访及督查等日常工作；协调有关部门开展绿化工作及对外交流和有关联络工作；协调开展绿化美化宣传活动。

绿化处 协调编制本市城乡绿化美化规划和年度计划，协调确定市级绿化美化重点工程，并组织检查验收；起草制定市政府与区县政府绿化目标责任书；组织监督检查城乡绿化和全民义务植树工作。

造林处 组织起草植树造林方面的地方性法规、规章草案以及政策、规划、规程等，并贯彻实施；承担以植树种草等生物措施防治水土流失工作；负责本市林业种苗行业及直属苗圃的管理；组织指导、检查监督本市人工造林、封山育林、防沙、治沙等方面的工作；组织实施国家在本市的营林建设项目；负责本市营林重点工程项目的管理；指导基层植树造林工作。

林政资源处 负责林政和森林资源管理；研究制定森林资源调查的规划、规程和制度，并组织调查、统计和动态监测工作；审核并监督森林资源有偿使用情况；负责林地调查、定级、登记、征用和占用林地的初审工作；组织林权登记、发证等管理工作，协调处理森林权属纠纷；负责郊区古树名木资源普查和管理工作；组织编制森林采伐限额；审核监督检查林木的凭证采伐、移植及运输；指导基层林政资源工作。

野生动植物保护处 起草陆生野生动植物资源保护与管理、开发利用的地方性法规、规章及政策；研究提出本市重点保护的陆生野生动植物名录；指导本市森林陆生野生动物自然保护区和湿地保护的建设管理工作；负责国家及本市保护的陆生野生动植物、濒危物种及其产品进出口的审核；指导森林病虫鼠害防治、检疫和预报管理工作。

果树产业处 研究提出郊区果品产业发展政策、规划，指导果农专业合作组织发展；拟定果树技术规程、果品质量和安全标准，并组织实施和检查监督；指导优良品种、新技术的引进、示范、推广，提供信息服务；组织果树技术培训和交流。

花卉产业处 研究提出本市花卉、蜂蚕产业政策，负责花卉的行业管理，组织制定花卉、蜂蚕方面发展规划、年度计划；指导花卉、蜂蚕科技研究以及新技术、优良品种的推广、交流和人才培训工作，提供信息服务；联系花卉社团组织。

林场处 研究提出林场发展的经济调节意见、建设规划、年度计划和考核意见，并指导实施；指导国有林场造林、营林管理、资源保护和基建项目的实施；负责森林旅游的行业管理，研究提出本市森林旅游发展规划；组织指导本市的森林公园、森林景区建设。

科教处 组织拟定林业科技教育发展规划；负责本市林业科研、新技术开发及成果推广工作；指导协调本市林业优新品种的引进、驯化和示范工作；负责本市林业技术监督、林业科技信息、林业专利和有关植物新品种保护管理工作；协调本市林业环境保护工作；组织协调本市林业教育、培训、对外交流工作；负责技术工人等级考评和农民林业专业职务评定工作；指导基层林业科技工作。

计财（审计）处 研究提出林业中长期发展规划、年度计划；评估本市森林资产；监管本市国有林业资产及本机关、直属单位的国有资产；管理监督市级以上林业建设项目专项资金；编制林业基本建设和技术改造项目计划；组织指导本机关和直属单位的财务管理并负责审计监督；负责林业统计工作。

人事处 负责本系统干部队伍建设规划及部署的落实工作；负责本机关的人事管理等工作；指导直属单位的人事管理等工作；负责本机关及直属单位专业技术职务评定工作；承办本机关及直属单位人员出国（境）的有关工作。

工会 维护林业职工的合法利益和民主权利；组织指导职工参加单位的民主管理；指导直属单位工会工作。

森林公安局 组织指导和检查监督本市的森林防火工作；预防、控制和查处破坏森林资源和陆生野生动物资源的案件；组织指导森林公安队伍的管理。

机关党委 负责本机关的党务工作。

老干部处 负责本机关及直属单位的离退休人员的管理工作。

纪检、监察机构，按有关规定派驻。

（卜志勇）

【2004年北京林业】 2004年，是北京市绿化林业建设取得重大突破、具有里程碑意义的一年。在北京市委、市政府的领导下，全市林业工作以“三个代表”重要思想为指导，坚持全面、协调、可持续的科学发展观，明确了新时期绿化林业工作的发展方向，建立并实施山区集体生态林补偿机制，完善林业重点工程的补助政策，建立了林业发展的长效机制，制定了林业可持续发展战略规划，绿化造林快速发展，绿色产业稳步推进，资源管理水平明显提高。北京市绿化林业建设实现了历史性转变、步入了跨越式发展的新阶段。

以构筑三道绿色生态屏障为主体的生态体系建设取得新的进展 全市共完成人工造林2.70万公顷，植树4230万株，林木覆盖率达到了49.99%。城市绿化覆盖率达41.5%，人均绿地达45平方米。超额完成了“市政府56件实事”中绿化林业的建设任务。造林质量明显提高，造林成活率、面积核实率、合格率和重点工程林木良种使用率分别为95%、100%、100%和95%。

绿化隔离地区建设工程 新增绿化面积3173.3公顷，其中城市绿化隔离地区完成绿化533.3公顷

平原绿色生态屏障建设工程 新增绿化面积2680公顷，其中，五环路绿化313.3公顷，顺平路、大秦铁路绿化166.7公顷，潮白河森林公园绿化866.7公顷；其他市区级公路、河道绿化733.3公顷。卫星城、小城

镇绿化新增绿地600公顷。

山区绿色生态屏障建设工程人工造林2.1万公顷 其中：营造水源保护林、水土保持林9333.3公顷；爆破造林1333.3公顷；彩叶工程1133.3公顷；退耕还林9333.3公顷，至此退耕还林工程全面完成，4年来累计增加林地7万公顷，山区水土流失和土地沙化状况得到明显缓解。中幼林抚育工程完成7.5万公顷，到2004年底已全面完成了市政府提出的“用3年时间完成20万公顷”的中幼林抚育任务，有效地改善了林分质量和景观效果。

野生动植物保护及自然保护区建设工程取得新的进展 启动了密云水库湿地、汉石桥湿地、金海湖湿地和房山蒲洼珍稀动植物自然保护区建设，目前保护区面积已达到全市国土总面积的8%。为防控禽流感疫情，建立了81个野生鸟观测点，防止鸟类传播禽流感疾病，并加强了野生动物运输和驯养繁殖管理，为全市取得严防工作的胜利作出了积极贡献。

城市绿化美化取得新的成效，全民义务植树运动深入健康发展 以改善市民工作、生活环境为目标，结合综合整治、危房改造，加大了城市道路、街区、单位庭院、居住小区的绿化美化力度。全年共植树240万株，铺草坪209万平方米。新增绿地257公顷，改造提高原有绿地289公顷，其中居民住宅区新增绿化面积80公顷。建成南中轴等大绿地20余处，中、小型绿地30多处。新建、改造了祈年殿大街等50余条城市主要道路绿化。拆除了6000多米的实体围墙。

首都全民义务植树运动，在胡锦涛等党和国家领导人亲自参加植树活动的带动下，不断掀起新的高潮。全国人大常委会机关、共和国部长、全国政协委员、中央军委及驻京解放军、武警部队首长植树和栽植纪念树、共建友谊林等一系列大型植树活动，有力地推进了全民义务植树运动的健康发展。2004年，全市共有310多万人参加义务植树劳动，植树740多万株。社会团体和个人积极参与绿化林业建设，共认养绿地365.6万平方米，认养树木近1.5万株。

以林业富民为重点的绿色产业体系建设全面推进 认真落实市政府“221”行动计划，结合农业产业结构调整，以提质增效为目标，制定并落实《北京市果品产业发展规划》和《北京市花卉产业发展规划》，普及标准化生产，实施有机化栽培。绿色产业健康发展。全市新发展果树0.8万公顷。果品产量达7.8亿千克，果品收入18.1亿元，分别比2003年增长3.6%和5.6%，创历史新高；林木种苗育苗面积1.97万公顷，产苗4.8亿株，产值达9亿元；花卉生产面积达3666.67公顷，年产鲜切花6947万支、盆花3255万盆，总产值达6.92亿元；养蜂15.5万群，产蜜600万千克，创产值8000万元，出口创汇500多万美元；森林旅游接待游客230万人次，总收入8600万元。林业富民工程取得了明显成效，全年实现林业总产值38亿多元，绿色产业已逐步成为郊区经济发展的重要支柱之一和农民就业、增收的重要渠道。

以确保生态安全为核心的森林资源安全保障体系建设取得实效

林政资源管理工作进一步加强 为实施林业分类经营，完成了全市国家级重点公益林的勘察界定工作，经国家林业局、财政部认定为23.51万公顷。依法开展了林地征占用清理整顿和检查工作，共查处违法使用林地案件40件。严格征占用林地和林木采伐审批，全年共审核批准工程建设征占用林地187.2公顷，批准林木采伐101.86万株，林木移植173万株。

森林防火正规化、专业化、现代化建设进一步加快 重点加强了基础设施和森林消防专业队伍建设，按照市政府的要求，制定并完善了《北京市森林火灾扑救预案》，使森林火灾的预防、控制和扑救能力有了新的提高。2004防火年度发生一般森林火灾6起，森林火警7起，过火林地面积40公顷。实现了“确保不发生重大森林火灾，确保不发生人员死亡”的目标。

森林病虫害防治工作进一步加强 林木病虫害防治率、监测覆盖率、种苗产地检疫率、成灾率分别为95.5%、95.96%、97.81%和0.06/1000，完成了国家林业局下达给全市的防治指标，有效地防止了美国白蛾、双条杉天牛等危险性病虫害的蔓延传播。

依法严厉打击乱砍滥伐林木、乱占林地，乱捕滥猎、非法经营野生动物等破坏森林资源的违法活动 全市各级森林公安部门共立案418起，处理违法人员187人、违法单位147个，补种树木6.2万株。市级林业行政主管部门受理行政案件167起。

科技对林业发展的支撑作用日益显著 ①林业的基础研究水平有了新的提高，全市“十五”森林资源二类清查、野生动植物、湿地资源调查和荒漠化监测、森林资源损失鉴定研究工作基本结束，并取得了重要成果。特别是“十五”森林资源二类清查，全面运用“3S”技术，建立了森林资源属性数据库和图形数据库，为实现森林资源的动态监测和管理打下了坚实基础。②在造林抗旱节水、病虫害生物防治、提高良种壮苗等方面，加强科技成果的转化和利用，共推广科研成果45项，建立了6个国家级林业标准化科技示范区。③“数字首都林业”建设水平进一步提高。实施了网上行政许可项目，完成了林业基础地理信息平台建设和林业综合数据库的研发工作。④林业国际合作交流有了新的进展，全年共引进新科技项目2个、引进资金660万元。承办的亚欧城市林业国际研讨会进一步推进了全市林业的国际合作与交流。

绿化林业发展环境进一步优化 贯彻落实《行政许可法》，转变职能，提高依法行政水平和工作效率：①进行了林业行政事项的认定和行政许可主体的确认工作，经市政府、国家林业局认定，明确了53项行政许可事项。制定并公开了行政许可的程序性规定、制度和行政许可文书。②制定并下发了《关于进一步深化政务公开工作的实施意见》，完善了全程办事代理制实施细则、工作人员行为准则等6项制度。对行政许可和3类行政服务事项（技术、政策、信息服务）全部实行了全程办事代理制。建立了办局政务服务厅，进一步提高了机关服务水平和政务公开透明度。

市属国有林场、苗圃工作稳步发展 市属各国有林场、苗圃按照“以林为主、生态优先，强化管理、确保安全，努力实现可持续发展”这一主线，围绕森林资源培育和保护两个重点，抓规划整合资源，抓营林培育资源，抓森防确保安全，抓市场促进产业，抓改革增加活力，抓队伍提高素质，取得了较好成效。①中幼林抚育、京津风沙源治理、彩叶工程、爆破造林等林业生产任务全面完成。②多种经营稳步发展，实现总收入2.4亿元，利润1200万元。③西山、十三陵、八达岭林场发展总体规划已初步完成。④实现了无重大森林火灾、无人员伤亡的安全生产工作目标。

思想政治工作、精神文明建设取得新的成绩 ①加强思想政治建设。按照市委要求，采取多种形式，深入学习贯彻“三个代表”重要思想、党的十六届三中、四中全会精神和中央经济工作会议精神，进一步提高了全体干部职工的思想水平和政治素质。②广泛开展了法律法规、时事政治、林业专业知识和业务技能的培训。全年共组织各类培训班96个，培训人员7670人次，提高了工作能力和水平。③继续加强反腐倡廉工作，全面落实党风廉政建设责任制，领导干部廉洁自律的自觉性得到增强。④全面落实了安全责任制，采取有力措施消除了安全隐患，

妥善解决了职工群众反映的热点、难点问题，确保了全系统的安全稳定。⑤开展了文明单位评比、评优表彰、素质教育等专项活动和文艺汇演、羽毛球比赛等寓教于乐的群众性文体活动，精神文明建设取得了新的进展。⑥加大宣传力度，提高全民绿化意识和参与意识。中央、市级主要新闻媒体共刊发林业新闻1200多条，为绿化林业建设营造了良好的社会氛围。

（叶占波）

首都绿化委员会办公室（北京市林业局）机关行政机构系统表

（2004年）

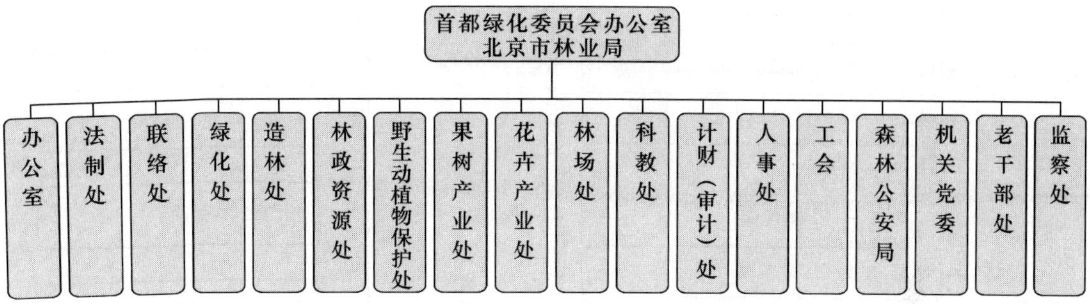

注：法制处加挂研究室牌子；联络处加挂北京市义务植树办公室牌子；林政资源处加挂北京市木材管理办公室牌子。

首都绿化委员会办公室(北京市林业局)直属单位系统表(2004年)

首都绿化委员会办公室 北京市林业局

- 北京市林政稽查大队
- 北京市林业保护站
- 北京市野生动物保护自然保护区管理站
- 北京市林业种子苗木管理总站
- 北京市防沙治沙办公室
- 北京市林业勘察设计院
- 北京市林业局后勤服务中心
- 北京市林业工作总站
- 北京市蚕业蜂业管理站
- 北京市林业信息咨询服务中心
- 北京市林业宣传中心
- 北京市林业国际合作项目管理办公室
- 北京市林业基金管理站
- 北京市野生动物救护中心
- 北京市林业局干部学校
- 北京市林业局老干部活动站
- 北京市林业局物资供应站
- 首都绿色文化碑林管理处
- 北京市绿化事务服务中心
- 北京市西山试验林场
- 北京市十三陵林场
- 北京市共青林场
- 北京市八达岭林场
- 北京市天竺苗圃
- 北京市大东流苗圃
- 北京市温泉苗圃
- 北京市黄垡苗圃
- 北京市蚕种场
- 北京市琅山苗圃
- 北京市南大荒苗圃
- 北京市森林旅游开发公司
- 北京市林业建筑工程公司

注：北京市水源保护林试验工作站加挂北京市防沙治沙办公室牌子；北京市大东流苗圃加挂北方国家级林木种苗基地牌子；北京市林业勘察设计院加挂北京市林业资源检测中心牌子；北京市天竺苗圃加挂北京市果树技术开发服务中心牌子。

北京市区、县林业行政机构表(2004年)

北京市林业局

- 朝阳区绿化局
- 海淀区农林委员会
- 丰台区林业局
- 石景山区农业委员会
- 门头沟区林业局
- 房山区林业局
- 通州区林业局
- 顺义区林业局
- 昌平区林业局
- 大兴区林业局
- 平谷区林业局
- 平谷区果品办公室
- 怀柔区林业局
- 密云县林业局
- 延庆县林业局
- 延庆县果品服务中心

林业生态体系建设

第一道绿化隔离地区建设

【概　况】　按照1993年国务院批复的《北京城市总体规划》的要求，北京规划市区实行“分散集团式”布局。在规划市区内，城市用地由城市中心地区和环绕周围的清河、南苑等10个边缘集团组成。绿化隔离地区是北京城市总体规划的有机组成部分，在城市中心地区与10个边缘集团之间以及各个边缘集团之间建设绿化隔离带。旨在防止城市中心地区与外围组团之间连成一片，控制城市外延，避免城市“摊大饼”式的发展。绿化隔离地区规划绿化面积240平方千米，涉及朝阳、海淀、丰台、石景山、昌平、大兴6个区的26个乡镇和4个农场，人口88.5万。绿化隔离地区规划绿地面积125平方千米，占绿化隔离地区总面积的52%。1986~1999年实现绿化面积38.21平方千米，占绿化隔离地区总面积的15.8%。

2000年3月，市委、市政府决定加快绿化隔离地区建设，将原来计划用10年时间累计完成的100平方千米绿化任务，用3~4年完成。并制定出台了《关于加快本市绿化隔离地区建设的意见》（京政发［2000］12号)、《关于加快本市绿化隔离地区建设暂行办法》（京政办发［2000］20号）等文件，明确了绿化隔离地区建设的指导思想、原则，确定了“绿化达标、环境优美、秩序良好、经济繁荣、农民致富”的建设目标。

2000~2003年，全市绿化隔离地区范围内新增绿化面积74平方千米，栽植各种树木2480万株。截至2003年，绿化隔离地区绿化总面积累计达到112平方千米，超额完成了市委、市政府下达的绿化任务。

2004年工程进展　验收合格的绿化面积453.76公顷，超额完成市绿化隔离地区建设总指挥部下达的2004年规划范围内366.67公顷的绿化任务，栽植各类树木88.6万株。其中：规划范围内完成绿化面积367.52公顷，新纳入地区完成绿化面积86.25公顷。朝阳区实现绿化面积269.31公顷，栽种各类树木25.7万株；海淀区实现绿化面积91.05公顷，栽种各类树木24.9万株；丰台区实现绿化面积91.87公顷，栽种各类树木37.8万株；昌平区实现绿化面积1.53公顷，栽种各类树木0.16万株。

2004年全市共拆建还绿151.20公顷，拆迁建筑面积40多万平方米。其中：朝阳区拆建还绿97.87公顷，海淀区拆建还绿22.13公顷，丰台区拆建还绿29.67公顷，昌平区拆建还绿1.53公顷。

主要特点　①结合拆迁，改造地形，保留原有树木，突出景观效果。2004年绿化隔离地区绿化工程拆迁腾退土地比较多，土壤条件不好，施工难度较大。各区结合拆迁工作，改造地形，回填换土，尽量保留原有树木，取得一定的景观效果。朝阳区东坝乡七棵树村及时拆迁还绿，改造地形，保留了原有的300多株国槐、杨树、枣树等，呈现景观效果快。②把住栽植苗木质量关。2004年绿化隔离地区绿化工程用苗规格大，阔叶苗木平均胸径达到6厘米左右，针叶树高在2米以上，同时注重针阔混交，增加了常绿树种。③完善现有绿地，提高管护水平。按照市绿化隔离地区建设总指挥部要求，各区在确保完成2004年绿化任务的同时，对过去几年里建成的绿地进一步提高绿化水平，做好整改完善工作。朝阳区常营乡补植补种苗木3000多株，海淀区东升乡八家片林将死树清理并补种了杨树1500余株，海淀区树村补种了2000多株金丝垂柳，昌平区东小口镇补种树木13.4万株，丰台区绿指拨专款20万元购置苗木用于绿地的补植补种。④绿色产业改进经营管理。2004年各区都加强了对绿色产业的完善工作，取得了良好的经济效益和社会效益。丰台区大井体育公园，从2001年兴建以来，不断完善提高，几年来栽植各种树木近3万株，并修建了园内道路及各类设施，安排劳动力160余人，到2004年底，每天接待前来运动锻炼的群众150人左右，为附近居民提供了一个很好的活动场所，每月收入40万～50万元，取得了良好的经济效益。海淀区海淀乡柳浪庄公园原为大队渔场，2000年聘请专家进行规划设计，2001年开始施工建设，于2002年6月1日正式开园。经过3年来的改造完善，到2004年，公园管理人员60多人，设立了以垂钓为主的经营项目，每年收入100多万元。成为一处集休闲娱乐和自然风光于一体的景点园林。

主要工作　①制定生态林占地补偿办法，核查生态林面积。为确保农民利益，保障绿化成果，2004年8月，市委、市政府决定，对绿化隔离地区集体土地的生态林进行占地补偿，每亩每年占地补偿费500元，养护管理费200元。绿化组配合指挥部办公室起草了绿化隔离地区生态林补偿管理办法，并于11月25～30日组织参加了绿化核查小组对各区的集体土地生态林面积进行的核查。②加强绿化方案的审查工作，确保绿化隔离地区的整体景观。2004年多次对朝阳、海淀、丰台、昌平等区的绿化建设和绿化改造方案进行审查，并积极提出修改意见，确保了绿化隔离地区以高大乔木为主，绿地集中连片，形成森林景观。（陈京弘）

第二道绿化隔离地区建设

【概　况】　2003年，市委、市政府从统筹城乡经济社会发展，办绿色奥运、建生态城市的高度出发，决定加快本市第二道绿化隔离地区建设（《北京市人民政府关于加快本市第二道绿化隔离地区绿化建设的意见》（京政发［2003］15号）），明确第二道绿化隔离地区的规划范围：第一道绿化隔离地区及市区边缘集团外界至规划六环路外侧1000米，涉及朝阳、海淀、丰台、石景山、通州、大兴、房山、门头沟、昌平、顺义10个区，规划范围占地面积约1650平方千米，其中已有绿化面积（含水域）429平方千米，规划新增林地面积412平方千米。绿化建设的目标是：绿化达标、生态良好、产业优化、农民增收，把第二道绿化隔离地区建成全市的重要生态区、绿色产业区和旅游休闲区。绿化建设的指导思想和原则：解放思想，创新机制；推进土地使用权流转，进一步调整农业结构；统筹规划，整合资源；发挥农民主体作用，切实维护农民利益；绿化建设纳入城市基础设施建设范围。

该项工程于2003年正式启动，当年即完成2000公顷的绿化任务。2004年，为贯彻国务院《关于坚决制止占用基本农田进行植树等行为的紧急通知》，强调实行最严格的耕地保护制度，切实保护基本农田的要求，市委、市政府对原第二道绿化隔离地区绿化建设的任务和规模进行了调整：“第二道绿化隔离地区绿化在非基本农田范围内实施，新增绿化面积由原规划的412平方千米调整为163平方千米；第二道绿化隔离地区绿化建设，继续执行《北京市人民政府关于加快本市第二道绿化隔离地区绿化建设的意见》（京政发［2003］15号）的政策措施”。截至2004年底，第二道绿化隔离地区完成绿化造林面积2040.26公顷，其中：景观生态林417.93公顷，一般生态林256.93公顷，经济林1365.40公顷。共栽植各类苗木约500万株。

（高成德）

“五河十路”绿色通道建设

【概　况】　北京市“五河十路”绿色通道建设工程是根据《国务院关于进一步推进全国绿色通道建设的通知》（国发［2000］31号）精神，为进一步推进本市绿色通道建设，建设第二道绿色生态屏障，改善首都生态环境，迎接“绿色奥运”而规划的重点建设工程，同时也是《北京市国民经济和社会发展第十个五年计划纲要》的重要内容。该工程自2000年开始规划筹备，计划用3～5年时间完成。“五河十路”包括永定河、潮白河、大沙河、温榆河、北运河，京石路、京开路、京津塘路、京沈路、顺平路、京承路、京张路、六环路和京九铁路、大秦铁路。工程建设本着高标准设计、高标准施工的原则，在通道两侧每侧各营建200米左右宽厚绿化带，其中，内侧50米范围内为永久性绿化带，采取乔灌花草相结合的栽植方式，注重苗木的空间立体配置和植物色彩的多样化，重点突出景观美化效果；外侧150米范围内发展速生丰产林、经济林、苗圃等绿色产业项目，提高土地利用率，与促进地区经济增长和农民致富相结合。该工程自2001年开工到2004年底基本结束，4年时间共完成绿化1035.54千米，造林2.57万公顷，圆满完成规划任务。工程的实施不仅保护了公路、铁路、河渠和堤坝，改善了沿线生态环境，而且还促进了沿线地区农业结构调整和农民增收，改善和优化了社会经济环境，为实现“绿色奥运”的承诺奠定了一定的基础。

2004年，北京市实施了潮白河顺义段、大秦铁路昌平段、顺平路东延长线平谷段绿色通道建设工程。8月份，共完成绿化面积1100公顷，栽植侧柏、栾树、合欢、山桃、黄栌等各种优质苗木89.17万株。其中，顺义区完成绿化面积552.71公顷，植树48.88万株；共青林场完成绿化面积376公顷，栽植19.8万株苗木；昌平区完成绿化面积100公顷，新植各类苗木16.5万株；平谷区完成绿化面积68.38公顷，栽植各类苗木3.99万株。2004年工程已进入扫尾阶段，与往年相比，虽然建设总面积少了，并且又依据国务院《关于坚决制止占用基本农田进行植树等行为的紧急通知》文件精神做了一次规划调整，但这并没有影响整体工程施工水平、施工进度和施工质量。面对“五河十路”工程的收尾工程，相关单位在总结经验教训的基础上，特别把提高工程建设标准，突出施工整体水平作为首要工作来抓。共青林场在潮白河森林公园规划建设中，以建设六景（林景、水景、河景、堤景、桥景、城景）、六园（湿地园、野生动物园、树木精品园、体育休闲园、水上公园、核心园）为重点，建成了一批景观优美的生态小品。昌平区在大秦铁路绿色通道建设中，在坚持“生态优先，环境优美，产业优化、高质高效”的指导思想和“五多四好”（多树种、多林种、多植物、多色彩、多层次，好种、好活、好管、好看）的原则下，注重高大乔木、亚乔木、花灌木的多层次立体配置，常绿树种、阔叶树种、彩叶树种的有机结合，突出了绿化美化效果，提升了绿化品位。

2004 年绿色通道建设中，由于苗木规格大、品种多、造林立地条件差等原因，许多地段采用了客土造林、铺膜植树、灌施生根粉、叶面喷施抗蒸腾剂、树体涂抹防啃剂等技术措施，提高了造林成活率和保存率。顺义区潮白河段造林地通体全是沙，为了确保造林成活率和保存率，共青林场加大资金投入实施客土造林，总客土面积达 33.33 公顷，客土量 30 万立方米，同时对新植树木采用小管出流方式进行节水灌溉，及时足量地满足新植树木的水分需求，切实提高了苗木成活率。顺义区林业局采用铺设生态垫方式提高潮白河生态堤造林成活率，这种方式不仅具有景观效果，还起到了固沙作用。2004 年顺义区共用生态垫 40 万平米，土方 27.2 立方米。各区县在工程建设中，对于大规格苗木通过灌施生根粉促进根系生长，通过叶面喷施抗蒸腾剂，减少了植物的蒸腾作用，保存了水分，这些措施都确保了苗木的成活。

【工程规划任务调整】 2004 年年初，根据国务院颁发的《关于坚决制止占用基本农田进行植树等行为的紧急通知》中强调“实行最严格的耕地保护制度，切实保护基本农田”的要求，对刚制定的 2004 年“五河十路”绿色通道建设工程规划任务进行了调整，绿化任务由原来的 1267 公顷减少到 1033 公顷，其中取消了延庆县大秦铁路两侧绿色通道 100 公顷绿化任务，平谷区顺平路东延长线新平蓟路两侧绿化任务由原来的 297.8 公顷调整为 66.67 公顷，新增昌平区大秦铁路两侧绿色通道建设 100 公顷，顺义区 867 公顷任务不变。

【永久性绿化带占地和养护标准调整】 为了做好全市绿色通道永久性绿化带占地补偿和养护工作，确保绿化成果，2004 年春季针对“五河十路”绿化工程永久性绿化带养护和占地补偿标准低的现状，在调查研究基础上，市政府办公厅及时下发了《北京市政府办公厅关于调整城市绿化隔离地区和“五河十路”绿色通道建设管理有关政策的通知》，将绿色通道永久性绿化带占地补偿由每亩地每年 200 元提高到 500 元，养护补助由每亩地每年 120 元提高到 200 元。市林业局下发了《关于转发〈市政府办公厅关于调整城市绿化隔离地区和“五河十路”绿色通道生态林建设管理有关政策的通知〉的通知》，要求各区县提高生态林占地补偿和养护补助标准，切实做好养护工作。

【潮白河绿色生态堤建设】 潮白河全长 83.5 千米，其中流经顺义 38 千米，2008 年奥运会水上和运动项目比赛将在此进行，顺义新城也将建在潮白河畔。为了对潮白河沿岸进行综合整治，2003 年顺义区政府在潮白河两岸修建了 50 年一遇的防洪生态堤，生态堤北起牛山大桥，南至河南村桥，全长 8 千米。2004 年，由区林业局和共青林场负责对生态堤进行全面绿化，共完成绿化造林 118 公顷，栽植油松、桧柏、沙地柏、银杏、洋槐、栾树、楸树、黄刺梅、连翘、丁香、山杏等针阔乔木、花灌木共 30 余种 9 万余株。同时，林下人工撒播二月兰、石竹、草苜蓿等地被草籽 113 公顷。

【五环路百米绿化带建设】 五环路全长 98.58 千米。五环路绿化工程规划在五环路两侧各建成 100 米宽的永久性绿化带，使其成为绿色景观大道。工程建设自 2002 年开始，截至 2004 年底，其主体绿化工程已基本完工。共计完成绿化造林 865 公顷，植树 198.45 万株，拆迁 80.57 万平方米，动土方

437.2 万立方米，铺设管线 3.7 万延长米。涉及朝阳、海淀、丰台、石景山、大兴等 5 个区、19 个乡镇、5 个农工商公司、3 个国有农场。

2004 年，该路百米绿化带建设进入最后一年。当年工程建设涉及朝阳、海淀、丰台、石景山和大兴 5 个区，完成绿化面积 310.59 公顷，植树 49.39 万株，拆迁各类建筑物 13.47 万平方米，动土方 57.2 万立方米，铺设管线 1.9 万延长米。

2001～2004 年全市“五河十路”绿色通道建设工程完成情况汇总表

单位：千米、公顷、万株

	绿化长度	完成面积	栽植株数	其中							
				永久绿化带		速生林带		经济林带		苗圃	
				面积	株数	面积	株数	面积	株数	面积	株数
合计	1035.54	25675.65	3337.96	8140.15	1643.13	6687.86	675.06	6228.83	1019.77	4618.81	8302.47
按河路											
北运河	42.00	1977.46	241.70	393.23	84.10	973.08	104.10	442.12	53.50	169.03	0
潮白河	110.3	3100.46	316.28	1293.97	125.24	641.73	55.31	750.17	135.73	414.59	758.36
大沙河	16.47	172.46	16.8	68.09	4.6	91.24	6.8	12.83	5.4	0.3	1.1
温榆河	110.1	2126.36	230.65	722.89	192.15	129.53	15.03	225.03	23.47	1048.91	823.72
永定河	60.9	1951.22	173.73	431.07	36.26	439.83	34.93	988.99	102.54	91.33	271.6
京石路	45.5	1152.02	83.8	222.25	24.7	543.07	53.2	52.33	5.9	334.37	932.8
京开路	40.9	1100.46	259.59	390.93	230.83	261.93	16.16	174.73	12.6	272.87	1227.9
京津塘路	51.4	1764.63	440.95	384.23	85.65	542.87	43.4	598.8	311.9	238.73	362.7
京沈路	44.16	1613.86	154.01	263.43	16.83	312.07	32.53	625.53	104.65	412.83	61.26
京承路	25.1	406.82	77.58	214.18	20.21	146.49	56.88	13.98	0.49	32.17	10.25
京张路	58.04	1375.69	173.02	398.59	65.01	505.22	77.59	175.01	30.42	296.87	1190.1
顺平路	53.4	918.9	212.16	293.43	166.69	107.71	6.8	327.31	38.87	190.45	696.6
京九铁路	44.60	1078.34	92.90	329.33	52.10	230.31	15.20	394.29	25.60	124.41	31.20
大秦铁路	90.88	2429.25	194.33	635.28	50.43	942.96	82.3	593.27	61.6	257.74	839.2
六环路	143.49	3642.46	472.01	1251.33	291.06	819.82	74.83	837.1	106.12	734.21	1095.68
五环路	98.3	865.26	198.45	847.92	197.27	0	0	17.34	1.18	0	0
按区县											
昌平	142.97	2878.67	273.62	758.29	138.37	764.62	103.97	359.72	31.28	996.04	1666.03
朝阳	84.82	1236.45	161.65	754.53	95.93	124.81	55	83.6	10.72	273.51	202.53
大兴	190.25	5400	1008.99	1783.65	517.44	1203.33	87.13	1699.37	404.42	713.65	2402
房山	40.9	1559.07	108.85	206.2	20.7	548.4	55.83	515.6	32.32	288.87	914.3
丰台	35.11	338.99	36.04	244.96	33.04	0	0	20	3	74.03	113.5
海淀	44.61	439.44	99.83	284.21	91.98	18.67	3.36	63.93	4.49	72.63	121.85
怀柔	39.57	779.65	64.39	271.98	22.93	297.6	33.55	99.76	7.91	110.31	345.36
密云	17	360.68	23.7	102.67	6.8	193.53	12.6	15	4.3	49.48	223.8
平谷	38.4	616.61	61.49	121.78	32.32	233.13	14.7	193.63	14.47	68.07	330.9

（续）

	绿化长度	完成面积	栽植株数	其中							
				永久绿化带		速生林带		经济林带		苗圃	
				面积	株数	面积	株数	面积	株数	面积	株数
石景山	4.81	34.33	3.9	34.33	3.9	0	0	0	0	0	0
顺义	153.6	4196.47	580.98	1817.47	369.58	960.07	59.4	715.02	152	703.91	1740
通州	191.1	6598.26	781.24	1297.82	253.99	2035.81	220.44	2079.32	306.81	1185.31	0
延庆	52.4	1237.03	133.28	462.26	56.15	307.89	29.08	383.88	48.05	83	242.2
按年度											
2001年	240.00	7006.66	1111.37	1659.43	423.02	2165.16	222.88	1626.41	465.47	1555.66	3774.76
2002年	398.0	9706.64	1218.78	2938.9	724.30	1745.47	155.97	2767.94	338.51	2254.33	3612.18
2003年	336.76	7554.68	841.48	2409.32	355.68	2651.1	289.61	1685.44	196.19	808.82	915.53
2004年	60.78	1407.67	166.33	1132.5	140.13	126.13	6.6	149.04	19.6	0	0

（“五河十路”绿色通道建设由常祥祯供稿）

京津风沙源治理工程

【概　况】　京津风沙源治理工程是北京市生态环境建设的重点工程，主要通过飞播造林、人工造林、爆破造林、封山育林（草）、种苗基地、采种基地、沙地改造、建设农田林网、水源及节水灌溉工程、小流域综合治理、人工种草、天然草场保护、生态移民等工程措施，解决首都周围地区的风沙危害。其治理试点工程于2000年6月启动，2002年3月3日国务院正式批准实施《京津风沙源治理工程规划》，工程范围主要涉及密云、延庆、怀柔、平谷、门头沟、昌平等6区县。计划总投资558.65亿元，其中基建投资301.04亿元，财政投资257.61亿元。

2004年，北京市京津风沙源治理工程完成林业措施总任务为4.87万公顷，包含退耕还林0.73万公顷、配套造林0.73万公顷、封山育林2.6万公顷、飞播造林0.68万公顷、爆破造林0.13万公顷；水利措施完成小流域综合治理1.45万公顷、水源和节水灌溉工程832处；农业措施完成人工种草0.47万公顷；生态移民2000人。

工程遵循客观规律，坚持生态优先，建设和保护并重，统筹规划，突出重点，因地制宜，科学配置，集中连片，综合治理的原则。市发改委、市林业局、市农业局、市水利局等各司其职，各负其责，紧密配合，同步工作。相关区县都成立了工程领导小组，层层签订责任书，按部门、分乡镇落实任务，明确责任，切实做到了层层有人抓，有人管。

【工程管理措施】

搞好规划设计　工程建设坚持统筹规划，突出重点，因地制宜，综合治理的原则，突出绿化和景观效果，注重乔灌草的立体配置，加大针阔混交及彩叶树种栽植比例。从工程前期工作入手，对各区县落实的工程地点和布局、投资标准、技术措施等多方面进行严格审查，规范工程实施方案和作业设计。

加大科技支撑力度 充分发挥首都科技、人才优势，坚持把科技贯穿于工程全过程，加大对京津风沙源治理工程的科技投入力度，市、区县分别制定科技支撑方案，聘请专家做顾问，指导工程建设。在工程建设中，广泛应用先进的科学技术，建立了一批试验示范区，进行不同造林技术的试验和管理。为提高造林成活率，进行抗旱保水剂试验；对大苗造林采用铺膜、换土、盖膜和蘸ABT生根粉、根宝等技术措施，确保了成活。

加快工程后续产业发展 充分利用工程区的生物资源优势、人力资源优势、区位比较优势，变资源优势为经济优势，实现生态、经济协调发展。坚持统筹兼顾，把后续产业作为农民增收和农村经济结构调整的重要载体，把扶持龙头企业作为推进后续产业发展的切入点，坚持因地制宜，实事求是，强化林木资源培育，夯实后续产业发展基础，优化政策机制，为后续产业发展创造了良好的外部条件。

积极推广特色精品工程 坚持“以质量建设为中心”，根据地区特点打造精品、亮点工程，建设了一批具有区域特色、有可推广价值的精品工程新模式，如：绿色生态富民旅游模式，林、果、牧立体结构模式，特色经济林带模式，林药模式，速生杨治理模式，荒滩和沙坑治理模式等。

建立健全监督检查机制 严格按照基本建设程序进行建设与管理，依照《北京市京津风沙源治理工程管理办法》和《北京市退耕还林管理办法》，按规划立项，按项目搞设计，按设计组织施工，按工程项目安排资金，按效益考核的工程建设制度；积极实行工程项目法人负责制、资金使用报账制、设计审批制、工程监理制、竣工验收制度，重大工程项目的设计、施工实行招投标制，并采取合同制管理；对主要植物材料（包括苗木）和设施设备实行政府采购。加强资金管理，严格财务制度，实行跟踪检查和审计监督，设立专户，确保专款专用，提高资金使用效率。

加大管护力度，确保建设成果 为确保工程建设质量和资金使用安全，继续建立健全公示制度和举报制度，在京津风沙源治理建设现场建立公示牌，将第一责任人、项目法人、主管部门以及举报电话等予以公布，接受社会和群众监督。区县政府和有关部门认真核查举报的问题，对违法违纪问题，一经核实，按照有关规定对责任人进行处罚。市有关部门不定期开展京津风沙源治理工程阶段性检查，区县政府和有关部门也经常对京津风沙源治理工程建设情况进行检查。与此同时，对出现的好经验、好做法及时推广，对涌现的先进单位、先进个人进行总结表彰。

（续　源）

【工程成效】

生态效益 经过多年的治理，生态环境质量得到明显改善和提高。工程区林木覆盖率和蓄水保土能力大幅度提高，生态环境开始向良性方向发展。据2004年底完成的北京市森林资源二类清查和北京市水土流失监测公报显示，山区林木覆盖率由2000年的57.2%增加到2004年的67.8%，提高了10.6个百分点；2004年山区水土保持治理措施共蓄水2754.1万立方米、减少土壤流失35.2万吨。

经济效益 依托工程建设创造的林果资源和良好生态环境，山区开发了观光采摘、特色民俗游、休闲旅游等产业，带动了餐饮、交通运输、果品加工等相关产业的发展，带动了农民就业，促进了农民由第一产业向第二、第三产业转移，增加了农民收入，实现了生态与富民的“双盈”。

社会效益 京津风沙源治理工程建设的实践，使工程区广大干部群众深刻认识到，生态建设是功在当代、利在千秋的大事和好事，干部群众的环境保护意识和法制观念明显提高，保护环境、实施生态建设、积极同破坏环境的违法行为做斗争已逐渐成为人们的自觉行动，形成了政府与公众共同参与的生态环境保护和建设的良好社会氛围。

（续 源）

【防沙治沙战略研讨会】 为纪念第十个世界荒漠化和干旱日，进一步推动北京市防沙治沙工作向纵深发展，6月15日，召开了以防沙止漠，绿满京华为主题的防沙治沙战略研讨会。国家林业局防沙治沙办公室副主任许庆、中国治沙暨沙产业学会副理事长朱俊凤、北京农学院院长王有年等同志，中国林业科学研究院、北京林业大学、北京市气象局、北京市农委等单位的专家学者，市林业局及各区县林业局、果办的领导参加了研讨会。市林业局副局长康德铭出席研讨会并作了讲话。

研讨会回顾了建国50多年来北京市防沙治沙特别是京津风沙源治理工程启动以来所取得的成就。专家们从防沙治沙基础理论研究、防沙治沙治理模式、沙产业开发、科技支撑、工程管理和国际治沙项目合作等方面进行了研讨，并提出7条建议：①未来北京的沙地开发应以绿色种植为基础，绿色养殖、加工为导向，形成产、供、销一条龙的沙地绿色产业链；②北京市应加大防沙治沙优良树种、草种的选育和推广应用；③研究和创新防沙治沙机制，促进沙区后续产业发展；④解决山区区域经济和农民增收是防止荒漠化进一步扩展的主要措施之一；⑤顺应自然规律，解决北京沙尘和土地沙化的内源和外源问题，是当前和今后全市防沙治沙工作的重点之一；⑥贯彻落实《中共中央国务院关于加快林业发展的决定》、《中共北京市委北京市人民政府关于加快北京市林业发展的决定》和北京市林业工作会议精神，以科学的发展观，制定好北京市防沙治沙整体规划；⑦在防沙治沙工程建设中，积极争取国际援助与合作。

（张国桢）

【京津风沙源治理工程第六次省部联席会暨现场会】 7月20~21日，国家发改委、国务院西部开发办、财政部、国土资源部、农业部、水利部、国家环保总局、国家林业局在山西大同联合召开了京津风沙源治理工程省部联席会暨现场会，北京市、天津市、河北省、山西省、内蒙古自治区的省（区、市）领导出席了会议。牛有成副市长率领北京代表团出席了会议。市林业局副局长康德铭参加了此次会议。

会议代表考察了山西省大同县、阳高县的林业生态工程、小流域治理工程、草种基地、生态移民新村和奶牛养殖园区。与会代表分别汇报了本省（区、市）京津风沙源治理工程的进展情况和经验，牛有成副市长代表北京市以多媒体的形式做了题为《坚持科学发展观，深入推进北京市京津风沙源治理工程》的汇报，生动活泼地展示了北京市京津风沙源治理工程和退耕还林工程建设所取得的成绩、采取的主要措施和积累的经验，得到与会代表的一致好评。

（李金海 张国桢）

播草盖沙工程

【概　况】　据国家环境分析测试中心监测结果，北京地区沙尘日的沙尘源67%～80%来自外埠，本市风沙日天气沙尘贡献率为20%～33%。为解决郊区裸露沙地就地扬沙扬尘问题，改善首都的生态环境，根据市委书记刘淇的指示精神和北京市政府关于播草盖沙工程的统一部署及要求，从2002年开始启动该工程，并把治理裸露沙地纳入了《北京绿色奥运行动计划》和《北京市"十五"时期环境保护规划》。

该工程是一项特殊的生态环境建设工程，是通过栽种本地或引进适生沙生、抗旱灌木及草本植物，对重点风沙源地区的裸露沙荒地、卵石滩地、沙坑地等进行绿色覆盖，形成上层乔木、中层灌木、下层草本的立体防沙固沙体系，使北京地区起沙扬尘状况得到缓解，有效地改善首都的生态环境。

按照播草盖沙工程总体规划，重点风沙危害区内有1.33万公顷裸露沙地亟需治理，主要涉及大兴、通州、顺义、丰台、房山、门头沟、昌平、延庆、密云、怀柔和平谷等11个区县和市共青林场。2002～2004年，每年实施播草盖沙工程3333公顷，3年来共完成播草植灌面积6667公顷，完成封沙育草3333公顷。栽植灌木植物有柠条、荆条、沙枣、沙棘、胡枝子、杠柳、金桃、饲料桑、文冠果、柽柳、银水牛果、枸杞、红瑞木、锦带花、沙柳、花棒、扬柴、沙地柏、五角枫、宿根花卉等20余个品种，播种草本植物有紫花苜蓿、披碱草、中间冰草、无芒雀麦、草木樨、红三叶、地被石竹、波斯菊、二月兰、野草、三叶草、稗草、沙打旺、地锦、早熟禾等20余个品种。

2004年全市完成播草盖沙任务3333公顷。根据沙源危害区的立地条件及原有植被覆盖度，重点播种紫花苜蓿、草木樨、白三叶、地被石竹、波斯菊、二月兰等各类花草种子39.3吨，计1667公顷，实施一般封育1667公顷。其中，房山区333公顷，丰台区333公顷，大兴区333公顷，通州区133公顷，顺义区600公顷，平谷区100公顷，密云县133公顷，怀柔区267公顷，延庆县500公顷，昌平区267公顷，共青林场333公顷。

工程效果　①有效地遏制了风沙危害区裸露地表的扬沙起尘，对防风固沙起到了显著作用，减少了浮尘对首都京城空气的污染。据初步试验测定，北京市3年来的播草盖沙工程完成1万公顷，植被覆盖度都超过了70%以上，按每年15天风沙日计算，每年可减少扬尘1.34万吨；②可以改良沙地土壤，培肥地力，播种的苜蓿草本身具有固氮能力，可有效提高土壤氮素营养，改善土壤有机质含量；③结合当地农业生产，增加农民经济收入，如作为饲料用的苜蓿草，一年可产三四茬，每年每公顷可增加收入4500元；④解决了单一植树造林地表裸露、扬尘扬沙没有得到治理的问题，形成了立体种植模式，增加了绿色资源，改善了生态环境。

主要措施　①领导重视、狠抓落实。市、区县、乡镇各级政府领导对播草盖沙工作高度重视，为工程的顺利实施提供了保障。林业部门全面负责规划设计、技术指导、检查验收。由绿化专业队负责施工，并以责任制的形式，层层签订责任书，做到重点地段重点施工，一般地段严格施工。确保工程高标准、高质量的完成。②统一规划、统一设计、突出重点、分步实施。结合林业重点工程，在沙滩地、卵石滩地、林间空地栽种沙生灌、草植物，形成乔灌草立体绿化模式，增强了植物群落的生态调节功能，从源头上减少扬沙起尘。重点地区施工中，采用播种优良草种和栽植耐旱小灌木的方式，一般地段结合幼林抚育工作，给优势草种生长创造一个良好的环境。③因地制宜、植物品种多样化。根据治理区域立地条件，宜灌则灌、宜草则草，注重品种多样化。栽植灌木品种30多个，播种草本品种18个。既能盖沙抑尘，又能美化环境或增加经济效益。④强化管护，巩固建设成果。各区县采取多种措施，加强管护工作。一方面利用广播、电视、板报等方式向群众宣传林业法律法规。另一方面与施工单位签订管护责任制，制定严格的奖惩办法。设护林员对绿化区进行看护，引导教育群众自觉爱护林木，防止放牧、毁草。并在重点区段、村旁、路口全线架设隔离护栏，设置防火、禁牧警示牌，做到了栽植、播种、管护一起抓。

【北京市播草盖沙工程暂行技术规定】 8月，在实施了两年工程以后，为了巩固工程成果，规范有关技术要求，市林业局在原有技术规定基础上，重新制定下发了《北京市播草盖沙工程暂行技术规定》。技术规定主要包括规划建设范围、设计原则、工程建设标准、工程期限、技术要求、管理及管护措施、检查验收、档案管理等8个方面，重点要求工程要因地制宜、统一规划、集中连片、重点突出、播管并重，实现生态效益、社会效益、经济效益相结合。

【播草盖沙工程生态效益监测】 为监测工程实施效果，2004年8月开始，市林业局与市农林科学院农业综合发展研究所及市环境保护科学研究院共同实施播草盖沙工程生态效益测试研究，计划于2006年6月结束。

测定内容：主要有本底测定（气象、水文、土壤）、扬尘与积尘量测试、风洞模拟试验测定、土壤结构及土壤性状测定、植被盖度测定、大气环境指标监测（总悬浮颗粒、扬尘可吸入颗粒PM10等及CO_2气体浓度及其动态观测）。

初步结论：①工程显著降低了扬沙率，当植被盖度为30%时，可使扬沙率降低59.7%～55.89%，只有植被盖度应达到30%以上，才能有效地起到防沙作用；②潮白河顺义段较永定河丰台段在相同风速下起沙比例更大；③在播草盖沙工程中，如果有天然稀疏植被的，应着眼于现有植株的补充，并调整植株的分布形式，尽可能使其规则化和多列化。如果天然植被很少或没有，则在人工播草的过程中，选择植株方向与主风向呈对角线分布进行播种最为理想。④植草类型上密下疏漏斗型植物（如沙地柏）的防风固沙效益要好于球形、线形植物。

【大柏老荒滩播草盖沙工程】 位于延庆县城东北的旧县镇大柏老荒滩，总面积200公顷。2004年在荒滩综合治理过程中，同时实施了播草盖沙。工程从4月1日开始整地，到5月8日全部完成栽种任务，共组建4支专业队，150余人，选派了7名专业技术人员监督指导施工。工程采用5种乔灌草混交模式，共栽植耐旱灌木18.1万株，主要有柠条、沙枣、沙棘、胡枝子、京桃、文冠果、柽柳、银水牛果等；播种草本植物籽种8吨，主要有紫花苜蓿、披碱草、中间冰草、无芒雀麦、鸭茅、狼尾草和金边草等，灌草品种达30余个。

工程实施中，首先做好实地调查，认真规划设计；采取专业队施工，确保工程质量；因地制宜采取打畦、挖穴、开沟和粗平等不同整地方法；抓住雨情及时播种；县林业局派专人督促、检查、指导播草盖沙工作；施工单位派技术人员分片负责施工，层层把关；采用当地苗木，减少苗木途中运输所造成的损伤，苗木品质好，栽种成活率高；集播草盖沙和沙生植物品种展示于一体，各品种栽植分门别类，并立标签，利于识别，增加了科教服务功能；工程完成后加强后期管护工作。

播草盖沙工程的实施，加速了植被恢复速度，当年植被的覆盖度达到80%以上，第二年植被覆盖度可达90%以上，真正起到了盖沙作用，不仅能为当地畜牧业提供饲料，而且还增加了农民的就业机会。该项工程投资少、见效快，实现了生态、经济和社会效益的统一。（播草盖沙工程由李荣桓供稿）

退耕还林

【概　况】 北京市自2000年开始实施退耕还林试点工程（2001年国家没有下达任务），至2004年连续完成退耕还林7万公顷（分年度完成情况分别为：2000年0.33万公顷，2002年2.4万公顷，2003年2.4万公顷，2004年1.87万公顷），其中，国家退耕还林工程5.8万公顷（退耕地造林3.07万公顷，配套荒山荒地造林2.73万公顷），分布在平谷、密云、怀柔、延庆、昌平、门头沟6个区县；市级退耕还林工程1.2万公顷（退耕地造林0.6万公顷、荒山配套造林0.6万公顷），分布在房山区。工程建设遍及7个区县、91个乡镇、2890个村、20.7万户、59.4万人，占工程区总人口数275万的21.6%。

为了贯彻落实退耕还林政策，北京市依据国家有关政策精神，从工程建设、粮食补助、资金管理等方面进行了规定，一方面明确了市有关部门和区县的职责，保证了市有关部门和区县密切配合、分工负责，另一方面规范了各区县的工程实施管理和政策兑现工作，保证了工程建设和政策兑现的顺利进行。工程建设全面实行了项目第一责任人制、项目法人制、项目监理制、合同制、公示制等制度，明确了区县长是项目第一责任人，以区县为单位组建了项目法人，分别委托有资质的监理公司对工程的施工质量、建设工期和建设资金使用等方面实行全程监理，在项目设计、施工、种苗采购以及工程监理、建后管护等各个环节都依法签订了合同。为加强社会和群众的监督，在退耕还林工程建设现场建立了永久性公示牌，将项目建设名称、第一责任人、项目法人、主管部门以及联系电话等予以公布，接受社会监督和举报。

【工程管理措施】

加强组织领导，确保有效实施 国家对退耕还林实行“五到省”，北京市实行“五到区县”，为了落实区县政府退耕还林工作的建设主体责任，市政府与区县政府签订责任书，由区县政府统一组织实施退耕还林工程。各区县相继成立了由区县长任组长、常务副区县长或主管农业副区县长任副组长、有关部门负责人为成员的退耕还林领导小组。区县、乡村、层层签订退耕还林责任书，确保了退耕还林工作的扎实、稳定、有序实施。为保证工程建设质量，大部分区县实行了工程建设的统一组织，在实施退耕还林工程中坚持做到“五统一”，即统一规划、统一整地、统一苗木、统一栽植、统一技术培训，确保了工程质量。

严把工程作业设计关 按照市有关部门批复的退耕还林工程实施方案，各区县退耕地造林任务优先安排设计在25度以上的陡坡地段、沙化严重地区和重点风景名胜地区；

荒山造林突出绿化的景观效果，坚持“五多四好”（多林种、多树种、多植物、多色彩、多层次，好种、好活、好管、好看）的原则，加大了黄栌、元宝枫、火炬等彩叶树种的比例，为郊区发展旅游休闲业创造良好的环境。作业设计由具有相应资质的专业部门编制，以生态环境脆弱区域为重点，注重切合实际，讲究科学性和可操作性，做到符合本区县实际和工程建设标准，因地制宜、因害设防、适地适树。作业设计一经批准，施工单位严格按照批复的作业设计施工，不得擅自变更建设内容、地点、标准和规模情况，如因特殊情况确需更改，均报请原审批单位批准。

完善种苗供应体系 各项目区县在种苗基地建设和种苗使用上坚持做到：①聘请有技术资质的规划部门进行种苗基地建设规划。并经市种苗站进行论证，保证了种苗培育的科学性和布局上的合理性。②采取合同购苗。根据年度任务，摸清底数，确保种苗生产与工程治理在品种、数量、质量、进度等方面的有机衔接。③完善种苗供应体系，建立以市、区县、乡镇、村四级种苗生产供应体系，实现定点育苗、定向供应，确保种苗质量；在当前苗木供应比较充裕的情况下，加强良种的引进与推广，积极培育固沙能力强、抗性强、生长快，生态效益、经济效益较高的适生树种。

确保钱粮足额兑现 市领导多次到钱粮兑现现场检查、督促、指导工作，各区县成立了退耕还林政策兑现工作小组，确保补助粮食、补助现金按时、按质、按量完成。粮食部门对退耕农户补助粮实行定点供应，供应点由各区县粮食局根据实际情况，按照每个乡镇一个供应点的原则设立。退耕还林政策性强、涉及千家万户农民的切身利益，各工程区县加大宣传力度，让老百姓把退耕还林政策了解清楚，并及时按政策兑现，认真化解兑现中出现的矛盾，保证了兑现工作的顺利进行。目前已累计兑现粮食6.5万吨，发放现金补助1300万元，共涉及2000年、2002年、2003年6个工程区县的75个乡，1728个村，135 574户。兑现粮食品种以小麦、玉米为主，按照农民自愿的原则，小麦可兑换面粉，标准为50千克小麦兑换特一粉35千克。考虑到农户储粮困难的情况，粮食兑现由一次性兑现改为分两次兑现。退耕户农民的现金补助费由财政部门委托林业部门，逐级下拨到乡镇林业站，再由林业站按村兑现并监督发放到退耕农户手中，确保了退耕农户的利益。

加大工程宣传力度 及时有效地推广了工程中的新技术、新方法，为工程管理提供了充分交流和学习的平台，共计发放防沙治沙、林木种苗以及病虫害防治方面的宣传材料4万余份，发放科普书籍2300多本，发放政策解答1000余本，积极筹划组织了系列社会性宣传活动，取得了良好的宣传效果，与《京郊日报》合作开辟“退耕还林政策知识问答”专栏，采用一问一答的形式，分期详细解答农民在退耕还林过程中可能遇到的政策问题。各工程区县通过广播、电视、电台、报纸、公示栏和印发宣传资料、出动宣传车、在村头办板报等多种方式，积极向广大农民宣传退耕还林政策。

规范工程档案管理 退耕还林工程档案是退耕还林工程检查验收和政策兑现的依据，是工程管理水平高低的重要指标，各工程区县按照国家林业局的要求，认真做好退耕还林工程的档案工作，安排专人，配备专用档案室或档案柜，实现档案管理的自动化、规范化、科学化、信息化管理，并对工程档案管理人员进行了培训，规范了工程档案的收集、整理、鉴定和管理。

【工程成效】 按照“生态效益优先”的原则，主要安排在生态脆弱和生态地位重要的河道两侧、水库周围、重点风景名胜区和城镇周围、公路及铁路干线两侧。截至2004年底，工程新增林地面积7万公顷，森林覆盖率提高6个百分点，涵养水源、净化水质、减少水土流失的生态功能得以实现，提高了遏制风沙、水患等自然灾害的能力，构建了山区优美的自然生态景观。

经济收入持续增加，经济效益明显 目前，中央已累计拨付北京市粮食补助6.45万吨，折合资金1.8亿元，现金补助2580万元，种苗补助5250万元，市、区县配套1.5亿元，总计投入资金4.1亿元。据测算工程区农民目前人均直接增收700元，消除了年人均纯收入2600元以下的低收入村，经估算，政策兑现期末累计兑现资金折合8.712亿元，年人均至少直接增收1500元，年人均纯收入将达到或超过4000元。

优化农村产业结构，呈现多元化趋势 退耕还林调整优化了农村产业结构，使以种植业为主的农业生产向林果产业、畜牧业以及二、三产业过渡，农村经济发展呈现多元化，农民的就业方式和创收渠道增多，产业链条延长。各区县有计划、有步骤地实施退耕还林，改变了过去广种薄收的粗放经营生产方式，使大批劳动力从单一粮食生产中解放出来，从事种植、养殖、加工、劳务输出以及社会化服务行业，使设施农业、舍饲养畜、农村商贸、农产品加工等产业得到发展，农村产业结构逐步趋向合理。同时，在退耕还林政策范围内发展的板栗、仁用杏、核桃、柿等，与地方主导产业和农民脱贫致富紧密结合，选择优良品种，实行集约经营、高标准建园，已成为农民增收和地方经济发展新的增长点。北京市郊区仅退耕还林工程新栽植的生态经济型树种板栗、核桃、杏树、大桃、苹果等果树已超过2.67万公顷，为绿色朝阳产业的发展奠定了基础。

依托工程建设创造的日趋良好的生态环境，推动了城乡互动、协调发展 山区旅游、采摘、特色民俗游等观光休闲产业的发展，更多的市民被优美的风景吸引，来到山区休闲、旅游、度假。森林旅游、民俗旅游已成为郊区经济发展、农民致富的增长点，越来越多的农民依靠生态环境的改善而吃上了旅游饭，走上了致富路。2004年上半年北京山区农民的收入增长高于平原地区近3个百分点。 （退耕还林由续源供稿）

爆破造林

【概　况】 北京市爆破整地造林工程规划范围主要位于平原与山区接壤的浅山地区，包括北京通往外埠的主要干线山区公路两侧、名胜古迹及风景名胜区周围的干旱阳坡等区域，涉及10个区县，总面积10多万公顷，荒山荒地面积占3.6万公顷，其中规划爆破整地造林面积1.79万公顷。2000年2月，首都绿化委员会第19次全体会议决定进一步加大前山脸地区爆破整地造林工作力度，由每年完成266.67公顷增加到每年1300公顷。

由于这一地区大多属于干旱阳坡，土壤贫瘠、岩石裸露、植被稀疏，水土流失严重。为了改善这一地区的生态环境，全市曾先后营造了以油松、侧柏、刺槐、黄栌为主的风景林，使这一地区的部分区域生态面貌得到了一定改观。但是由于受立地条件和投资水平、投资标准的限制，造林成效不高，仍有大片的荒山秃岭尚未绿化。为了啃掉这块“硬骨头”，1989年12月首绿委办组织了市农办、计委、财政、林业等有关部门负责人赴河北省邢台地区参观学习爆破松土、客土造林的经验。1990年春季，开始在昌平区万娘坟、秦城及房山区出水庵3个地段，实施爆破整地试验造林22.73公顷，栽植2米左右大规格针叶苗木2万多株，经细致整地、精心施工，成活率达95%以上，取得了可喜的成果。此后，全市正式启动了爆破整地造林工程，提高了投资标准，加大爆破造林力度。制定了每公顷1.125万元的投资补助政策。1990~1999年共造林2500公顷。

该工程自1990年开始到2004年底，15年间，总计完成爆破整地造林9387公顷，超额完成9200公顷规划任务的2%，栽植各类针、阔叶苗木1258.5万株，苗木成活保存率达91%以上。其中：房山区完成1574.13公顷，丰台区完成333.13公顷，门头沟区完成716.73公顷，海淀区完成225.27公顷，昌平区完成1617.73公顷，延庆县完成1146.87公顷，怀柔区完成1181.13公顷，密云县完成990.93公顷，顺义区完成382.33公顷，平谷区完成1035.87公顷，3个国有林场完成180.8公顷。

【2004年工程建设情况】 全市实施的爆破整地造林工程计划任务1333.33公顷，涉及10个区县，32个乡镇，3个市直属林场。在各区县林业部门广大干部群众的共同努力下，全市共组织59个造林专业队，3415人，人工整地挖坑175.7万个，爆破4.7万个坑，客土20.4万立方米，打防火道2.5万米，修山道9.1万米。到6月底即全部完成绿化任务，共完成造林面积1346.8公顷，栽植各类苗木180.4万株，其中黄栌、元宝枫等彩叶树种75.5万株。

加大了工程科技含量，注重科技创新 在施工中为了确保土壤的蓄水保墒，大面积使用保水剂、衬膜、覆盖铺膜、压草等适用技术。提高了造林成活率。延庆县发明了一种小型运苗机，用传送带的原理将苗木运到山上，每小时可运送苗木100株左右，同时可保证苗木及土坨不破损，效率比人工运苗提高几十倍。

注重植物搭配，突出工程的景观效果 爆破整地造林各施工地点多在北京周边的前山脸地区和通往外埠的公路两侧及风景旅游区，为了形成“多林种、多树种、多植物、多层次、多色彩”的自然景观，实现“山山看红叶”的生态效果，在适地适树的原则下，更加注重植物季相变化。在树种搭配上，加大了彩叶树、阔叶树的比例。昌平区在八达岭高速公路北侧选择了地径4厘米的黄栌、元宝枫大苗和高达2米以上的大侧柏、大油松1:1混交，不仅栽植质量高，而且回填土前衬膜，浇透水后采用铺膜、盖草等保墒措施。2004年各区县栽植黄栌、元宝枫等彩叶树种75.5万株，提高了爆破整地造林工程的生态景观效果。

【北京市爆破整地造林技术规定修订】 为严把工程质量，严格管理制度，强化服务意识，加大协调力度，全面提高工作管理水平，根据以往的爆破造林技术要求，结合2004年的区县实际情况，市林业工作总站在原有技术规定基础上，重新制定并下发了《北京市爆破整地造林技术规定》。技术规定主要包括地块选择、调查设计、整地施工、苗木栽植、养护管理、监督管理、档案材料6个方面，对工程进行中的地块选择、整地、栽植、管护等重要环节进一步进行了细分及说明，加强了工程管理，确保了工程质量，提高了造林成活率，为爆破整地造林工程在全市造林工程中继续发挥样板作用奠定了基础。

【延庆玉渡山爆破造林工程】 2004年延庆县爆破整地造林任务113.33公顷，位于张山营镇小河屯北山，共划分16个小班。工程由林业局绿化队和绿化中心共同实施，组建专业施工队6支350余人，从2003年开始整地，2004 年 3 月中旬开始栽植，4 月 20 日完成全部造林任务，共栽植油松、侧柏、刺槐、火炬、黄栌等大规格苗木 15 万株，购置电泵 5 台、柴油泵 10 台、固定铁管 4000 米、软管 2.4 万米。

工程实施中，首先保证组织到位，工程由林业局党委统一领导，绿化队和绿化中心共同负责造林实施，林业科负责工程的统筹安排、质量监督、资料上报，种苗站负责苗木的调剂，林保站负责苗木的检疫和病虫害防治，水利设备站负责水利设备的配备和维修，造林后工程由林业局管护大队统一派专职护林员对林地进行管护。在施工过程中，技术人员认真填写“一书三卡”，并与各施工队分别签订了《施工承包合同》，为加强安全生产，施工单位与施工队就施工过程中的交通事故、摔伤等意外事故、自然灾害、民工之间纠纷等情况签订了《施工安全责任书》，造林中充分体现了安全生产的意识；加强了工程管理，确保了工程质量，加强苗木管理，就近调苗，及时栽植；加强科技支撑力度，注重科技创新，施用 TC 土壤调节剂 9 吨，为提高造林成活率奠定了基础；利用索道的原理，发明了运苗机，提高了造林工效。

【密云冶仙塔景区爆破造林工程】 2004 年密云县爆破整地造林任务 120 公顷，安排在冶仙塔景区，使其与 2003 年绿化工程连为一体，集中治理面积达到 186.67 公顷。工程自 2003 年 10 月 25 日开始施工，到 2004 年 4 月 25 日全面完成。共挖坑 13.4 万个，挖大坑 5.9 万个、中坑 7.5 万个，由于立地条件差，其中 5.9 万个大坑全部为人工钎凿。植树 13.4 万株，其中：油松 0.3 万株，侧柏 6.2 万株，黄栌 2 万株，火炬 1 万株，五角枫 1.5 万株，刺槐 0.5 万株，栾树 0.5 万株，其他苗木 1.4 万株。针叶树 6.5 万株，占栽植总数的 48.5%；阔叶树 6.9 万株，占栽植总数的 51.5%。

1990～2004 年全市爆破整地造林工程造林情况汇总表

单位：公顷

区县	合计	1990	1991	1992	1993	1994	1995	1996	1997	1998	1999	2000	2001	2002	2003	2004
总计	9384.98	22.73	272.87	307.60	314.87	319.47	297.60	279.80	282.07	277.80	278.27	1376.93	1339.30	1334.18	1334.66	1346.80
房山	1574.13	9.40	50.00	61.67	62.33	87.93	62.33	50.00	48.67	46.67	44.80	216.33	219.33	206.67	201.33	206.67
丰台	333.13	0.00	13.00	13.33	14.20	14.67	15.60	20.00	14.67	13.33	14.27	40.07	40.00	40.00	40.00	40.00
门头沟	716.73	0.00	27.67	27.20	32.00	29.73	22.00	13.33	19.00	20.00	22.47	103.33	100.00	100.00	106.67	93.33
海淀	225.31	0.00	0.00	13.33	14.00	15.13	18.67	13.33	13.33	13.33	13.33	56.67	13.33	14.18	13.33	13.33
昌平	1617.73	13.33	61.40	59.67	62.67	57.00	39.00	40.80	44.00	48.33	41.53	230.00	233.33	233.33	200.00	253.33
延庆	1146.87	0.00	34.73	36.00	27.93	30.13	46.67	46.67	46.87	48.27	51.67	191.27	146.67	146.67	180.00	113.33
怀柔	1181.13	0.00	26.67	21.73	30.47	22.67	22.67	22.33	20.00	21.20	20.13	193.93	186.67	186.67	173.33	232.67
密云	990.93	0.00	40.33	35.07	35.67	35.67	40.00	40.00	36.80	27.33	33.40	133.33	133.33	133.33	146.67	120.00
顺义	382.33	0.00	11.33	10.40	17.07	14.00	14.67	20.00	21.53	21.33	20.00	72.00	40.00	40.00	40.00	40.00
平谷	1035.87	0.00	7.73	29.20	18.53	12.53	16.00	13.33	17.20	18.00	16.67	140.00	186.67	186.67	186.67	186.67
十三陵林场	74.13	0.00	0.00	0.00	0.00	0.00	0.00	0.00	0.00	0.00	0.00	0.00	13.33	20.00	20.00	20.80
西山林场	53.33	0.00	0.00	0.00	0.00	0.00	0.00	0.00	0.00	0.00	0.00	0.00	13.33	13.33	13.33	13.33
八达岭林场	53.33	0.00	0.00	0.00	0.00	0.00	0.00	0.00	0.00	0.00	0.00	0.00	13.33	13.33	13.33	13.33

（爆破造林由周郁供稿）

飞播造林

【概　况】　1981年7月，北京市开始在延庆县的后河、王家堡、东灰岭，密云县的潮关西沟和门头沟区的妙峰山5个播区进行飞机播种造林试验，总面积3333.3公顷。试验结果，飞播造林的苗木，根系发达，生长健壮、稳定，适应性较强，甚至在岩石的缝隙中能顽强生长。实践证明，飞机播种造林适合京郊边远山区作业，是一种速度快、省劳力、低成本、高效率的造林方式。

从1986年开始，飞播造林正式列入造林计划，其规划播区面积，截至2004年完成16.6万公顷，总成效面积为6.29万公顷。

据市林业站1999年调查，延庆、怀柔、密云、平谷、昌平、门头沟、房山等7个区县飞播造林作业的播区共236个，总面积15.4公顷，宜播面积11.9万公顷，宜播面积占播区总面积的77.3%。全市飞播造林总成效面积为5.88万公顷，占宜播面积的49.4%，达到了部颁优级标准。1981～1985年属于试验阶段，共完成飞播造林面积2.06万公顷。1986～1990年为生产阶段，1986年完成飞播造林面积1.2万公顷，1987年完成飞播造林面积3.2万公顷，1988～1998年每年完成飞播造林面积3.33万公顷。从1991年开始以重播为主，以提高飞播造林成效为中心，采取飞、撒、造相结合的方针，对原有的播区进行人工撒播和容器育苗补植补造。

多年实施飞播造林取得了较好的效果。在播区宜播面积中，集中连片大面积（100公顷以上）适合于飞机大规模作业的播区越来越少，播区内零散穿插的小播区越来越多，这些小面积的播区，最适合于人工点播与机械撒播相结合的方式模拟飞播造林作业，所以近年来推广采用了机动背负式撒播器进行人工撒播作业的方式开展飞播造林工程。2004年全市实施飞播造林作业面积8000公顷（京津风沙源6666.6公顷，涉及7个区县，34个乡镇，50个播区），其中：房山1333.3公顷，昌平666.7公顷，门头沟666.7公顷，怀柔1666.6公顷，延庆1666.6公顷，密云1000公顷，平谷1000公顷。2004年飞播造林出苗效果好，平均有苗样方率80%以上，每公顷1.5万株以上。

【工程措施】

动手早、准备工作扎实　市林业工作总站从2003年10月就提前定购油松种子37.5吨，区县自采臭椿种子6.5吨，并于2004年1月份全部入库。

逐一审查作业设计　专业技术人员分赴各区县，对飞播造林播区规划、作业设计及施工准备情况进行审查，以保证设计标准，提高工作效率。

实行责任制，层层签订目标责任书

采取技术措施提高飞播造林成苗率

1. 播前油松用种全部搅拌忌食剂，减少鸟兽危害，确保撒播出苗成效。

2. 在植被盖度大、立地条件好的播区，5月下旬开始沿等高线进行带状割灌并粗放整地，使种子能充分接触土壤，提高落种均匀度，为种子发芽、成苗、生长创造适宜的环境，确保飞播成效。

3. 6月中旬密切关注天气变化，预测未来雨情，根据预测结果及时进行撒种，小雨天气顶雨作业。

4. 播种结束后，及时覆盖一层灌木枝叶或杂草，可以保墒、遮荫和防止鸟兽危害，提高成苗效果。播种10天后，根据出苗情况，在阴雨天或傍晚及时揭除柴草，增加光照，促进苗木生长及木质化。

5. 因阳坡干旱土壤瘠薄成苗差，2004 年在房山区、昌平区播区阳坡撒播臭椿 666.67 公顷的同时，在房山区河北和琉璃河阳坡地段，分别于春季和雨季进行了沙枣试验 13.3 公顷，平谷区秋播栓皮栎种子 6 万千克。其他区县还撒播了山桃、山杏等树种。

播后及时管护 为了保护好飞播造林成果，各区县及时在播区主要路口设置护林牌，书写护林标语，与护林员签订管护协议书，并制定飞播管护和奖惩制度，层层把关、责任到人。

【北京市飞播造林技术规定】 为了规范飞播造林（含人工撒播、点播和植苗等作业方式）工程建设，确保造林成效，根据国家飞播造林技术规程，结合本市实际情况，制定了《北京市飞播造林技术规定》。技术规定，主要包括播区选择和树种选择、播区设计、施工作业、封育管理、播后调查、工程监理、档案管理等 7 个方面内容。

【延庆县张山营播区飞播造林工程】 张山营播区位于县城西北 20 千米，东至水峪奶奶庙沟，西至姚家营洞沟，南至姚家营村北坡跟，北至松山边界，面积 216 公顷，撒播树种为油松及臭椿。工程完成后经查有苗样方率 66%，每公顷有苗株数 19 950 株。

工程全部采用专业队施工，施工前对施工队进行技术培训，分别同施工队签订造林承包协议书和安全协议书。施工过程中，技术人员负责技术指导、质量监督检查及阶段性验收。加强了对工程的监控力度，保证了飞播造林施工的高水平、高标准、高效率。

【技术措施】

针对播区各地块的实际情况采取了不同的技术措施：

割灌 凡是灌木盖度超过 70% 以上的地块，全部采取了割灌措施：沿山坡水平方向，从下到上按顺序割带，割带宽度为水平距离 1.5 米，带与带之间为水平距离 3 米，留茬在 10 厘米以下。

整地 施工地块全部采取粗放整地：在割带内，间隔 2 米，刨小长条坑以获得很好的遮荫效果。

撒种 把握雨情，及时撒种，撒种深度 1 厘米左右，坑的上沿有遮荫处适量多撒。

覆盖 播种 10 天后，根据出苗情况，在阴雨天或傍晚及时揭除柴草，增加光照，促进苗木生长及木质化。

撒种前与有关乡镇、村委会及护林员签订管护合同，做好宣传和解释工作，同时在播区明显地段设立封山牌，实施全面禁牧。

（飞播造林由刘景山供稿）

中幼林抚育

【概　况】 根据北京市“九五”森林资源调查结果，北京市中幼林面积达到 32.73 万公顷，已占全市森林资源总面积的 85% 以上。由于初植密度过高，后期抚育管理工作没及时跟上，造成中幼林长势衰弱，林分生态功能低下，生态效益没能充分发挥。特别是纯林尤为明显，不仅影响树木生长，延长成林时间，还导致森林病虫害的大面积爆发和增加森林火险的隐患。2001 年，在市人大十一届四次会议上，平谷、密云等 6 个山区县代表团提出了《关于加强中幼林抚育工作》的议案，引起市人大和市委、市政府的高度重视。在进行了广泛深入的调研后，市政府将中幼林抚育工作作为为人民群众办实事的重要内容，列入了市政府折子工程，决定从2002～2008年，将全市亟待抚育的32.73万公顷中幼林基本抚育一遍。2002～2004年抚育山区重点地区中幼林20万公顷；2005～2007年抚育一般地区中幼林12.73万公顷。这项工程的开展，为首都林业建设由“以造为主”向“造管并重”转变，为建设高标准的林业生态体系迈出了重要的一步。

【重点地区20万公顷中幼林抚育】 这项工程涉及10个区县、120个乡镇（区县属国有林场），1500个行政村，9个国有林场。总任务20万公顷，其中市级国有2万公顷，区县国有和集体国有18万公顷。经过3年实施，到2004年6月底，全市山区重点地区的20万公顷中幼林抚育（幼龄林为14.61万公顷，中龄林5.39万公顷）任务全部完成，并通过市级核查验收。

按照工程建设的要求核查，20万公顷中幼林抚育任务完成情况良好，抚育面积核实率为100%，抚育工程质量优良，各种抚育措施到位。通过开展抚育间伐，调整了林分密度，优化了林分结构，改善了林木生长环境，降低了林木的无效耗水，提高了森林景观质量，达到了促进林木生长，加速森林资源培育的目的。

【主要做法】

落实责任，精心组织，起步扎实 市委、市政府高度重视中幼林抚育工作，市委书记刘淇、市长王岐山、副市长刘志华、牛有成同志多次亲自实地考察调研，要求一定要高标准、高质量按期完成中幼林抚育任务，明确提出区县政府是实施中幼林抚育管理工程的责任主体，区县长是中幼林抚育工程第一责任人，对中幼林抚育工程建设和管理负全责，实行目标、任务、责任、资金四到区县。市林业局成立了市中幼林抚育工作协调小组和专家顾问组，多次召开会议安排部署。首绿办主任、市林业局局长宋希友同志亲自做了动员，确定了“先试点、后展开，先培训、后施工”的工作方针，工程管理工作具体由中幼林抚育协调小组办公室（市林勘院）负责承担。各区县、国有林场成立了相应的组织机构，逐级都签订了责任书。

编制规程，抓好培训，建立示范区 全面开展中幼林抚育工作在北京市是第一次，在全国也无先例，没有一个成型的中幼林抚育技术标准或规程可参照。因此，制定符合北京实际的中幼林抚育技术规程，组织培训、建立实验示范区，指导中幼林抚育工程建设就显得尤为重要。

市林业局中幼林抚育协调小组办公室收集大量相关资料、开展广泛调研。在此基础上，组织北京林业大学、中国林业科学研究院及市林业局有关技术力量，由生产、教学、科研的专家一道共同讨论编制了《北京市中幼林抚育技术规程（试行）》和《北京市中幼林抚育实绩核查办法（试行）》。规程明确了中幼林抚育的概念、对象，抚育的程序、内容、技术标准和要求，基本建立了一套比较完整的技术指标体系，为全市中幼林抚育工作开展提供了技术基础。3年来，根据工程实践，协调小组对技术规程的一些具体指标不断修订完善，使其更加符合生产实际。

同时，协调小组制定了详细的培训计划。组织市和区县林业主管部门技术骨干进行培训，使市、县两级工程技术人员真正掌握中幼林抚育的技术标准，并灵活运用到工作实践中，切实做好中幼林抚育的技术指导。对林业站的技术人员的培训重点放在工程管理、调查设计方面，对民工的培训侧重于施工作业技术、安全施工方面。3年来，市、区县（林场）、乡镇共举办培训班200

多次，培训人数达到1.75万人次。由于做了充分的岗位培训工作，保证了全市中幼林抚育工作高效有序开展。

为高质量完成中幼林抚育工作，局党组提出了“先试点、后展开、稳妥推进”的原则。各单位在中幼林抚育工作全面开展前，根据不同林种、树种、立地条件、起源、林龄的林分设置标准地。通过标准地调查计算，得出抚育株数强度、蓄积强度以及郁闭度前后变化等各种数据，据此分别建立了实验示范区。全市先后共建立示范区341个，面积2.74万公顷，其中幼林抚育示范区210个，面积1.5万公顷；中林抚育示范区121个，面积0.74万公顷。试验示范区的建立带动了中幼林抚育工程整体水平的提高。

规划先行，严格管理，确保工程建设各环节质量 ①坚持按立项搞规划，按规划搞设计，按设计组织施工、检查验收，按验收结果给予拨付资金。②坚持设计审批制度。严格履行设计审批程序，作业设计审批合格后方可施工。③组建专业施工队伍。全市19个单位共组建中幼林抚育专业施工队791个，参加施工人员近2万人，总用工数1200多万个。④坚持实施检查验收和实绩核查制度。中幼林抚育工程实行市、区县（国有林场）两级检查验收制，做到完工一块验收一块，合格一块上报一块，不合格的地块及时坚决返工。市核查组根据各单位的抚育任务，按照10%的比率，随机抽取小班地块进行实绩核查。⑤加强中幼林抚育工程建设的建档工作。各单位建立起了一套比较完整的中幼林抚育调查设计、检查验收、工程项目管理的文字说明及照片、影像等档案资料，为总结经验、开展试验研究奠定了基础。

突出科技，发挥优势，提高工程建设水平 ①聘请了中国林业科学研究院、北京林业大学及有丰富实践经验的专家学者组成中幼林抚育专家顾问组，帮助论证规划和审查实施方案，培训工程技术人员，修改、完善技术规程、实施细则和检查验收。②把科技贯穿于中幼林抚育管理工程的全过程，对过去营造的纯林，或林相残破的林分，根据林分空隙的大小与分布特点，按照生物多样性和适生性的要求选择树种，结合中幼林抚育工程的补植补造等技术措施，最大限度地使其形成多树种、多层次、多色彩的混交群落，提高林分质量水平。

广泛宣传，提高认识，为工程实施创造良好条件 为提高各级领导和社会各界对开展中幼林抚育工作的认识，市、区县充分利用广播、电视、报刊等媒体，在现场采取打横幅、贴标语等方式开展宣传活动。大力宣传开展全市中幼林抚育工作的重要性、紧迫性和必要性，使广大干部群众明确了中幼林抚育工作是森林培育过程中必不可少的重要环节，不仅是改善林木生长环境，缩短森林培育周期的措施，而且对加快首都生态环境的改善，为市民提供舒适的生存空间，促进山区经济发展都有着重要的作用。

认真负责，精心指导，发挥技术人员生力军作用 市、区县（国有林场）、乡镇抽调了一大批责任心强、技术精湛、作风过硬的专业技术骨干参加中幼林抚育工作。全市参加技术指导的工程技术人员达500余名，其中市、区县两级工程技术人员150多名，乡镇工程技术人员350多名。他们承担了整个工程的规划、作业设计、工程勘察、技术指导、人员培训、检查验收、信息统计、档案建立等工程项目管理的大量工作。技术人员深入施工现场巡回检查指导，严格把关，发现问题及时解决，保证了高标准、高质量完成中幼林抚育任务。

（中幼林抚育由高淑学供稿）

"三北"防护林体系建设工程

【概　况】　国家"三北"防护林体系建设范围包括我国西北、华北北部、东北西部，区域总面积406.9万平方千米，占国土面积的42.4%。规划期限为1978～2050年，共73年时间，分三个阶段八期工程进行，其中1978～2000年为第一阶段，2001～2020年为第二阶段，2021～2050年为第三阶段。

北京市从1982年开始列入国家"三北"防护林体系建设工程范围。截至2003年全市"三北"防护林建设工程共计完成造林绿化任务61.21万公顷。①第一阶段（1982～2000年）共计完成造林绿化任务60.32万公顷，超额完成计划造林任务47.85万公顷的26.1%。其中人工造林完成30.13万公顷，飞播造林完成8.47万公顷，封山育林完成21.72万公顷。第一阶段一期工程（1982～1985年）范围涉及北京市平谷、密云、怀柔、延庆、昌平、门头沟、房山、大兴、通州、顺义、丰台等11个区县，共完成14.11万公顷，其中人工造林完成11.1万公顷，飞播造林完成0.13万公顷，封山育林完成2.88万公顷；第一阶段二期工程（1986～1995年）涉及北京市所有郊区县，规划造林总任务32.89万公顷，其中人工造林面积12.02万公顷，飞播造林6.00万公顷，封山育林面积14.87万公顷。共完成造林任务33.04万公顷，其中人工造林完成13.40万公顷，飞播造林完成6.11万公顷，封山育林完成13.53万公顷；第一阶段三期工程（1996～2000年）范围，重点安排在平谷、密云、怀柔、延庆、昌平、门头沟、房山、顺义8个山区、半山区范围内。规划造林任务5.58万公顷，其中人工造林3.32万公顷，飞播造林2.26万公顷。完成造林建设任务13.16万公顷，其中人工造林完成5.62万公顷，飞播造林完成2.24万公顷，封山育林完成5.3万公顷。②第二阶段四期工程（2001～2003年）范围，涉及大兴、通州、顺义、朝阳4个区县。规划人工造林任务3.0万公顷。已完成人工造林建设任务0.89万公顷。

【北京市"三北"防护林体系建设四期工程】2004年国家林业局下达北京市"三北"防护林建设工程任务2666.67公顷，涉及大兴、通州、顺义和朝阳4个区，通过有关工程区的精心组织和施工，完成造林绿化面积2716公顷，栽植各类树木313.8万株。工程建设以防沙治沙和公路、河道绿化为重点。其中，完成治沙片林871公顷，植树127.0万株；完成公路、河道绿化面积913公顷，植树112.2万株；完成农田林网等绿化面积932公顷，植树74.6万株。

治沙造林按照"因地制宜，适地适树"的原则，选择合适的树种，采取适宜的措施，对首都环境造成危害的风沙危害区进行了治理。年内，在永定河、潮白河等风沙危害区完成治沙片林871公顷，植树127.0万株。在工程建设中，重点推广应用了生根粉、保水剂、铺膜、盖膜、滴灌、渗灌、管道浇水等20多项适用科学技术，有效提高了造林成活率和保存率，确保了造林成效。顺义区在潮白河沿岸等沙荒地造林安装小管出流面积达640公顷，有效提高了生产效率和工程建设水平。治沙造林工程的实施，不仅改善了当地居民的生产生活条件，而且对改善首都的生态环境质量起到了积极作用。

重点完成了北京市"三北"工程范围内

的五环路、潮白河等公路、河道绿化，完成造林面积913公顷，植树112.2万株。工程选用的树种丰富，采取针、阔和乔、灌相结合，苗木规格大、质量高，基本实现了“绿不断线，景不断链，三季有花，四季常青”的效果。

对生长停滞、树势衰弱、生态效益和景观效果差的过熟林进行更新改造，提高林分质量和景观效果。大兴区推广应用杨树伐根嫁接技术完成过熟林改造面积382.4公顷。

（“三北”防护林体系建设工程由张启生供稿）

太行山绿化工程

【概　况】　国家太行山绿化工程涉及北京、河北、山西、河南4省（市），其中1994～2000年为一期工程，2001～2010年为二期工程。工程从1987年开始进行试点，1994年工程全面启动实施。北京市太行山是太行山系东北的余脉，地处北京的西南部，地域范围南起房山区拒马河，北至昌平区关沟，西与河北省的怀来、涞水、涿鹿县交界，东部与本市平原相连。太行山地区是北京市西南部地区重要的生态屏障，是北京市西部生态带的重要组成部分，也是北京“绿色奥运”的重要组成部分，在全市生态建设中占有十分重要的地位。北京市于1993年底编制了《北京市太行山绿化工程总体规划（1994～2000年）》，1994～2000年，规划任务为5.42万公顷，其中前2年完成1.99万公顷，后5年完成3.43万公顷。1994年北京市房山、门头沟两区列入首批太行山绿化工程重点示范项目建设区县，1995年昌平县又补列入重点示范项目建设区县。2000年国家林业局编制《太行山绿化工程二期规划》时，北京市房山、丰台、海淀、石景山4个区列入了规划范围。

从1994年国家太行山绿化工程正式启动到2003年，国家下达北京市的计划任务为6.44万公顷，实际完成10.71万公顷，其中：人工植苗造林完成3.56万公顷，飞播造林完成1.08万公顷，封山育林完成3.4万公顷，中幼林抚育完成2.67万公顷，超计划66.2%。2004年，国家林业局下达北京市太行山绿化工程任务4000公顷，涉及房山和丰台两个区，通过工程辖区干部群众的努力，共完成建设任务6533.33公顷，超计划任务63.33%。其中人工植苗造林完成3866.67公顷，封山育林完成1333.33公顷，中幼林抚育完成1333.33公顷。

工程建设的主要做法：

因地制宜，分类指导　北京市太行山区石头多，山坡陡，土层薄，雨量小，自然条件差，群众经济收入低。为了加快荒山绿化速度，促进山区经济发展，根据立地条件确定经营目标，进行分类指导，实施绿富结合。在交通不便、人工造林有困难的高山、深山、远山等地方，以封山育林为主；在浅山、前山脸地区，大力营造风景林，采用大坑整地，使用大规格苗木，做到当年造林，当年成景。对立地条件差而又十分重要的地块，则采取爆破整地造林方式，迅速改善景观。在中低山地区，实行山、水、林、田、路综合治理，突出发展经济林，大力开展经济沟建设，种植名特优新果品，并坚持果树发展区域化、规模化和标准化，提高经济效益。

强化管理，以质为先　①坚持设计审查制度，加强检查验收。一是坚持工程设计审批制度，把工程设计审批作为提高造林质量水平的重要措施来抓。采取分级审批，市级重点工程由市林业局审批，一般造林工程由区县林业局审批。二是严把树种设计关，在树种选择上，坚持以乡土树种为主，营造混交林。改变了过去树种单一、结构单调的状况，按照"五多四好"的要求，规划树木品种100多个，灌木、花灌木、彩色树种明显增加。三是坚持检查验收制度，工程结束后，在县乡自查的基础上，由市林业勘察设计院组织抽查核实。②加强施工管理，提高造林质量。一是抓好绿化专业队的管理。为把好造林质量关，对专业队做到任务、责任、质量、报酬、奖罚"五明确"，采取分片包干、分段检查验收的管理方式保证工程质量。二是严把整地质量关。严格按照设计要求整地，不合格的不予验收。三是严把苗木关。对造林苗木要求良种壮苗，使用大规格苗木，阔叶树的胸径都在4厘米以上，针叶树苗高多在1.5米以上。要求做到起苗不隔夜，运苗不失水、不散袋。四是严把栽植关。做到整地质量差不栽，土壤墒情差不栽，苗木质量差不栽。栽植要求根系舒展、埋严踩实。

推广适用造林技术　在工程建设中，重点推广应用了爆破整地造林、春季大苗造林、容器苗造林、地膜覆盖、生根粉、保水剂、根宝处理苗木、果树综合配套管理技术等20多项适用科学技术，房山区投资100万元购买保水剂34.6吨，生根粉476千克和地膜13.6吨，有效提高了造林成活率和保存率，确保了造林成效。

制定相关政策，确保资金投入　2004年，国家投入北京市太行山绿化工程建设资金300万元，其中国债资金100万元。同时，市委、市政府根据全市实际情况，在隔离地区绿化、中心城镇绿化、爆破整地造林、中幼林抚育等生态建设项目上出台了相关补助政策和补助标准，加大了全市绿化工程建设投资力度，使北京市太行山绿化工程配套资金有了保证。2004年，全市投入配套资金近2000万元，保障了太行山绿化工程建设质量和水平的提高。

注重管护，提高林分质量　在春季造林过程中，为了提高造林质量，对新植苗木普遍采取了浇水、涂白、病虫害防治等管护措施，并对大规格苗木采取支架，多数工程地块做到了随栽植随浇水，为提高造林成活率创造了条件。为了改善林木生长环境，提高林分质量，加大了对现有中幼龄林的抚育管护力度。2004年，北京市太行山绿化工程建设区完成中幼林抚育任务8666.67公顷，其中幼林抚育国家重点示范工程项目完成1333.33公顷，有效地改善了太行山区林木生长环境和林分质量。

（张启生）

彩叶工程

【概　况】　为实现"山山看红叶"的目标，自2001年以来，全市在重点森林景区和主要道路两侧重点实施了彩色树种美化工程（简称"彩叶工程"），按照"优化设计、突出重点、形成规模、一次成景"的要求，大力栽植黄栌、火炬、元宝枫、橡栎等彩色树种，截至2003年，已种植各类彩色树种1000多万株，绿化面积达6666.67公顷。在海淀区百望山、丰台区北宫森林公园、平谷区金海湖、昌平区蟒山森林公园、房山区上方山森林公园、怀柔区红螺寺、门头沟区妙峰山、延庆县龙庆峡等10多处初步形成了以红叶为主的风景观赏区。

2004年，全市共营造彩叶林1133.33公顷，栽植彩色树种植物160多万株，涉及12个区县和2个国有林场。其中大兴区完成33.33公顷，通州区完成33.33公顷，顺义区完成66.67公顷，平谷区完成278.67公顷，怀柔区完成100公顷，密云县完成100公顷，昌平区完成100公顷，延庆县完成100公顷，门头沟区完成66.67公顷，房山区完成100公顷，海淀区完成33.33公顷，丰台区完成66.67公顷，十三陵林场完成33.33公顷，八达岭林场完成33.33公顷。

2004年，彩色树种造林工程主要特点是：①确保集中连片。彩色树种造林工程的实施范围主要集中在重点森林景区、高速公路和国道、市级公路两侧，实行总体规划，分步实施，集中连片、成带造林，确保成势、成景。山区的连片规划面积至少在66.67公顷以上，平原地区至少在33.33公顷以上。②搞好造林设计。按照“五多四好”的绿化原则和森林美学的原理，在突出生态景观效果的同时，进行造林设计。③维护植物多样性。坚持适地适树、乔灌结合，多选用乡土彩色树种，注重不同彩色树种的空间立体配置和色彩的季相变化。根据彩色树种造林工程建设的不同区位和地段，合理配置彩色树种，力求形成“一片一景、一块一个特色”的景观效果。（刘　忠）

全民义务植树

【概　况】　2004年，首都共有305.08万人参加各种形式的义务植树活动，植树737.27万株。其中中央市属各单位赴郊区63.84万人，植树246万株；驻区和区直单位共66.3万人，植树242.47万株；社会单位和个人共8.63万人，植树26.49万株；农民166.31万人，植树222.31万株。

领导重视，率先垂范　党中央、国务院对搞好首都生态环境建设高度重视，中直机关、中央国家机关、驻京部队给予了大力支持。4月3日，胡锦涛总书记等党和国家领导人和首都广大市民一起参加了首都第20个全民义务植树日劳动，极大地鼓舞了首都广大干部群众绿化首都、美化家园的热情。驻京部队投入10多万个劳动日参加了首都重点绿化工程建设。中央军委、解放军四总部和驻京解放军各大单位、武警部队组织了80多位将军，参加了首都的全民义务植树活动。中直机关、中央国家机关的140多位部长，以身作则，参加了“建绿色家园——共和国部长植树活动”，市委、市人大、市政府、市政协领导同志也和广大市民一起参加了植树活动。在各级领导的关怀和重视下，在全市形成了关心绿化、重视环境的良好局面。

社会各界积极参与　随着广大市民绿化意识的不断提高，社会单位和个人参加植树的热情不断高涨，呈现出良好的发展态势。2004年在各区县共开辟了27处植树点，年内到各区县植树点参加植树的社会团体、企业和家庭、个人共计4.43万人，植树18.87万株。4月3日，是北京市的第20个全民义务植树日，这一天全市约有200万人参加了以挖坑、植树、浇水、清扫绿地、宣传咨询等各种方式的绿化活动。首都的春季绿化工作在这一天达到了高潮，全市军民共挖坑158万个，植树300多万株，养护树木407万株，清扫绿地552万平方米，悬挂宣传标语20 933条，设宣传咨询站388个，发放宣传材料59万份，出动绿色小信使6.54万人。

【林木绿地认养工作】　从1998年北京市政府、首都绿化委员会向社会发出开展认建认养林木绿地的号召起，为更好地推动此项工作，各区县不断进行新的探索和尝试，在明确政策法规的前提下，采取了多种形式、多种办法，吸引了一批社会单位和个人参与到这项活动中来。其中朝阳区绿地认养面积达到255.7万平方米，认建认养树木2200余株；全区公共绿地认养率达到4.8%。截至2004年，共有207个单位，427名个人，在95个地块，认养绿地365.6万平方米，树木14 790株，共投入资金4851.8万元。绿地认建认养活动，正逐渐成为社会新的时尚。

（全民义务植树由董晓军供稿）

野生动植物保护

【野生动物救护繁育中心筹建】 2004年3月，市野生动物救护中心、市野生动物管理站、市林业基金站、市共青林场为了筹建成立北京市野生动物救护繁育中心，承担起全市野生动物收容、救护、放生的职责，专程赴国外考察、学习英国城市水禽保护、荷兰灵长类和两栖爬行类野生动物救护、德国米特来伦野生动物救护中心和汉堡动物园笼舍建设等经验。

2003年5月经国家林业局批准立项，2004年完成了在顺义潮白河建立北京野生动物救护繁育中心项目规划、设计及施工图纸的报审，办理了《建设用地规划许可证》、《建设工程规划许可证》等相关建设手续。完成了建设用地及规划道路范围内的全部树木移植、地形改造；中心区与公路连接道路土质路基铺垫；供电线路和变压器安装；在救护中心建设区域内打深水井1眼，其中救护中心建设范围内的绿化施工已完成50%，树木渗灌系统基本铺设完毕，新植各类乔灌木成活率达到98%。

【组织开展严防迁徙候鸟传播禽流感】 2004年我国南方部分地区，以及东南亚一些国家禽流感疫情十分严峻，候鸟迁徙有可能成为禽流感传播的重要途径。根据市委、市政府的批示及国家林业局和市防治重大动物疫病指挥部的安排部署，市林业局迅速采取一系列措施，组织开展了全市严防迁徙候鸟传播禽流感工作。①与市工商行政管理局于2月5日联合发出《关于进一步加强全市鸟类管理的通知》，要求各类市场中的各类交易场所，暂时停止经营活动；暂停受理野生鸟类及其产品的运输业务；加强对非法鸟市的查处，以及对民航、铁路、公路等运输环节的监控；对全市野生鸟类养殖、观赏场所进行一次全面检查，对存栏鸟类加强消毒、预防接种。②2月11日印发《关于严防迁徙候鸟传播禽流感工作的紧急通知》。要求加强领导，立即行动，采取有效措施做好禽流感防控工作。市林业局成立了以史贵升副局长为组长，保护处侯宝昆、野保站王民中为副组长，有关处室为成员的严防候鸟传播禽流感工作领导小组，并建立了专家顾问组。全市开展了鸟类养殖情况调查；组织开展了候鸟特别是水禽栖息地监测、监控；自2月10日全市实行零疫情报告制度。③随着气候转暖，大批候鸟迁徙进京，3月5日印发《关于进一步加强严防迁徙候鸟传播禽流感工作的通知》，公布了市林业局严防候鸟传播禽流感领导机构成员名单和专家顾问组鸟类专家名单。《通知》制定了10项措施，提出了5项工作要求，自3月6日起发刊《每日情况信息》。④研究制定《北京市林业局严防野鸟传播禽流感应急预案》。2月5日、2月10日、3月5日分别召开3次全市严防工作会议，3 次专家顾问组会议以及技术咨询、技术指导。全市共有鸟类养殖 1.4 万户(村)，养殖各种鸟类 128 万只，其中鸽子 113.6 万只，占 88.8%。全市建立候鸟监测站点 81 个，其中区县 68 个，179 人开展监测工作。自 2 月 17 日至 5 月 10 日，全市累计监测候鸟 78.73 万只，报告 100 只贸易伤病死鸟；出刊《每日情况信息》22 期；全市未发现禽流感疫鸟疫情。市林业局和 9 名从事严防禽流感工作人员受到市指挥部表扬。

【《北京市林业局严防野鸟传播禽流感应急预案》】 为及时有效地控制和扑灭野鸟可能传播高致病性禽流感，根据国家和北京市有关规定，3 月 8 日下发《关于印发〈北京市林业局严防野鸟传播禽流感应急预案〉的通知》。《应急预案》对野鸟监测、疫情报告、疫情确认与分级、应急指挥系统与部分分工、应急指挥系统、控制措施、保障措施 7 个方面作出规定。野鸟传播与发现、发生疫情复杂，可能性、危险性大，应急处理实行“特殊情况、特殊处理”原则。规定自《应急预案》印发之日，即启动本预案。无论何时何地发现或发生伤、残、病鸟或可疑情况，市、区县林业局、乡镇林业站均可启动相应的应急预案。根据野鸟活动和传播疫病的特点，划分“未发生疫情时控制”和“发现疫情时的控制”，在候鸟迁徙或活跃期间，明确了监测、监视、控制、培训、监督、保护措施。

【“爱鸟周”和“保护野生动物宣传月”活动】 3 月 26 日，市林业局印发《关于开展 2004 年“爱鸟周”和“保护野生动物宣传月”活动的通知》。活动主题：保护鸟类资源，珍爱人类健康。针对鸟类具有活动范围广、长距离迁徙的习性和存在候鸟传播禽流感的可能性的特点，提出既要加强鸟类等野生动物保护知识的宣传，又要高度警惕禽流感的传播。首次提出本届宣传活动不搞挂鸟巢、招鸟、放飞活动。

【首都机场防控“鸟撞”研究与治理】 4 月份以来，温榆河苇沟一带鹭鸟活跃，万只鹭鸟筑巢繁殖，北京野生动物保护协会专家建议加强首都机场预防鸟撞研究与治理。市林业局、北京野生动物保护协会和首都机场开展防控“鸟撞”调查研究。10 月 14 日上报《关于北京首都机场防控“鸟撞”问题的情况报告》。

【野生动植物进出口管理】 2004 年北京地区具有野生动植物进出口资质的企业和个人重新进行了备案登记，此次备案的企业和个人已上升到了 350 余家。其中办理《公约证书》和《非公约证书》的企业有 59 家；办理《非进出口野生动植物种商品目录物种证明》的企业 137 家。

2004 年北京野生动植物进出口货物，办理许可证的物种达到 72 种。其中大宗贸易出口涉及的主要物种有实验用猴、蟒皮制品二胡、京胡；花卉有蝴蝶兰、大花蕙兰等兰花、芦荟；中药材有云木香、天麻、肉苁蓉、马鹿茸、沉香、石斛、海马等；观赏动物有金仓鼠、豚鼠等；进口大宗贸易涉及的主要物种有鲟鱼卵、金龙鱼、龟、鳄、灰鼠、黄鼬、旱獭、赤狐皮、海豹肉、珊瑚、贝壳、仙客来、燕窝等动物植物制品。还有部分狩猎纪念物。办理《物种证明》的品种达到 699 种，其中木材类 165 种，花卉种苗类 282 种，中药材类 236 种，动物皮毛类 16 种。进出口贸易方式主要为一般贸易，来料加工、进料加工占的比例较小。

为了加强国家重点保护物种的进出口管理，防止过度贸易导致物种濒危。5 月 1 日起，国家对 I 级保护动物蟒蛇制品二胡的出口实行标记管理，同时办事处对蟒及其制品的进出口展开了贸易调查和评估，并完成了项目报告。

2004年办事处协同海关加大了北京口岸的监管力度和活体动物的跟踪检查。全年共查处各类行政案件7起，截获的走私物品有花鼠、观赏鸟，以及境外携带入境的象牙制品。（野生动植物保护由侯宝坤供稿）

湿地保护及自然保护区建设

【自然保护区科学考察与总体规划编制】 自2003年9月市财政局将自然保护区建设纳入预算，启动省（市）级以上自然保护区科学考察和自然保护区总体规划项目投入。林业部门对其管理的喇叭沟门、云峰山、雾灵山、云蒙山、四座楼、野鸭湖湿地、百花山7个市级自然保护区开展资源摸底调查、科学考察以及总体规划编制工作。同期，在国家级松山自然保护区、市级百花山、野鸭湖湿地自然保护区开展试点。国家级松山自然保护区以及市级百花山、四座楼、野鸭湖湿地、喇叭沟门、云峰山5个自然保护区野外保护点保护设施建设和设备购置列入了中央预算内专项资金支持。

【湿地保护管理】 4月，国家林业局提出在京选址建设国家湿地公园。8月21日，7名湿地专家对大兴区南海子、延庆县野鸭湖进行考察。10月19日，国家发改委、国家林业局以及国际湿地中心等部门对上述地点进行考察，决定在野鸭湖、南海子建设国家湿地公园，进行总体规划，按照程序上报批准。

学习贯彻《国务院办公厅关于加强湿地保护管理的通知》和全国湿地保护管理工作会议精神，门头沟区林业局组织拟建三家店湿地自然保护区科学考察论证，顺义区政府组织申请建立汉石桥湿地科学考察，进行可行性研究，延庆县林业局开展野鸭湖湿地市级自然保护区围栏、救护项目建设。根据牛有成副市长的指示，市林业局起草《北京市人民政府办公厅关于加强本市湿地保护管理的通知（代拟稿）》，印发市发改委、市规委、市财政局、市环保局等14个北京市湿地保护管理联席会议成员单位征求意见。

（湿地保护及自然保护区建设由侯宝坤供稿）

林业国际合作

【国际合作项目】

中韩合作密云水库水源保护林示范项目 3月，韩方专家对该项目从13个方面进行了详细调查与现场考察，综合评估得分为满分，顺利通过验收评估。该项目是中韩两国政府间第一个林业合作项目。2001年4月开始，2003年12月结束。项目总投资187万美元，其中中方87万美元，韩方100万美元。项目区位于密云水库一级保护区内，总面积500公顷，主要是在项目区内营造500公顷高标准的水源保护林，修筑相应的水土保持工程设施和水文观测设施，修建林地管理道路等。经过双方3年的努力，在500公顷林地上栽植12个树种共67.94万株树木；

修建林道3.15千米、步道94.9千米；修筑用于流域水文观测的量水堰2座、谷坊坝7座、蓄水池23座；赴韩培训技术人员25人次，300多名中外官员、专家、技术人员访问项目区；韩方援助交通工具3辆、割灌机5台、引水管3万米、量水堰设备1套、计算机4台。

中日小渊基金门头沟水源保护林示范项目 3月18日，国家林业局对外合作项目中心、市林业局、门头沟区政府的有关领导与日本亚洲协会国际交流委员会成员共同为该项目举行启动揭碑仪式并开展植树活动，该项目是市林业局执行的第二个小渊基金项目。项目区位于门头沟黑尖水库北山，2004年开始执行，2006年结束，日方计划投资3000万日元。项目以营造80公顷水源涵养林为主，以修建水土保持工程为辅，通过造林促进中日民间友好交流。中日绿化合作小渊基金项目是1998年江泽民主席访日和1999年日本小渊惠三首相访华时，两国领导人就加强两国在植树造林和森林保护领域合作达成的共识。1999年11月，中日两国政府签署换文，决定成立中日民间绿化合作委员会，由日本民间出资100亿日元，设立小渊基金。旨在通过植树造林，改善生态环境，促进中日两国的理解和交流，发展两国人民的友谊。北京以不同部门、不同形式实施的小渊基金项目已有6个，其中市林业局实施项目2个。

中马友谊林揭幕 5月22日，外交部部长助理沈国放与马来西亚驻华大使达图·阿卜杜拉·马吉德先生在延庆县玉渡山风景区为“中马友谊林”揭幕。2004年是中国和马来西亚建交30周年暨中马友好年，“中马友谊林”受到外交部、北京市外办和马来西亚驻华大使馆的高度重视，把它作为建交30周年的重要活动，以此象征两国人民的友谊万古长青。市林业局副局长甘敬及延庆县政府等有关部门近60人参加了开幕式。“中马友谊林”位于延庆县张山营镇境内110国道北侧，总面积53公顷，计划植树7.9万株，铺设“生态垫”12公顷，造林工程分3年完成。友谊林以“休闲、观光和采摘”为主题，以生态效益和景观效益相结合为原则，将绿化美化与郊野观光相结合，与玉渡山风景旅游区融为一体。

中美合作北京八达岭森林健康试验示范项目 3月23日，国家林业局植树造林司司长魏殿生与市林业局副局长甘敬陪同美国国家农业部、林务局亚洲事务项目官员考察了该项目。9月17日，由国家林业局植树造林司、美国农业部林务局、市林业局及市八达岭林场共同为该项目举行揭碑仪式，项目正式启动。该项目实施期为2003～2008年。总投资770.6万元人民币，其中美方无偿援助30万元，中方投资740.6万元。主要用于人工造林、森林抚育、病虫害监测与防治、森林火险管理、生态环境监测点、生物多样性保护、科技支撑及人员培训等。项目主旨是在全市林业从人工造林向森林经营转型时期，为提高林业经营管理水平，引进美国森林健康理念，通过试验示范，研究提出北京市乃至华北地区不同立地条件下森林健康指标体系和实践途径，为下一步计划在全市国有林场和山区营林工程中逐渐推广提供科学依据。

首次接收韩国林业志愿者 9月，由韩国国际协力团（KOICA）派遣的韩国农学博士金日炫、尚志大学山林资源学科学士林哲奎和工州大学山林资源学科三年级学生金惠珍共3名林业志愿者来到八达岭林场中韩技术合作项目区，进行为期1年的森林经营管理示范工作，目的是通过中韩技术人员的合作交流，探索适合该地区的森林综合经营管理模式。这是市林业局首次接受来自韩国的林业志愿者。

北京荷兰植物展示园项目 11月18日，中荷合作北京荷兰植物展示园项目合作意向书在北京签订。宋希友局长代表首都绿化委员会办公室、北京市林业局，乍浦·斯伯斯先生代表荷兰植物促进会（Plant Publicity Holland），共同签署了合作意向书。北京市副市长吉林与荷兰驻华大使馆临时代办卡罗·奥斯塔姆出席了签字仪式。该项目计划于2005年下半年实施，2007年年底完成。项目总预算800万欧元，其中荷方投入347.5万欧元，中方配套452.5万欧元。项目区位于昌平区大东流苗圃，总面积20公顷。展示园分“四季谷”、“灵感园”、“植物迷宫”、“银河园”等10多个景点和功能区，在各功能区通过引进和栽培严格筛选出的适合北京自然气候条件的800～1000余种荷兰植物，将不同形状、花期、花色、叶色、果实形状颜色的植物进行合理配置，展示植物在不同环境和场合的应用方式、栽培技术以及在北京的应用前景。建成后的北京荷兰植物展示园将是一个集树木花卉引种培育、技术培训咨询、试验示范、科研、科普教育及参观等各种功能融为一体的、大型的开放式长期植物品种展示园。

中日小渊基金密云县太师屯水源保护林示范项目　11月21日，市林业局甘敬副局长与日本森林技术协会本山芳裕理事共同签署了该项目。项目计划于2004年12月开始执行，2007年11月结束，总投资约2400万日元。项目区位于密云县太师屯镇，属密云水库二级保护区内。主要营造80公顷的高标准的水源保护林。该项目的签署，标志着市林业系统第三个中日合作小渊基金项目正式启动。

“生态垫”试验示范范围扩大至西部地区　“中马科技合作油棕树纤维制品（简称‘生态垫’）在防沙治沙中应用试验项目”，自2002年底实施以来，在延庆、通州、顺义、丰台、大兴、昌平、门头沟等区县进行了大量的试验示范工作，生态垫在沙地植被恢复、边坡水土流失治理、果树保墒增肥等方面效果非常明显。到2004年底，“生态垫”展示与试验示范范围已扩展至河北省宣化市、甘肃省张掖市、西藏自治区拉萨市和内蒙古自治区赤峰市，铺设面积达110.84万平方米。

【国际交流】

韩国山林科学院院长访问市林业局　7月6日，韩国山林科学院院长徐承镇博士及国际合作处官员访问市林业局。宋希友局长会见了韩国客人，并从森林覆盖率、绿色奥运、森林近自然健康经营等方面向来宾详细介绍了北京市林业建设情况，他感谢韩国山林科学院的专家在中韩合作造林密云项目中作出的贡献。徐承镇院长表示，韩国的林业建设有很多的经验和教训，中韩两国应在林业生态环境建设研究方面继续加强。

莱索托王国林业代表团考察北京市林业建设　7月30日，莱索托王国林业与土地开发部大臣林肯·莫科塞先生率莱索托林业代表团一行5人考察了北京市山区林业建设情况，莱索托王国驻华参赞和一等秘书随行考察，国家林业局国际合作司章红燕副司长、北京市林业局甘敬副局长陪同。

伊朗代表团考察北京市林业建设和水土保持工程建设　10月25日，以伊朗林业、畜牧及蓄水局局长阿米尔·A. M. 萨马依先生为团长的伊朗人工林建设考察团一行10人，对北京市密云水库周边人工造林、水土保持工程建设情况和101国道两侧人工生态林建设、果树建设、水土保持工程及小流域综合治理进行了现场参观，并对全市森林经营管理、人工林林地管护、生态林补偿机制、林牧关系的处理、政府的农田管理政策及对农民的扶持政策等进行了详细了解。

韩国国际协力团（KOICA）项目考察小组对中韩合作北京地区森林综合经营示范项目进行可行性考察　11月29日至12月4日，由韩国国际协力团中国事务所所长李光秀先生为组长、韩国山林科学院病虫害防治所所长朴持斗先生、韩国东国大学姜镐德教授一行3人组成的项目考察小组，对北京市林业局申请的北京地区森林综合经营示范项目进行了为期5天的可行性考察，并初步确定了项目实施框架。该项目旨在引进韩国森林综合经营、病虫害防治、森林防火管理、植被恢复等方面的先进技术，为北京市森林综合经营提供技术参考。

【国内外培训】

近自然森林经营培训 7月1日，结合中德林业技术合作密云水库流域保护与经营项目的实施计划，邀请德方克努特·史多姆博士和温内·哈特勒博士两位专家，为市林业局有关处（室）、站（院）、直属林场及郊区县林业局的林业技术人员就近自然森林经营作专题报告并进行座谈。专家们从近自然森林经营理论在德国提出的背景、应用、实践等方面，结合密云项目区工作实际，提出了北京山区近自然森林经营的规划设计、动态控制与监测体系，并对北京市森林经营、中幼林抚育提出了建议和意见。密云项目示范区已经建立近自然森林经营示范点4个，符合近自然经营思想的中幼林抚育动态监测固定和临时样地各8块，面积从400～2500平方米不等。

火险管理培训 10月26～30日，在防火期到来之际，市林业局项目办与森林公安局共同举办了北京市森林火险管理培训班，特邀美国和澳大利亚森林火险管理专家来市林业局举行讲座。专家们主要从火险管理规划，火行为、火生态及其与气候因子的关系，通过森林经营管理措施降低火险等级等方面对全市80多名从事森林防火工作和森林经营管理的技术骨干进行了培训。

【科学研究及获奖情况】

《密云水库水源保护区可持续发展战略研究》出版 该书于1月出版。该书以市林业局2001年执行的中日合作密云水库可持续发展调查和规划项目成果为基础，由市林业局项目办和市林勘院共同编撰而成。全书共409千字，分密云水库集水区基本情况、水源保护林现状、水源保护林营造及抚育管理、水源保护林建设总体规划、基本规划的评价和实施计划、可持续发展及其调控对策6个章节。

水源保护林培育与经营管理技术推广项目获北京市农业科技推广二等奖 该项目依托北京林业大学水土保持学院，以中德技术合作密云水库流域保护和经营和中韩合作密云水库集水区水源保护林示范等项目为技术、资金支持，从2002年开始在密云水库周边地区、北京市八达岭林场、延庆县等地区进行推广应用。项目内容主要包括以水源涵养功能为导向的植被恢复技术与推广、近自然中幼林经营技术与推广和水土保持技术配套工程。该项目计划推广规模1.2万公顷，实际推广规模1.77万公顷。核心技术覆盖率100%，累计示范区规模770公顷，累计示范区2个，新增总投入3362.5万元，新增总产值5.78亿元。

韩国项目经理辛教升获“长城友谊奖” 12月9日，在市政府2004年度“长城友谊奖”颁奖仪式暨招待会上，中韩合作造林密云水库水源保护林示范项目韩方专家辛教升先生从北京市市长王岐山手中接过了“长城友谊奖”（“长城友谊奖”是北京市政府对在首都建设事业中作出杰出贡献的外国专家授予的最高荣誉），成为本年度生态环境建设领域获此殊荣的唯一代表。辛教升先生2001～2003年出任中韩合作造林项目经理，工作期间引进了韩国林地土壤改良、割灌覆盖、道路和步道修建、水源涵养林水文研究等先进技术和理念，为推动北京市水源林建设起到了积极作用，也为山区造林提供了示范。

【国际会议】

中韩合作造林项目研讨会 3月15～17日在北京召开，会议由国家林业局国际合作司和韩国国际协力团（KOICA）主办，市林业局承办。国家林业局国际合作司及对外合作项目中心有关领导、正在执行中韩合作造林项目的北京、新疆、甘肃、宁夏、内蒙古、贵州6省（区、市）的主管林业厅（局）长和项目管理人员及KOICA、韩国山林厅林业研究院项目专家等30多人参加了会议。会议主旨是探索问题，介绍经验，推动中韩合作造林项目的顺利实施。会上，国际合作司介绍了中国林业国际合作情况及中韩林业合作现状，KOICA介绍了韩国国际援助情况及对华援助现状，5省（区、市）代表分别介绍了执行中韩合作造林项目的作法、经验及问题。北京市林业局作为会议重点发言方就中韩合作造林密云项目3年来的执行情况、管理方式、两国交流、主要成果和实施经验向与会代表作了汇报，得到了与会代表的充分肯定。与会代表还参观了中韩合作造林密云水库水源保护林示范项目实施现场。

（林业国际合作由周彩贤供稿）

林业产业体系建设

果品产业

【概　况】　北京有着悠久的果树栽培历史。自20世纪80年代开始农业结构调整以来，郊区果树产业快速发展，已发展为北京农业的主导产业之一，在发展郊区经济、增加农民收入方面发挥着重要的作用。

截至2004年，根据北京市森林资源二类调查结果表明，郊区果树总面积为16.4万公顷。其中苹果1.27万公顷，梨1.53万公顷，桃3.13万公顷，葡萄4666.67公顷，李子4000公顷，鲜杏6666.67公顷，樱桃1666.67公顷，红果2666.67公顷，柿子1.33万公顷，枣5333.33公顷，板栗4.13万公顷，核桃1.07万公顷，仁用杏1.13万公顷。

2004年，郊区果品产量为78万吨。其中，苹果14万吨，梨16.5万吨，桃27.8万吨，葡萄7万吨，鲜杏1.9万吨，樱桃2000吨，柿子5万吨，板栗2万吨，核桃1.4万吨，仁用杏8500吨。2004年，郊区果品产值为18亿元。36万从事果树种植的农户户均果品收入为5000元。

在果树产业发展中，各区县依据自然条件、资源优势，突出发展优势树种，确立主导产业，基本形成了各个树种区域化栽培的果树产业布局。观光采摘已成为果树产业发展中最具特色的亮点和最具活力的热点之一，促进了果树生产由第一产业向第二、三产业的延伸。2004年，郊区果园接待观光采摘游客超过500万人次，采摘果品量占总产量的比重为7%，农民依靠采摘业增加的收入超过了2亿元。

全面推行果树标准化生产，制定了主要果树安全无公害综合技术标准，推行标准化生产的果树面积已占总面积的2/3，促进了果树产业管理水平的提升和提质增效。果树产业的组织化程度不断提高，北京市果树产业协会有团体会员138个，覆盖了郊区70%的果农。郊区果树专业合作经济组织248个，吸纳果农24810户，带动果农近12万户。

（方建辉）

【果品产量和产值】　2004年，全市果品产量78万吨，果品产值18.1亿元，分别比2003年增长3.6%和5.6%。其中鲜果74万吨，产值14.8亿元，比2003年略增。干果首次突破4万吨，达4.12万吨；核桃、板栗、仁用杏同比增长均超过10%；干果产值突破3亿元，达3.3亿元，同比增长28.3%，增收显著。（方建辉）

【《北京市果树产业发展规划》通过专家论证】　按照市委、市政府提出的“生产唯一性产品，满足个性化需要，加快城乡一体化建设”的要求，市林业局组织果树、经济、管理、计划等方面专家研讨、编制的《北京市果树产业发展规划（2003～2010年）》，于2004年2月完成，并通过了专家论证。《规划》根据北京市果树产业发展的现有基础，结合北京的土壤、气候等自然条件，首次明确提出了“八带百群千园”构成京郊果树产业布局的总体框架。“八带”即由苹果、梨、桃、葡萄、柿子、板栗、核桃和仁用杏已基本形成较优化区域分布的八大树种优势产业带成为当地农民致富的主导产业；“百群”即建成100个受北京特殊的地理地貌、自然气候条件影响，经过几百甚至上千年的栽培、演化，形成某一特定区域独有的高质量的特色果品群，如郎家园小枣、西峰山小枣、北寨红杏、拳杏、佛见喜梨、金星蜜梨、京白梨、玉皇李子、香山水蜜桃、石窩水蜜桃，燕山板栗等。“千园”即选择交通便利或与旅游景区结合的部分地区，建设1000个特色明显、品质优良的、具有观赏、休闲、科普、怡养身心功能的公园式果园，使其由单纯第一产业的功能向第二、三产业的加工旅游服务功能延伸，实现生态效益与经济效益的完美结合，加速城乡一体化建设。

（张　瑞）

【设施果树栽培】　2004年，各区县新发展设施果树49.35公顷。其中温室37.04公顷、450个，钢架大棚8.03公顷、167个，涉及农户199户。总投资2093万元，是2003年的1.6倍。其中农民自筹1569万元，占总投资的75%以上，县乡补助524万元。

全市设施果树面积达772.63公顷，其中平谷区554.6公顷，以桃为主，面积达418公顷；通州区95.17公顷，以葡萄为主，面积为90.47公顷；大兴区54.27公顷，顺义区32.83公顷，房山区19.73公顷。按树种分，全市设施桃463.40公顷，葡萄279.44公顷，草莓11.05公顷，杏8.58公顷，樱桃3.84公顷，李子5.28公顷，梨、枣、果桑等1.24公顷。

设施果品产量达到3954万吨，总产值达到5988万元，平均每公顷达33万元。桃作为北京市第一大栽培树种，结果面积133.33公顷，产量3070吨，产值5022万元，占设施果品总产值的84%。葡萄位居第二，结果面积近40公顷，产量620吨，产值770万元，占总产值的13%。杏、樱桃、草莓、李子、果桑等都有不同程度的增长。

（张　瑞）

【果树标准化生产】　2004年，各区县建成果品标准化生产示范区（点）344个，1.4万公顷；示范户4688户，4000公顷。全市推行标准化管理的果园面积已占到总面积的60%。

（方建辉）

【果品有机化栽培】　6月22日，市林业局、市财政局在昌平区联合召开有机果品工作会，各区县林业局和财政局主管局长、科长参加了会议。制定了《北京市有机果品生产技术准则》，使全市的有机果品生产有章可循。聘请了韩国果树专家、国际有机食品运动联盟（亚洲）理事韩南荣先生为技术顾问，承担对各级主管及技术人员的培训。对果园土壤改良方法、植物性营养液制作、植物杀虫剂、植物性杀菌剂的制作使用、有机肥堆沤方法及材料配方等具体环节，进行培训与指导；组织研讨、技术培训和现场观摩30多次，培训1200人次。首批筛选出34个果园建立有机果品栽培示范园，总面积666.67公顷。涉及苹果、梨、桃、葡萄、柿子、板栗、樱桃、杏、枣、李子等10余个树种，并完成果园的土壤测试工作。其中的20个果园正式递交相关申请，进入有机化栽培程序。平谷区有3个果园已正式进入有机转换期。经过3年转换期后，市民将可品尝到首批营养丰富、果味十足，并且更安全、环保、健康的有机果品。

（方建辉）

【果品出口】　2004年，全市完成果品及加工品出口8.48万吨，产值2.79亿元，分别比2003年增长1.1倍和4.5倍，均创历史新高。出口鲜果2.64万吨，产值2.22亿元，其中早酥梨1.1万吨，桃1.5万吨，首次实现50吨红富士苹果批量出口欧盟。出口板栗为主的干果3000吨，产值500万元。出口果汁、果酱、葡萄酒为主的加工产品2.06万吨，产值5249.3万元。

（方建辉）

【“春华秋实”——北京百万市民观光果园采

摘游系列活动】 该系列活动由北京市林业局、北京市旅游局、北京市果树产业协会、共青团北京市委、北京日报报业集团、北京交通台、大森林旅游服务中心共同主办。该系列活动包括4月15日在平谷区桃花海举办的“春华秋实”——北京百万市民观光果园采摘游启动仪式及5月26日、9月22日、10月18日分别举办的樱桃、西洋梨、柿子北京名果大家评活动。观光果园采摘游系列活动期间，举办了观光果园采摘摄影大赛和征文比赛。收到摄影作品1000余幅，征文150余篇。通过此项活动，宣传了北京的名果、名园，推动了观光果业的发展。全年观光采摘客达500万人次，采摘收入达2.1亿元，采摘人次、年收入分别比2003年增长56%和85%。 （方建辉）

【高标准观光果园】 2004年由国家农业综合开发办公室和北京市发改委立项，投入财政资金1920万元，建成16个高标准观光果园。为提高观光果园的建设水平，项目建设单位聘请了果树、园林、旅游、经济管理等方面的专家进行多次论证，从观光果园建设的理论到实践，请专家们展开研讨，取得共识。每个观光果园建设前都有严格的专业设计，保证高水平的建设质量。 （方建辉）

【“北京名果名园”网站正式开通】 网址为www. bjfruit. com。网站分专题设置了若干栏目，集指导性、知识性、趣味性于一体。主要介绍京郊果树产业的历史和现状，介绍北京名果科普知识，介绍北京定点观光果园，反映广大市民的意见和要求，果品文化、水果疗法、名人名果、名果书画、名果趣闻以及果品成语等趣味知识，为京郊果农和城区市民提供方便、快捷、准确、详实的信息服务。累计发布信息600条，网站点击数超过2万次。 （方建辉）

【《北京名果》】 为使市民更加了解北京名果，由市林业局果树处组织有关专家策划编辑，由科学技术文献出版社出版《北京名果》。该书以图文并茂的方式，从栽培历史、典故传说、品种特性、营养价值、食用方法等方面，介绍了北京13种果树的320个名优果品。 （方建辉）

种苗产业

【概　况】 2004年，北京市林木种苗产业坚持依法治种、依靠科技兴种，强化综合服务、推动产业发展的原则，在苗圃种植结构调整、种苗质量建设、种苗工程建设和综合服务上采取多种措施，取得了新的成绩。截至2004年，全市育苗面积达到1.96万公顷，总产苗量4.8亿株。全年为社会提供各类苗木1.1亿株，供应各类种子103吨，种子质量全部达到国家2级标准，创产值9亿元。造林良种使用率达到42%，造林绿化苗木自给率达到90.3%。通过积极调整，针叶、阔叶、花灌木的种植比例达到18∶56∶26，种植结构更加合理。

通过实施“两证一签”（林木种子生产许可证、林木种子经营许可证和林木种子苗木标签）制度，开展质量抽查、苗圃评比，加强质量管理，建设标准化苗圃等一系列活动，使种苗生产经营更加规范。全市依法取得林木种苗生产许可的苗圃面积达到1.67万公顷，占全市育苗总面积的85%以上。全市共有苗圃2186个（其中国有72个、集体360个、个体及其他性质的苗圃1754个），其中有全国质量信得过苗圃18家，全国特色种苗基地5家；北京市质量信得过苗圃32家，北京市特色种苗基地9家；全国无检疫对象苗圃5家，北京市无检疫对象苗圃24家；通过ISO国际质量体系认证的苗圃6家。北方国家级林木种苗示范基地作为全国种苗基地建设的典型范例，对全市林业种苗建设起到预期的指导、示范和窗口作用。以国有苗圃为龙头，集体苗圃为骨架，个体和股份制苗圃为主体的规范化苗木生产供应体系基本形成。

自1998年国家实施国债林木种苗工程建设以来，共建设种苗工程30项，总规模1293公顷，总投资1.48亿元。其中2004年新批复种苗工程5项，总规模94.4公顷，总投资643万元。国债种苗工程项目的实施，使种苗基础设施建设得到发展、生产条件得到明显改善，种苗生产能力明显提高。通过项目建设在种苗生产、经营、管理上发挥的先导带动作用，推进了全市种苗生产基地化建设进程。（刘亚丽）

【种苗质量监督】 ①开展全市林木种苗质量抽查。2004年春季，在全市开展了首次林木种苗质量抽查活动。被抽查的10个区县的15个苗圃全部办理了“两证一签”，并执行了苗木包装制度。在抽查的14个树种30个苗批中，有3个苗批未达标准，合格率90%。②国家林业局抽查北京林木种苗质量。2004年，国家林业局对全国林木种苗质量进行抽查。抽查北京林木种子样品27个，合格18个，合格率为66.7%；抽查苗批9个，合格8个，苗木合格率88.9%。③林木种苗质量监督检验机构检验水平考核。2004年，国家林业局对全国各省级林木种苗质量检验机构的检验水平和检测能力进行了考核。北京总分为925分，在32个单位中位居第十名。④6个单位通过ISO国际质量管理体系认证。6个单位分别是：北京市大东流苗圃、北京市温泉苗圃、北京市大兴区苗圃、北京天房绿茵园林绿化工程有限公司、北京南宫世界地热博览园有限公司、北京市北郎中村花木中心。（王　岚）

【种苗工程建设】 ①国债林木种苗工程建设。自1998年国家实施国债林木种苗工程建设以来，北京利用国债资金建设种苗工程24项，总投资1.39亿元，其中中央投资1.19亿元，地方配套1933万元。项目包括：国家级林木种苗示范基地1个，苗圃建设项目15个，林木良种繁育中心1个，林木良种基地项目2个，林木采种基地项目4个，省级种苗基础设施建设项目1个。到2004年底，已完成林木种苗工程项目20项，另外4个项目按计划正在加紧建设中。工程项目管理实施了项目法人制、招投标制和监理制，工程质量全部达到国家有关部门要求。②专家评审会。4月16日，市种苗站组织召开了2004年北京市林木种苗工程申报项目专家评审会，这是市林业局第一次对种苗工程申报项目进行专家评审。与会专家、领导对北京市林木种质资源清查、采种基地建设、良种基地建设、区县级林木种苗基础设施建设等9个上报项目的立项、可行性、技术路线等进行了充分的论证，并对项目提出了宝贵的修改意见。③5个项目获得国家林业局批准。经专家评审，房山区林木种苗检查储藏加工等基础设施项目、黄垡苗圃金叶刺槐等彩叶树种林木良种基地建设项目、西山试验林场元宝枫采种基地建设项目、房山区马褂木良种基地建设项目和顺义区林木种苗质检专用设备购置项目获得国家林业局批准实施，批复资金共643万元。（王　岚）

【种苗社会化服务】 ①政府采购减少产供销环节。房山、通州、延庆等区县，采取政府采购、统一调拨等方式采购造林用苗，为广大苗农提供了公平竞争的平台。通州林业局通过加强环村防护林建设和建小径材削片厂两种途径解决苗木的销路问题。顺义林业局采取增加造林密度，营建小径材林的方式消耗一部分杨树种苗，取得良好效果。②种苗产业协会发挥作用。房山、昌平、平谷、顺义的种苗产业协会，通过发布行业信息和加强技术指导，引导农户调整种植结构。协会还和育苗大户联系山东、河北等外地用户收购墩布把等小径材，销售部分杨树苗。③加强信息服务。通过专刊《北京林木种苗信息》和区县种苗信息，传达上级精神、提供种苗供求信息和栽培管理新技术。2004 年刊印信息 36 期，发布各种信息 100 多条。开展科技赶集活动，发放种苗各类宣传材料近 7 万份。④开展种苗技术培训，提高行业队伍水平。2004 年共组织市县级培训班 66 次，其中市级培训班 6 次。培训育苗技术、网络管理、质量检验人员 4000 多人次。全年培训林木种苗质量检验员 800 余人。⑤组织参加苗木洽谈会和展览会，拓宽种苗销售渠道。市种苗站组织全市有代表性的果品、苗木、种子生产企业，参加第三届中国国际营林园艺技术设备展览会暨种苗洽谈会，现场达成合作意向 10 个，北京市获展览会组织奖。

（孙洪玲）

【种苗科技基础研究】 ①试验林营造及引种。2004 年，全市共营造欧洲白桦、毛白杨、欧洲黑杨等各种试验示范林 2 公顷。引进名特优新和抗逆性品种 40 多个，主要有园蜡 2 号、速生国槐、挪威槭、北方红栎、湿地白栎、大果栎、黑胡桃、四翅滨藜等树种的种子和苗木。②实施种苗科研项目。全年市种苗站共承担科技项目 11 个，其中：国家项目 4 个、市技术监督局项目 1 个、市科委项目 2 个、市林业局科技项目 4 个。其中市科委项目杨树转双基因抗虫植株选育及栽培技术研究已通过验收，其他项目严格按照合同顺利进行。主要涉及种质资源收集保存与评价利用、优良品种的繁育示范与技术推广、北京乡土树种优良品种恢复、抗逆性基因资源的引进以及育苗技术规程编制等。

（王　岚）

【林木种苗网络建设】 市种苗站作为全市种苗行业主管部门，紧跟社会信息化步伐和信息产业技术的发展，运用网络现代信息通讯技术，搭建了种苗信息交流平台——北京林木种苗信息网，作为种苗信息交流的窗口。网站主要设有：政策法规、质量检验、良种审定、种苗动态、种苗供求信息等 10 个一级栏目和法规条例、质检通报、技术讲座等 20 个二级栏目。并与中国苗木网、国家林木种苗信息网、首都绿化林业政务网等多网站实现链接，为全市种苗业发展提供全面性、实用性和时效性的信息服务。截至 2004 年，网站管理员 30 余人，网络用户 300 余家，发展“221”产业网种苗用户 160 家，并配备了音频视频终端设备，实现无障碍网络沟通。网站的信息服务面在逐渐扩大。通过综合性种苗供求信息平台，为企业发布苗木信息 400 余条，累计发布信息 2000 余条，平均日访问量达 200 人次。

（刘亚丽）

【获奖情况】 2004 年，房山区林业局种苗站、通州区林业技术推广站、顺义区林业局林业科被国家林业局评为全国林木种苗质量管理先进单位；延庆县种苗站站长张爱明、顺义区林业科副科长田连香、丰台区林业站站长张新被国家林业局评为全国林木种苗质量管理先进个人。

北京市温泉苗圃、北京市十三陵林场苗圃、北京市蚕种场、北京市松杉佳卉园林绿化工程有限责任公司、北京市朝阳区北花园苗圃、北京市门头沟区西峰寺林场、北京市南大荒苗圃、北京市昌平区林业试验场、北京市朝阳区大黄庄苗圃、北京顺丽鑫园林绿化工程有限责任公司、北京市丹青园林绿化公司苗圃、北京台湖艺苑园林绿化有限责任公司获得全国质量信得过苗圃称号。

北京风沙源育苗中心、北京市绿昌然苗圃获得全国特色种苗基地称号。

北京五方园林绿化工程有限公司、北京如春园林绿化工程有限公司、北京丰台区榆树庄农工商联合公司、北京市潞电苗木种植园、北京馨秀源园林工程有限公司、北京市密林苗木种植园、延庆县绿化基地苗圃、北京东田增福种植园有限公司、北京市门头沟区西峰寺林场苗圃、北京市昌平区林工商公司、北京颐阳园林花木中心、北京山水秀荒山治理技术开发中心、怀柔区喇叭沟门林场苗圃获得北京市质量信得过苗圃称号。

北京珠峰园林有限公司、北京市玄鸿燕塞园林绿化工程有限公司、北京市北郎中村花木中心、北京风沙源育苗中心、北京市林业局种苗站林木良种基地、北京美昌然苗圃、北京良种沙棘繁育基地获得北京市特色种苗生产基地称号。（王　岚）

花卉产业

【概　况】　北京市花卉产业经过多年的快速发展，2004 年呈现稳步发展的态势，重点转向企业优化升级，产品结构调整、打造品牌和开发资源。花卉重点地区以及骨干企业以市场为导向，在提高生产技术水平和产品质量上下功夫，重点发展优势产品，大中型企业产品市场优势显现，盆花和花灌木需求量增加。全市花卉生产面积 2924 公顷，年产值 6.1 亿元。年产切花 6070 万支，盆花 2936 万盆，花卉种球种苗 933 万株（粒），花灌木 2577 万株，草坪草 1247 万平方米。花卉企业 177 家，花农 1538 户，花卉市场 22 个。平均每公顷产值 20.85 万元，比 2003 年增加 1.95 万元，位居全国之首。①花灌木、地被花卉和花坛用花需求激增。为满足“办绿色奥运、建生态城市”绿化美化需求，使城市环境多姿多彩，地被花卉和花坛用花受到青睐，宿根花卉如大花萱草、紫薇、地被菊、紫花地丁、二月兰等花卉得到广泛应用。生产数量品种增加，花坛花卉质量不断提高，带动了农户生产，如延庆县四海镇的马春贵生产矮牵牛、凤仙花 20 万盆，销售收入 13 万元。通州区潞城镇生产 50 万盆花卉，台湖镇农民杨凤芹承包 2 公顷地，生产各种花卉，2003 年当年收入 4 万元。②大中型企业产品主导市场，高档盆花产业区基本形成。经过多年努力，高档盆花企业生产规模和效益逐步稳定，国家林业局“十一五”发展规划中将北京确定为盆花生产带。北京高档花卉生产规模扩大，产品质量提高，大兴区火鹤发展到 30 万盆，年产组培苗 100 万株，质量接近进口苗，生产成本逐年降低；三益、华乐、北林科、人地、大东流、花乡花木集团、顺科、杉友等企业生产以蝴蝶兰为主的热带兰达 150 万株，实现周年市场供应；盛芳园调整种植结构，突出技术和管理优势，重点发展凤梨、仙客来等优质产品，2004 年与美国泛美种业公司合作，成为泛美草花展示基地。森禾 30 万盆进京仙客来质量明显提高，合众力源成为国兰繁育中心。③野生花卉育种工作取得初步成绩。海淀区东升种业公司和卉隆鲜花公司从 1998 年开始调查、收集北京地区野生花卉资源进行人工繁育，经过多年品种筛选和种植技术摸索，东升种业公司选育的紫花地丁、桔梗、蒲公英、野甘菊、蓝刺头、黄花桂竹香等 48 种野生草花进入小规模生产阶段，年产花种 500 多千克，供不应求。卉隆花卉公司利用野生花卉生产的桔梗、蓝刺头、柴胡、黄莺等切花 200 万枝，市场反映良好，荷兰花商提出订购要求。乡土花卉资源的开发应用，为培育自有知识产权花卉品种奠定了基础。百合种球国产化继续发展，2004 年生产脱毒球 150 万粒。④花卉引种和科研深入开展。大兴区引进花卉新品种 55 个，其中火鹤品种 15 个，兰花品种 10 个，切花菊品种 20 个，其他品种 10 个，进行了“紫叶酢浆草资源引进及繁殖技术研究”和“切花菊新品种引进配套技术的开发与应用”项目；丰台区开展了挖掘区传统花卉品种工作，同时开展火鹤的不同基质的栽培性能试验；北林科、森禾北京基地进行了法国、美国、荷兰、日本等不同地区的仙客来盆花栽植对比试验。⑤草坪业由单一的草坪建植管理向多元、综合、适用的方向发展。为解决草坪生产损坏土壤和草坪管理费水、管理成本高的问题，草坪界开展多项研究和生产，如今，在冷季型草控制发展的同时，野牛草等抗旱性强的草得到重视和发展，适宜屋顶绿化和特殊场地需要的基质草坪已经走向市场，草坪制种得到关注。缀花草坪的开发研究，促进了草坪的生态功能和美学价值的充分展现。⑥花卉出口稳步发展。出口商品实现定单生产。随着产品质量不断提高，干燥花制品、蝴蝶兰种苗的出口稳定，干燥花出口收入 120 万美元。切花开始出口，火鹤切花实现首次出口，切花菊出口已与日本签订了 3 年 1000 万枝的供货合同。高质量的切花，良好的信誉，引来众多的代理商，日方已同意出让新品种育苗权，供北京企业生产。⑦北京花卉市场发展迅速。到 2004 年底，全市花卉专业批发市场已发展到 22 个，经营面积达 11.8 万平方米，拥有 2020 个摊位；全市有花卉零售网点 1500 个。

（杨在岚）

【《北京花卉产业发展规划》编制完成】 《2004～2010 年北京花卉产业发展规划》由北京市林业局、北京花卉协会与北京林业大学园林学院合作，自 2003 年 6 月开始，经过多次调研，征求有关部门和单位意见，并分别召开花卉专家、花卉业内企业、区县花卉管理部门和市有关委办研讨会，反复讨论修改，已于 2004 年 9 月份编制完成。

（杨在岚）

【北京双卉新华园艺有限公司成为首家周年切花菊出口基地】 该基地总占地面积 40 公顷，包括延庆农场新华园艺公司和大兴区采育两个生产基地，有日光温室 90 栋，塑料大棚 110 余栋，并建有保鲜库、鲜花整理间等配套设施。基地聘请日本专家作为技术指导。2004 年出口日本品种为“神马”的切花菊 200 万枝，是北京市首家周年直接出口切花单位。

（赵五一）

【年宵花卉生产】 2004 年，全市骨干花卉生产基地为元旦、春节生产的各类年宵花卉达 350 万盆，其中蝴蝶兰、火鹤、仙客来、凤梨、一品红、杜鹃等花卉为主打品种，占总量 70% 以上，有些品种销往南方城市，出现了前几年很少见的“北花南运”现象。元旦、春节期间销售的各类年宵花卉超过 1000 万盆，品种达 19 大类 500 个品种以上，以国产名优花卉为主的鲜切花供应超过 1 亿枝。

（杨在岚）

【北京野生花卉驯化工作】 野生花卉育种是培育自有知识产权品种的快捷有效途径，也是国际市场流行的花卉产品。北京野生花卉的引种驯化工作，由卉隆鲜花公司和东升种业公司承担。从 1993 年起，开始陆续引进葫芦、霞草、千枝梅、兔尾草、秋葵、天仙子、蓍草、车绒花、扁叶刺芹、御谷、梯木草、续断、大花续断、拉毛果、风动草、黑麦草、苋、红花、补血草、麦瓶草、兰刺头、青稞、毛蕊花、翠菊等野生花卉 200 多种，进行驯化栽培、鲜切花选育、育种和种苗生产。到 2004 年，已生产种苗 200 万株，种子 1500 千克，切花 200 万枝。投产的切花有绣线菊、蓝刺头、桔梗、千枝梅、霞草、

翠雀、风铃草、云龙柳、红瑞木、龙桑等，经过多年筛选的北京蓝刺头被荷兰花商看中，提出供货要求。（赵五一）

【北京茶菊栽培成功】 北京茶菊为菊科植物，是由中国工程院院士、北京林业大学陈俊愉教授主持，通过远缘杂交与实生选种，按照育种目标在30多个地被菊新品种中，选出的5个优良品种，即乳荷、匐地玉龙（简称玉龙）、玉人面、银杯、白龙，经北京林学会在北京地区进行试种后确定3个最佳品种，为乳荷、玉龙、玉人面。产品经过与市场认可的茶菊对比检测分析，其营养成分、化学成分、药理作用同于或高于对照产品，并有无污染、无病虫害的优势，被确认为可以在北京地区发展，带动农民致富的项目。（赵五一）

【第四届迎春花卉年会】 1月10～28日，为营造欢乐、祥和的节日气氛，给市民提供节日休闲购花的优良场所，市林业局、北京花卉协会组织莱太、亮马河、中蔬大森林、航天桥、都市芳群、玉泉营展销厅、花乡等花卉市场，共同举办北京第四届迎春花卉年会。各花卉市场提供了量足质优、品种丰富的年宵花卉，举办了插花表演、花卉书画展、家具环境布置展、家居装饰画展等活动。（杨在岚）

【参加第十八次香港花卉展】 香港花卉展自1987年开始举办，每年都设北京展区，2004年3月5～14日第十八次花卉展览在维多利亚公园举办。由北京花卉协会主办的北京展台重点展出了大兴苗圃的精品火鹤，展品获得大会颁发的银奖和特色奖。（赵五一）

【八达岭丁香谷建设】 中国是丁香属植物的自然分布中心，拥有全世界80%的丁香野生资源，华北是中国丁香的四大产区之一，北京市八达岭林场海拔在400～900米内，广泛分布着丁香天然次生林，其中以三堡一带分布最集中。据调查，该区域共有丁香2万余株，约66.67公顷，植株呈乔木状，阳坡生长更为健壮。该区域生长的丁香高度可达12米，最大地径140厘米，胸径83厘米，冠幅11米，分布面积之大、数量之多、径材之粗壮，为华北地区所罕见。年内，三堡沟谷被命名为"丁香谷"，并启动了北京丁香天然种质资源保护及可持续利用工程。（赵五一）

【国色天香牡丹园】 位于怀柔区桥梓镇的国色天香牡丹园，由北京国色天香园艺有限公司投资建设。该园占地200公顷，计划总投资2.2亿元，以旅游观光和种苗生产相结合，目前已建成品种资源区、鲜切花生产区和盆栽牡丹商品苗生产区。园中栽植了中原、西北、江南、西南全国四大牡丹群九大色系的品种牡丹近600种，100多万株，其中多年生及百年以上的牡丹6000多株。4月28日，园区正式对外开放。（赵五一 杨在岚）

【奥运花卉评选】 2004年完成的北京花卉产业发展规划，将发展奥运花卉纳入规划。8月，中国工程院院士、花卉专家陈俊愉教授，中国科学院花卉研究员龙雅宜等花卉界专家纷纷写文章，在有关会上呼吁，希望传统名花在2008年北京奥运会上亮相，让1000多名获奖运动员手捧中国名花，向世界展示中国花卉的风采。用饱含中国文化内涵的花束，向获奖运动员献花。同月，根据专家们广泛呼吁意见，首都绿化办、市林业局、北京花卉协会就《关于确定2008年奥运会使用民族特色花束的请示》联合拟文报送北京奥组委。8月18～25日，605种奥运备选花卉经过一年的培育，在北京花木公司花卉研究所香山基地展出，开始接受专家、业内人士和市民的品评。为实现奥运使用民族特色花束的目标，大东流苗圃与中国牡丹芍药学会合作开发芍药切花研究项目，10月份开始启动。（赵五一）

【进口花卉检疫隔离驯养基地建设在京启动】 为适应花卉国际贸易的需要，保护国内植物安全，2004年“十一”前，由北京出入境检验检疫局与丰台区林业局合作建设的进口花卉检疫隔离驯养基地建设在丰原花卉基地启动。 （赵五一）

【北京11名专家入选首批全国花卉咨询专家库】 为了加强对花卉行业的技术指导，充分发挥各方面花卉专家的作用，提高花卉行业的科技管理水平，国家林业局植树造林司与中国花卉协会于2004年9月建立全国花卉咨询专家库。全国共有294人作为首批全国花卉咨询专家入选专家库，其中北京市属单位和院校有11名专家入选。他们是：张树林（北京市园林局原副局长）、陈殿奎（北京市农林科学院蔬菜研究中心研究员）、赵祥云（北京农学院园林系教授）、归复（北京市林业局市种苗站原站长）、张佐双（北京植物园园长）、熊佑清（首钢绿化研究所教授级高级工程师）、古润泽（北京市园林科研所所长）、罗凤霞（北京市农林科学院高级工程师）、赵世伟（北京植物园总工程师）、周国梁（北京颐和园公园管理处技师）、于锡昭（北京地坛公园技师）。

（赵五一　杨在岚）

蜂产业

【概　况】 北京养蜂，资源丰富，历史悠久，密云等地的“潮河白蜜”，门头沟一带的“京西白蜜”久负盛名。1930年前后，从日本引进意大利蜂种，后来从城区扩大到山区。当时有著名的李林园蜂场，有“万和”、“致城”等几家蜜蜡作坊；1949年以前，主要以传统方法饲养中华蜜蜂为主，饲养的意大利蜂群约5000群，年产蜂蜜100吨。

建国后，北京市的蜂业有了很大发展。1957年以后，郊区（县）先后配备了养蜂专职或兼职干部，成立了北京市农林科学院养蜂研究所、市蜜蜡加工厂，还建立了大型的十三陵养蜂场和市蜂具厂。1958年全市饲养蜜蜂1.5万群，年产蜂蜜175吨。1959年，北京首先研究生产蜂王浆。1966年，全市蜂群增至2.2万群，年产蜂蜜450吨，养蜂产值达200万元。1990年全市饲养蜜蜂达6万群，年产蜂蜜500吨，王浆2.5吨。蜂产品种类也不断增加，1982年开始生产蜂胶，1983年增加了花粉生产，1990年又开始生产蜂蛹，1994年生产了蜂王幼虫和北京巢蜜。目前，北京蜂业已形成蜂蜜、蜂王浆、蜂花粉、蜂胶、蜂蜡、蜂毒、雄蜂蛹、巢蜜等众多蜂产品的综合生产。2004年，全市蜜蜂饲养量15.5万群，达到历史最高记录。其中：昌平区养蜂4.2万群，密云县3.2万群，延庆县2.7万群。蜂蜜产量超过3000吨，比2003年增加250吨，增产幅度达9%，超过计划的13%；蜂蜜平均每箱单产37千克，单产、总产均达历史最高水平；蜂王浆产量28吨，比2003年增加10.5吨，增产幅度达37.50%。王浆单产、总产均创历史最高记录。全市蜂业向饲养标准化、蜂种良种化、产品多元化方向稳步、快速、健康发展。2004年全市涌现养蜂万元户2200多户，养蜂户最高收入12万元，养蜂总产值8000多万元。

【养蜂基地建设】 ①建立12个无公害蜂产品生产基地。年内，市蚕蜂站组织引导，加大科技、资金扶持，在全市各区县建立了12个无公害蜂产品生产基地，即门头沟区斋堂法城无公害蜂产品生产基地、延庆县张山营镇特种蜜生产基地（即中药材生产基地）、平谷区峪口果园基地、昌平区流村基地等。同时配合蜂产品基地生产，在延庆县大庄科乡、千家店乡等地建立蜜蜂良种繁育基地4个，年繁殖良种蜂1万群，培育授粉专用蜂1.5万箱。生产基地建设严格按照《无公害蜂产品生产操作规程》、《蜂蜜标准化生产技术规范》、《无公害蜂产品、蜜蜂养殖技术操作规程》等行业标准进行生产管理，开展了蜜蜂授粉和蜂蜜王浆双高产优质生产技术、无公害蜂产品生产技术、无铅蜂胶生产技术等高新科技的试验示范和推广工作，同时引进优质种蜂王、配套蜂具、高效蜂药等，确保生产出高品质、无公害的蜂产品，以适应国际市场对中国蜂产品的质量要求，提高市场竞争力。②中华蜜蜂保护工程。中华蜜蜂是中国本土蜂种，具有遗传性好、不易得病、能够抵抗螨虫等寄生虫的侵袭等特性。2003年，市蚕蜂站在房山区蒲洼乡建立中华蜜蜂自然保护区。2004年，由市蚕蜂站牵头成立了中华蜜蜂濒危物种保护工作领导小组，负责协调解决中华蜜蜂保护区发展中出现的问题，并制定了中华蜜蜂濒危物种拯救工程规划，采用建设标准化基地生产的模式发展中华蜜蜂的养殖。同时，在北京市科委农村科技发展中心立项完成2005年北京市科技致富计划项目——中华蜜蜂种质资源保护与产品开发，项目计划投资100万，将在房山区蒲洼乡建成中华蜜蜂保护区2000公顷，建立蜂产品加工厂1个，使中华蜜蜂由目前的50群发展到2000群，不仅能够保护、发展和利用中华蜜蜂，而且还能够更好地为南方中华蜜蜂发展提供优良的蜂种种质资源。

【蜂业龙头企业建设】 蜂产品是天然的营养品、滋补品、保健品，被广泛应用于食品、饮品、保健品、药品、化妆品、日用品等行业，具有广阔的市场潜力，近几年，蜂业加工营销企业不断增加，总体实力不断增强。目前，全市有蜂产品加工、销售企业和蜂产品专卖店、专柜超过1500个，蜂产品加工贸易企业200多家，有北京市蜂业公司、北京中农科技发展公司、北京百花蜂产品有限责任公司等蜂产品加工龙头企业30多家，其中京郊山区有蜂产品加工厂和蜂业合作社30多个，生产几百种蜂产品和蜂制品，满足市场的需要。2004年全市蜂业企业申报国家卫生部“健”字号保健品达20多个，30多家蜂产品加工龙头企业大多数通过ISO9001：2000国际质量管理体系认证、GMP认证和国家保健食品等相关认证。

蜂业龙头企业通过蜂业专业合作组织等形式，组织广大蜂农建立优质蜂产品原料基地，实行养蜂生产和蜂产品加工经营相结合，产供销一条龙，科工贸一体化经营，企业与蜂农之间采取合同、契约、股份制等方式进行经济合作，风险共担，利益共享，生产市场需要的各类优质蜂产品，并将养蜂生产基地作为第一车间，从源头抓起，把好质量关。2004年全市蜂产品加工产值10亿元，蜂产品销售额超过12亿元，出口创汇超过500万美元。

北京市蜂业公司作为全市第一家集蜜蜂养殖、蜂产品加工、销售、出口于一体的大型国有蜂业专业企业，是国家级星火计划项目执行单位和全国蜂产品行业龙头企业和优秀企业。公司生产的产品有华林蜂王浆、蜂胶、蜂花粉、蜂蜜及蜂胶无醇葡萄酒八大系列30多个品种，产品获多项国际金奖和6项发明专利及北京市高新技术产品奖。2004年累计加工销售蜂蜜600多吨，蜂胶13吨，蜂王浆10吨，花粉50多吨，解决了1000多户京郊蜂农卖蜂产品的后顾之忧。

【蜂业产业协会】 2004年，成立了门头沟、延庆、顺义、昌平等4个区县级蜂业协会和28个蜂业合作组织，各个蜂业组织发展会员，形成网络，以科技服务，信息服务，蜂病防治，加强产前、产中、产后服务为宗旨，传达贯彻政府主管部门有关方针政策，加强行业管理，协调行业内生产、加工、贸易、科教等方面以及企业间的关系，把广大蜂农和蜂业科研、加工、经营人员组织起来，建立会员档案，举办养蜂生产、蜂产品加工技术培训班，为广大会员提供优质蜜源信息和蜂产品市场信息，切实解决蜂农的后顾之忧。

【蜂业科技与宣传】 ①蜂业科技培训。2004年，市蚕蜂站和中国养蜂学会举办了全国蜂产品安全与标准化生产技术培训（北京），就蜂产品生产国内国际法规标准、无公害蜂产品蜜蜂饲养技术操作规程、蜜蜂病虫害综合防治技术规范、蜂药使用规则、养蜂生产用药要求、蜂产品标准化生产技术规范等内容，对京郊养蜂管理负责人和200多名蜂农进行系统培训，并颁发中国养蜂学会的“中国养蜂学会蜂产品安全与标准化生产技术培训”证书。年内，各区县结合本地实际和工作重点对蜂农进行了专业培训。如密云县在冬春两季农闲时节，以乡镇为单位组织蜂农进行蜂蜜王浆高产优质综合配套技术培训；昌平区在流村镇举办了无公害蜂产品生产和蜜蜂病虫害防治技术培训班；顺义区组织6名蜂学专家，定期为蜂农进行技术培训，及时解决蜂农养蜂过程中存在的问题；门头沟区定期举办蜂农培训班，传授养蜂生产技术和蜂产品生产技术。年内，全市共培训蜂业管理人员和蜂农2000人次。②推广蜜蜂授粉技术。蜜蜂授粉可以提高农作物产量和改善产品品质，效果明显好于人工授粉。目前全市已在白菜、萝卜、甘兰、花椰菜、甜瓜、西瓜、向日葵、草莓、苹果、梨、桃等10余种农作物上推广应用蜜蜂授粉技术。昌平区兴寿天翼草莓园，用蜜蜂为草莓授粉，提高了草莓的产量，使草莓肉的口感更好；延庆县把蜜蜂授粉与高效、创汇农业有机结合，形成产业优势，拉动了其他产业，创造了良好的经济与社会效益。年内，全市利用蜜蜂为果树、蔬菜、西瓜授粉达1万公顷，产值增加2亿元，节约1370多万元。③北京市蜂业公司网站改版升级。2004年，北京市蜂业公司网站（www. bee-king. com. cn）进行改版和升级，以企业简介、业内新闻、产品介绍、销售网络、科技前沿、专业营销、保健知识、售后服务、外贸专版等9大版块面向广大消费者和网民。网站的改版和升级使市蜂业公司能够及时了解市场行情，掌握产品的销售和需求情况，健全完善了科技推广和售后服务体系，实现了产品的统一配送管理，节约大量人力、物力、财力；为广大蜂农和消费者快速获取蜂业行业信息和产品信息提供了有效途径。

（蜂产业由梁崇波供稿）

森林旅游

【概　况】 森林旅游是指在林区内依托森林风景资源以旅游为主要目的的多种形式的野外活动。森林公园是以大面积森林为基础，生物资源丰富，自然景观、人文景观相对集中，具有一定规模并可为人们提供旅游服务的生态公园。森林旅游是旅游者对优美的森林生态环境的享受，是对孕育人类文明的大自然的回归，更是生活在现代文明社会中人们对山林野趣的寻觅。它具有放松、猎奇、求知、求新、健身、陶冶情操和激发艺术创造灵感的多种功能，具有较强的自然性、真实性、科普性和参与性。近些年，随着首都旅游事业的发展和人们生态意识的提高，崇尚自然、回归自然已成为人们越来越强烈的愿望和追求。

20世纪80年代，上方山、潮白河、松山、百花山等国有林场利用当地的森林、地质、文物等景观资源，按照“以林为主，多种经营”的方针，自发修筑简易游路，增加一些游乐、接待设施，开始了森林旅游的有益尝试。1992年，林业部先后在北京和大连召开全国森林公园建设会议，提出“要以北京和广州为基点，逐步形成若干条独特的森林旅游线路，带动全国森林公园和森林旅游业的全面发展”的工作思路后，北京市迅速组建机构，制定政策，开始森林旅游开发和森林公园建设，当年批建了西山、蟒山、上方山3个国家森林公园。多年来，按照林业部关于大力发展森林旅游业的指示和具体部署，全市林业系统有关单位积极发挥资源优势，深入挖掘潜力，广泛开展联合，多方引资共建，森林旅游业取得较快发展。截至2004年，全市已建森林公园20个。其中国家级森林公园8个，市县级森林公园12个。总面积4.1万公顷。接待游客230万人次，总收入8500多万元，保持了良好发展态势。

森林旅游为广大市民提供了清新、健康的休闲娱乐场所　走进森林，回归自然，成为当今人们的渴望。据调查，有90%北京市民周末休闲度假有选择森林公园的愿望。森林中的气候温和、舒适，夏避酷暑，冬化严寒，深深吸气，使人心旷神怡。几年来，全市各森林公园和森林旅游区积极加强接待设施建设，努力提高服务水平，开展整体宣传、促销活动，有力地补充了休闲、度假旅游市场需求，缓解了部分老景点的游人压力。登山、攀岩、定向、穿越、速降以及森林浴、林中散步、野营等有氧运动和健身活动成为时尚。

发展森林旅游成为实现林业可持续发展的有效途径　全市林业系统现有森林公园和森林旅游区是在国有林场的基础上创办的。其中大部分国有林场地处边远山区，国家每年下拨的基建、事业经费有限，各项林业生产管理和基础设施建设薄弱，造成森林资源减少，林分质量下降，经济状况较差。发展森林旅游有效地改善了林场的经济状况，加速了森林资源的培育和管护，为实现林业可持续发展找到了一条有效的途径。

森林旅游带动地方经济发展，取得富民一方的较好效果　全市森林公园大多地处深山区。建立森林公园和开展森林旅游，增加了餐饮、住宿、娱乐服务、承包工程等社会就业机会。同时，森林旅游的兴起给土特产的开发销售提供了机遇和市场。新发展起来一批绿色食品，如蕨菜、香椿、黄精、花椒芽、苦杏仁、葫芦丝、板栗、核桃等以及结合森林旅游举办各类果品观光、采摘节等活动，促进了地方经济的发展，增加了当地群众的经济收入。

森林旅游已成为全市林业产业和首都旅游的组成部分　全市林业系统各有关单位在森林公园接待服务、娱乐设施等各项基础设施建设方面累计投资数亿元，形成一定的食、宿接待能力。年接待量由1992年的8.4万人次增加到200多万人次。多年来，全市各森林公园和森林旅游区开展岗位培训，完善规章制度，加强环境保护，努力提高服务接待水平，参加了国家和地方的各项考评工作。其中云蒙山国家森林公园获全国文明森林公园称号。上方山、松山、云蒙山、鹫峰、百望山等森林公园和森林旅游区通过旅游区（点）质量等级划分与评定，获AA级旅游区称号。蟒山国家森林公园、上方山国家森林公园、云蒙山国家森林公园和丫吉山森林公园等10余家森林公园获北京市科普教育基地称号。森林公园已成为首都市民休闲、观光、度假、疗养、健身、科普教育等活动的理想场所。

【鹫峰国家级森林公园正式挂牌】 2004年4月24日，我市唯一隶属于高校的国家级森林公园——鹫峰国家级森林公园正式挂牌，并宣布以“关注森林，享受绿色”为主题的首届北京鹫峰国家级森林公园登山月活动开幕。该公园是在北京林业大学教学实验林场基础上建立起来的，在发挥教学实习功能的同时，向市民展现独特的旅游资源，发挥旅游功能，成为京西地区集科普、旅游、娱乐为一体的旅游胜地。同日，由我国唯一的国际植物品种登录权威、中国工程院院士、北京林业大学教授陈俊愉倡导并主持建设的北京首座国际梅园在此奠基。该梅园占地5公顷，建成后，将是世界上第一个集中展示一种植物并拥有国际登录最佳品种的专类展园，它融科研、教学、科普、生态旅游为一体，集中展示中国华北、华东、华中、西南、华南和国外栽培的200个优良品种及北京44个露地抗寒优良品种。

【获得森博会组织奖和优秀奖】 2004年5月26～30日，由国家林业局、国家旅游局、陕西省人民政府组织的'2004中国森林旅游博览会在陕西省宝鸡市举办。北京市12个森林公园和森林旅游区参会，获得大会组织奖和优秀奖。

【潮白河森林公园顺义段一期工程】 2004年市政府为群众办的56件实事之一的潮白河森林公园（顺义段）于8月19日完成一期工程。该森林公园地处北京重要的水源采集区——顺义区潮白河畔，位于2008年北京奥运水上场馆旁，总面积为3666.67公顷，总投资5.5亿元，南北全长38千米，以潮白河顺义段为中轴线，宽度按市“五河十路”标准建设，左右堤向外延伸200米。其中一期投资1.3亿元，完成造林面积869.80公顷，植树83万株。以森林景观建设为主，辅以相应的旅游服务设施。

【国家级森林公园申报】 12月3日，经中国森林风景资源评价委员会审议和国家林业局批准，北京市大兴古桑国家森林公园和北京市昌平大杨山森林公园申报国家级森林公园成功。其中大兴古桑国家森林公园位于北京市大兴区东南部，地跨安定镇东部和长子营镇西部，是北京南部面积最大的郊野生态公园。该园林相葱郁，林分多样，季相丰富、文物古迹和动植物资源众多，具有较高的旅游和科普价值。有200年以上树龄的千亩古桑园，百年以上树龄的千亩古梨园，与其他桃、李、苹果、杏等果树及野生花灌木、草本花卉共同构成具有较高观赏价值的森林环境。大杨山森林公园位于北京市昌平区东北部兴寿镇境内，总面积2106.5公顷。园内山峦沟壑、悬崖峭壁，自然景观、文物古迹和动植物资源十分丰富。“林茂、树美、山雄、石奇、峰险、谷幽、泉清、寺古”，具有较高的旅游和科普价值。

【首都文明旅游景区】 2004年，云蒙山、鹫峰、上方山、小龙门、大兴古桑、松山、百花山、霞云岭、顺鑫绿色度假村、百望山10个森林公园和森林旅游区获得首都精神文明建设委员会办公室颁发的2004年度首都文明旅游景区称号。

【森林旅游宣传】 2004年，各单位广泛利用网络、报刊、广播、电视等媒体，加强森林公园和森林旅游单位宣传。为进一步发挥各景区的资源优势，按着“统一组织、分头准备、费用分摊”的原则，年内，各森林公园和景区积极参加第六届北京旅游咨询展暨王府井旅游文化节、中国林产品交易会。期间，发放宣传资料10万份，在北京人民广播电台、北京电视台等媒体进行了直播并解答广大市民的咨询4万人次。

【北宫森林公园主景区免费开放】 2004年，被列为2004年丰台区政府为群众办的40件实事之一的加快北宫森林公园建设，公园综合服务中心及体育、休闲设施建设任务完成。依托市第二道绿化隔离地区规划和建设的北宫森林公园廊坡顶主景区向市民免费开放。该公园位于丰台区西部王佐和长辛店两镇，占地面积8平方千米，设有军事科普区、山地健身竞赛区、青少年科普夏令营区等8大功能区，配备直升机停机坪，以实现对森林防火和病虫害的监控。万亩彩叶植物种植区将成为继香山之后京城第二大红叶观赏区。

【森林旅游系列活动】 年内，各森林公园和森林旅游区推出系列特色活动。包括：云蒙山国家森林公园举办的春季映山红观赏节、夏季深山探险活动和金秋采摘节，上方山第七届金秋红叶节，松山第四届科普环保夏令营，大兴古桑森林公园御桑园第四届采摘节，北京绿色度假村第九届槐花节，百花山环保科普教育月活动，百望山红叶节，霞云岭森林公园红肖梨采摘月、“红色村”里抒情怀、“登上白草畔，方知天外天”白草畔猜花游等活动。

单位:公顷

北京市森林公园一览表

编号	单位名称	公园级别	审批单位	批准时间	总面积	所在区县	建设单位	备　注
合计					41 112.9			
1	西山国家森林公园	国家级	国家林业部	1992 年 11 月	5933.3	海淀、丰台、石景山	市西山试验林场	
2	上方山国家森林公园	国家级	国家林业部	1992 年 11 月	353.3	房山区	房山区上方林场	
3	蟒山国家森林公园	国家级	国家林业部	1992 年 11 月	8581.5	昌平区	市十三陵林场	
4	云蒙山国家森林公园	国家级	国家林业局	1995 年 11 月	2208.0	密云县	密云县云蒙山林场	
5	小龙门国家森林公园	国家级	国家林业局	2000 年 2 月	1595.0	门头沟区	门头沟区小龙门林场	
6	鹫峰国家森林公园	国家级	国家林业局	2003 年 12 月	775.1	海淀区	北林大妙峰山教学试验林场	
7	大兴古桑国家森林公园	国家级	国家林业局	2004 年 12 月	1164.8	大兴区	大兴区安定、长子营镇政府	
8	大杨山国家森林公园	国家级	国家林业局	2004 年 12 月	2106.5	昌平区	昌平区兴寿镇政府	
9	绿色度假村	市级	市林业局	1994 年 7 月	981.2	顺义区	市共青林场(现双青集团)	
10	五座楼森林公园	市级	市林业局	1996 年 7 月	1366.7	密云县	密云县五座楼林场	
11	龙山森林公园	市级	市林业局	1998 年 5 月	140.5	房山区	房山区周口店林场	
12	马栏森林公园	市级	市林业局	1999 年 6 月	280.7	门头沟区	门头沟区马栏林场	
13	白虎涧森林公园	市级	市林业局	1999 年 1 月	933.3	昌平区	昌平区阳坊镇林业站	
14	丫吉山森林公园	市级	市林业局	1999 年 11 月	1144.0	昌平区	平谷县丫吉山林场	
15	八达岭森林公园	市级	市林业局	2000 年 3 月	2940.0	延庆县	市八达岭林场	
16	北宫森林公园	市级	市林业局	2002 年 3 月	800.0	石景山区	石景山区长辛店乡	
17	霞云岭森林公园	市级	市林业局	2003 年 2 月	3000.0	房山区	房山区霞云岭乡	
18	延庆莲花山森林公园	区县级	县林业局	1995 年 4 月	960.0	延庆县	延庆县国有林地。个人承包	
19	松山森林旅游区	国家级	国务院	1980 年 1 月	4150.0	延庆县	市松山林场	
20	百花山森林旅游区	市级	市政府	1986 年 1 月	1699.0	门头沟区	门头沟区百花山林场	

注:截至 2004 年 12 月 31 日。

(森林旅游白曲宏供稿)

森林资源安全保障体系建设

森林防火

【概　况】　北京市森林防火工作认真贯彻江泽民同志关于“隐患险于明火，防范胜于救灾，责任重于泰山”的指示精神，按照《森林防火条例》和《北京市实施〈森林防火条例〉办法》的规定，以及森林防火行政领导负责制的五条标准，坚持“预防为主，积极消灭”的方针，实行依法治火，推进科学防火，努力实现正规化、专业化、现代化，全面提高对森林火灾的预防、控制和扑救能力，最大限度地减少森林火灾的发生及其损失。在森林防火工作中，加强组织领导，坚持齐抓共管；加强宣传教育，坚持群防群治；加强监督检查，坚持依法治火；加强基础设施和队伍建设，坚持防消并举。

全市森林防火重点加强了五大系统建设。①林火巡护监测系统建设，主要是加强护林员、护林防火巡查队和瞭望队伍建设。已经登记在册的专职护林员和生态林管护员有4.2万多人。建立了乡镇、区县级森林防火巡查队161支，约1197人。建成防火瞭望塔92座，野外无线图像监控设备28套，瞭望监测覆盖面达到70%。全市初步建成了高空监测、山头瞭望、地面巡逻组成的立体式林火监测体系。②森林防火通讯系统建设，建成了分别由800兆、400兆、150兆组成的一级、二级和三级无线通讯网，现有无线电台1127部。③林火阻隔系统建设，在重点林区修建了防火公路1400千米，每年开设防火阻隔带400万米。目前，全市平均每公顷林地有防火隔离带5.6米。④林火扑救系统建设，建成了北京市森林消防总队，有35支中队，总人数1010人。从2002年起，每年3月1日至5月31日，在高山、远山等地形复杂的地方发生较大面积森林火灾时，利用直升机吊桶吸水直接扑火，同时运送森林消防队员和扑火物资，辅助扑火作战。到2004年已在山区修建了14个停机坪，确定了16个飞机取水点。⑤森林防火指挥系统建设，现已建成市森林防火指挥中心和10个区县森林防火指挥室。初步开发建成了北京市森林防火地理信息系统和林火决策支持系统，可以进行林火的信息管理、预测预报、扑救指挥和时实监测。

近10年，全市没有发生重大以上森林火灾和人员伤亡事故，一般森林火灾和森林火警次数呈明显下降趋势。

2004年，森林防火向正规化、专业化、现代化方向持续推进。基础设施建设和森林消防队伍建设进一步加快，完成市森林防火指挥中心的改造升级，视频监控设备由18套增加到28套，全市新建防火瞭望塔3座，总数达到92座。市政府办公厅分别于4月19日和11月8日发出关于加强森林防火工作的通知，王岐山市长、牛有成副市长分别到门头沟、昌平、怀柔等地检查森林防火工作。通过强化各项措施，对森林火灾的预防、控制和扑救能力有新的提高，实现了“确保不发生重大森林火灾，确保不发生人员死亡”的目标。2004森林防火年度，发生一般森林火灾6起，森林火警7起，过火面积103公顷，其中有林地面积40公顷。　（张林菁）

【领导视察森林防火工作】

王岐山市长视察森林防火　11月27日，市委副书记、市长王岐山，副市长牛有成同志到门头沟区检查森林防火工作，观看了该区森林消防大队三中队的消防演练。王岐山市长要求加强检查监督，依法治火。

北京市森林防火指挥部指挥、副市长牛有成视察森林防火　1月14日，牛有成同志到昌平区检查森林防火工作，视察了十三陵林场山防火瞭望塔和昌平区森林消防大队，并慰问战斗在森林防火一线的护林员和专业森林消防队员。牛有成副市长强调指出，森林防火要责任到人，科学有力。

国家林业局森林公安局局长杜永胜视察森林防火　1月17日，杜永胜同志到丰台区，慰问工作在一线的森林公安民警和森林消防队员，观看了森林消防演习，检查了森林公安派出所及森林防火基础设施建设情况。杜永胜局长对北京市森林公安队伍建设和森林防火工作给予高度评价。并要求切实做好森林公安及森林防火工作，做到严管队伍，科技强警，科学防火。　（张林菁）

【全市森林防火工作电视电话会】　10月28日召开，会议总结和部署森林防火工作。市森林防火指挥部指挥、副市长牛有成同志要求，要采取有力措施，认真做好森林防火工作，确保不发生重大森林火灾，确保不发生人员伤亡。　（张林菁）

【首次利用直升机巡护森林】　4月1日，北京市启用M-8型直升机开展森林巡护工作。直升机从通州机场起飞，对山区林地进行巡逻观测。途经房山、门头沟、昌平、海淀、延庆、怀柔、密云、平谷等8个区县，历时3.5小时，全程飞行600余千米，巡逻观测覆盖面积1200平方千米。利用直升机巡护森林，是北京市启动直升机吊桶吸水扑火工作之后，加强林火预防监测的又一重大举措。

（张林菁）

【国外防火专家来京进行培训】　10月26～27日，3位美国与澳大利亚森林防火专家，来京举办森林防火培训。与有关技术人员从植被演替及生态恢复、森林经营技术措施、火生态学、林火行为及相关因子等方面进行了详细的交流和探讨，对北京市森林防火工作提出了意见和建议。　（张林菁）

【森林火灾】　4月17日，延庆县四海镇大胜岭村北大茶沟，由于村民李仲才在整地时吸烟引起森林火灾，受害森林面积8.5公顷，烧死油松、落叶松、松木、山杨、栎树、山杏、侧柏共计7876株，林木损失共计9.49万元。

3月29日，房山区霞云岭乡村民郑某，在给其父母上坟烧纸时，不慎引起森林火灾。该区森林消防队和霞云岭乡干群500余人将大火扑灭。火灾过火有林地面积12.5公顷，烧死30年生油松4464株。3月31日，郑某因涉嫌失火罪被刑事拘留。8月19日，房山区人民法院以失火罪判处郑某有期徒刑3年，缓刑3年。　（朱宝凤　曾小莉）

森林病虫害防治

【概　况】　年内，全市林业病虫害发生面积3.56万公顷，有效防治面积3.40万公顷，防治率95.50%；应施调查监测面积56.14万公顷，实施调查监测面积53.87万公顷，监测覆盖率95.96%；应施种苗产地检疫面积1.40万公顷，实施种苗产地检疫面积

1.37万公顷，种苗产地检疫率97.81%；成灾面积33.33公顷，成灾率0.06/1000。防治率、监测覆盖率和种苗产地检疫率分别比国家林业局下达的指标任务提高20.5%、10.96%和7.81%，成灾率下降2.94/1000。

2004年的全市林木病虫害发生面积和防治面积，分别比2003年增长6.38%、9.50%。在发生的各种病虫害中，发生面积居前几位的是：春尺蠖7266.67公顷，油松毛虫6066.67公顷，杨扇舟蛾2800公顷，舞毒蛾2400公顷，延庆腮扁叶蜂2000公顷，梨卷叶象1333.33公顷，槐尺蛾1133.33公顷，秋幕毛虫1000公顷，落叶松叶蜂933.33公顷。果树病虫害发生面积18.23万公顷，比2003年增加4753.33公顷，防治面积27.12万公顷次，比2003年增加2946.67公顷次。总的发生特点是杨树食叶害虫（包括春尺蠖、舞毒蛾、杨扇舟蛾等）发生面积增加。部分防治困难的病虫害，如延庆腮扁叶蜂、双条杉天牛等发生面积比2003年有所下降；其他新的和防治困难的病虫害，如杨潜叶叶蜂、杨潜叶跳象、日本双棘长蠹、松黄星象、火炬树螟蛾、梧桐木虱、落叶松早期落叶病、刺槐眉尺蠖、松幽天牛、黄杨绢野螟、蔗扁蛾等，发生危害面积不断扩大。

【严防危险性林木病虫】 ①严防工作紧急会议。5月11日，北京市严防危险性林木病虫指挥部办公室（以下简称市严防办）召开严防工作紧急会议，各区县林业局主管领导、市属各有林单位主管领导及各区县林保站站长参加会议。会议通报北京市及周边地区危险性林木病虫发生形势，部署严防危险性林木病虫工作。要求各指挥部成员单位，各区县林业主管部门要提高认识，加强领导，周密部署，及时消灭各种危险性林木病虫灾情隐患，把严防工作切实抓紧、抓实、抓好，防止在首都发生重大灾情和疫情。市严防办进一步规范了危险性林木病虫疫情上报制度，逐级实行日报告、旬报告、零报告等制度，规定发现情况2小时内上报。②开展了3次危险性林木病虫查防工作。根据危险性林木病虫发生特点，分别于5月20日至6月10日、8月1～20日、9月20日至10月20日开展了3次危险性林木病虫查防工作。查防工作坚持以乡镇、街道自查为主，区县和市严防办逐级抽查为辅的疫情普查制度，采取一点多查方式，重点对旅游景点停车场周边，停产及半停产企业，海腥、鱼腥、厕所等周边地区，城乡结合部脏乱差地区，重点路段以及其他易发生的地区和易感树种进行查防。全市共普查乡镇912个次、公路3.29万千米次、铁路3955千米次、公园1529个次、河流7494千米次、重点企业1994家、停车场729个次、重点村3790个次，普查面积115.07万公顷、普查株数34 496万株。未发现松材线虫病、红脂大小蠹、日本松干蚧、苹果绵蚜、苹果蠹蛾等危险性林木病虫。③积极探索防控危险性林木病虫新机制。为防止突发危险性林木病虫灾情，根据国家林业局和市政府的统一部署，市、区县两级林业主管部门在原有的危险性林木病虫防治预案的基础上，分别制定了突发危险性林木病虫应急防治预案，进一步规范了处理突发危险性林木病虫的程序，明确了责任和要求。根据预案要求，市、区县两级林业主管部门储备了必要的防治药剂和药械；同时对防控机制进行了探索与尝试，取得了很好的经验。京津冀3省（市）联防联治，建立了轮流值班、责任追究、同步防治、同步检查验收和定期、不定期召开联席会议等联防制度；延庆县林业局由管护大队抽调100名管护人员防控危险性林木病虫；怀柔区在森林消防大队的基础上，组建了100人的林木病虫害防治专业队，利用森林防火待警期承担防治任务，取得良好的防控效果。

【监测测报网络体系】 截至2004年底教研室，全市已有国家级中心测报点11个，市级监测测报点502个（其中年内新增市级监测测报点100个），区级监测测报点274个（其中年内新增区级监测测报点220个），有专职测报员60人，兼职测报员570人，基本形成了以国家级中心测报点为龙头，市、区县两级监测测报点为主体的国家、市、区县三级病虫害监测测报网络体系。2004年，按照国家林业局新颁布的测报办法，市、区县两级森防机构进一步优化、调整和补充了市、区县两级监测测报点，细化分解了监测测报对象；购置频振式诱虫杀虫灯600台，购置各种昆虫性诱芯2.13万个，专用诱捕器340个，诱液182千克；收集各种监测数据近3万个；发布各种林木病虫信息和简报230期，1.3万余份。

【森林病虫害监测防治工作】 4月21日和5月8日，国家林业局森防总站赵良平总站长和潘宏阳副总站长分别率队，到北京市通州、平谷两区实地检查指导危险性林木病虫监测防治工作和京津冀3省（市）联合飞防工作。赵良平总站长对北京市严防危险性林木病虫工作提出了要求：要从首都公共安全、生态安全和社会稳定的高度进一步提高对做好严防危险性林木病虫工作的认识；要进一步查找漏洞，抓好重点地区、重点部门的严防工作，确保不出现监测、防治死角；要实行专群结合，群防群治，动员社会力量做好严防危险性林木病虫工作；要高举执法大旗，认真贯彻“谁经营，谁防治”的责任制度，依法做好危险性林木病虫的防治工作；要实行危险性林木病虫责任追究制度，对监测防治不力、渎职、懈怠造成危险性林木病虫扩散蔓延的部门和领导要追究其责任；要多方筹资，确保投资渠道畅通；要抓住机遇，大力发展森防事业，并积极探索新的森防机制。

【森林植物检疫】 ①加强了无检疫对象苗圃建设。4月7日，北京顺丽鑫园林绿化工程有限责任公司、北京市三北苗木基地、北京市松杉佳卉园林绿化工程有限公司、北京市平谷区种苗服务站、北京市昌平区林业局林业试验场、北京绿昌然苗圃、北京美昌然苗圃、北京市怀柔区雁栖湖林场苗圃、北京市琅山苗圃等9个林木种苗繁育单位被确认为市级无检疫对象苗圃。②首次举办无检疫对象苗圃培训班。11月15～16日，市林保站在市大东流苗圃温榆河培训中心，首次为荣获国家和市级无检疫对象苗圃称号的35个林木种苗繁育单位举办了森林植物检疫技术培训班，国家和市级无检疫对象苗圃的主管领导及其兼职检疫员参加了培训。同时，举行国家级、市级无检疫对象苗圃授牌仪式。

【林业有害生物普查】 根据《国家林业局关于在全国开展林业有害生物普查工作的通知》精神，年内，在全市范围内开展了林业有害生物普查工作。①成立普查领导小组和专家指导小组。为按时、高质完成林业有害生物普查工作，市林业局成立由甘敬副局长任组长的普查领导小组，设立了普查办公室。在市严防危险性林木病虫专家库的基础上，成立了普查工作专家指导小组，巡回指导全市的普查工作。②做好普查准备工作。2月2日，召开全市林业有害生物普查工作动员会，并举办各区县林保站站长及业务骨干参加的市级普查培训班。动员会对外来有害生物入侵形势进行了认真分析，部署了全市普查工作方案和具体安排，并对林业有害生物的调查和识别方法、林业有害生物的种类及标本制作等进行了培训；市级普查培训班后，各区县相继举办专题培训16期，1181人次参加。同时，市林保站向各区县发放林业有害生物普查书籍200余册，光盘资料200余张，普查工具100余套，8580件。③普查工作取得阶段性成果。2004年，全市参加林业有害生物普查人员达2.5万余人次，采集各种标本1.22万份，其中昆虫1.1万余份，病害300余份、有害杂草100余份；拍摄各种图片资料近万张，其中昆虫图片7000余张，草类、菌类等图片2000余张。北京林业大学和北京农学院的部分老师和在校学生参加了此次普查工作。

【林木病虫害防治】　①开展重点工程治理项目。2004年，全市林木病虫害工作坚持抓重点工程治理，带动常规病虫害防治。通过有计划、有步骤、有重点地实施各项重点治理工程和项目，林木病虫灾害和损失明显下降，不仅有效控制了常规病虫害的发生，而且大大提高了全市林木病虫害的综合防治水平。开展的工程项目有国家级红脂大小蠹预防工程、杨树病虫害综合治理工程和北京市森林植物检疫隔离试种苗圃建设等重点工程和项目3个；大兴区杨树主要害虫可持续控灾、怀柔区板栗主要害虫持续控灾、北京市双条杉天牛综合治理和北京林业生物防治研究推广中心等市级重点项目4个。②生防中心建设初具规模。2004年，北京林业生物防治研究推广中心建成天敌生产车间1106.9平方米，病毒生产车间332.4平方米，菌剂生产车间263.8平方米，配套温室、昆虫性诱剂生产车间196平方米和检疫害虫实验室198.35平方米，可生产管氏肿腿蜂、周氏啮小蜂、平腹小蜂、赤眼蜂和瓢虫天敌昆虫5种；生产舞毒蛾病毒、杨扇舟蛾病毒产品2种。产品除满足北京市的生物防治需要外，部分优势品种还销往河北、上海、广东等省（市）。③京津冀首次联合飞机防控林业有害生物。4月17日至6月10日，国家林业局组织协调京津冀3省（市），首次实现了跨区域联合飞防。3省（市）共计飞行982架次，其中北京市飞防366架次，天津市飞防292架次，河北省飞防324架次。此次跨省（市）的联合飞防工作有以下特点：具有飞防面广，涉及3省（市）、22个区县；飞防时间长，达53天；使用飞机和机场多，分别为5架飞机和5个机场；防控面积大，3省（市）共计超过6.67万公顷；生物与仿生物制剂应用比例大，均使用的是高效、安全的除虫脲和25%灭幼脲三号。

（森林病虫害防治由刘寰供稿）

林政资源管理

【概　况】　林政资源管理以征占用林地和林木采伐（移植）审核审批为重点，不断创新机制，加强监督检查工作。①开展征占用林地清理整顿大检查。按照《国家林业局关于开展征占用林地清理整顿大检查的通知》要求，制定了《北京市林业局关于开展征占用林地清理整顿大检查工作方案》，成立了清理整顿领导小组和办公室，召开了征占用林地清理整顿大检查工作会。4月底，上报了关于各区县开展征占用林地清理整顿自查自纠情况的报告，共查出自2000年1月29日《森林法实施条例》颁布以来违法征占用林地案件38件27公顷。5月中下旬，市林业局责成局林政资源处会同市森林公安局、市林政稽查大队、市林勘院组成3个检查组，对8个区县、4个直属林场、苗圃的自查自纠情况进行检查。检查征占用林地审核、审批手续150件，涉及28处（包括已办理过征占用林地手续的工程7处，违法使用林地工程21处），案件涵盖滑雪场和交通道路工程建设、采矿、农民建养殖小区等。根据不同情况提出具体处理意见，并对落实情况进行指导督促。到年底，已处理34件，罚款175万元，有4件还在处理中，补办征占用林地手续4件，补缴森林植被恢复费152万元。②总结房山农田防护林采伐更新试点经验，推进森林采伐管理改革试点工作。4月10～12日，国家林业局组织7省（市）在北京市房山区召开全国农田防护林采伐更新试点工作会，会议交流了市林业局总结的房山区2003年农田防护林采伐更新试点经验材料。国家林业局在部署工作时，重点推广了房山区的经验。按照国家林业局《关于农田防护林采伐更新试点工作方案的通知》批复精神，将大兴区、通州区纳入试点范围，扩充了试点内容，制定了《北京市农田防护林采伐更新试点工作方案》，上报国家林业局经批准后已开始实施。③清理林政资源管理相关行政许可事项。结合实施《行政许可法》，3月中旬至6月底，开展了林政资源管理工作涉及的行政许可事项和实施主体的清理工作。统计上报行政许可项目20项，经审定后，由林政资源管理部门负责承办行政许可项目11项。同时指导各区县林业局林政资源管理部门开展了相关工作。为提高工作效率，市林业局与区县林业主管部门签订了《林木采伐委托书》、《在非采伐期内林木采伐委托书》和《林木移植委托书》，完善了有关行政许可项目的办理程序。④开展林地及林木种植情况调查。为进一步完善林业产权制度，实行林业分类经营管理，推动林业建设快速发展，6月下旬，下发了《关于开展北京市林地及林木种植情况调查的通知》，部署了调查工作。9月，完成了关于北京市林地及林木种植情况的调查报告。⑤开展资源林政管理系统规划基础数据的调查。按照国家林业局森林资源管理司《关于要求上报资源林政管理系统规划基础数据的通知》要求，组织各区县开展了关于资源林政行政管理体系、林业调查规划体系、森林资源监测体系等基础数据调查。⑥开展对托管造林情况的调查。按照国家林业局《关于统计上报托管造林等有关情况的紧急通知》的要求，组织各区县林业局认真进行调查统计工作，到西城、东城工商部门调查了解相关情况，上报了《关于托管造林有关情况的报告》。⑦加强森林资源档案管理。按照有关要求，组织各区县及有关单位完成了2003年森林资源统计年报、小班资源档案卡片消长注记、有关材料的归档等工作，森林资源档案归档296卷。

【林地管理】 ①坚持现场审核制度，减少林地被逆转数量。征占用林地审核审批坚持“尽量不占或少占林地”的原则，认真审查用地单位提交的申报材料，到现场审核各项因子，对不合理的情况提出修改意见，督促建设单位优化规划设计方案，努力控制林地转为非林地数量。审核同意征占用林地40件，187.22公顷，未批准11件，减少征占用林地30.78公顷。②建立重点工程建设征占用林地预审制度。在重点工程建设项目规划选址、选线由线位、规划设计审查等过程中，从保护现有林木出发，提前介入，参与市规划等部门的规划设计审查，提出合理化意见，减少了林地被征占用的数量，加强了工程建设项目保护林木的预审管理力度，保护了森林资源。③履行法定审核程序，依法收缴森林植被恢复费。对初审同意的征占用林地申请，按照管理权限履行审核程序，逐级签署审核意见，核发《使用林地审核同意书》。按照《市财政局、市林业局转发财政部、国家林业局森林植被恢复费征收使用管理暂行办法的通知》规定，分别不同地类征收标准收取森林植被恢复费1486.72万元，为首都林业建设的发展积累了资金。④坚持征占用林地恢复制度。采取落实“计划、地点、面积、责任”等“四到位”措施，组织相关区县恢复林地197.9公顷，超过2003年征占用林地68.85公顷，确保了林地总量的动态平衡。

【林木采伐管理】 ①依法审核审批，减少林木采伐数量。林木采伐申请7921件，批准6641件205 130.93立方米，占年采伐限额的70.5%。其中工程采伐批准5124件，采伐林木51.3万株，采伐量130 781.68立方米；生产性采伐批准1627件，采伐林木109.83万株，采伐量74 349.25立方米。办理因工程建设移植林木565件，173万株。通过审核，减少林木伐移732件8.22万株，保护了林木资源。在审核中，把握3条标准：严格控制大树的采伐，保护大树资源；严格控制一次性大量伐移林木资源的建设项目；移植树木必须制定移植方案，做到移植地点、责任人、养护措施三落实，保证移植成活率，减少林木资源的浪费。②坚持公示公告制度。对经市政府审批和市林业局审批的数量较大的林木采伐申请，坚持在政府网上进行公告制度，2004年，公告采伐审批项目3件。各区县林业主管部门对数量较大的林木采伐审批事项均按要求在当地电视台进行公告，并在现场立牌公示，增加了林木采伐依法审批的透明度，加大了群众监督的力度。③开展对2003年森林采伐限额执行情况的核查工作。5月中旬至6月初，对14个郊区县、4个局属国有林场和京煤集团2003年1月1日至12月31日间的森林采伐限额执行情况组织开展了核查工作，2003年度共批准6080件199 911立方米，采伐限额执行情况良好。林木采伐更新审批2215件，完成更新2183件，更新率98.6%，发证更新1467.2公顷，实际更新1508.1公顷，更新面积核实率102.8%，合格更新1508.1公顷，更新合格率100%。为保证采伐迹地及时更新，增加森林资源，各区县林业局对2004年有更新任务的乡镇或单位布置工作，采取“两书一证”（更新造林任务书、限期整改通知书和验收合格证）措施，更新造林477.27公顷，栽植151万株。

【林权管理】 稳步推进退耕还林确权发证。发放林权证1563本，2659宗地，林地面积1793公顷；完成变更登记71本，71宗地；完成注销登记2本，6宗地。其中退耕还林确权发证填写林权登记申请表7.23万份，完成申请表微机录入2.51万份。有关区县在林权登记发证工作中，坚持不重复发证、以土地承包合同书和退耕还林证为依据及农户自愿申请的原则，严格履行管理程序，认真开展确权发证工作。

【古树名木管理】 2004年，各区县及有关单位按照年度养护计划，对部分古树实施了工程养护措施，新建围栏61个、修补围栏178个；砌树盘72个，修补树盘101个、堵树洞58个，立支撑22株，科技复壮72株。完成了对部分古树的科技复壮工作及对大部分古树的浇水、松土、防治病虫害等常规养护任务。组织专家对通州区张家湾镇1株国槐进行了古树确认。

【木材运输管理】 2004年，10个上岗木材检查站共检查木材5.6万立方米，果品282吨，苗木63车次、32.8万株，竹材5.3万根，药材12吨。无乱收费、乱罚款、乱设站卡现象发生。为进一步规范全市木材凭证运输管理和木材检查站林业行政执法行为，巩固治理公路“三乱”成果，3月下发了《关于进一步加强我市木材凭证运输管理有关问题的通知》。市林业局治理公路“三乱”领导小组先后于1月份和10月份中旬两次组织对木材检查站各项执法及管理工作进行检查。

【森林资源调查与“十一五”年森林采伐限额编制】 ①开展“十五”森林资源二类调查工作。根据有关规定，印发了《关于组织开展“十五”森林资源二类调查工作的通知》、《北京市"十五"森林资源二类调查工作方案》以及《北京市森林资源规划设计调查操作技术细则》等文件，对二类调查组织和具体操作提出了要求。各参与调查的单位从5月份开始陆续进入外业调查，截至2004年，已经完成外业调查、检查验收、数据汇总，建立森林资源属性数据库和图形数据库等工作。②开展"十一五"采伐限额编制工作。按照国家林业局关于编制"十一五"期间森林采伐限额要求，9月，组织召开专题会议，制定了《北京市"十一五"期间年森林采伐限额工作方案》，下发了《关于编制"十一五"期间年森林采伐限额工作的通知》，对"十一五"期间年森林采伐限额编制工作进行部署。各编限单位成立工作领导小组，加强组织领导，认真执行《森林法》及其实施条例的相关规定，严格按照工作方案编制限额。市林业局还邀请市园林局和四城区绿化办公室专门召开协调会，开展"十一五"期间年森林采伐限额编制工作。

（林政资源管理由侯智供稿）

林业执法

【概　况】　全市森林公安机关加强森林公安执法，加大对破坏森林和野生动物资源案件的查处力度，坚持专项执法和普遍防范相结合，专门工作与群众路线相结合，有报必查，查新案，破积案。2004年，全市森林公安系统先后开展了以保护鸟类资源为主的"安全通道行动"、"候鸟二号行动"和整治非法侵占林地活动等专项斗争，严厉打击破坏森林和野生动物资源的违法犯罪行为。全年受理森林和野生动物案件418起，涉案林木4.4万株，折合立木材积1418立方米。受理案件数比2003年度增加11%。受理林业行政案件373起，行政处罚单位162个，处罚人员215人次，罚款136万余元，责令补种树木6.1万株。受理刑事案件45起，查获犯罪嫌疑人60人。

市林政稽查大队作为全市林业行政执法队伍，切实履行森林资源的保护和管理职责，强化陆生野生动物保护管理等行政执法职能，依法履行职责。全年受理野生动物保护案件129件，其中接举报案件81件，自查案件48件，立案2件，结案2件。收缴查没野生动物1017只，其中猕猴等国家重点保护野生动物8只，沼泽山雀、黑斑蛙等北京市重点保护野生动物193只，八哥、画眉等国家"三有"（国家保护的有益的或者有重要经济、科学研究价值的野生动物）名录保护动物816只。全年受理林政案件32件，其中受理电话举报25件，占78%；来信来访案件7件，占22%。结案31件，占接案总数的97%，其中5件由北京市各区县林业主管部门依法对违法当事人作出行政处罚，另有1件构成刑事案件。与2003年同期相比，受理各类林政案件数量减少26件，减少45%。

2004年，森林公安局开展了岗位"大练兵"活动，加强队伍建设，突出教育训练，全面提高素质。开展以"端正执法思想，坚持执法为民"为主题的爱民实践活动。加强教育训练工作。举办法制、指挥系统操作、警务技能、扑火指挥、信息管理软件应用等培训班5期、292人次。86人参加了新警初任培训、警衔晋升培训和领导干部培训。加强学历教育，在职民警中具备大专以上学历的272人，占76.2%，比2003年增加7.8个百分点。市林政稽查大队举办了《行政诉讼法》、《行政复议法》及《行政许可法》培训班。为提高队伍素质，增强执政为民意识，在全队开展了案件分析、行政执法业务知识和其他业务知识的系列讲课活动，并将在职继续教育列入了全队工作的重要日程。

（张林菁　任燕军　万　群　王荣川）

【专项斗争】　2月份，对违法捕鸟现象进行检查和打击。3月21～31日，根据国家林业局、公安部的统一部署，开展严厉打击破坏鸟类资源违法犯罪的“候鸟二号行动”。出动警力908人次，检查鸟类活动区域378个，清理宾馆、饭店75家，清查市场、窝点50个。收缴鸟类33只，其他野生动物47只，猎具16件。5月份，森林公安机关积极参加林业行政主管部门组织开展的整治非法侵占林地活动，在清理非法侵占林地专项行动中，查处非法侵占林地案件6起。10月20日至11月10日，开展以打击违法捕鸟为主的“安全通道行动”。全市森林公安机关加强巡逻检查，出动警力2065人次，检查鸟类活动区域695处，发放宣传材料2万余份，在重点地区设立禁止捕鸟标志423个，收缴鸟类484只、粘网127张、其他捕鸟工具41个。

（张林菁　曾小莉）

【“大练兵”活动】　根据公安部、国家林业局森林公安局统一部署，从6月份开始，在全市森林公安系统和全体民警中广泛开展了“大练兵”活动，制定并下发了《北京市森林公安系统大练兵活动实施方案》，成立了森林公安系统大练兵活动领导小组和办公室。全市森林公安机关把“大练兵”活动作为当前乃至今后一个时期公安队伍建设的重点，力求在实效上下功夫，按照“干什么、练什么，缺什么、补什么”的原则，组织全体民警从政治上、技能上、体能上广泛深入地开展以岗位练兵为主的“大练兵”活动，真正做到人人参加练兵、人人受到教育、人人得到提高。对法制、指挥中心、计算机软件应用等岗位的民警进行培训和考核。举办警务技能战术小教员训练班，14个区县森林公安处（科）和5个市直属森林公安派出所的19名民警参加了脱产训练。小教员回到所在单位，做好技能传授工作，起到骨干、示范和带动作用。10月10日，组织全市森林公安系统“大练兵”基本知识考试。考试范围以《全国公安民警学习贯彻“二十公”（第二十次全国公安会议）精神100问答》和《全国公安民警大练兵基本知识200问答》为主，结合森林公安实际，增加了森林案件案例分析、法律文书制作和证据使用等综合题类。336名森林公安民警参加考试，平均成绩89.83分。

（张林菁）

【受理刑事案件】　2004年，森林公安局直接受理刑事案件18起。其中盗伐林木案5起，滥伐林木案7起，非法杀害珍贵濒危野生动物案1起，非法狩猎案1起，失火案3起，毁坏国家重点保护植物案1起。提请逮捕4人，检察机关批准逮捕4人，批捕率100%；移送起诉11起，检察机关起诉11起，起诉率100%。

特大非法运输珍贵濒危野生动物案　2003年8月2日，柏某未经野生动物主管部门批准，雇佣他人非法将32只红腹锦鸡（国家二级重点保护野生动物），从河北省丰宁满族自治县运往北京市，途经怀柔区汤河口木材检查站时被查获。同年9月11日，犯罪嫌疑人柏某被逮捕。10月，移送检察院起诉。2004年3月4日，怀柔区人民法院一审判决柏某有期徒刑10年，罚金人民币1万元。这是北京市森林公安机关明确完全刑事办案权以来，办理的判刑期最高的一起野生动物刑事案件。

团伙盗伐林木案　2003年12月，通州区西集镇侯东仪村村民高某，纠集本村村民吴某及内蒙古赤峰市宫某，盗伐林木出售牟利。高某提供农用车、手锯等工具，3人到村西盗伐村集体所有杨树108株、刺槐5株，折合立木材积29立方米。将部分被盗伐树木销赃后得款700元，剩余部分林木在案发后被起获发还。同年12月15日，高某等3人因涉嫌盗伐林木罪被刑事拘留。2004年4月1日，通州区人民法院以盗伐林木罪对高某等3人依法作出判决，判处高某有期徒刑4年，罚金4000元；判处宫某有期徒刑3年半，罚金4000元；判处吴某有期徒刑2年，罚金2000元。（高建邻　张林菁　曾小莉）

【严格执法监督纠正违法执法】 2004年，森林公安局先后制定了森林公安系统内部执法监督规定、执法过错责任追究的规定、内部执法质量考核评议实施细则、刑事案件备案制度、案件回执制度；规范了办案程序及证据的收集管理、案件评查等工作，完善了案件评查标准；制发了森林公安接警报警、出警处警工作规定。年内，共实施执法检查189次，审核案卷67件，发现问题225个，发出执法质量检查建议44份，实施执法检查登记23次，执法检查通报7次。通过强化执法监督力度，全系统执法质量实现了三无：无执法过错，无复议或者诉讼撤消问题，无错拘错捕错诉问题。（高建邻）

【进一步理顺森林公安管理体制】 从7月1日开始，西山、十三陵、八达岭、共青和松山等5个森林公安派出所的人事、经费、装备等管理，由原所在国有林场、自然保护区管理，调整为由市林业局森林公安局直接管理，进一步理顺了森林公安队伍的管理体制。（张林菁）

【森林公安派出所等级评定】 2004年，房山区燕山、平谷区大华山、怀柔区汤河口、延庆县千家店、门头沟区色树坟、十三陵等6个森林公安派出所被国家林业局森林公安局评定为二级派出所，西山、门头沟区西峰寺等10个森林公安派出所被评定为三级派出所，长青、延庆县松山等5个森林公安派出所被评为四级派出所。这是北京市森林公安系统首次参加派出所评定工作。（张林菁）

【市森林公安信息网正式开通】 5月，森林公安局在公安网上建立并开通了北京森林公安信息网主页。同时安装了森林公安信息系统、BQQ文件交换系统、文件传输服务。3个月试运行期间，点击次数15 463次，发布文章158篇，传输文件66个。此网的开通，方便了森林公安系统之间文件信息的交换，达到了安全、高效的目的。

（张林菁　刘景铭）

【林政稽查专项执法检查】 ①禽流感疫情防控工作。2月5日开始，分别对丰台区南顶集贸市场、广安门站南爱鸽乐园、石景山区玉泉花鸟鱼虫市场、西城区官园市场、朝阳区国都宠物市场及大兴区正兴综合市场等13个涉及鸟类经营的各类市场以及丽都花鸟园、蟹岛生态科普中心、金盏郁金香花园、北京猛禽救护中心等4个养殖单位进行执法检查和复查，全部暂停了鸟类交易活动。②征占用林地清理整顿检查。5月，配合市林业局林政处对怀柔、密云等8个郊区县和部分直属林场苗圃自2000年以来征占用林地情况进行检查。实地勘察35处征占用林地地块，其中25处为违法侵占林地案件，共清理违法侵占林地27公顷。督办大兴区、密云县落实查处违法侵占林地案件7起。③野生动物经营情况执法检查。9月底，对东城、西城、崇文和宣武开展为期一周野保执法检查活动，出动80多人次，抽查了170余家餐饮企业，对部分餐饮企业中存在的冒充野生动物制品的经营行为进行批评教育，现场解答涉及企业经营利用野生动物及其产品的法律法规的具体问题。④打击违法猎捕野生动物行为。10月22日，在全市禁猎期对在昌平区沙河镇白各庄村葡萄园内的非法猎捕野生动物行为进行调查，发现当事人非法架设28

张粘鸟网，猎捕雕鸮、雀鹰等国家重点保护野生鸟和夜鹭、喜鹊等市级重点保护野生鸟11种164只。这是一起较大的利用禁猎工具非法狩猎案件。10月31日，与市森林公安局、市工商执法大队联合执法，突击检查本市最大的野鸟集散地——丰台区南顶村非法鸟市。解救了画眉、相思鸟、黄雀等20多种687只国家及市级保护野生鸟。中央电视台、北京电视台分别在《西部频道》、《七日》、《北京新闻》等栏目进行了专题报道，《北京日报》、《北京晚报》、《北京晨报》、《京华时报》等媒体进行了跟踪报道。（任燕军）

【首次开展对非法经营野生鸟类市场的调研】5～9月对非法经营野生动物比较严重的5家重点野生鸟类交易场所进行了执法调研，写出了题为《对非法经营野生鸟类市场的调研及思考》的调研报告，报告通过对违法经营野生鸟类现状、原因、执法中存在的问题及执法水平等方面进行分析论述，阐明了加强普法宣传教育、立法机关完善和修订法律法规、加强执法队伍建设及加强行政执法机构部门间横向联合等方面的解决途径和方法。为今后在野生动物保护执法方面体现科学执政、依法行政和以人为本的人性化执法理念，实现北京2008年“新北京，新奥运”发展目标提供依据。（任燕军）

林业法制建设　行政许可事项

【林业立法工作】　为适应依法行政、依法治林的客观需要，加快北京市林业建设，参与国家林业局关于《天然林保护管理条例》和《风景名胜区管理条例》、《北京市旅游条例》、《北京市动物防疫条例》、《北京市建设征地补偿安置办法》、《北京市实施水法办法》等的修改。针对法律法规实施过程中存在的问题，进行了调查研究，对不再适应林业发展的一些法规、规章和规范性文件进行初步清理。

【林业执法工作】　①市人大代表对加快北京市林业发展提出建议。2004年6月28～29日，市人大常委会副主任赵凤山、市人大常委会委员刘宝善、陈兴波、邢仲山率领市人大代表一行14人对北京市贯彻实施《森林法》和《北京市森林资源保护管理条例》情况进行了检查。先后到朝阳区、顺义区、延庆县进行了实地检查，并分别听取了各区县政府和市林业局的汇报 。代表们一致认为，北京市在贯彻执行《森林法》和《条例》方面态度是坚决的，工作是得力的，成绩是突出的。特别是近几年来全市林业建设取得了巨大成就，有效地改善了首都的生态环境。在充分肯定成绩的同时，代表们对全市林业发展提出了6点建议：①要切实加强林木资源的保护工作，促进北京市林业建设全面、协调、可持续发展；②要尽快出台北京市山区生态公益林建设补偿政策，切实保护好农民的切身利益；③绿化造林要进一步提高科技含量，要按照“绿色奥运”的总体要求，提高标准，搞好重点景区的景观设计，要和节水技术有机结合；④要进一步理顺林业管理体制，特别是要加强乡镇林业站建设；⑤要进一步明晰林地、林木的权属；⑥要尽量减少对生态环境有破坏或影响的高尔夫球场、人造雪场和人造仿真绿地等建设。7月29日市人大常委会审议《关于贯彻执行〈森林法〉、〈北京市森林资源保护管理条例〉情况的报告》，报告受到一致好评。②林业执法资格认证工作。2004 年，完成了全市 1300 多名林业执法人员执法资格认证工作，林业行政执法证的申报、换领全面结束。③修订增补新版《林业行政执法工作手册》。对 2001 年编辑发行的《林业行政执法工作手册》做了修订，增补了 2001 年以来国家和北京市新颁布的法律法规规章及政策文件。12 月份编印了《林业行政执法工作手册（增补本）》，该手册收入了法律、行政法规 23 件；地方性法规、规章 20 件；规范性文件 8 件。④加大森林植物检疫执法力度。2004 年，市、区县两级森检机构共签发《植物检疫证》11 764份，《木材运输证》5369 份，《森林植物检疫要求书》280 份；依法为 14 家引种单位办理进口繁殖材料引种检疫审批 246 批次，签发《引进林木种子、苗木和其他繁殖材料检疫审批单》1280 份；全市产地检疫苗木 1.37 万公顷、种子 122.1 吨、花卉 160.24 万株；调运检疫苗木 1343.39 万株、木材 8.91 万立方米、果品 5.92 吨、花卉 174.10 万株、药材 32 吨；检疫复检苗木 3928.71 万株、木材 10.30 万立方米、果品 0.62 吨、花卉 264.37 万株、药材 82 吨；复检 1740 次，出动检疫人员 5000 多人次；市、区县两级共签发《检疫除害处理通知单》22 份，查出带疫苗木 39 批次，13.41 万株；查出带有严重病虫害的苗木 20 批次，1.09 万株，其中做销毁处理 6.73 万株，做退回处理 0.24 万株，进行药物处理 7.53 万株。

【林业普法工作】 ①林业法律法规宣传到基层活动。2004 年继续把《宪法》、《行政许可法》、《中共中央国务院关于加快林业发展的决定》等作为北京市普法的重点。11 月 9 日开展了林业法律法规宣传到基层活动。市林业局协同大兴区林业局、丰台区林业局，组织市森林公安局、局林政处等执法处室负责人，到各乡镇巡回举办林业法律法规培训班。在宣传活动中，利用板报、展板、横幅、编印材料、现场咨询等方式，向市民宣传了涉及森林防火、野生动物保护（水生、陆生）、林保、林政资源管理、植物检疫、森林病虫害防治、种子、农药、化肥、畜牧兽医、动植物检疫、农机监理等方面的法律知识。②“12·4”法制宣传日活动。11 月 12～14 日组织全局干部职工进行林业普法学习，并按照国家林业局法制办“12·4”的通知精神进行普法考试，参考人员达到了应考人员范围的 98%；12 月 4 日当天，市林业局法制处、林政处、森林公安局、林保站、种苗站等执法单位组织了林业普法宣传活动。以录音、图片、案例材料等为主要宣传工具，大力宣传《森林法》、《野生动物保护法》、《种子法》、《森林法实施条例》、《北京市森林资源保护管理条例》、《北京市森林防火条例》、《北京市植物检疫条例》等林业法律、法规。向社会群众介绍了盗伐、滥伐、毁坏林木、林地受到法律制裁的具体案例。活动中前来咨询者达 3500 余人次，发放宣传材料 3000 余份。对提高全民法律意识、促进依法治林起到了积极作用。

【林业行政许可事项和行政主体清理工作】 依据全市的统一部署，在原 76 项行政许可事项的基础上，年内进一步开展了林业行政许可事项和行政主体清理工作。①林业许可事项的认定。经过与市政府法制办的反复沟通研究协商，认定由北京市林业局实施的行政许可事项共 53 项。其中保留依据国家法律法规规定设定的行政许可事项 45 项，占林业行政许可事项总数的 84.9%；保留依据北京市法规规定的行政许可事项 8 项，占林业行政许可事项总数的 15.1%；②主体清理。按照市政府法制办要求，对每个行政许可项目的实施主体按法定行政机关、法律法规授权组织、委托行政机关三类进行清理，完成了所有项目的主体清理工作，按时向市法制办报送相关清理表及修改意见；③拟定行政许可事项程序、文书、制度。按照《行政许可法》规定，为了全面贯彻许可法，需要建立程序性规定、若干制度和行政许可文书，包括一次性告之制度中的审查制、听证制、评审制等。6月30日，相关材料准备完成。各承办许可事项的程序性规定在政府网站上公布。

3月4日，召开了贯彻落实《行政许可法》动员报告会，5日、6日对办局直接从事行政许可的人员约70人进行了集中培训考核；并组织全体直接从事行政许可的34名工作人员参加了北京市统一组织的《行政许可法》闭卷考试。

【启用北京市林业局行政许可专用章】 根据《行政许可法》和市政府法制办关于印发《关于贯彻实施行政许可法若干问题意见（之一）的通知》规定，自2004年11月26日起，正式启用北京市林业局行政许可专用章。北京市林业局行政许可事项共计53项，分别由局林政资源处、森林公安局、法制处、林场处、保护处、野保站、种苗站、林保站、治沙办等9个职能处室或站负责办理，行政许可专用章编为1~9号，分别由职能处室或站独立使用。制定了《北京市林业局行政许可专用章管理办法》，加强专用章的使用管理。

【北京市林业行政许可事项目录】

1. 林木采伐许可证核发
2. 临时占用林地审批
3. 占用或者征用林地审核
4. 木材运输证件核发
5. 采集、采伐自然保护区以外的珍贵树木和林区内具有特殊价值的植物资源审批
6. 因科研等特殊情况需要采集或者采伐天然种质资源许可
7. 在森林防火期内因特殊情况用火批准
8. 建立固定狩猎场所批准
9. 驯养繁殖国家二级保护野生（陆生）动物许可证核发
10. 出售、收购和利用国家二级保护野生（陆生）动物
11. 携带、运输国家重点保护野生动物及其产品出本市许可
12. 驯养繁殖国家一级保护野生（陆生）动物审核
13. 猎捕国家二级和本市重点保护野生（陆生）动物许可
14. 林木种子检验员考核
15. 林木移植批准
16. 收购珍贵树木种子和限制收购的林木种子许可
17. 指定收购和调剂使用林木种子单位
18. 引种同一适宜生态区的主要林木良种许可
19. 林木种苗质量检验机构资质考核
20. 林木种子生产许可证核发
21. 林木种子经营许可证核发
22. 权限内主要林木品种审定
23. 从事营利性治沙活动许可
24. 治沙项目验收审核
25. 森林防火期内在防火区进行实弹演习、爆破、勘察、施工活动
26. 在森林防火期内进入林区、国有林场、自然保护区证明核发
27. 进入林业系统自然保护区核心区从事科学研究批准
28. 在自然保护区建立机构和修筑设施许可
29. 在林区经营（含加工）木材批准
30. 限额内利用外资营造用材林采伐批准
31. 从国外引进林木种子、苗木（含分散种子）检疫
32. 在非疫区对植物检疫对象进行研究审批

33. 省、自治区、直辖市间调运森林植物和产品检疫
34. 采集国家二级保护森林野生植物许可
35. 出售收购国家二级保护森林野生植物审批
36. 捕捉国家一级保护森林野生（陆生）动物特许猎捕证审核
37. 采集国家一级保护野生植物审核
38. 出口国家重点保护陆生野生动物或者进出口中国参加的国际公约所限制进出口的野生动物及其产品审核
39. 出口国家重点保护野生植物或者进出口中国参加的国际公约所限制进出口的林业野生植物审核
40. 外国人对国家重点保护陆生野生植物进行野外考察审核
41. 在国家级自然保护区的实验区开展参观、旅游活动审核
42. 在地方级自然保护区的实验区开展参观、旅游活动批准
43. 外国人进入林业系统自然保护区审批
44. 外国人对国家重点保护野生动物进行野外考察、标本采集或者野外拍摄电影、录像审核
45. 在林区修筑直接为林业生产服务的工程设施审批
46. 森林植物及其产品的产地检疫
47. 古树名木迁移审批
48. 建设项目避让保护古树名木措施
49. 森林防火期内在一、二级防火区组织大型群众活动批准
50. 利用森林资源开发旅游项目批准
51. 森林资源损失鉴定机构认定
52. 驯养繁殖本市重点保护野生（陆生）动物许可
53. 出售、收购和利用本市重点保护野生（陆生）动物或者其产品批准

（林业法制建设、行政许可事项由闫琰供稿）

基础建设

林业科学技术

【概　况】　2004年，全市林业科技工作围绕首都绿化林业目标，大力推进科技进步，促进科技成果转化为现实生产力，不断为林业生产提供科技支撑。①开展调查研究，制定科技规划。为了贯彻落实市委、市政府《关于加快北京市林业发展的决定》提出的科教兴林目标，在全市林业系统开展了科技工作调查研究，完成了《关于北京市林业科技工作的调查研究》、《关于京津风沙源工程科技支撑工作的调研报告》等。编制了《北京市林业科技发展规划》，明确了新阶段首都绿化林业科技的发展目标和任务，确定了到2008年和2020年林业科技工作的战略重点和关键技术，为开展科技工作提供了参考依据。同时，启动了市政府与中国林业科学研究院签约的合作项目——《北京林业可持续发展战略研究与规划》。②以科技项目实施为重点，为林业建设提供技术支撑。针对全市林业建设中的技术难点和热点问题，开展科技攻关和实用技术推广，为林业建设提供技术支撑。2004年，全市林业系统共实施各级各类林业科技项目33项，其中省（部）级科技项目（课题）28项，市林业局科技项目5项。由市林业局承担的北京市科技计划重大项目北京防沙治沙技术研究和示范区建设项目取得阶段性进展。该项目自2002年启动实施以来，已引进国内外优良抗逆品种100个，建立良种示范园13.33公顷，并分别在延庆、昌平和大兴建立了近自然林业、节水园林景观型和生态景观型等3种不同类型的防沙治沙示范区666.67公顷。目前正在进行风沙化土地动态监测及防沙治沙标准研究、环保型固沙节水材料以及裸沙快速固定技术等多项技术的研究。由市林业局承担的果实套袋及大面积推广项目自引进果袋生产设备以来，果实套袋技术得以大量推广使用。经过几年的研发推广，针对全市具体生态条件特点，探索出比较成熟的适合北京地区的苹果、梨、桃、葡萄等不同树种、近20个品种的果实套袋规程，同时，将该项技术与树形改造、病虫防治、铺反光膜、配方施肥等其他综合配套措施结合起来，解决了传统栽培方法难以克服的技术问题，大大提高了优质精品果生产比率，实现了果品增值。到2004年，全市果实套袋完成3.4亿个，获得优质果品5万吨，实现果品增值近2亿元。③积极组织申报新的科技项目。全年共组织申报国家林业局、国家标准委，市科委、市农委等各类科技项目54项次。重点内容是林木良种繁育、林业生态工程关键技术、林业灾害生物控制技术、有机果品生产技术等。④开展多种形式的科技交流与合作。组织了中央在京及市属12所科研单位和大专院校的45项科技成果开展林业科技成果推介活动，为科教、生产部门搭建交流与合作的平台，促进了科技成果的应用和转化。邀请市政府顾问所在单位为重大科技项目的技术依托单位，聘请专家为有关区县的林业顾问，充分发挥了市政府顾问团林业专家的咨询决策和技术服务作用。与中国林业科学研究院等单位共同承办亚欧城市林业国际研讨会，来自亚欧成员国的22个国家近200名代表，围绕亚欧城市林业发展中的社会经济和文化价值这一主题和城市森林的评价和管理指标、城市林业的社会参与、城市林业和“绿色奥运”、城市林业的景观生态与规划设计创新理念等专题，开展了中国城市森林规划的理论与实践、“绿色奥运”与北京市生态公益林建设、发展中的北京林业建设等50多场学术报告会。⑤进一步提高科技管理水平。首次提出了《北京市林业局科技项目合同书（试行）》，要求自2004年列入计划立项实施的科技项目统一签订合同，计划项目按照合同进行管理，项目管理进一步规范化。加强了重大项目的中期评估与管理，针对项目实施方案的制定、进展情况、科技宣传、经费使用等环节进行考评打分，推动了项目的实施。进一步规范科技成果管理，广泛收集实用技术，编制林业科技成果推广指南。成果鉴定、验收和奖励等工作进一步规范。

（杜建军）

【林业科技发展规划】 为贯彻落实中共中央、国务院和北京市委、市政府的林业决定，实施科技兴林战略，明确新阶段林业科技的发展目标和任务，2004年市林业局科教处组织有关专家、学者组成课题组，在广泛调研和征求意见的基础上，完成了《北京市林业科技发展近中期规划》。该规划分为7个部分：北京林业科技的现状和趋势，新阶段北京林业对科技的需求，林业科技发展的总体思路，林业科技发展的战略重点和关键技术，林业标准化、质量技术监督体系、知识产权保护相关技术，投资预算，保障措施。该《规划》分别确定了到2008年、2020年林业科技工作的战略重点及目标。

（袁功英）

【北京林业可持续发展战略研究】 为了实现北京市委、市政府提出的“两轴两带多中心”的城市发展新格局和“绿色奥运、科技奥运、人文奥运”的目标，适应北京经济社会全面协调可持续发展对北京林业的需求，北京市政府委托中国林业科学研究院主持开展《北京林业发展战略研究与规划》。项目启动会于4月7日在北京首都大酒店召开。会上双方签署了《关于开展〈北京林业发展战略研究与规划〉协议书》。国家林业局、中国林业科学研究院的相关领导和专家，北京市委、市政府和市林业局的相关领导出席了项目启动仪式。该项目将重点从北京林业的定位与发展理念、发展指标、总体规划与布局、工程建设规划、林业生态建设和产业发展的关键技术、数字林业建设、保障体系等方面开展研究，为北京市林业未来20～50年确定发展战略

（袁功英）

【亚欧城市林业研讨会】 由市政府、国家林业局、科技部、外交部等共同主办，市林业局、中国林业科学研究院具体承办的亚欧城市林业研讨会第二阶段会议于2004年12月1～3日在北京国际会议中心举行。来自亚欧会议成员国的22个国家近200名代表，围绕亚欧城市林业发展中的社会经济和文化价值这一主题和城市森林的评价和管理指标、城市林业的社会参与、城市林业和“绿色奥运”、城市林业的景观生态与规划设计创新理念等专题，开展了中国城市森林规划的理论与实践、“绿色奥运”与北京市生态公益林建设、发展中的北京林业建设等50多场学术报告会。市林业局副局长甘敬在会上作了研讨发言，介绍了北京林业建设情况。会议期间，代表们就目前亚欧地区城市林业发展中面临的城市规模扩大，人口数量增加，生态环境压力加大等共性问题进行了广泛的交流和深入的探讨。代表们还考察了北京城市绿化隔离地区建设、绿色通道建设和关沟风景绿化建设等情况。经过充分讨论和酝酿，会议就发展城市林业，推动城市生态化进程形成共识，通过了《推进亚欧城市林业发展的倡议》。

（袁功英）

【科技成果推介】 6月22日，市林业局组织林业科技成果推介活动。来自中国林业科学研究院、中国农科院、北京林业大学、中国农业大学、清华大学、北京师范大学、市农科院、农学院、农职院、海淀组培室等12所科研院校的45项科技成果参加了交流推介。国家林业局、市科委、市财政局的有关部门领导出席并讲话，全市林业系统150余人参加了活动。会后共有10项（次）林业科技成果达成初步合作、转化协议。 （杜建军）

【林业科技成果】 2004年，全年组织鉴定、验收各级各类科技成果14项。其中国家林业局科技成果2项，市科委科技成果3项，市农委科技成果3项，市自然科学基金会科技成果1项，市林业局科技成果5项。组织申报、评审2004年度北京市农业技术推广奖（林业果树花卉专业组）6项，其中获一、二等奖各1项，获三等奖4项。组织申报2003~2004年度北京市林业局科技进步奖14项。 （杜建军）

林业标准化

【概　况】 全市林业标准化工作围绕北京市农业经济结构的调整和主导产业发展的需求，结合林业"三个体系建设"（高标准的林业生态体系建设、高效益的林产业体系建设和高水平的森林安全保障体系建设）和"三道绿色生态屏障建设"（山区绿色生态屏障建设、平原绿色生态屏障建设和城市绿化隔离地区建设）目标，有针对性地开展林业标准化工作。到2004年底，已累计制定、修订市级、区县级林业地方标准41项。完成华林牌蜂胶片、手投拉发式干粉灭火器等5项企业标准的制定和重新登记备案。并从部分现行林业国家标准和行业标准，筛选出了适用于北京市林业建设的标准目录，收集适宜北京市林业建设的标准143项，作为重点推广标准在全市组织实施。先后组织建立了6个国家级标准化示范区，示范面积达到1.33万公顷。各级区县林业部门建立市级农业标准化基地118个，辐射推广面积超过2.67万公顷。到2004年底，全市林业行业已有14个单位获得ISO系列国际标准认证，有119个果树基地通过安全（绿色）食品认证。

【林业技术标准制定修订】 2004年，组织制定、修订林业技术标准12项。其中国家林业局立项的行业标准切花月季综合栽培技术、百合鲜切花综合栽培技术已经完成初稿。市质量技术监督局立项的山区公益林抚育技术规程，苹果、梨、桃、樱桃、板栗、柿子、枣无公害栽培技术，观光果园建设技术等9项市级地方标准已经完成送审稿，正在组织标准的审查工作。主要造林树种苗木质量分级于2004年初完成报批稿，2004年2月20日发布，2004年4月1日实施。

【林业技术标准化示范区】 1995年国家质量技术监督局印发了《农业标准化示范区管理办法（试行）》，在全国部署了第一批农业标准化示范项目，到2004年全市先后建立了6个国家级标准化示范区，示范面积达到1.33万公顷。主要包括：昌平区苹果国家级标准化示范区、平谷县大桃国家级标准化示范区、昌平区种苗国家级标准化示范区、房山区张坊磨盘柿国家级标准化示范区、大兴县平原绿化标准化示范工程、昌平区林业标准化示范县。各区县林业部门还积极组织参加市级农业标准化基地建设工作，建立市级农业标准化基地118个，辐射推广面积超过2.67万公顷，累计增加收入3亿多元。

（林业标准化由单宏臣供稿）

林业科技推广

【概　况】　1991年10月，经市编办批准，北京市林业工作总站加挂北京市林业科技推广站（以下简称市林业科技推广站）牌子，主要负责林业、果树科学试验与技术推广、技术培训等工作。负责北京市林业新品种引进、试验示范推广，推广与普及林业科学技术，以及对基层科技推广体系的业务指导与培训工作。2004年，市林业科技推广站紧紧围绕全市林业生态体系建设和林业产业体系建设，大力推广先进实用技术，提高林业重点工程建设的科技含量，为全市林业发展提供了科技支撑和保障。市林业科技推广站承担了6项省（部）级科技项目（课题）。同时，参与了10个项目实施。（张　洪）

【防风治沙植物引进及种苗繁育技术研究】该项目为市科学技术委员会重大科研项目，课题承担单位为市林业科技推广站，技术依托单位为北京林业大学，试验地点在大兴区六合庄林场和延庆县种籽苗木管理站，两处各6.67公顷。2004年，在两处试验基地做了多个位点土壤分析，进行了土壤改良，安装了喷灌设备，修建了灌水、排水管道，使试验区既是试验研究基地，又可作为抗旱沙生植物展示区。从内蒙古、新疆、甘肃、山西、山东、宁夏等地引进了甘草、黄芩等药用草本植物以及沙木蓼、沙柳、沙拐枣等灌木树种11个，并收集、补栽本地优良树种，完成了试验区苗木的定植，共移植苗木2450株，成活率平均87%以上。开展了良种植物材料的繁殖技术体系研究，引进良种植物材料和乡土品种适应性研究，良种植物材料的抗旱、抗寒生理机制研究等课题调查、实验和研究工作。当年在播草盖沙工程造林中推广应用柠条、沙枣、京桃、西康扁桃、胡枝子等11.46万株，展示面积近33.33公顷。

（张　洪）

【北京市风沙源治理技术推广应用与模式建设】　该项目是北京市发改委确定的京津风沙源治理工程科技支撑项目，项目建设期限为一年（2004年7月至2005年7月）。项目包括9个子项目。即：栓皮栎直播造林模式、房山区综合抗旱造林模式、爆破造林节水技术、飞播造林综合技术模式、密云县针阔混交抗旱造林技术、八达岭林场针阔混交抗旱造林技术、龙庆峡荒滩治理模式、退耕地速生丰产林建设模式和封山育林技术模式，涉及6个区县、1个林场。市林业科技推广站作为总项目科技支撑单位之一，2004年主要完成了对各子项目实施方案的审核、汇编工作，在项目实施过程中，分别进行技术指导，督促相关试验的布置与数据的收集工作，该项目包含以下子项目：

栓皮栎直播造林技术　承担单位为平谷区林业局。2004年，在山东庄镇桃棚和夏各庄镇大岭后两个村，采用鱼鳞坑或条状整地、沿山体等高线割灌粗放整地、按1∶1比例的块状混交方式以及不经过任何整地，直接用铁制钎子打孔，然后将种粒置于孔内、踏实的“偷种”造林等4种整地与造林方式，完成栓皮栎直播造林总面积100公顷。出苗率比传统的播种造林提高1倍，每公顷造林成本节省450元。

房山区综合抗旱造林技术　承担单位为

房山区林果科技服务中心。2004 年，完成造林面积 40 公顷（水土保持林 33.33 公顷，经济林 6.67 公顷），共栽植苗木 6.44 万株。①4~5 月，在佛子庄乡西班各庄村采用生根粉、保水剂和地膜的配套应用技术完成春季造林 23.33 公顷。调查结果：造林苗木保存率达到了 95% 以上，比对照提高了 17 个百分点；侧柏新梢平均生长量达到 20 厘米，比一般造林增加 8 厘米，阔叶树（元宝枫、黄栌、火炬）新梢平均生长量达到 70 厘米，比一般造林增加 20 厘米；减少浇水两遍。②7 月，在大石窝镇水头村采用营养袋容器育苗造林技术完成荒山造林 16.67 公顷。调查结果：造林成活率平均达到 96%，比对照提高了 26 个百分点；增加了新梢成长量。营养袋容器苗造林不用经过缓苗期，栽植后当年新梢平均生长量达到 27 厘米，比一般裸根苗平均增加 15 厘米，大大加快新造林地郁闭成林的速度。

昌平区爆破造林节水技术应用与推广 承担单位为昌平区林业局。2004 年，在兴寿镇象坊村完成建设面积 33.33 公顷。主要应用和推广覆膜和覆石等蓄水保墒措施，改变造林地小气候条件，改变土壤水热状况，从而促进苗木的生长，提高造林成活率；应用和推广根宝蘸根技术、保水剂实用技术、抗蒸腾防护剂实用技术，提高苗木成活率，增加苗木生长量，减少浇水的次数，降低造林成本。

飞播造林综合技术 承担单位为北京市林业科技推广站。2004 年，采取割灌、忌食剂拌种、点播、撒播和植苗造林等技术措施在密云县建立燕山低山丘陵飞播造林植被恢复模式示范区（撒播 46.67 公顷，植苗 20 公顷）；采取割灌、点播、盖草、忌食剂拌种和封育等技术措施在延庆县建立人工点播与人工促进天然更新封育模式示范区（撒播 33.33 公顷，人工促进天然更新封育 33.33 公顷）。

密云县针阔混交抗旱造林技术 承担单位为密云县林业局。2004 年，在密云县城东北部冶仙塔景区内采用根保造林技术、覆盖造林技术和采用容器苗造林技术，将乔木、灌木树种和针叶、阔叶树种相结合，进行行间混交，完成造林面积 18 公顷，栽植树木 2.3 万株。

八达岭林场针阔混交造林技术在爆破造林中的应用 承担单位为八达岭林场。2004 年，完成爆破造林面积 6.67 公顷（包括菌根 2 公顷），共栽植苗木 8790 株。在项目区采用不同的混交方式，进行结构的优化配置，以生物菌根技术措施为核心，并通过精细整地和苗木品质、造林密度、植苗、管护等各个环节控制与优化，使植株生长的小环境得到良好改善，林木生长量明显提高，阔叶树平均高生长 79.6 厘米，平均冠幅生长 79.8 厘米，粗生长 0.2 厘米；侧柏平均高生长 9.8 厘米，平均冠幅生长 35.6 厘米，粗生长 0.1 厘米 。成活率达到 98% 以上，提高了 3 个百分点，保存率达到 90%，提高了 10 个百分点。油松苗采用菌根技术，苗木根系发达，生长健壮，新梢平均生长量为 11 厘米，比未经菌根处理的对比苗木提高 37.5%。

龙庆峡荒滩治理模式 承担单位为延庆县林业局。2004 年，采取乔灌草团状混交模式、乔灌间作模式、乔草间作方式、乔灌草间作方式和河道种草方式 5 种种植模式，在旧县镇龙庆峡荒滩，完成示范区面积 33.33 公顷，共栽植乔木 1.9 万株，灌木 20 余个品种 9.2 万株，播种灌草 6 个品种 1500 千克。

退耕地速生丰产林建设模式 承担单位为密云县林业局。2004 年，在密云县太师屯镇前南台村，完成建设规模 48.67 公顷，栽植欧美杨 107、108 优良速生杨树 4 万株。采用管灌、造林施肥等综合技术，杨树年胸径生长量 3.41 厘米，树高增加 1.5 米。

八达岭封山育林技术模式 承担单位为北京市林业局防沙治沙办公室。2004 年，完成建设面积48公顷。采用补植造林技术、复合肥使用技术、新造林覆盖地膜技术、中幼林抚育技术、封山育林技术以及次生林改造技术，对林分采取半封半育、封育结合的方法，使森林景观质量大大改善，造林成活率达到97%以上，提高了3个百分点，保存率达到90%，提高了10个百分点。（张　洪）

【良种核桃嫩枝嫁接及其丰产配套技术示范】 该项目为2003年国家林业局科技推广项目，项目年限为3年（2003年至2005年10月），承担单位为市林业科技推广站，技术依托单位为市农林科学院林业果树研究所。实施地点在平谷、房山。

12月21日，该项目通过市农村工作委员会组织的有关专家验收。该项目推广核桃嫩枝嫁接技术，进行实生核桃苗改接8.67公顷，嫁接成活率达到93%以上，加速了核桃生产的良种化进程；通过合理的施肥、修剪、病虫害防治等综合管理进行了核桃低产园改造333.33公顷；对新建核桃园进行浸根、套袋、双层包被等技术发展了核桃良种早、密、丰生产示范园258公顷，超额完成合同规定任务的29%；确定良种采穗圃基地33.33公顷，共计增加接穗数量52万芽，提供良种苗木21万株。市、县两级共办各种形式的培训班、现场会12次，培训1000人次，印发有关资料1500余份。该项目对推动全市核桃品种良种化进程，实现良种早、密、丰生产，增加农民收入以及项目实施地区的生态环境改善起到积极的促进作用。（张　洪）

【优质鲜食大枣“京枣39”推广项目】 该项目为2004年北京市农业实用技术推广项目，承担单位为市林业科技推广站，技术依托单位为市农林科学院林业果树研究所，项目年限为1年（2004年7月至2005年7月）实施地点在顺义区和密云县。2004年在顺义区建立“京枣39”苗木繁殖圃3.33公顷，繁育良种苗6万株，建立丰产示范园1.33公顷；在密云县石城乡确定酸枣改接“京枣39”的地段和数量。（张　洪）

【仁用杏良种丰产栽培技术推广项目】 该项目是由北京市林业科技推广站承担的国家林业局科技推广项目。10月14日，市林业局组织北京林业大学、北京市农学院、北京市果树研究所的有关专家，通过对现场考察、多媒体汇报、查看资料等形式进行了现场验收。2002～2003年，项目组共引进国仁、丰仁和超仁3个优良品种，繁育苗木4.7万株，累计育苗30多万株。两年共计推广良种73.34公顷，其中新建标准示范园66.67公顷，高接换优6.67公顷。新建园苗木定植成活率达到98%以上，当年新梢生长量平均达到50厘米；高接换优树当年新梢生长量平均超过50厘米，树冠恢复平均达到1/3以上，长势良好。同时该项目在当地还辐射带动农户发展仁用杏266.67公顷，整个示范项目区和辐射区仁用杏生产已初具规模，为北京市林业发展和林业经济建设起到了积极的促进作用。该项目获2003～2004年度市林业局科技进步三等奖。（张　洪）

【杨树速生丰产林情况调查】 10月，市林业科技推广站组织人员针对不同的品种、林龄、立地条件、栽植密度和管理情况选取了大兴、通州、顺义和延庆共4区县的18片杨树速生丰产林进行了调查。结果表明，管理精细尤其是水分管理对杨树生长影响较大，适时灌溉对杨树生长非常有利。（张　洪）

【防啃剂引进推广】 截至2003年，全市饲养牲畜仅牛存栏即有30万头，羊存栏达到183万只。由于北京地区冬春季节寒冷干旱、降水少，农田路边没有可供牛羊啃食的杂草，牛羊的无序放养给绿化林木生产带来不可估量的损失。

为有效防止牲畜啃食树木，保护现有绿化成果，2004年春季，市林业科技推广站引进多功能新型防畜、鼠、兔啃树剂，先后在顺义区和昌平区试验成功。该药剂无毒副作用，不妨碍树木生长、也不影响牲畜及人体健康，对春尺蠖、蛀干害虫等一类的虫害还能起到很好的防治作用。一次施用，药效可以维持4个月以上，成本低，防护效果好。

（李荣桓）

林业教育培训

【概　况】 2004年，市林业局教育培训工作以贯彻落实《中共中央国务院关于加快林业发展的决定》为指导，围绕首都绿化林业建设的目标，大力开展行业从业人员全员培训，不断提高从业人员素质，为首都绿化林业建设提供人才保障和智力支持。

岗位培训 全年局系统共组织关键岗位、专业业务岗位等各种岗位培训班20期，1000人次。针对全市“十五”森林资源二类调查，市林业勘察设计院组织全市林业系统科技骨干110人参加了森林资源二类调查技术规程培训班，尤其是“3S”技术在资源调查中的应用取得突破性的进展。11月7～17日，举办了两期乡镇林业站站长和技术骨干培训班，培训13个区县210名林业站站长和业务骨干。培训内容涉及计算机应用、林政资源管理、种苗生产、科技推广、法律法规、生态林补偿、护林防火、中幼林抚育等林业知识。培训过程中还就如何搞好乡镇林业站建设进行了专题座谈，并提出了今后加强林业站建设的合理化建议。

学历教育 2004年，与北京林业大学联合举办2003级农业推广（林科）硕士研究生教育，全市林业系统48名学员已完成理论课程的学习，进入了论文设计阶段。市林业局与北京教育考试院联合组织全市绿化林业系统干部职工175人参加林业生态环境工程与管理（独立本科段）专业自学考试工作，组织264人参加了林业生态环境工程与管理大专学历自学考试学习，到2004年底，共有108人大专毕业。另外，还有87人参加大中专接轨教育试点英语专业课程学习。

专业技术人员继续教育 2004年，市林业局在职专业技术人员684人中，参加研究生、本科、大专等学历教育的有90人，有584人参加了形式多样的继续教育活动。8月底至9月上旬举办了现代育苗及管理技术高级研修班，33人参加研修并取得市人事局颁发的结业证书。组织局系统专业技术人员500人参加市委组织部、市人事局、市科委举办的“首都发展与人才能力建设”继续教育公共课程讲座；参加国家林业局和市政府有关团组赴国外培训的有10人；组织国内参观学习考察的有106人；参加各种岗位教育培训的有280人次。到10月底，全局专业技术人员已基本参加了各种继续教育学习，学习比率达到98.5%，学习时间累计达到72学时的有596人，学习比率为87.1%。

技术工人培训 组织全市有关行业林木种苗、造林两个技术工种209人参加2004年培训、考核和职业技能鉴定工作。其中：林木种苗工73人，造林工136人，初级工28人，中级工46人，高级工135人。此外，还组织局系统汽车驾驶员、电工等36人到系统外培训、考核和职业技能鉴定工作。

林农培训 2004年，林果农培训以林果农的实用技术培训为重点，据统计，市、区县、乡、村全年共举办各级培训班、现场会、交流会等多种形式培训800余期，培训林果农近10万人次。市林业局果树处结合柿树低产园改造技术试验示范项目，邀请日本岛根大学柿树专家山村宏先生，在柿树主产区昌平、房山、平谷等区县举办10次现场会，进行柿树开心形树体修剪技术培训，培训乡镇林业站技术人员和果农600人次。共建立柿树低产园改造技术示范区15个，当年累计增加产量524.1千克，直接增加农民收入691.66万元。市蚕蜂站于2004年4月在门头沟区举办全国蜂产品安全与标准化生产技术培训（北京），全市200多名蜂农参加了培训。通过该技术培训，把ISO9001：2000的国际标准应用到生产一线，使出口产品达到国际安全标准，全年累计增加蜂农收入20万元。一批林果适用新技术的应用带动了林果农脱贫致富。

【农业推广（林科）硕士专业学位开学】 5月21日，举行了2003级农业推广（林业）硕士专业学位研究生班开学典礼。首绿办副主任、市林业局副局长王苏梅主持，副书记、副局长李树旺出席典礼并作了《贯彻〈决定〉精神，加快人才培养，为北京林业可持续发展提供人才智力支持》的讲话，北京林业大学常务副校长尹伟伦、研究生院常务副院长马履一出席典礼并讲话。这是办局领导根据当前北京市林业处于历史性转变和全面推进跨越式发展的新阶段，为适应北京林业生态环境建设快速发展的新形势采取的重要举措。全市绿化林业系统招生录取的43名学员参加了开学典礼。

【专业技术人员继续教育高级研修班】 8月31日，全市林业系统种苗行业的33名管理干部和专业技术骨干参加了由市林业局组织的“现代育苗及管理技术”高级研修班的学习。该高级研修班被列入2004年林业局教育培训重点之一，并成为市林业局举办的首个被市人事局列入市级专业技术人员继续教育高级研修班。其目的就是要适应不断发展的新形势，使林木种苗业的管理干部和专业技术骨干熟练掌握种苗有关法律、法规，提高行政执法能力；掌握先进育苗技术，提高种苗标准化生产管理；进一步转变观念，用现代管理和经营理念，推进种苗业运行机制和管理体制创新。

（林业教育培训由杜建军供稿）

数字首都林业

【概　况】 数字首都林业作为首都绿化林业信息化建设的总体战略目标，是“数字北京”战略目标在首都绿化林业行业的落实，是实现首都林业现代化，促进首都林业跨越式发展的重要技术手段。数字首都林业建设始终以“服务大局，开拓创新，保障安全”为指导思想，以建成“高速完备的行业信息网络、准确完善的行业综合数据库、简便可视化的应用系统平台、稳定可靠的信息安全保障体系”为目标，积极开发利用基础性信息，优化信息资源配置，运用数字化手段，加强林业资源的动态监测和管理，不断提高首都绿化林业的信息化程度，切实为促进首都绿化林业的长足发展奠定坚实的基础。经过几年的努力，行业网络基本完善，林业综合数据库初具规模，政务网站的作用亦日益显著。2004年数字首都林业建设在网上审批系统建设、基础地理信息平台建设和林业远程基层单位的信息化建设方面取得突出成绩。

【网站升级改版】 根据全市2003～2004年度政府网站评议要求，2004年上半年市林业信息中心（以下简称中心）对首都绿化市林业局政务网站进行了改版。主要从栏目设置、内容以及后台技术上做了较大的升级调整。新增加了“专题信息”、“绿化宣传”和“下载服务”等栏目，加大了政务公开力度，在技术上采用了数据库管理、后台维护的动态发布系统，提高了网站的科学化管理水平。经过改版，网站的页面形式更加简洁美观、信息更加丰富，网站的服务功能更加完善。

【建设与应用】

网上审批系统建设 北京市林业局网上审批项目是北京市网上审批二期工程的重要组成部分，已于2003年12月下旬建成并与市级平台联调工作。2004年3月完成全部系统开发，进入全面试运行期。7月在昌平区林业局完成了真实业务的申报。11月25日，中心举办了北京市林业局行政许可网上办理推进应用培训班，14个区县林业主管部门、4个市属国有林场和市路政局、市水务局、京煤集团、北京铁路分局等22家34名具体办理行政许可操作人员参加了培训。12月16日北京市林业局网上审批系统，通过了由北京林业大学，中国林业科学研究院，市发改委综合处，市经济信息中心，市林业局法制处、林政资源处、计划财务处、科教处组成的专家及用户评审组的验收，进入实施应用。

林业综合信息平台建设 数字首都林业综合信息平台是林业局电子政务建设和应用的基础信息平台，是林业信息系统的应用平台、行业信息资源的共享平台、数字林业成果的展示平台。2004年，中心在用友政务公司配合下，对平台建设实现了统一的工作流引擎、统一的搜索引擎、统一的用户管理引擎；实现了“一个平台，一个入口，一次登陆”，“数据库独立，统一存储”等总体规划目标。

林业综合数据库开发与整合 林业综合数据库建设是林业电子政务建设的核心，包括林业资源、林业产业、林业工程、林业管理四大类数据库。按照“数据采集更规范、采集渠道更通畅、数据管理更科学、数据存储更安全”的建设要求，2004年，中心在对全系统相关处室、站院的数据库需求进行调研的基础上，完成了林业综合数据库的开发整合工作。目前已建成33个专题数据库，实现了界面风格、使用功能、数据库结构上的统一。

基础地理信息平台建设 2004年，中心利用首都林业基础地理信息软件、基础数据库软件和硬件基础设备，科学规划，对现有地理信息数据、信息系统进行整合与升级。①通过实现小型异构数据库、文件数据、图形数据向大型关系型ORACLE 9i数据库的移植和整合，提高了对基础地理信息的管理水平，实现了林业信息资源的集中存储。②实现原有地理信息系统向先进的地理信息软件ArcGIS的移植和升级，并以ArcGIS作为首都林业基础地理信息系统的开发平台，利用ArcGIS的强大的管理功能和开发功能降低地理信息系统的开发难度，提升应用水平。③应用ArcIMS软件结合WebServer服务器软件开发了首都林业基础地理信息Web发布平台，实现了首都林业基础地理信息的信息共享和实时在线分析，为森林资源的有效管理和共享以及科学决策提供了保障和工具。数字首都林业基础地理信息平台的建成，标志着数字首都林业信息资源共建共享迈出了实质性的步伐，为空间信息在林业业务中的应用奠定了坚实的基础。

信息报送系统建设与应用 2004年，中心配合市林业局办公室规范行业信息报送渠道，促进无纸化办公，在原网上办公系统的基础上完成信息报送系统的开发并投入使用。信息报送系统不仅可以报送文字信息，还可报送图片、声音等多媒体信息，使信息图文并茂，它的电子邮箱、个人文档、个人通讯、工作日历及权限管理等功能，也为使用者在采编、审核和发布信息、相互通讯交流、个人文件管理和工作安排等方面提供了方便。6 月份，联合举办了北京市林业系统公文处理和政务信息报送工作培训班，推进信息报送系统的应用。该系统的使用，完善了信息报送的审核机制，提高了信息共享化程度，增强了信息的时效性，有效地解决了林业系统信息报送渠道不统一问题。

腾讯通（RTX）的推广与应用 为方便局域网用户相互沟通，加强部门之间信息交流和数据传递，促进无纸化办公，中心于年内，在 2003 年开通的即时通讯系统（腾讯通 RTX）基础上，加大了腾讯通 RTX 的推广应用，年底开通了机关、直属单位、区县林业用户近 600 个，编制了《RTX 用户使用规范》，完成 RTX 的两次升级改版，及时解决升级改版过程中遇到的问题，同时在 RTX 的快捷面板上加入数字首都林业综合信息平台链接的内、外部入口，完善了功能，方便了用户。

市属林场、苗圃局域网建设 针对市属林场、苗圃信息化基础相对薄弱，影响了全系统的信息化应用水平问题，6 月份，中心分别召开了直属单位主管领导及技术人员座谈会，对信息化需求进行调研，从 8 月开始，支持建成了西山林场门户网站，完成十三陵林场、南大荒苗圃、黄垡苗圃和天竺苗圃的局域网改造和建设，12 月 3 日举办了直属单位信息化培训班，为 11 个直属单位配发了安装有林业综合数据库和网络办公软件的服务器，截至 2004 年，局直属单位全部完成局域网建设和改造，各单位之间及单位与机关处室之间实现了网络信息互通。

【信息化培训】 为服务郊区经济发展，有效地发挥“221”产业信息平台的作用，提高林业产业整体信息化应用水平，促进林业产业的发展。2004 年 9 ~ 12 月，中心举办了 4 期林业产业信息平台会员用户培训班，对全市 200 多家林业产业方面的龙头企业、行业协会等管理机构的会员进行培训。培训采取集中授课与实际操作相结合的方式，培训了网络基础知识、腾讯通的使用与维护以及北京农产品产销信息网相关知识。此次培训扩展了会员用户视野，拓宽了产销渠道，受到市农委信息中心好评和学员普遍欢迎。

（数字首都林业由赵丽君供稿）

乡镇林业站建设

【概　况】 北京市郊区县从 1988 年开始建设乡镇林业站，到 1989 年 8 月，按“一步建齐，逐步完善”的原则，全市建乡镇林业站 272 个，在岗人员 1175 人。1989 ~ 1994 年，林业站全面建站时期，全市有乡镇林业站 274 个，工作人员达 1598 人；1994 ~ 1998 年，是乡镇林业站建设、巩固、完善、提高时期，全市有标准化林业站 268 个，工作人员 1054 人；1999 ~ 2001 年，乡镇机构改革，进行撤乡并镇，全市共有乡镇林业站 171 个，工作人员 1103 人；2002 年乡镇机构改革后，全市经过事业单位登记的乡镇林业站有 100 个，工作人员减至 890 人。截至 2004 年，全市 13 个 区县的 186 个乡镇，建有乡镇林业机构 100 个（64 个乡镇建有林业站，36 个乡镇在农业服务中心加挂林业站牌子），86 个乡镇未设林业工作站。在岗正式职工 860 人，其中大专以上学历 425 人，中专学历 237 人，高中及以下学历的198人；具有高级职称的18人，中级职称的128人，初级职称的279人。

【基础设施建设】 为加大全市林业工作站的标准化建设工作力度，市林业工作总站按照国家林业局制定的全国林业站示范县建设标准，对全市7个区县30个乡镇林业工作站进行重点建设。其中：密云县8个、怀柔区5个、顺义区6个、平谷区5个、通州区4个、房山区1个、延庆县1个。林业站建设重点为新（改）建林业站办公用房，庭院绿化美化；购置电话、电脑、打印机、传真机、文件柜等办公设备；配备开展林果实用技术普及、宣传、培训的传媒设备；配备必要的森林资源调查、野生动植物保护、森林防火等专业器材和设备；配备森林资源管护专用交通工具。

【学习宣传贯彻中央林业《决定》】 2003年8月至2004年5月，市林业工作总站组织全市基层林业站深入开展学习宣传贯彻《中共中央国务院关于加快林业发展的决定》的活动。通过召开座谈会、举办知识竞赛、分发文件单行本、在《林业站建设动态》刊登区县、乡镇林业站贯彻《决定》的做法、经验等多种形式，使全市基层林业工作人员深入了解和掌握中央《决定》精神实质。各区县林业站主管部门和乡镇林业站利用村镇广播、公共场所设置宣传栏、板报，张贴标语、举办知识竞赛等多种形式，开展学习宣传贯彻中央《决定》的活动，向广大群众进行系统的宣传，取得良好宣传效果。9月20日，市林业工作总站被国家林业局评为学习宣传贯彻中央《决定》活动省级先进单位，昌平区林业局被评为县级先进单位，顺义区北务镇、昌平区长陵镇和阳坊镇林业站被评为先进乡镇林业站。

【乡镇林业站站长岗位培训】 为提高乡镇林业站站长的管理水平和业务素质，促进基层林业事业健康发展。2004年11月7～17日，市林业工作总站举办了两期全市乡镇林业工作站站长和技术骨干培训班。13个区县210名林业站站长和业务骨干参加培训。该培训班主要培训了Word、Excel等计算机应用知识，以及林政资源管理、林业种苗生产实用技术、林业科技推广、林业法律法规、林木病虫害防治、生态林补偿机制及全市林业发展趋势、果树发展趋势及新品种新技术应用、护林防火、中幼林抚育等林业专业知识。乡镇林业站站长就如何搞好林业站建设进行了专题座谈，并提出若干合理化建议。

【创建“文明窗口”活动】 根据《国家林业局林业工作站管理总站关于2004年林业站纠风和执法检查工作的实施方案》要求，市林业工作总站对基层林业站进行了纠风和执法检查，开展了创建“文明窗口单位”活动。要求各乡镇林业站一要美化站容站貌，二要加强职业道德建设，三要健全制度、强化监督，四要积极发挥职能作用。此次活动中，昌平区南口镇、门头沟区斋堂镇林业工作站被国家林业局评为2004年全国林业站文明窗口单位，受到通报表彰。

（乡镇林业站建设由赵秀琴供稿）

党的建设

领导班子和干部队伍建设

【概　况】　年内，基层领导班子和干部队伍建设以科学化、民主化、制度化为目标，以完善专业结构、优化整体功能为重点，按照《党政领导干部选拔任用工作条例》的规定，坚持标准，严格程序，共提拔处级领导干部19名，接收军转干部3名，进一步改善了基层领导班子的年龄、知识和专业结构，增强了领导班子的凝聚力和战斗力。进一步加强了后备干部队伍建设，建立了后备干部动态管理机制，把后备干部管理纳入了规范化。继续坚持了民主集中制、民主推荐、民主测评、聘任制、任前公示、离任审计、重大事项报告、收入申报、谈话、到龄退休等制度，落实了廉洁自律的各项规定。

【理论中心组学习】　首绿办、市林业局党组高度重视理论中心组学习，切实加强对中心组学习的领导。①制定学习计划。党组就中心组学习问题进行认真研究，制定了《办局党组中心组2004年学习计划》，对学习内容、时间、讨论题目，学习的原则、方法和要求作出了全面安排。每次学习讨论、集中辅导，党组书记都亲自主持，确保学习效果。②建立自学制度。要求中心组成员努力培养理论学习兴趣，养成平时学习的良好习惯，每年都要根据工作实际和本人情况制定理论学习计划，坚持理论联系实际的优良学风，着眼解决首都绿化林业改革发展中的实际问题。③建立健全各项制度。明确学习方法，保证学习落到实处。党组中心组学习，以自学和集中讨论、集中辅导相结合的方式进行，平时以自学为主，在自学的基础上结合工作实际和思想实际，集中进行专题讨论。集中讨论辅导每月进行一次，每次一天。每次集中讨论前，每位成员都做好充分准备，写出书面发言提纲。在坚持组织干部职工深入学习党的基本理论、基本路线、基本纲领、基本经验和各项政策的基础上，把学习贯彻“三个代表”重要思想和党的十六届三中全会、四中全会精神和市委九届六次全会精神作为理论学习的重点内容。首绿办、市林业局中心组全年学习达14天，各单位中心组也按计划组织了学习，全年达到了集中学习12天的要求。

【干部选拔任用】　针对部分专业要求相对较高，在绿化林业系统内不易选拔调剂的单位和岗位所需人员，如野生动物救护、法律、计算机、文秘岗位，进行了面向社会的公开招聘，吸纳优秀人才充实干部队伍。年初制定岗位要求，明确了招聘条件，并在人才交流会上进行公开招聘，年内成功招聘了3名专业人才充实到了绿化林业系统人才队伍中。全年共接收大学毕业生28人，其中硕士学历7人，大学学历19人，为绿化林业干部队伍输入了新生力量，加强了系统人才队伍建设。同时，按照市委组织部要求，开展援藏干部人选的推荐、考察和确定上报工作，全系统共报名30人，符合条件8人，考察3人，确定1人，完成了市委组织部下达的选派援藏干部的任务。

【干部教育培训】 2004年，继续与有关处室组织局机关干部隔周一集中学习达10余次；会同法规处邀请市法制办副主任王金山作了《行政许可法》讲座。加强了干部理论培训工作，完成了4名局级干部参加市委组织部培训的具体工作；人事处与机关党委共同组织了部分机关党务干部和直属单位书记外出考察和基层党组织书记培训班；组织了青年团员和新分配大中专毕业生学习党的十六届四中全会精神培训班。

【事业单位人事制度改革】 年内，进一步推进了事业单位人事制度改革，认真贯彻落实《关于进一步加强事业单位人员管理的意见》，重点抓了聘后管理工作，并结合系统实际，不断探索新的分配机制，指导6个林场苗圃圆满完成了收入分配制度改革。以效益为主的新的分配制度已于7月份开始执行，切实建立起了有利于单位发展、适应市场经济需要、能有效激励职工的新的收入分配机制。同时，集中精力解决了市天竺苗圃、市八达岭林场、市林工商公司等单位退休职工的信访问题，缓解了事业单位在职职工与退休人员增长机制划清两条线的问题。妥善处理了历史遗留问题，顺利完成了市林工商公司6名离休干部纳入社保和市林干校顺义基地14名职工整体移交市共青林场工作，理顺了人事管理体制。积极与市社保局等相关部门协调联系，推进了温泉苗圃全体职工加入社会保障体系工作。

（领导班子和干部队伍建设由卜志勇供稿）

基层党组织建设

【概 况】 首绿办、市林业局直属机关党委，所辖直属8个基层党委、2个党总支和33个党支部，共有党员1022名，分布在80个基层党支部。其中，在职党员659名，占党员总数的64.5%；离退休党员363名，占党员总数的35.5%。女党员279名，占党员总数的27.3%。少数民族党员40名，占党员总数的3.9%。①党员年龄构成。35岁及以下党员191名，占党员总数的18.7%；36～45岁党员274名，占党员总数的26.8%；46～54岁党员176名，占党员总数的17.2%；55～59岁党员137名，占党员总数的13.4%；60岁及以上的党员244名，占党员总数的23.9%。②党员学历构成。研究生学历43名，占党员总数的4.2%；大学学历288名，占党员总数的28.2%；大专学历196名，占党员总数的19.2%；中专和高中262名，占党员总数的25.6%；初中及以下的233名，占党员总数的22.8%。③在职党员职业构成。659名在职党员中，机关党员103名，占在职党员总数的15.6%，占机关干部总数（含林场派出所民警）的81.7%；工人党员122名，占在职党员总数的18.5%；企事业单位管理和专业技术人员党员434名，占在职党员总数的65.9%。企事业单位党员总数555名，占在职职工总数的31.3%。

【党员干部队伍思想建设】 坚持在全面把握科学体系和根本要求上下功夫，在指导实践、更好地实现“立党为公、执政为民”的本质要求上求实效。深入学习“三个代表”重要思想，分层次组织培训。①党员教育。各基层党组织组织日常学习培训和党员参观教育活动：“七一”前后组织党员参观西柏坡精神巡回展、京郊革命遗址、狼牙山五壮士事迹遗址、平津战役纪念馆、山西省昔阳大寨村等教育基地；结合纪念建党83周年、纪念邓小平同志诞辰100周年，组织党员观看电影《百年小平》；结合纪念毛泽东同志《为人民服务》发表60周年，组织党员观看电影《张思德》和红旗渠精神展。②支部书记培训。7月14～17日，举办基层党组织书记培训班，重点学习胡锦涛总书记“七一”讲话精神和新时期基层党组织工作新形势和新要求。

【党的组织建设】 ①做好保持共产党员先进性教育活动准备工作。根据市委组织部《关于印发〈关于扎实做好保持共产党员先进性教育活动准备工作的方案〉的通知》和市直工委《关于印发〈关于做好市直机关保持共产党员先进性教育活动准备工作的方案〉的通知》的要求，年初，对基层党组织和党员队伍状况进行了调查摸底，制定下发《首都绿化办市林业局党组关于做好办局机关保持共产党员先进性教育活动准备工作的方案》。将首绿办、市林业局机关各处室列为首批开展保持共产党员先进性教育活动（以下简称先进性教育活动）准备工作的范围，直属各单位开展好先进性教育活动的学习教育。成立首绿办、市林业局先进性教育活动准备工作办公室。5月10日召开机关处室和事业站（院）单位书记动员大会，进行工作部署，下发市直工委《先进性教育活动准备工作阶段调研提纲》。5月12～14日分别召开机关处长、站（院）主任、党支部书记座谈会，对调研提纲中涉及的4个方面40个问题进行研讨，并走访部分党员群众，查找党组织和党员队伍中存在的问题、原因，并提出改进措施和建议。②基层党组织换届选举。上半年，按照市委新确立的市直机关系统党的建设领导体制和工作格局有关要求，机关处室党员领导干部实行“一岗双责”的工作机制，对机关处室11个党支部进行改选，实行处长“一岗双责”，兼任党支部书记职务，做到处室业务和党务工作“两不误，两促进”；对机关3个离退休干部党支部、直属站（院）16个党支部和1个党总支也进行了重组、改选，经过换届选举，新建支委会4个，健全支委会7个，调整支部书记5名，增加委员21名，为首绿办、市林业局中心工作提供了组织保障。③培养和宣传先进典型。年中，各基层党组织推荐出37名先进党员典型，机关党委从典型中选出10名代表，举办“纪念建党83周年，‘我是共产党员’主题教育座谈会”。④党员发展工作。各基层党组织按照“坚持标准，保证质量，改善结构，慎重发展”的方针，做好发展党员工作，2004年共发展新党员27名，34名预备党员转为正式党员。

【机关党建先进单位创建活动】 2004年，按照党的十六大提出的“围绕中心、服务大局、拓宽领域、强化功能”的党建工作方针和市直机关工委的工作部署积极开展创建活动。通过创建活动，达到了进一步“转变职能、改进作风、强化创新、降低成本、提高效率、促进发展”的目的。机关党建取得的明显成绩，受到了市委市直机关工委表扬。

【精神文明创建活动】 ①学习《公民道德建设实施纲要》。年内，在干部职工中组织学习《公民道德建设实施纲要》，进行以爱国主义、为人民服务、集体主义、诚实守信为重点的，多种形式的社会公德、思想道德、职业道德教育和文明礼仪教育，并组织了《公民道德建设实施纲要》知识竞赛答卷。选派管理干部参加市委市直工委举办的文明礼仪培训班。②首绿办、市林业局机关被评为首都文明单位，市西山试验林场连续8年被评为首都文明单位标兵，市森旅公司和市天竺苗圃被评为2003年度的首都文明单位，受到市委市直机关工委的表彰。③组织职工参加社会公益活动。5月份，组织职工为全市困难家庭捐款5405元。10月份，参加“关注灾区、关爱灾民、捐赠一日工资、奉献一片爱心”为主题的大型捐款活动，共募捐善款13 316元。④在市直机关系统国庆文艺演出中获奖。结合庆祝建国55周年，组织职工开展庆祝活动，机关党委配合有关部门筹办了以“祖国在我心中”为主题的国庆文艺汇演。同时选派优秀节目参加市直工委举办的“祖国在我心中”——庆祝建国55周年文艺调演和汇报演出。

（基层党组织建设由张宝珠供稿）

党风廉政建设

【概　况】　纪检组、监察处为中共北京市纪律检查委员会、北京市监察局派驻中共首都绿化委员会办公室、北京市林业局机构，党风廉政建设和行政监察工作接受市纪委监察局和派驻部门的双重领导，定编3人，缺编1人。

【工作思路】　2004年，首绿办、市林业局坚持把全面认真落实党风廉政建设和反腐败斗争的各项要求，作为贯彻落实党的十六大精神和十六届三中、四中全会精神，全面推进党的建设新的伟大工程，作为提高党的执政能力，加强党风廉政建设这一重大政治任务，提高反腐败工作能力、优化首都绿化林业发展环境，提高加快绿化林业发展能力的重要工作内容，努力抓紧抓实。

【领导干部廉洁自律】　2004年，按照领导班子民主生活会的各项要求，对照胡锦涛总书记提出的在求真务实这个问题上，党员干部队伍存在10个亟待解决的突出问题；对照中纪委在党风廉政建设方面提出的严格执行和自觉遵循的“四大纪律八项要求”；对照思想防线上拒腐防变的“树六观”（树立正确的世界观、人生观、价值观、权力观、地位观、利益观）和“两个务必”的要求，各级领导班子成员逐一检查和明示，开展了认真严肃的批评和自我批评。全系统34个党委（总支、支部）按规定要求召开了民主生活会，应参加生活会的处以上领导干部167人，实际参加154人，因故未按时参加的13人，均递交了书面发言材料。

【执法执纪】　查清了市南大荒苗圃一领导干部在莲石路西延工程占地拆迁中，为尽可能给本单位争得更多补偿，动用9.6万元为拆迁管理部门2名工作人员及其家属赴国外旅游提供费用的问题，对主要负责人进行通报批评。2004年度共收到纪检监察方面的信访举报18件，按要求逐一进行了核查处理。

【党风廉政建设宣传教育月活动】　按照中共北京市委党风廉政建设领导小组的要求，于4月中旬至5月中旬，在全系统开展了以“求真务实，勤政为民”为主题的党风廉政建设宣传教育月活动。请市纪委领导和有关专家讲课，进行党规党纪教育；落实党课制度，进行理想信念教育；结合组织参加市纪委开展的党风廉政建设知识测试，进行条规教育；观看录像资料，进行警示教育；组织参观展览，进行革命传统教育；举办培训班，进行专题教育；开办宣传橱窗，进行思想道德教育；编印党风廉政建设工作参考资料，进行深入教育。在两个条例（《中国共产党党内监督条例》和《中国共产党纪律处分条例》）百题测试中，共有730名在职党员干部参加，12 名局级干部带头答了试卷。在“求真务实，勤政为民”征文活动中，收到征文 29 篇。

【抓源治本政务公开】 2004 年度，结合工作特点，重点抓住“权、钱、人”等关键环节，加快行政审批制度、财政管理制度、组织人事制度改革，从源头上预防和治理腐败问题。①对原有 27 项行政审批项目进行精简，其中取消了林木种子质量检验、良种审定等项审批，下放了本市重点野生动物驯养繁殖等 5 项审批，简化了 7 项审批事项的办理程序和手续，共减少了 22 个工作环节、31 个工作日。②行政事业性收费由 6 项减少为 3 项，并进一步规范了收费程序。③按照《行政许可法》实施要求，重新清理了行政许可事项。目前经上级批准认可的林业行政许可事项共 53 项，其中国家法律规定的 45 项，北京市 8 项。④政务公开事项全部纳入政务公开目录，公开的重点内容 220 余项，其中职责 38 项，行政许可事项 53 项，法律法规 38 项，行政收费 3 项，重要文件 32 项，工程招标 4 项，公示公告 52 项，各项事项的内容全部实现了公开。⑤完善了资金管理使用的规章制度。严格执行《预算法》、《会计法》、《政府采购法》、《审计法》和《行政许可法》等法律法规，依法规范本系统财务管理和会计核算行为。把预算编制和执行的好坏作为考核各单位一把手工作的内容和标准。⑥对市野生动物繁育中心的规划、设计、工程招标等前期工作进行了阳光工程建设，采取全程监察。

（党风廉政建设由陈玉泉供稿）

精神文明

林业宣传

【概　况】　绿化林业宣传工作，围绕全市绿化林业建设，在各级领导的重视和新闻媒体的大力支持下，出现了“活动不断，报道常见”的新气象。各区县围绕生态建设、绿色产业发展、森林资源安全保障体系建设、野生动物保护等方面开展了大量主题突出、特色鲜明、具有区域特点、行业特点的宣传活动，起到了良好的宣传效果。市林业宣传中心与30多家媒体密切联系，全年组织新闻宣传活动40余项，其中召开新闻发布会4次；刊发绿化宣传新闻稿件1400余篇（条），在《人民日报》、新华社、中央电视台、中央人民广播电台等中央新闻媒体发稿达到200余篇（条）；全年刊发专版10块。超额完成年初制定的“十、百、千”宣传计划（在中央重点媒体、重点栏目发表宣传作品10篇，在市级重点媒体、重点栏目发表宣传作品100篇，全年发布宣传稿件1000篇的宣传计划）。召开了春季绿化造林、义务植树宣传活动、“6·17”世界防治荒漠化和干旱日、防治禽流感等新闻发布会。组织了种苗质量管理年、百望山山花节、红叶节、关注森林——首都著名文学艺术家绿化林业采风、关于森林对城市生态环境的影响、汉石桥湿地保护、飞机防火巡航、飞机撒药防治林木病虫害、生物防治林木病虫害、中幼林抚育、中韩项目密云水源林合作、森林负氧离子的作用、候鸟与生态环境保护等系列主题宣传活动。全面反映了首都绿化林业建设的发展，综合报道了全市生态建设、生态安全、生态文明所取得的进步，在一定程度上促进了首都林业三大体系、三道绿色生态屏障的进一步构筑和完善。

【关注森林——著名文学艺术家采风活动】6月，举办了关注森林——首都绿化林业工程著名文学艺术家采风活动。该活动由首都绿化委员会办公室、北京市文学艺术界联合会、北京作家协会共同主办。以林业重点工程建设为采风对象，组织文学艺术家进行报告文学、新闻通讯、诗歌、散文采写创作。本次活动邀请了北京市作家协会秘书长李青、《北京娱乐信报》主编孙瑜、北京市文联组联部副主任王瑞璞等专家进行指导。活动以“加快林业发展，促进生态文明建设”为主题，宣传、展示、讴歌林业重点工程建设中涌现出的典型事迹，颂扬城乡绿化建设的新风貌、新气象，促进人与自然的和谐与可持续发展。

【制作电视专题片】　年内，林业宣传中心制作完成了《2004北京新绿》、《花果飘香——走向辉煌》、《中幼林抚育》、《森林卫士》、《北京林业55年》、《沙海绿歌》、《生态垫——一种新型的植物覆盖材料》、《广筹资金 绿化造林》、《京西明珠》、《把忠诚缀满每一片绿叶》、《柿树林下的脚步》等11部电视专题片。

【参展国际林业博览暨科贸洽谈会】　9月，'2004中国国际林业产业博览暨科技经贸洽谈会在上海举行。市林业局代表北京市参展，由市林业宣传中心具体承办展览事宜。展览会上，共展出70多种北京地区生产的优新果品，获得了多个奖项。市林业宣传中心获得了此次博览会的优秀组织奖。

【新闻业务培训】 12月22日，市林业宣传中心组织全市绿化林业系统通讯员50余人进行了新闻业务培训。邀请知名教授及新闻领域优秀工作者对通讯员进行了细致深入的业务指导和培训。

【《绿化与生活》】 年内，《绿化与生活》杂志在改变办刊风格、适应市场发展需要等方面进行了积极探索。年初，按照《中共中央宣传部新闻出版总署关于对管办分离和划转报刊加强管理的通知》的要求，将《绿化与生活》主管单位由市林业局改为市林业宣传中心。管办分离后，《绿化与生活》杂志，依靠自身力量，进行了一系列改革，进一步明确了自身定位，即以宣传绿化林业行业先进人物和事迹，及时报道绿化林业行业先进研究成果，进行科普宣传，丰富广大群众业余文化生活为办刊宗旨。在此基础上，重新调整了杂志封面设计和栏目设置，扩大了稿件录用范围。4月，杂志在2004年第二期作出了全彩印刷的调整，引起读者和社会各界的关注，使《绿化与生活》杂志在适应市场发展需求方面迈出重要的一步。

（林业宣传由刘晓晶供稿）

工会工作

【民主管理，厂务公开】 市林业局共有直属单位33个（其中企业单位1个，事业单位32个），属经营性质的单位15个，其他均为非经营性质的事业单位。工会以“三个代表”重要思想为指导，认真贯彻修改后的《工会法》、《北京市实施〈工会法〉办法》、《北京市企业民主管理及职代会暂行办法》，提高干部职工当家作主的责任意识，强化组织和制度建设。各单位党组织都将开好职代会、实施民主管理、进行厂务公开纳入重要工作议程，基本形成了“党委统一领导，党政齐抓共管，工会组织实施，纪委监督检查，职工群众积极参与”的领导体制和工作制度。15个经营单位厂务公开推行率达到100%，其他非经营性单位的事务公开率也达100%。①开好职代会，行使审议权。全系统各单位坚持每年1月、7月，召开两次职代会，在经营管理方面（林场、苗圃、公司、站（院）的发展规划、计划，年度目标经营责任制方案，承包合同，财务预决算）、重大决策方面（企事业的改革、改制、大额度资金使用及干部任免）、涉及职工切身利益方面（劳动用工、工资、奖金分配方案，购置住房、医药费支出、保险福利等）、党风廉政建设方面（党风廉政建设责任制执行情况，业务招待费按规定提取及使用情况，民主评议领导干部情况，领导干部工资、奖金、用车、通讯费等情况）行使审议决策权。做到职工代表不举手表决通过，改革方案不出台。凡是职代会通过的决策任何人不得擅自改变。上下结合，相互监督定期反馈落实情况。党政领导重视民主管理和民主监督，保证职工代表行使民主权力，职工代表认真履行职责，充分发挥主人翁作用，推动了各项改革和工作任务的开展。②定期召开厂务公开例会。坚持每年定期召开一次厂务公开总结、交流、工作部署例会。总结经验、查找差距，交流学习、互相促进，明确

工作思路、重点，达到提高工作质量的目的。（张玉斗）

【送温暖活动】 2004年元旦、春节期间，工会筹措慰问补助款48.5万元，由各级党、政、工组织送到慰问对象人员手里。党政领导12人分7路带领有关部门深入基层单位、困难企业、困难职工家庭，对特困职工、劳动模范、老党员、老专家、党外人士、离退休人员等450多人进行了走访慰问，送去了慰问补助金、鲜花及生活用品等，带去了党和政府的关怀和温暖。各单位组织了各种类型的团拜座谈会，举办了春节联欢游艺等娱乐活动。首绿办、市林业局领导还深入郊区县慰问坚守在一线岗位的护林员、扑火专业队、林业公安干警。通过送温暖活动，密切了党群关系，激发了职工战胜困难的勇气，增强了支持改革、发展经济的信心。（张玉斗）

【“祖国在我心中”文艺汇演】 9月27日，举办全市绿化林业系统职工庆祝建国55周年“祖国在我心中”文艺汇演，市局直属单位和区县绿办、林业局中有29个单位的50个节目报名参加了预演。经过选拔，有23个单位的27个节目，共500余名干部职工参加了正式汇报演出。“祖国在我心中”文艺汇演成为历年文艺汇演参加人数和节目数量最多，节目质量最好的一次演出。（卜志勇）

【北京市绿化林业系统第六届职工羽毛球比赛】 11月1～2日在北京市公安学院羽毛球馆举行。有25个单位，146名运动员参加了比赛。经过两天的激烈角逐，机关二队获得了团体赛第一名；市西山试验林场马二威获得老年男子第一名；市琅山苗圃任丽荣获得老年女子单打第一名；市林政稽查大队吴隽获得女子单打第一名；市项目办的王征获得男子单打第一名；西山林场等8个单位获得了组织奖。（齐金棠）

【首绿办、市林业局系统第一届钓鱼比赛】 6月4日在北京市昌平区常兴庄垂钓中心举办。有17个单位51名运动员参赛。局后勤服务中心李传福、市温泉苗圃王金钢获得并列第一名，市林业局后勤服务中心获得团体第一名。（齐金棠）

计划生育工作

【概　况】 为加强计划生育工作，成立北京市林业局计划生育领导小组，由党政一把手任组长；主管政工和直属单位的两名副局长任副组长，由党、政、工、人事、财务、后勤等部门的负责人任小组成员。领导小组办公室（以下简称局计生办）设在市林业局办公室，由办公室一名调研员任局计生办主任，局后勤服务中心设专职计划生育干部负责做具体工作。市林业局所辖33个林场、苗圃、公司、站（院）都建有计划生育领导小组，设专兼职计生干部负责管理日常工作。

全系统在职职工2300余人，已婚育龄职工1800余人，常驻外埠务工人员近1500人。

【主要工作】 ①召开大会部署工作。5月19日召开全系统直属单位计划生育工作会议，总结2003年度工作，部署2004年任务，并表彰获得全系统2003年度计划生育工作红旗单位6个、先进集体24个。与场圃、公司、站（院），以及所有分立为独立法人的单位党政一把手签订了计划生育工作目标管理责任书。②落实奖励政策。根据《北京市人口与计划生育条例》精神，为69名职工发放独生子女父母一次性奖励费69 000元，为一名职工落实独生子女意外死亡经济补助5000元。5月份组织由党政一把手、主管计划生育工作的领导、计划生育干部等100余人参加的“北京市人口与计划生育条例知识答卷”活动。③系列讲座报告。6月18日、9月8日、10月9日请专家举办了3场“加快林业发展，建设幸福家庭”系列讲座报告会，参加干部群众180余人次。④组织外出考察。6月23～29日组织全系统直属单位计划生育干部17人赴重庆市林业局及周边考察，与重庆市林业局计划生育干部进行了座谈交流，参观学习了他们的各种计生管理制度、政策规定及管理经验。⑤对流动人口的计划生育管理。年内，除正常的基础工作外，一是针对散户特点，实行“以内管外”，即以出租房屋单位为基础，谁出租谁负责计划生育管理服务工作。二是针对聚居的特点，实行“以外管外”。即在外来务工人员中选出计生宣传员，负责管理计生工作。

【获奖情况】 首绿办、市林业局2004年度被西城区计生协会和市计划生育委员会评为计划生育工作先进集体。

双青集团、琅山苗圃、林业建筑工程公司、西山试验林场、大东流苗圃、天竺苗圃被评为全系统计划生育工作红旗单位。

南大荒苗圃、十三陵林场、八达岭林场、蚕种场、温泉苗圃、黄垡苗圃、园林绿化设计工程公司、森林旅游开发公司、蚕蜂站、林业物资供应站、林业局后勤服务中心、林业信息咨询服务中心（林干校）、林业宣传中心（《绿化与生活》编辑部）、林业勘察设计院、林政稽查大队、林业种子苗木管理总站、林业工作总站、林业保护站、水源保护林试验工作站、林业基金管理站、野生动物保护站、野生动物救护中心、林业国际合作项目管理办公室、绿化事务服务中心被评为全系统计划生育工作先进单位。

（计划生育工作由张怡供稿）

2004年北京林业大事记

一月

4日 国家林业局在北京召开京津风沙源治理工程林业建设工作会议，对成绩特别突出的北京市、怀柔区等8个单位予以表彰奖励。会上通报了2002年度工程国家核查验收结果，北京市京津风沙源治理工程综合评分再次荣获华北5省（市）之首。

14日 市森林防火指挥部指挥、副市长牛有成到昌平区检查森林防火工作，并慰问了战斗在森林防火一线的护林员和专业森林消防队员。市林业局领导宋希友、李树旺陪同检查慰问。

17日 国家林业局森林公安局局长杜永胜到丰台区检查森林防火工作并慰问森林公安民警，市林业局副局长康德铭陪同。

二月

5日 为预防禽流感，市林业局发出通告［京林发（保）［2004］9号］，从即日起暂停受理野生鸟类及产品的进出口、引进和运输等业务。

12日 首绿委第23次全体会议召开。首绿委主任、市长王岐山主持会议并作重要讲话，国务院、国家各部委及中国人民解放军等单位的领导，市领导牛有成、刘晓晨出席会议。首绿办主任宋希友在会上作了2003年首都绿化美化建设情况和2004年工作安排意见的汇报。首绿办副主任李树旺宣读了《关于2003年度首都绿化美化先进单位、积极分子评比结果》的说明和《北京市人民政府、首都绿化委员会关于表彰2003年度首都绿化美化先进单位、积极分子的决定》。

18日 历时近一年编制的《北京市果树产业发展规划（2003～2010年）》通过专家论证。《规划》结合全市实际，首次明确提出了“八带百群千园”的京郊果树产业总体布局框架。

三月

16日 温泉苗圃通过ISO19001-2000国际质量管理体系认证。

18日 国家林业局对外合作项目中心、北京市林业局、门头沟区政府的有关领导与日本亚洲协会国际交流委员会成员共同在门头沟黑尖水库北山，为小渊基金“门头沟水源涵养林示范项目”举行揭碑仪式并开展植树活动，这标志着市林业局执行的第二个小渊基金项目正式启动。市林业局副局长王苏梅参加植树活动。

23日 美国国家林务局亚洲事务项目官员考察了市林业局正在执行的中美合作八达岭森林健康试验示范项目。

25日 中央军委副主席郭伯雄、徐才厚，中央军委委员梁光烈、廖锡龙、李继耐等领导率领中央军委解放军四总部及驻京解放军、武警部队的80多名将军和300余名官兵在朝阳公园开展植树活动，共栽植常绿、落叶乔木580株。市委书记刘淇、市长王岐山、副市长牛有成陪同参加植树活动。

26日 中日青年北京延庆生态绿化示范林二期工程启动仪式在八达岭镇里炮村举行，来自北京科技大学、北京对外经贸大学、北京市国税局、八达岭镇等单位的青年志愿者共计500人参加活动。团中央书记处书记、中华全国青联常务副主席胡伟，全国青联常委、副秘书长汤本渊，市青联国际联络部部长徐俊生，延庆县县长李长栓，日本代表团团长金井哲夫、顾问阪上善秀等人参加活动并为纪念碑揭幕。

27 日 建绿色家园——共和国部长义务植树活动在京举行。全国绿化委员会委员、中央各部门、国务院各部委、首都绿化委员会的 145 名部级领导和几百名机关干部，在丰台老庄子乡的荒沙滩上栽下 4000 多棵油松、樟子松、刺槐、黄栌等树木。

同日 全国总工会书记处书记张鸣起，市委副书记、市总工会主席阳安江及在京劳动模范代表，市总工会机关干部、直属事业单位职工等 200 人到大兴区市劳动模范纪念林参加植树活动。市林业局副局长王苏梅陪同参加植树活动。

同日 德国驻华使馆及德国经济技术合作公司（GTZ）工作人员 70 余人，在中德项目小流域综合示范点——密云水库义务栽植了侧柏、黄栌、油松、刺槐、五角枫等共计 300 余株，这已是他们连续 6 年赴项目区进行植树活动。

29 日 中共北京市委、北京市人民政府《关于加快北京市林业发展的决定》公开发表。

30 日 副市长牛有成代表市政府与国家林业局签订《2004 年度退耕还林工程责任书》。

31 日 北京市人民政府、首都绿化委员会向 74 名部级军职以上领导致信对在 2003 年首都绿化美化建设中作出的贡献表示感谢。

北京市人民政府、首都绿化委员会决定：授予通州卫星城首都绿化美化园林城镇称号；授予丰台区王佐镇等 10 个镇首都绿化美化园林小城镇称号；授予西城区西长安街街道办事处等 12 个街道办事处首都绿化美化花园式街道办事处称号；授予国务院机关事物管理局西山服务局等 483 个单位首都绿化美化花园式单位称号；授予中共中央直属机关事物管理局、铁道部机关绿化办、解放军 61195 部队直属队、武警北京市总队第三支队等 106 个单位首都全民义务植树先进单位称号；授予东城区绿化队等 52 个单位首都绿化美化先进单位称号；授予王玉霖等 950 名同志首都绿化美化积极分子称号；授予朝阳区绿化局等 6 个单位首都林木绿地养护管理奖；授予崇文区园林局等 6 个单位首都绿化执法奖；授予门头沟区绿化委员会办公室等 6 个单位首都全民义务植树服务奖；授予昌平区六环路绿色通道建设工程等 77 项绿化工程首都绿化美化优质工程奖；授予北京植物园水系工程设计等 19 项绿化设计首都绿化美化优秀设计奖。

四月

1 日 北京市首次采用直升机对森林火警火情进行航空监测。历时 3.5 小时，飞行 600 千米，观测覆盖面积 1200 平方千米。

2 日 全国绿化委员会授予朝阳区全国绿化模范城市称号。

3 日 首都第 20 个全民义务植树日，胡锦涛、江泽民、吴邦国、温家宝、贾庆林、曾庆红、黄菊、吴官正、李长春、罗干等党和国家领导人来到北京朝阳公园，参加首都全民义务植树活动。参加活动的领导还有王兆国、回良玉、刘云山、周永康、贺国强、郭伯雄、曾培炎、王刚、徐才厚、何勇、唐家璇、陈至立等中央和国家机关有关部门的负责人，北京市领导刘淇、王岐山、于均波、程世娥、龙新民、强卫、杜德印、刘逢君、吉林、孙政才、翟鸿祥、刘志华、牛有成、刘晓晨以及首绿办、市林业局领导宋希友、李树旺、王苏梅、谭天鹰参加了植树活动。

同日 200 多万军民在城乡各地植树共计 300 多万株，养护树木 407 万株，清扫绿地 552 万平方米。

市森林防火指挥部总指挥、副市长牛有成带队到怀柔区检查森林防火工作，在听取了市林业局和怀柔区汇报后，对全市森林防火工作提出了两点要求：一是要提高认识。二是要加强落实。市林业局领导宋希友、李树旺陪同检查。

7日 司马义·艾买提、何鲁丽、成思危、许嘉璐、蒋正华、顾秀莲、盛华仁、路甬祥、乌云其木格、韩启德等领导、全国人大常委会委员及机关干部400多人，在丰台区老庄子乡参加建绿色家园——全国人大常委会机关义务植树活动。参加义务植树活动的北京市领导有：市人大常委会主任于均波、市人大常委会副主任索连生、赵凤山，副市长张茅；市林业局领导宋希友、王苏梅、谭天鹰陪同参加植树活动。

同日 市政府与中国林业科学研究院举行了《北京林业发展战略研究与规划》合作项目签字仪式。副市长牛有成、中国林业科学研究院院长江泽慧分别代表双方签字。

9日 全国妇联领导和29个国家的驻华大使夫人、女外交官等120余人来到怀柔世界妇女友谊林参加了主题为“五洲姐妹情系新北京，四海嘉宾同绘新奥运”的植树活动，一同植下了油松、紫叶李、碧桃、榆叶梅、樱花、红瑞木等共300余株树木。

10日 中国人民对外友好协会及美国花旗银行39名职员在昌平区十三陵地区中美友谊林参加义务植树活动。

10～12日 国家林业局森林资源管理司在北京市房山区组织召开了7省（市）农田防护林网采伐更新管理试点工作会议。

18日 受国家林业局委托，市林业局组织开展首次京津冀3省（市）联合飞机防控林业有害生物工作。共计飞行982次，控制面积6.93万公顷，其中北京市飞行366架次。

五月

8日 国家林业局森防总站赵良平站长等到北京市检查指导危险性林木病虫监测防治工作。检查了通州、平谷两区危险性林木病虫监测和京津冀3省（市）联合飞防工作后，听取了通州、平谷两区及北京市严防危险性林木病虫工作的汇报。市林业局副局长甘敬等陪同检查。

9日 北京环保志愿者生态林一期竣工暨二期启动仪式在蟒山国家森林公园举行。原全国人大环资委主任曲格平、北京绿化基金会会长单昭祥、北京环保基金会会长江小珂、日本国际善邻协会理事八岛继男先生、市林业局副局长王苏梅及北京西山除尘器厂等单位的上百名志愿者参加仪式，同时进行了生态林捐献荣誉证书颁发及植树活动。

18日 国家审计署义务植树基地纪念碑揭幕仪式在门头沟区举行。至此，国家审计署开展的绿化首都、义务捐款植万棵树活动正式拉开了序幕。

26～30日 在陕西省宝鸡市举办的中国森林旅游博览会上，北京市林业局组织的12个森林公园和森林旅游区获得大会组织奖和优秀奖。

30日 首届中国林业产业发展战略论坛在京林大厦召开。国务院西部开发办副主任王志宝、国家林业局副局长雷加富、市林业局副局长李树旺及大专院校、科研部门的专家学者与来自全国各地的林业主管部门领导等300余人出席此次论坛。

六月

11日 市委、市政府召开全市林业工作会议。市长王岐山出席会议并讲话。副市长牛有成作了《牢固树立和认真贯彻科学发展观努力开创首都林业工作新局面》的工作报告。国家林业局有关领导及市委、市政府、市人大、市政协有关部门主要负责人，各区县长、主管区县长、绿化办主任、林业局长等170人参加会议。

15日 市林业局召开“防沙止漠，绿满京华”防沙治沙战略研讨会。国家林业局、中国林业科学研究院、北京林业大学的有关领导、专家应邀参加会议，市林业局副局长康德铭出席了研讨会。

22 日 《北京市有机果品生产技术准则》出台。

29 日 市人大常委会副主任赵凤山、市人大常委会委员刘宝善、陈兴波、邢仲山率领市人大代表一行 14 人到朝阳区、顺义区、昌平区、延庆县检查贯彻实施《森林法》和《北京市森林资源保护管理条例》情况。

七月

3 日 2004 年中日友好万里长城植树活动在八达岭举行。

6 日 韩国山林科学院院长徐承镇博士及国际合作处官员访问北京市林业局，局领导宋希友、甘敬、高士武参加会见。

8 日 关注森林——著名文学艺术家绿化林业重点工程采风活动启动。

20 日 副市长牛有成率领市发改委、市林业局、农业局、水利局的有关领导赴山西大同参加京津风沙源治理工程第六次省部联席会暨现场会。

29 日 市十二届人大常委会第 13 次会议，听取并审议了首绿办主任宋希友代表市人民政府作的关于贯彻执行《森林法》、《北京市森林资源保护管理条例》情况的报告。

30 日 莱索托王国林业与土地开发部大臣林肯·莫科塞先生率代表团考察延庆生态建设。市林业局副局长甘敬陪同考察。

八月

11 日 国家林业局授予平谷区和门头沟区全国封山育林先进单位光荣称号。

17 日 市政府下发《关于建立山区生态补偿机制的通知》（京政发［2004］25 号）。

27 日 蜂业公司通过 IS09001 质量管理系统认证。

31 日 西山林场被市委、市直机关工委、市直机关创建文明单位活动指导委员会评为首都文明单位标兵，首绿办、市林业局机关、天竺苗圃和森林旅游开发公司被评为首都文明单位。

九月

1 日 丰台区林业局、房山区林业局、市林业局造林处被国家林业局授予太行山绿化工程先进单位称号。房山区林业局马玉林、吴政颂，丰台区林业局郭红、张新，海淀区农林委王晓宇等 5 位同志获得太行山绿化工程先进个人称号。

6 日 市林业局法规处、丰台区林业局法制科被授予全国林业法制工作先进集体称号，市林业局机关林权中、姜国华以及昌平区赵成华、朝阳区绿化局张东利、怀柔区林业局鲁如宽等 5 人被授予全国林业法制工作先进个人称号。

同日 市林业局修订并下发《北京市飞播造林技术规定》和《北京市爆破造林技术规定》。

8 日 北京市林业工作总站被国家林业局、中国农林水利工会全国委员会评为 2002～2003 年度全国林业系统合理化建议和技术革新先进集体。

16 日 意大利环境与国土部环境专家赴永定河流域，考察北京市风沙治理项目。

18 日 北京市首家进口花卉指定检验隔离驯养基地在丰台区丰原花卉基地正式投入使用。

20 日 北京市林业工作总站被国家林业局评为学习宣传贯彻《中共中央国务院关于加快林业发展的决定》活动省级先进单位。

24 日 北京市召开实施山区生态林补偿机制工作会议。副市长牛有成就全面贯彻落实市委、市政府关于建立山区生态林补偿机制的决定和《北京市人民政府关于建立山区生态林补偿机制的通知》精神，提出具体要求。

十月

13日 副市长牛有成出席在昌平区兴寿镇桃林果园举办的第一届苹果节开幕式。市林业局领导宋希友、康德铭参加开幕式。

25日 以伊朗林业、畜牧及蓄水局局长阿米尔·A. M. 萨马依为团长的伊朗人工林建设考察团，对密云水库周边人工造林及水土保持工程建设情况进行参观考察。

26～27日 美国国家林务局华盛顿州防火办主任刘易斯、美国国家林务局火灾决策及分析专家史蒂姆与澳大利亚森林防火专家杰弗里在八达岭林场和西山林场进行实地考察，与有关技术人员进行了专业交流和业务探讨，对北京市森林防火工作提出了意见和建议。

28日 市政府召开森林防火工作电视电话会议，会议总结和部署了森林防火工作。市森林防火指挥部总指挥、副市长牛有成要求，采取有力措施、认真做好森林防火工作，确保不发生重大森林火灾，确保不发生人员伤亡。

十一月

15日 国家林业局通报表彰了185个国家森林病虫害防治工作先进单位和209名先进个人。北京市林业保护站、房山区林木病虫害防治检疫站、昌平区林业植保站、密云县林木病虫害防治检疫站等4个单位被授予全国森林病虫害防治工作先进单位称号；北京市林业保护站陶万强、怀柔区林木病虫害防治检疫站朱晓清、延庆县林业保护站鲁丽霞、通州区林业保护站赵永连、丰台区林业保护站朱京驹等5位同志被授予全国森林病虫害防治工作先进个人称号。

18日 北京荷兰植物展示园项目合作意向书在市政府签订。宋希友局长代表首都绿化委员会办公室、北京市林业局，乍浦·斯伯斯先生代表荷兰植物促进会，共同签订了项目合作意向书。副市长吉林与荷兰大使馆临时代办卡罗·奥斯塔姆出席了签字仪式。

26日 北京市林业局行政许可专用章(01-09号)启用。

27日 市长王岐山、副市长牛有成到门头沟区检查森林防火工作，观看了该区森林消防大队的消防演练。市林业局局长宋希友陪同检查。

十二月

2～3日 由市政府主办，市林业局承办的亚欧城市林业国际研讨会在北京召开。来自亚欧会议成员的22个国家近200名专家和代表参加研讨会。副市长牛有成、市林业局副局长甘敬出席了会议。

3日 经国家林业局审核，北京大兴古桑森林公园和昌平大杨山森林公园被批准为国家级森林公园。至此北京市国家级森林公园达到8个。

9日 中韩合作密云水库水源保护林示范项目韩方专家辛教升先生荣获市政府2004年度“长城友谊奖”。

13日 50余名市人大代表视察昌平区林业绿化工作。市林业局领导宋希友、甘敬陪同。

（赵健英）

直属单位

北京市林政稽查大队

【概　况】　北京市林政稽查大队于2001年1月18日挂牌成立，系市林业局直属全额拨款事业单位，编制20人。机构设置为三科一室，即林政稽查科、野保稽查科、综合稽查科和办公室。

【主要职责】　组织实施林地、林木、陆生野生动植物保护及林木种苗方面的稽查、检查；监督全市森林资源消耗、凭证采伐、运输等活动；监督检查依法征用、占用林地的情况；监督检查郊区古树名木的保护情况；监督检查陆生野生动物驯养繁殖、经营利用、狩猎、运输等活动；监督检查野生植物经营利用活动；监督检查林木种苗经营利用活动；受理林地管理、木材运输、野生动植物保护、林木种苗经营等方面违法行为的举报工作。

【2004年主要工作】

依法履行职责 开展林政稽查　截至11月5日，稽查大队共受理野保案件129件，收缴查没野生动物1017只，其中猕猴等国家重点保护野生动物8只，沼泽山雀、黑斑蛙等北京市重点保护野生动物193只，八哥、画眉等国家“三有”名录保护动物816只。受理林政案件32件，结案31件，占接案总数的97%，与2003年同期相比，受理林政案件减少26件，数量下降45%，发案率明显降低。

多项专项执法检查

禽流感疫情防控工作　根据市林业局、市工商局《关于进一步加强全市鸟类管理的通知》要求，从2月5日开始，稽查大队分别对丰台区南顶集贸市场、广安门站南“爱鸽乐园”、石景山区玉泉花鸟鱼虫市场、西城区官园市场、朝阳区国都宠物市场及大兴区正兴综合市场等13个涉及鸟类经营的市场以及丽都花鸟园、蟹岛生态科普中心、金盏郁金香花园、北京猛禽救护中心等4个养殖单位进行了执法检查和复查，全部暂停了鸟类交易活动。

开展征占用林地清理整顿大检查　5月，根据国家林业局《关于开展征占用林地清理整顿大检查的通知》精神，配合市林业局林政处对郊区县和部分直属林场苗圃2000年以来征占用林地情况进行检查。实地勘察了35处征占用林地地块，其中25处为违法侵占林地案件，共清理违法侵占林地26.96公顷。督办大兴区、密云县落实查处违法侵占林地案件7起。

城四区野生动物经营情况执法检查　9月底，稽查大队开展为期一周的野保执法检查活动，共出动80多人次，抽查了城四区170余家餐饮企业。对部分餐饮企业存在的冒充野生动物制品的经营行为进行批评教育，现场解答有关企业经营利用野生动物及其产品的法律法规。

严厉打击在禁猎期、禁猎区用禁猎工具猎捕野生动物行为　3～5月、9～11月是全市禁猎期，正值候鸟南飞季节，随着野鸟数量增多，稽查大队集中力量重点查处了昌平区沙河镇白各庄村葡萄园内的非法猎捕野生

动物行为，突击检查了丰台区南顶村非法鸟市，解救了画眉、相思鸟、黄雀等20多种687只国家及市级保护野生鸟。

加强党建工作，做人民满意的公仆

加强政治理论学习，提高政治素质　结合自身工作实际，全年安排30余次集中学习，重点学习《中共中央国务院关于加快林业发展的决定》、胡锦涛同志在党的十六届三中全会上的讲话、牛有成副市长在全市林业工作会议上的工作报告及党的各类文件及规章制度。结合行政执法工作，举办了两期《行政诉讼法》、《行政复议法》及《行政许可法》等法律的专题培训班，在强化法律法规培训的同时，将政治思想教育、业务理论知识学习及在职继续教育列入了全队工作的重要日程。

组织思想道德教育培训和参观学习，增强执政为民意识　以《中国公民道德教育实施纲要》为主要学习内容，在思想道德教育方面下大功夫，切实做到“以德治队，以法强队”。同时通过多种形式进行爱国主义教育和革命历史传统教育，“五一”参观西柏坡革命圣地、“七一”参加天安门广场升国旗仪式，通过参观学习，拓宽支部工作，丰富学习形式，增强执政为民意识。

严格执法，树文明执法形象　在加强林政、野生动物稽查业务工作的同时，强化组织监督和作风建设，实现观念创新，确保严格遵守工作纪律，秉公执法，依法护林，增强拒腐防变和抵御风险能力。严格办公秩序、工作纪律和执法程序，全面实行着装上岗，树立全新的执法机构窗口形象。

（本单位由任燕军供稿）

北京市林业保护站

【概　况】　1980年11月12日，经市委农村工作部批准，北京市林业局成立森林保护处。为进一步加强郊区林果病虫害预测预报、森林植物检疫、病虫害防治等工作，经市编委批准，1982年1月11日，成立北京市林业保护站（以下简称市林保站），系市林业局直属事业单位，既是行业管理和技术推广部门，又是行政执法部门。1983年6月8日，市林业局机构改革，撤销森林保护处，林木病虫害防治检疫工作并入林业保护站。

市林保站设有办公室、检疫科、测报科、防治科、市严防办（北京市严防危险性林木病虫指挥部办公室）等5个职能科室。现有在职职工22人，其中专业技术人员18人，有高级工程师7人，工程师5人，研究生6人。

近年来，市林保站的基础设施建设不断完善。2004年，经国家林业局确认，达到“全国森林病虫害防治检疫标准站”建设标准。现有检疫实验室1间、测报实验室1间、综合实验室2间、病害标本室1间、虫害标本室1间，有显微镜、解剖镜、电热恒温培养箱、生物恒温培养箱、压力蒸汽灭菌锅、离心沉淀器、酶联免疫检测仪、切片机、喷雾机、奥林帕斯显微照相机等仪器和试验设备，有电脑、激光打印机、彩色打印机、传真机、扫描仪、数码相机、刻录机等办公设备。

【主要职责】　负责调查研究、掌握郊区林业有害生物的发生动态，进行主要林业有害生物预测测报；依法开展行政许可事项审批和全市森林植物产地检疫、调运检疫和检疫复检工作，签发《森林植物检疫要求书》、

《产地检疫合格证》、《植物检疫证书（出省)》、《木材运输证》等；负责办理从国外引进的林木种子、苗木和其他繁殖材料的检疫审批和引种后的追踪调查，以及隔离试种苗圃的检疫检查；指导种苗繁育单位建立无检疫对象的种苗繁育基地；组织、指导林业有害生物防治工作，试验、示范、推广林业有害生物防治新技术、新经验；组织开展林业有害生物监测、防治、检疫领域的科学研究和技术培训工作；严密防范检疫性和危险性林业有害生物入侵。（本单位由刘寰供稿）

北京市野生动物保护自然保护区管理站

【概　况】 北京市野生动物保护自然保护区管理站（以下简称市野保站)，1985 年经市编办批准成立。市野保站内设办公室和业务科，在职职工 7 人，其中站长 1 人，党支部书记 1 人，科长 2 人；有高级工程师 1 人，工程师 2 人，助理工程师 2 人；具有大专和大学本科学历的 6 人。

【主要职责】 负责全市野生动物资源保护管理；对申请野生动植物的猎捕、采集、驯养繁殖、人工培植、经营利用、进出口、运输等事项进行审核、核准，申报及审批并核发《特许猎捕证》、《狩猎证》、《驯养繁殖许可证》、《陆生野生动物经营利用许可证》、《允许进出口证明书》、《陆生野生动物或其产品出省运输证明》；依法收取陆生野生动物资源保护管理费及进出口管理费和《狩猎证》、《驯养繁殖许可证》工本费。

（本单位由付瑞海供稿）

北京市林业种子苗木管理总站

【概　况】 北京市林业种子苗木管理总站（以下简称市种苗站)，系北京市林业局全额拨款事业单位。市种苗站前身是 1989 年 11 月 15 日市编办批准成立的北京市林业苗木花卉管理站。1991 年 7 月市林工商公司所属种子库与市林业苗木花卉管理站合并，更名为北京市林业种子苗木管理总站。1996 年 1 月市林工商公司所属林海印刷厂并入市种苗站。2003 年 11 月事业单位改革，首绿办、市林业局党组决定，市种苗站所属种子库和下属单位印刷厂人财物整体划归北京市琅山苗圃。

市种苗站现设办公室、种苗行业管理科、综合科和质量检验科。现有人员 20 人，其中中高级技术人员 11 人。大学专科以上学历 18 人，其中研究生 2 人。（孙洪玲）

【主要职责】 负责全市林业种苗行业管理，林木种苗法规、标准的制定与监督实施；负责林木种苗规划、计划编制；指导种苗基地建设与管理，组织全市林木种苗行业评比工作；组织开展林木种苗智力引进、技术交流与合作；承担全市林木品种审定委员会办公室工作；负责林木良种选育与新技术推广；负责林木种质资源普查、收集、保存利用工作；负责林木种苗市场监管，种苗行政执法管理；负责林木种苗产品质量检验与质量监督；市级林木种苗质量监督检验站的规划和建设，指导区县林木种苗质量检验站的建设；市级种苗交易会监督管理，林木种苗广告的监督审查，林木种苗包装的监督管理；全市林木种苗工程建设规划编制与实施，制定种苗工程建设标准；林木种苗工程项目管理；林木种苗生产供应和林木种苗调剂，林业信息服务；林木种苗技术和管理人员培训。

（孙洪玲）

【2004 年主要工作】

行业管理 通过开展全市林木种苗质量抽查、第二届“北京市质量信得过和特色林木种苗生产基地”评选等一系列活动，以及制定、修订和推行北京市《主要造林树种苗木质量分级》地方标准，推进种苗质量建设，使全市苗木质量进一步提高，全市苗木合格率达到90%以上。2004 年项目申报实行专家评审制，全年共申报项目6个，其中5个项目得到批复，批复资金643万元，其中中央投资406万元，地方配套237万元。加强种苗工程管理和监督，完成八达岭黄栌采种基地等建设项目。

种苗执法 首次与工商部门进行联合执法检查，查处违反《种子法》的生产、经营活动。核发林木种子生产许可证927份、经营许可证945份，发证面积超过1.67万公顷，占全市育苗总面积的85%以上。严格开展年检工作，注销了21家不合格苗圃的“两证”。全市累计发放林木种子标签26万张。配合国家林业局加强苗木进出口管理工作，共办理进口草种800多吨、百合种球1200万粒、林木种子670多千克、种苗20多万株。落实《行政许可法》，在市林业局行政审批专栏上公布8个行政审（核）批项目，制定各种许可配套文书。

种苗服务 加强宣传工作，在《中国绿色时报》等报刊上发表宣传种苗方面的文章10余篇，刊发《北京林木种苗信息》26期，及时统计全市育苗出圃情况，发布种苗信息，进行种苗调剂。加强网络建设，发展会员300个，在种苗网发布各种信息2000多条。组织质量年知识竞赛，共发放试卷2000份，收回答卷1400多份。加强培训工作，组织育苗技术高级研修班1期、种苗质量检验员培训班2期、信息管理培训班3期、产业网培训1期。全市组织培训班共计60余期，共培训各类技术人员4000余名。

种苗科研 2004 年开展重点科研项目4个，引进皂荚、马褂木、美洲黑杨等抗逆树种品种及无性系20余个，10万株；繁育苗木40万株。引进营造白桦、毛白杨、美洲黑杨等各种试验示范林2公顷。（刘亚丽）

【获奖情况】 2004 年，获得国家林业局2003年全国种苗行政执法和质量监督先进单位称号。

《主要造林树种苗木质量分级》地方标准制定、修订获北京市林业局2003～2004年度科技进步二等奖。（孙洪玲）

北京市林业局防沙治沙办公室（北京市水源保护林试验工作站）

【概　况】 北京市水源保护林试验工作站1995年11月3日，经北京市编委批准成立，2002年6月加挂北京市林业局防沙治沙办公室牌子，为北京市林业局所属全额拨款事业单位，办（站）设有4个科室，分别为工程科、综合科、监测科、科技科。现有工作人员21人，有正主任1人、副主任2人，技术人员15人，具有高级职称1人、中级职称13人，其中博士2人、硕士及在读硕士6人。

【主要职责】 负责北京市京津风沙源治理工程和退耕还林工程建设的组织实施和管理、验收工作；负责组织、协调京津风沙源监测工作；协助有关部门开展工程区的飞播造林、封山育林、农田林网、水源工程和小流域综合治理等工作；负责水源涵养林工程检查验收、工程试点示范、工程技术推广等；参与拟定北京地区防沙治沙工程建设的方针、政策、法规等，并负责监督执行；参与编制北京市防沙治沙工程的中长期规划，指导各区县的工程规划及其实施方案的编制工作；负责工程技术指导、信息收集和汇总、人员培训、国际技术交流合作。

【2004年主要工作】 北京市京津风沙源治理工程包括林业、水利、农业、生态移民等措施。其中林业措施总任务为4.9万公顷，包含退耕还林7333.3公顷、配套造林7333.3公顷、封山育林2.6万公顷、飞播造林6666.7公顷、爆破造林1333.3公顷；水利措施为小流域综合治理145平方千米、水源和节水灌溉工程832处；农业措施为人工种草4666.7公顷；生态移民2000人。参加京津风沙源治理工程九部委联席会，组织两次市级工程工作会，并定期召开各区县工程汇报会，密切关注工程进展和动态。

严格规范工程管理 制定了《北京市京津风沙源治理工程和退耕还林工程管理办法》、《北京市京津风沙源治理工程监测办法》；实行工程项目第一责任人制、法人负责制、监理制、合同管理制、资金使用报账制、竣工验收制、招投标制、公示制等制度。

密切配合、综合治理 各项工程之间相互衔接，植树造林、水土保持、人工种草集中安排；各种措施相互结合，生物、工程、农艺措施综合运用，治理区域相互连接，实施地块集中连片，确保一次治理、全面见效。

加大工程科技支撑力度 加强对苗木、工程材料、栽植、水利施工等进行全过程技术指导和监督，采用、推广旱作节水、生根粉等10多项实用技术。在不同地区推广各具特色的26种工程模式，如荒滩和沙坑治理、特色经济林带、林药和林草间作等，发挥了辐射、引导和带动作用。

坚持生态富民 把实施京津风沙源治理工程作为促进区域经济发展、带动农民增收致富的增长点，新发展板栗、核桃、苹果等果树和速生丰产林1.3万多公顷。依托工程建设创造的良好生态环境，推动各工程区县的山区旅游、观光采摘、特色民俗游等产业蓬勃发展。

截至2004年，京津风沙源治理工程共完成造林营林22.6万公顷、人工种草1.3万公顷、水源和节水工程3832处、小流域综合治理482.5平方千米、生态移民2480人，工程建设总体质量良好。

【获奖情况】 已连续4年获得全国京津风沙源治理工程建设评比总分第一名。

（本单位由续源供稿）

北京市林业勘察设计院

【概　况】 北京市林业勘察设计院（以下简称市林勘院）为北京市林业局直属全额拨

款事业单位。该院前身为始建于1952年9月的北京市农林局林业勘测队，建队时仅5人。1953年更名为北京市农林局林业调查队，随着业务发展，队伍增加到30人。1958年，人员全部下放，机构名存实亡。1959年恢复林业调查队，到1966年全队职工40人，担负着郊区林业调查、规划、设计等多项业务工作。1967年工作停顿，1968年随着市农林局机关人员全部下放和遣散，机构被取消。1979年9月24日，市编委批准恢复北京市林业调查队，为全额拨款事业单位，人员编制15人。1988年4月，经市委农村工作部批复同意，北京市林业调查队更名为北京市林业勘察设计院。1990年经林业部批准，北京市林业勘察设计院为甲B级林业调查规划设计单位，2001年，国家林业局重新核发了甲B级林业调查规划设计证书。1990年11月，市编办核定北京市林业勘察设计院编制为50人。1992年，经市编办批复加挂北京市林业资源监测中心牌子。

市林勘院下设办公室、调查室、规划设计室、资源监测室和评估鉴定室。全院在职职工36人，其中高级工程师6人，工程师11人。

全院拥有数据库服务器、全站仪、彩色工程扫描仪、工程绘图仪、工作站等多种大型测绘仪器及数据处理设备，固定资产近500万元。

【主要职责】 负责全市森林资源调查监测，全市森林资源动态监测体系建设，全市土地沙化和荒漠化调查监测；负责全市造林绿化、采伐等工程核查；负责编制林业发展总体规划和各类专业规划；负责各种林业工程及征占用林地可行性研究报告编制；开展造林绿化工程、森林公园、自然保护区等规划设计；开展林木资源损失鉴定、林业资产评估及林业专业技术培训等。

【2004年主要工作】 完成全市“十五”森林资源二类调查、第三次土地荒漠化和沙化监测工作、重点地区年度中幼林抚育任务及京津风沙源治理工程监测工作；配合相关单位开展《北京城市总体规划》林业内容修编和《北京林业发展战略研究与规划》编制工作；开展了2004年当年人工造林、更新实绩核查及2003年造林绿化工程综合核查工作；完成全市生态公益林界定上报工作；完成北京市松山国家级自然保护区基础建设工程项目、中美合作八达岭森林健康项目等10多项规划设计工作；完成六环路昌平段征占林地、京承路征占林地等10多项征占林地可行性研究报告编制工作。

【北京市第三次土地荒漠化和沙化监测工作】 本次监测采用地面调查与航空遥感相结合，应用经过几何精校正和增强处理后的航空影像数据，在建立解译标志的基础上，分别按沙化和荒漠化类型目视解译划分图班，然后实地核实图班界线，调查各项调查因子，获取荒漠化、沙化土地和其他土地类型的面积、分布及其他方面的信息。全市共组织50多个工组，100多名技术人员参加了本次监测工作。

调查结果表明，全市沙化土地分布在11个区县102个乡镇，调查范围总面积为66.87万公顷，其中沙化土地面积为54 621公顷，全部为固定沙地，其中人工固定沙地49 856公顷，占沙化土地面积的91.39%。沙化土地按土地利用类型划分有林地、草地和未利用地3种，其中林地占沙化土地总面积的91.53%；草地占沙化土地总面积的2.07%。大部分为轻度沙化土地，面积为52 179公顷，占沙化土地面积的95.53%，其余为中度沙化土地。

全市沙化土地主要分布在平原，集中分布在永定河、潮白河及温榆河流域，尤以永定河流域面积最大，约占66%，潮白河北段除西田各庄附近白河与雁栖河之间有大面积沙土外，以下基本局限于河床附近，约占25%，温榆河的沙土则主要分布在河床两侧，两河的沙土只是在通州以下才散布于全平原，成窝斑状分布，约占6%，其他零星分布的沙土约占3%。各区县沙化土地面积中，大兴县有16 375公顷，占全市沙化土地总面积的29.98%；延庆县有10 433公顷，占沙化土地总面积的19.10%；昌平区8210公顷，占沙化土地总面积的15.03%。

各区县沙化土地面积统计表　　单位：公顷

单　位	调查乡数	图班总数	调查总面积	沙化土地面积				其他土地类型面积
				计	固定沙地			
					计	人工固定沙地	天然固定沙地	
北京市	102	18 629	668 688	54 621	54 621	49 856	4765	614 066
朝阳区	6	374	12 701	533	533	533	—	12 168
丰台区	6	1435	30 578	1230	1230	844	386	29 348
房山区	12	1811	93 236	4310	4310	4301	9	88 926
通州区	9	2226	80 631	2611	2611	2611	—	78 020
顺义区	13	784	73 374	3379	3379	3379	—	69 994
昌平区	4	1578	88 309	8210	8210	6584	1626	80 099
大兴区	16	3057	103 690	16375	16 375	16 375		87 315
怀柔区	6	2881	42 070	3040	3040	2859	181	39 030
平谷区	6	792	27 944	2852	2852	2806	46	25 092
密云县	6	1840	31 523	1648	1648	1188	460	29 875
延庆县	8	1851	84 633	10 433	10 433	8376	2057	74 199

根据国家林业局确定的荒漠化土地划分标准，全市荒漠化土地只分布在大兴区的榆垡镇，调查的总面积是13 448公顷，其中荒漠化土地面积为7247公顷，属于中度荒漠化，占调查总面积的53.89%。在7247公顷的荒漠化土地中，只有耕地和林地两种类型，耕地面积是5686公顷，占荒漠化土地总面积的78.46%；林地面积是1561公顷，占荒漠化土地总面积的21.54%。

【京津风沙源治理工程监测工作】　在全市京津风沙源治理工程区县自查的基础上，5月开始，对北京市2003年度京津风沙源治理工程的林业工程、水利配套工程和农业工程实施情况进行核查。

林业措施总任务为5.94万公顷，其中：退耕还林1万公顷，配套造林1万公顷，封山育林3万公顷，飞播造林6666.67公顷，爆破造林1333.33公顷，林网1333.33公顷，种苗基地100公顷。核查结果：工程核实合格率为100%，苗木合格率、良种使用率、作业率、建档率、管护率均达到100%。封山育林区均设立了醒目的标示牌，没有明显的人、畜破坏情况，开展修枝、定株、割灌。飞播造林区设置护林牌。

水利措施任务小流域综合治理工程共1.2万公顷，其中：人工造林793公顷，基本农田240公顷，其他1.09万公顷；小型蓄排工程：谷坊1322座、防护坝2.06万米、防护墙2300米、拦沙坝29座、排洪渠4850米、其他93处；水源配套700处。经检查任务完成率、合格率均为100%。

农业措施任务为人工种草面积4000公顷。检查结果表明，牧草的成活率达80%以上，合格率为100%。

【配合开展《北京城市总体规划》修编】 收集整理有关资料，为《北京城市总体规划》修编提供林业绿化方面基础材料。提供市域绿化、山区绿化、平原绿化的基础数据；提供市域绿化存在问题及对策研究、市域绿化总体设想、森林公园子系统规划研究、绿色通道子系统规划研究、风沙治理区子系统规划研究、山区绿化规划研究等方面的专题研究材料；提供森林资源情况、森林景观情况、物种多样性评价等方面的资料；协同完成生态环境方面的北京现代城市林业发展研究课题以及北京城市防灾减灾研究课题下的北京市森林安全防灾减灾规划子课题。

【配合开展《北京林业发展战略研究与规划》编制】 2004年4月7日，市政府与中国林业科学研究院签署了《北京林业发展战略研究与规划》合作项目，2004年4月22日，市林业局和中国林业科学研究院签订协议书，委托中国林业科学研究院对《北京林业发展战略研究与规划》项目开展研究，重点是北京林业的定位与发展理念、发展指标、总体规划与布局、林业生态建设和产业发展的关键技术、数字林业、保障体系等方面，制定和确定北京市林业未来20~50年发展战略和总体规划。市林勘院负责各方协调联络，收集基础材料，组织专家到区县考察，并参加规划编制，从多方面做了大量的配合工作。

【人工造林更新实绩核查】 以市林勘院为主体，造林处、绿化处、治沙办、林业站等单位技术人员参加，对第二道绿化隔离地区工程、五河十路绿色通道工程、京津风沙源治理工程、水源保护林工程、彩叶林工程、重点风沙危害区治沙造林工程、过熟林更新改造工程、太行山绿化工程、三北防护林建设工程、飞播造林工程、市级以上主要公路河道绿化工程等11项工程进行核查，核查面积16.74万公顷，核实面积为16.74万公顷，核实率100%，其中42%的造林成活率在95%以上，认定全市2004年合格造林面积为43.23万公顷。

【全市生态公益林界定】 按照国家林业局要求及有关规定，根据生态区位的重要程度和发挥的社会生态效益，经过严格认真的区划界定，在北京市批准的93.05万公顷林业用地中，区划界定74.53万公顷为公益林(地)。其中，按照《国家林业局财政部重点公益林区划界定办法》的规定，区划界定为重点公益林的共46.12万公顷，其中有林地面积31.64万公顷。成果上报后，市林勘院配合国家林业局在密云和大兴两个区县进行了生态公益林检查验收。

【规划设计】 在充分调研基础上，对北京市重点国有林场和历史文化遗迹周边林区重点火险区防火基础设施建设项目、北京市松山国家级自然保护区基础建设工程项目、北京科技职业学院八达岭学院新校区园林景观规划设计项目、中美合作八达岭森林健康实施项目、房山卫星城绿地系统建设项目等进行规划设计，并通过专家评审论证。

【可研报告及林木损失鉴定报告】 完成六环路昌平段征占林地可行性研究报告和林木损失鉴定报告、京承路征占林地可行性报告、市温泉苗圃征占林地可行性研究报告和林木损失鉴定报告、首都机场扩建征占北京富田兴业农业科技发展有限公司基地的评估报告等10多项征占林地可行性研究报告和林木损失鉴定报告编制工作。

【做好“十一五”期间采伐限额编制前期准备工作】 11月举办了全市编限单位技术人

员培训班，有14个区县、市林业局直属4个国有林场和6个非林业系统单位的技术人员参加培训，研究确定模拟计算过程中所采用的技术参数。

【获奖情况】 2004年市林勘院被国家林业局评为全国野生动物、植物、湿地和大熊猫调查先进集体。

中日合作项目北京市密云水库集水区（密云县）水源保护林抚育管理调查及总体规划获2004年度林业优秀工程咨询成果二等奖。

（本单位由高淑学供稿）

北京市林业局后勤服务中心

【概　况】 北京市林业局林业后勤服务部（以下简称后勤服务部），1989年9月经市编办批准成立，为市林业局直属全额拨款事业单位，位于北京市西城区裕民中路八号。1996年3月经市编办批准，后勤服务部更名为北京市林业局后勤服务中心，设主任1人、副主任3人。现有在职职工70人，其中干部21人，专业技术人员12人，具有高级职称1人、中级职称4人、初级职称7人；大专以上学历17人，高中以上学历43人。设有办公室、人事科、财务科、物业科和车队等5个科室，下设电工、水暖工、话务员等16个业务岗位。

【主要职责】 为首绿办、市林业局机关及在机关大院内办公的站（院）、公司等单位和职工生活区域提供后勤服务。负责机关办公用房、出租用房、职工住房管理；机关公费医疗、公务用车管理；机关绿化美化、环境卫生、防火安全、内部保卫工作；机关和生活区通讯、基建、供水、供电、供热的管理与维修；承担全系统计划生育办公室的具体业务工作、办局义务献血办公室工作、办局职工住房改革办公室工作、十三陵地区义务植树责任区工作；负责组织完成地方政府部署的社会公益性工作。

（本单位由张怡供稿）

北京市林业工作总站

【概　况】 1973年5月经市政府批准成立北京市林业工作站，属全额拨款事业单位，主要负责林业、果树科学试验与技术推广、技术培训等工作。从1981年开始，负责全市飞机播种造林的规划、组织、实施工作。1988年后，负责全市乡镇林业工作站建设管理工作。1991年9月，经市编办批准，更名为北京市林业工作总站，并加挂北京市林业科技推广站牌子。2000年，北京市林业工作总站作为市林业局机构改革试点单位，进行了机构改革，全站设工程科、管理科、推广科、办公室三科一室。设站长1人，书记1人，副站长3人。现有在职职工27人，其中高级工程师3人，工程师11人。

【主要职责】 负责全市乡镇林业工作站建

设管理工作；负责全市林业、果树科技试验示范推广工作；负责全市以“五河十路”为主的绿色通道建设工程及后期养护管理工作、前山脸地区爆破整地造林工程、深远山区飞机播种造林工程、以“五大风沙危害区”为主的播草盖沙等重点生态环境建设工程。

【2004 年主要工作】 完成绿色通道建设工程 1100 公顷，栽植各类苗木 86.4 万株；完成爆破整地造林工程 1300 公顷，栽植各类苗木 181.15 万株；完成播草盖沙工程 3300 公顷；完成飞播造林作业面积 2.4 万公顷。引进抗旱沙生树种 74 种，通过了仁用杏良种丰产栽培技术推广项目验收，并完成 6 个延续推广项目工作和 11 个新项目申报工作。

【获奖情况】 2004 年，北京市林业工作总站工会被国家林业局和全国农林水利工会全国委员会评为 2002～2003 年度全国林业合理化建议和技术革新先进集体。

（本单位由李春雨供稿）

北京市蚕业蜂业管理站

【概　况】 北京市蚕业蜂业管理站（以下简称蚕蜂站），为市林业局直属全额拨款事业单位。其前身是北京市林工商公司于 1983 年成立的蜂业经理部。1984 年 12 月，经市林业局批准，蜂业经理部改建为北京市蜂业公司，为局直属单位。1987 年 6 月市林业局建立市蚕业服务站，挂靠在市蚕种场；1989 年 8 月市林业局建立市蜂业管理站，挂靠在市蜂业公司。1991 年 7 月，经市编办批准，两站合并，正式成立北京市蚕业蜂业管理站。2004 年 7 月，市林业局决定市蜂业公司划归市蚕蜂站管理。蚕蜂站现设办公室、生产管理科、技术服务部等 3 个职能科室，有北京市蜂业公司和北京金华林营养保健品有限责任公司 2 个下属单位。现有在职职工 32 人，其中高级工程师 1 人，高级政工师 1 人，工程师 5 人，高级工 6 人。

【主要职责】 负责全市蚕业蜂业的技术推广、生产与科研、发展规划、资源管理、执法监督、质量监督、标准化管理、许可管理以及蚕蜂品种审核管理，为全市蚕蜂业发展提供管理保障，负责全市区县蚕蜂工作站建设和蜂业科技试验示范推广工作。

【2004 年主要工作】

蜂业生产　全市蜜蜂饲养量达 15.5 万群，达到历史最高记录，蜂蜜产量超过 6000 吨，比 2003 年增产 9%，超过计划的 13%，蜂王浆产量 56 吨，比 2003 年增产 37.50%，利用蜜蜂为果树、蔬菜、西瓜等农作物授粉达 1 万公顷。全市成立了 4 个区县级蜂业协会和 28 个蜂业合作组织，建立了 4 个无公害蜂产品生产基地，推广无公害蜂产品生产技术规范和蜂业行业标准，加大蜂业生产和蜂产品开发的技术研究力度，开展了蜜蜂授粉和无公害蜂产品生产技术、蜜蜂种性改良与蜂产品综合技术、多元化蜂产品生产技术及中国农业科学院蜜蜂研究所培育的全美意抗螨优良蜂种的试验示范和推广工作。

行业管理　年内召开了全市蜂业工作会议，贯彻落实《关于加快北京市林业发展的决定》精神，表彰了为北京市蜂业发展作出贡献的延庆县林业局蚕蜂站等 3 个先进单位、昌平区林业局权克民等 8 名蜂业工作先进个人及门头沟区妙峰山镇炭厂村张全福等 10 名

"十佳"蜂农；举办了全国蜂产品安全与标准化生产技术培训班等一系列蜂业科技培训班，全年培训养蜂员共计2000人次。

经营销售 市蜂业公司全年销售收入达1132万元，创利税148万元。人均产值40多万元；职工年收入增长率在10%以上。全年累计加工消化蜂蜜600多吨，蜂胶13吨，蜂王浆10吨，花粉50多吨，解决了1000多户京郊蜂农卖蜂产品的后顾之忧。同时，公司不断完善各项规章制度，加大培训、服务、宣传力度，努力开拓市场，开发研制出北京蜂胶软胶囊、北京蜂胶片、北京花粉片、北京蜂王浆软胶囊、蜂胶无醇葡萄酒、蜂胶无糖葡萄酒等6种新产品，其中，北京蜂胶软胶囊经国家食品药品监督管理局批准，获得了国家保健食品的批文，品质和功效得到国家有关部门的认证。

【获奖情况】 科研课题"新型蜂产品开发技术的研究"获2003～2004年度北京市林业局科技进步二等奖。北京蜂王浆软胶囊、北京花粉片、北京蜂胶软胶囊等3种蜂产品获首届中国国际林业产业博览会暨科技经贸洽谈会"林博会最受欢迎奖"。

（本单位由梁崇波供稿）

北京市林业信息咨询服务中心

【概　况】 北京市林业信息咨询服务中心（以下简称市林业信息中心），其前身是1996年开始组建的市林业局计算机中心（非正式机构）。2000年6月经市编办批准正式成立市林业信息中心，是首绿办、市林业局所属正处级事业单位，编制8人，现有信息化专业技术人员8人。内设数据资源部和网络技术部。现有一套主干带宽达到1000兆/秒，桌面带宽达到100兆/秒的高速率智能局域网。作为市林业局的门户网站——首都绿化林业政务网功能齐全、信息丰富，可为公众提供各种林业相关信息检索、双向互动等服务，成为政府部门与社会公众信息沟通的桥梁。建有北京花卉网、北京果树产业网、北京林木种苗网、北京森林旅游网、北京野生动物救护网等；开发了网上办公、网上审批、信息报送、郊区古树名木信息管理、北京林业基础地理信息平台、"数字绿化带"及林业综合数据库等应用系统。

【主要职责】 研究提出全市绿化林业系统网络信息化建设规划、规程、标准并组织实施；负责研究、收集、处理、存储、分析、发布各类林业信息；组织协调指导全市绿化林业系统信息化和上网工作；负责计算机及信息网络应用知识推广培训；建设维护首都林业信息基础设施、林业综合信息平台、首都林业政务网站；组织开发应用和维护林业行业基础数据库；负责全市绿化林业系统信息网络安全保密工作。

【2004年主要工作】

网站升级改版 根据全市2003～2004年度政府网站评议要求，上半年市林业信息中心对首绿办、市林业局政务网站进行了升级改版。

网上审批系统建设 2003年9月启动北京市林业局网上审批项目，同年12月下旬完成与市级平台的联调工作。2004年3月完成全部系统开发工作进入全面试运行期，同年12月16日北京市林业局网上审批系统建设项目顺利通过验收，进入实施应用阶段。

林业综合信息平台建设 年内，完成了林业综合信息平台的建设，实现了“一个平台，一个入口，一次登陆”，“数据库独立，统一存储”等总体规划目标。

林业综合数据库开发与整合 按照“数据采集更规范、采集渠道更通畅、数据管理更科学、数据存储更安全”的建设要求，年内，完成了林业综合数据库的开发整合工作。建设完成了33个专题数据库，实现了界面风格、使用功能、数据库结构上的统一。

基础地理信息平台建设 2004年中心利用基础地理信息软件、基础数据库软件和硬件基础设备，建成数字首都林业基础地理信息平台，为空间信息在林业各业务中的应用奠定了基础。

信息报送系统建设与应用 配合局办公室规范行业信息报送渠道，促进无纸化办公，2004年中心在原网上办公系统的基础上完成信息报送系统的开发并投入使用。

腾讯通（RTX）的推广与应用 2004年，中心加大了腾讯通RTX的推广应用，年底已开通用户近600个，完善了功能，方便了用户。

局属林场、苗圃局域网建设 6月，中心对直属场圃的信息化需求开展调研，8月开始基层单位局域网改造和建设，年底局直属单位已经全部完成局域网建设和改造，各单位之间及各单位与机关处室之间实现了网络信息互通。

“221”信息平台会员培训 为服务郊区经济发展，9～12月，中心举办了4期林业产业信息平台会员用户培训班，对全市200多家林业产业方面的龙头企业、行业协会等管理机构的会员进行培训，有效地发挥了“221”产业信息平台的作用。

（本单位由赵丽君供稿）

北京市林业宣传中心（《绿化与生活》编辑部）

【概　况】

北京市林业宣传中心 1991年8月10日经市编办批准，北京市林业宣传中心正式成立，为北京市林业局直属事业单位。1993年6月15日，市编办批准北京市林业宣传中心为正处级全额拨款事业单位，领导职数一正一副，定编6人。

《绿化与生活》编辑部 1985年3月20日，经市科学技术委员会批准，《北京市林业通讯》更名为《绿化与生活》，同年6月15日创刊，成立《绿化与生活》编辑部，设在市林业局科教处，为市林业局主管、主办的公开发行的期刊。1988年1月4日经市编办批复，《绿化与生活》编辑部为副处级全额拨款事业单位。1990年11月28日经市编办批复，《绿化与生活》编辑部编制为11人，领导职数3人。

《绿化与生活》编辑部负责《绿化与生活》杂志的编辑、出版和发行工作；以宣传国内外绿化美化科普知识为宗旨，倡导绿色文化、生态文明；传播绿化林业政策法规、苗木花卉等方面的信息；推广绿化林业管理经验，宣传先进人物，为首都绿化林业服务；普及种花养草、绿色美食、森林旅游、健康养生等方面的科学知识；传递苗木、草坪、园林机械、花卉、房地产等方面的市场信息。

【主要职责】

北京市林业宣传中心 负责编制全市绿化林业宣传工作中长期规划和年度计划，并组织实施；组织开展绿化林业行业相关宣传活动及新闻报道；开展全市各绿化林业部门与各新闻机构的沟通与合作，在全市营造“爱绿、护绿、建绿”的社会氛围，号召市民积极支持参与首都绿化美化建设；承担绿化林业新闻宣传稿件和电视新闻的撰写、拍摄，电视专题片的拍摄制作和宣传图片的拍摄等工作；配合组织全市林业科技推广、生态教育、绿化林业法律法规知识的宣传普及。

【2004 年主要工作】

同媒体协作进行新闻宣传 林业宣传中心与30多家媒体密切联系，全年组织新闻宣传活动40余项；刊发绿化宣传新闻稿件1400余篇（条），在《人民日报》、新华社、中央电视台、中央人民广播电台等中央新闻媒体发稿达到200余篇（条）；全年刊发专版10块。

开展主题宣传活动 围绕春季绿化造林、义务植树宣传活动、“6·17”世界防治荒漠化和干旱日、防治禽流感工作等中心任务先后召开4次新闻发布会；组织了种苗质量管理年、百望山山花节、红叶节、文学艺术家绿化林业采风、关于森林对城市生态环境的影响、汉石桥湿地保护、飞机防火巡航、飞机撒药防治林木病虫害、生物防治林木病虫害、中幼林抚育、中韩项目密云水源林合作、森林负氧离子的作用、候鸟与生态环境保护等系列主题宣传活动。

拍摄制作绿化林业电视专题片 利用拍摄积累的音像和图片资料，在年内制作完成了《2004 北京新绿》、《花果飘香——走向辉煌》、《中幼林抚育》、《森林卫士》、《北京林业55年》、《沙海绿歌》、《生态垫——一种新型的植物覆盖材料》、《广筹资金 绿化造林》、《京西明珠》、《把忠诚缀满每一片绿叶》和《柿树林下的脚步》等10多部电视专题片。

参加全国林业产业博览会北京团展览工作 9月，'2004中国国际林业产业博览暨科技经贸洽谈会在上海举行。市林业局代表北京市参展，市林业宣传中心具体承办。北京展团获得了博览会优秀组织奖。

组织通讯员新闻业务培训 12月22～23日，宣传中心邀请知名教授对全市绿化林业系统通讯员进行了新闻业务培训。

关注森林——著名文学艺术家采风活动 6月，在全市组织了关注森林——首都绿化林业工程著名文学艺术家采风活动。该活动由首绿办、北京市文学艺术界联合会、北京作家协会共同主办。以林业重点工程建设为采风对象，组织文学艺术家，进行报告文学、新闻通讯、诗歌、散文采写创作。活动以“加快林业发展，促进生态文明建设”为主题，宣传、展示、讴歌林业重点工程建设中涌现出的典型事迹，颂扬城乡绿化建设的新风貌、新气象，促进人与自然的和谐与可持续发展。

《绿化与生活》杂志出版 《绿化与生活》杂志完成全年6期出版发行工作。2004年4月29日，按照《中央宣传部新闻出版署关于对管办分离和划转报刊加强管理的通知》的要求，经首绿办、市林业局批准，《绿化与生活》杂志变更主办单位为北京市林业宣传中心。

【获奖情况】

佟海明同志获得国家林业局颁发的第二届梁希林业宣传突出贡献奖；

与北京电视台合作摄制的新闻《沙地披绿装 清风拂京华》获得国家林业局第二届关注森林新闻奖二等奖；

韩广奇同志拍摄的新闻图片《绿色环抱北京城》获得国家林业局第二届关注森林新闻奖三等奖。（本单位由刘晓晶、李轩供稿）

北京市林业国际合作项目管理办公室

【概　况】　2001年4月26日，北京市政府批准成立北京市林业国际合作项目管理办公室（以下简称“项目办”），为市林业局所属正处级全额拨款事业单位，核增编制6名，其中处级领导职数一正一副。此前由中德林业技术合作密云水库流域保护和经营项目管理办公室和北京市水源林试验工作站分别承担的中德林业技术合作项目和中韩合作造林项目改由项目办统一管理实施。

【主要职责】　负责北京市林业国际合作项目的信息收集、评估、立项、申请、申报及其他日常管理工作，配合有关管理部门开展国际间林业技术、资金、人员引进和林业项目相关的对外交流与合作。

项目办自成立以来，北京市林业国际合作由原来的中德、中韩2个国家2个项目，发展至中美、中日、中韩、中德、中荷、中马6个国家共11个项目，引进项目资金和设备价值约合人民币1.1亿元。与20多个国家和地区的政府组织、非政府组织建立了良好的交流与合作的基础，每年约有300多位国内外同行进行友好交流与合作。合作内容不断丰富，涉及参与式土地调查规划、水源林建设、小流域综合治理、近自然森林综合经营、封山育林、森林健康、友谊林营造、农民技术与环保意识培训、妇女培训、中小学生环保意识培训、林业新技术及新材料的引进、志愿者交流等多方面的工作。2004年全年引进新项目2个；组织项目参与人员赴国外培训3批11人次；组织国内培训与讲座9次、培训人员371人次；接待来自11个国家的26批访问考察团体共279人次；撰写项目动态26期。　（本单位由周彩贤供稿）

北京市林业基金管理站

【概　况】　北京市林业基金管理站于1996年5月经市编办批准成立。人员编制15人，现有干部13人，工人2人。其中具有助理会计师及以上职称的有10人，占职工总数的67%。

【主要职责】　参与编制市林业重点工程规划，并进行检查和监督；负责北京市林业系统基金、资金的使用管理工作；负责市林业治理沙荒贴息贷款工作；负责市林业重点工程资金使用稽查工作。

【2004年主要工作】

加强业务培训，做好市林业重点工程资金稽查工作　年内，派员参加了由国家林业局组织全国林业重点工程资金稽查业务培训班，组织20人次参加了相关业务技能培训，对各区县和局属单位财务人员进行了林业重点工程资金稽查和会计核算工作培训，全面提高会计人员业务素质；专业人员下基层进行业务指导，规范资金管理行为，要求工程资金必须实行专户存储、专款专用、单独核算，重点工程资金的核算必须严格执行基本建设会计核算规定，保证了市林业重点工程建设顺利实施。

利用林业治沙贴息贷款发展林业产业 贷款工作做到认真选项、立项。2004年国家林业局下达北京市林业治沙贴息贷款项目建设计划1.1亿元。到9月份完成贷款项目18个，贷款额1.12亿元，共营造速生丰产林176.7公顷，发展经济林317.3公顷，沙区种植433.3公顷，果品加工6万吨。实现产值1.5亿元，实现利税3800万元，安置人员2000多人。8月中旬市2003年度中央和地方财政贴息资金到位1210万元，经对各区县林业局和局属有关16个单位的2002~2003年度贷款项目情况进行检查、核实，于年底前将全部贴息资金拨付到位。同时与市财政局联合发文申请2004年度中央财政贴息资金109.5万元，核定103.5万元。

协助国家林业局开展林业工程资金跟踪检查工作 年内派出一名总会计师参加了国家林业局稽查工作组赴外省开展林业工程资金跟踪检查工作。

转变作风，做好会计服务 基金站负责市林业局所属市林政稽查大队、市林业保护站等8个单位的会计核算和财务管理工作。年内除市林工商公司、市林业物资供应站往来业务较少手工记账外，其余已全部实现财务记账、核算、报表电算化管理。达到市林业局财务管理领先水平。

（本单位由耿建华供稿）

北京市野生动物救护中心

【概　况】 北京市野生动物救护中心，于2001年6月14日由市编办批准成立，为北京市林业局所属全额拨款事业单位，人员编制10人。

【主要职责】 具体承担北京市没收、受困野生动物的收容、救护、放生等工作。

【2004年主要工作】

筹建野生动物救护繁育中心 北京野生动物救护繁育中心经国家林业局2003年5月批准立项。2004年完成了项目规划、设计及施工图纸的报审工作，办理了《建设用地规划许可证》、《建设工程规划许可证》等相关建设手续。完成了建设用地及规划道路范围内的全部树木移植工作、地形改造工作；中心区与公路的连接道路土质路基全部铺垫完毕；供电线路和变压器已经安装铺设完毕；在救护中心建设区域内打深水井一眼；建设范围内的绿化施工已完成一半、树木渗灌系统基本铺设完毕，新植各类乔灌木成活率达到98%。

参加全系统禽流感防治小组工作 上半年，承担了局禽流感防治小组的专项任务，主要负责野生动物栖息地的日常巡护工作。中心组织专门人员和车辆，对全市鸟类的主要分布地、公路沿线地区、城区内大型绿地、公园等地的常见野生鸟类活动情况进行了专门的巡查；对接到的各类野生动物救护电话进行专门追踪，凡涉及疾病、死亡的鸟类等可能涉及禽流感的电话和一些敏感情况，均向局禽流感防治小组积极汇报研究解决，如北京第四清洁车辆厂在厂区内发现死亡斑鸠等事件，均按照有关要求给予了妥善处理。

中心网站建设 北京市野生动物救护中心网站（www.bwrrc.gov.cn）是国内首家野生动物救护专业网站，8月，中心对2003年4月1日正式开通以来的网站页面和涵盖内容进行了重新调整，对网页的信息和图片等内容进行了充实，做到及时反映全市及国内外野生动物保护救护信息，宣传野生动物保护的法律、法规、普及野生动物保护救护知识，使其成为对外宣传和交流窗口。

组团出国考察野生动物保护 为了学习当今国外先进野生动物救护、繁育、科普教育经验，尽快提高全市野生动物救护工作的整体水平，经国际爱护动物基金会联络，由北京市林业局所属市野生动物救护中心、市野生动物管理站、市林业基金站、市共青林场组成的考察小组于3月份对英国城市水禽保护情况、荷兰灵长类和两栖爬行类野生动物救护情况、德国米特来伦野生动物救护中心和汉堡动物园笼舍建设情况进行了参观学习考察。

（本单位由郑蓉城供稿）

北京市林业局干部学校

【概　况】 北京市林业局干部学校（以下简称市林干校），成立于1983年8月，其前身是1964年成立的北京市林业训练班，对林业系统青年职工轮流进行技术培训；1966年因“文化大革命”停止培训，1968年撤销北京市林业训练班，1979年恢复，任务是培训公社负责林业工作的主任或副主任。1983年8月9日中共北京市委农村工作部批复市林业局，同意成立北京市林业局干部学校，校址设在北京市顺义县北门外。1988年3月，市林业局决定市林干校正式迁至市林业局院内办公。1990年市编办核定市林干校为市林业局所属全额拨款事业单位，编制11人。2004年4月首绿办、市林业局决定原市林干校顺义旧校址划归市共青林场管理。

市林干校下设培训部和办公室两个部门。现有职工8人，离退休职工4人。

【主要职责】 为林业在职干部提供学历教育与培训服务，包括林业大专、本科以及研究生等学历教育，相关专业技术培训，相关继续教育及相关学术交流。

市林干校经相关部门批准，具有下列资质并承担相应任务：1984年4月20日经北京市成人教育局批准，建立北京市广播电视中等专业学校北京市林业局工作站；1991年9月经市人事局批准，同意市林干校承担市林业局机关公务员岗位培训任务；1992年3月，成立北京市农业广播电视中专学校北京市林业局工作站；1997年2月经林业部批准，市林干校为全国第一批林业行业关键岗位培训单位；1997年8月经劳动部批准，市林干校为林业部首批林业行业特有工种职业技能鉴定站；1998年10月经北京市西城区教育委员会批准，成立北京市林业培训学校，主要负责林业生态环境管理专业大专及本科段自学考试的助学工作；2001年被市统计局认定为统计继续教育工作站，负责林业系统的统计继续教育工作；2002年10月经市人事局检查通过，认定为北京市国家公务员信息技术与电子政务培训与考试指定考试点。

【2004年主要工作】 2004年市林干校立足于提高林业职工队伍的整体素质，紧紧围绕服务首都绿化林业工作大局，为不同学历、不同层次的林业系统职工提供学习的平台，在学历教育、岗位培训、继续教育三方面做了大量工作，共举办各类培训班25期，培训1366人，为提高林业从业人员的整体素质打下了坚实的基础。

学历教育 ①“2003级农业推广（林

科）硕士专业学位研究生班”。与北京林业大学研究生院联合，于5月21日正式开学。录取03级学员41人，预科生7人，共计48人。按照教学计划，年内已完成了12门课程的教学任务，占全部理论课程的86%。②林业生态环境管理专业自学考试。年内参加独立本科段考试的学员175人，参加该科大专学历的学员264人。2001～2004年参加该专业自考大专的毕业生累计112人。③大中专接轨教育试点英语专业，2004年共开设12门课程，针对学员英语水平参差不齐的情况，市林干校采取“找齐填平”的教学方法，把学员分成快班和慢班分别教学，87名在籍学员完成了中专阶段教学任务的75%。

岗位培训 2004年市林干校共举办18期岗位培训班，培训人数689人。①完成2004年度全市林业工人技术等级培训考核工作。经过理论和实际操作方面的培训考核，209名林业技术工人全部取得国家林业局颁发的中、高级工人技术等级合格证书和市人事局颁发的技术岗位证书。②为有效地发挥“221”产业信息平台的作用，提高林业产业整体信息化应用水平，配合林业信息中心分4期对200多家林业产业方面的龙头企业、行业协会、管理机构进行了免费培训，并提供丰富实用的教材和网络通讯设备。③联合市种苗站对林木种苗产业平台的信息管理员进行培训，各区县林业局和市直属苗圃的31人参加了培训，提高了信息管理员对数据的维护水平。

继续教育 ①按照市委组织部、市人事局、市科委关于举办《首都发展与人才能力建设》讲座通知精神，组织机关公务员、局属单位管理人员和专业技术人员519人参加学习，经考试全部取得市人事局、市继续教育协会颁发的结业证书。②根据市人事局考试中心的文件精神，完成了2004年北京市不具备相应学历申报专业技术职称人员的考试工作。全市共有园林系统、中直机关及首绿办、市林业局系统21个单位84人报考，参加林业、果树6门专业课程的考试达233科次，及格率达82%。

【获奖情况】 1998年被国家林业局授予成人教育先进单位称号；被市科委评为2002年度北京市成人教育培训工程优秀项目二等奖；2003年被国家林业局评为全国林业高等教育自学考试先进集体。

（本单位由赵丽君供稿）

北京市林业局老干部活动站

【概　况】 1984年3月经市编办批准，成立北京市林业局老干部活动站，直属北京市林业局政治处领导，为市林业局所属事业单位。1989年7月，经市编办批准，北京市林业局老干部活动站加挂北京市林业局老干部处的牌子，属站处合一，隶属领导关系、单位规格不变。1991年5月，经市编办批准，北京市林业局增设老干部处，同时撤销老干部活动站加挂的老干部处的牌子。现老干部活动站共有工作人员5名。（李国忠）

【工作职责】 组织老干部学习党的路线方针政策及参加各种政治活动，组织开展有益于身心健康的文娱、体育活动及参观工农业生产项目，为老干部发挥作用创造条件。负责向机关退休干部传达中央、北京市委和首绿办、市林业局有关文件，组织其进行政治学习和参观本市工农业生产及文体活动。在

重大节日期间对老干部及机关退休干部进行慰问。（李国忠）

【2004年主要工作】

召开老干部工作会 年初首绿办、市林业局党组召开会议，学习市委召开的第17次老干部座谈会精神，听取老干部处工作汇报，研究解决老干部工作中存在的实际问题。1月14日，办局党组召开全系统老干部工作会议，传达市第17次老干部座谈会精神。党组副书记、副局长、老干部工作领导小组组长李树旺同志作了《学习实践“三个代表”重要思想，努力做好新形势下的老干部工作》报告。报告总结了2003年老干部工作，对2004年老干部工作做了部署，党组书记、局长宋希友同志对老干部工作提出了新的要求。

为老干部办实事 ①局属各单位按规定，足额向社会保险经办机构交纳老干部离休费统筹金，确保离休费按时足额发放。②根据规定为住房未达到国家规定标准的23名离休干部，发放了住房补贴。③与有关单位协调配合，完成了代管的原市林工商公司6名离休干部加入社保的工作。④为机关离休干部家中安装北京市红十字会999社区健康援助系统。⑤协调有关部门，做好办局机关离退休干部进入财政统发离退休费的工作。

研讨老干部工作新思路 针对离休干部高龄期和高发病期的实际情况，2月24日召开了老干部工作人员参加的研讨会，大家对如何坚持以人为本，加强服务，不断提高老干部工作人员的自身素质和工作水平，不断改进和完善工作机制，工作方法等进行了研讨。（朱晓梅）

北京市林业局物资供应站

【概　况】 1980年10月，经市编办批准，成立北京市林业局物资供应站（以下简称市林业物资站），为市林业局直属事业单位，主要负责供应局系统基层单位生产资料。1993年，国家取消重要生产资料供销双轨制，该站主要由自己开拓货源基地和销售市场。同年11月，经市编办批准，该站加挂北京市林业物资公司的牌子，管理体制、经费、人员编制不变。主要负责市林业局国拨物资的分配，市林业系统重要生产资料的供应，并按计划经营木材、钢材、水泥、建材等物资，发展多种经营项目。随着社会主义市场经济体制的逐步建立，国家计划调控的钢材、木材、水泥等物资先后放开进入市场，市林业物资站的国拨物资分配职能逐步退化直至丧失。1998年1月，市林业局决定，市林业物资站停止生产经营活动，实行转制，人员分流。从2003年开始，受市林业局委托，该站对停止经营活动的局直属单位市林工商公司、市北方林化公司在职和退休人员实施日常管理工作，该站法人代表同时兼任市林工商公司、市北方林化公司法人代表。（胡鸣鹤）

首都绿色文化碑林管理处

【概　况】　1996年1月4日经市编办批准，成立首都绿色文化碑林管理处（以下简称碑林），为市林业局所属正处级事业单位，编制12名。碑林地处颐和园北3000米处，交通便捷。碑林占地200公顷，森林覆盖率达95%以上，刻有宣传绿化、生态、环保的碑刻1000余块。碑林现设行政办公室、园容绿化科、经营开发科和百望草堂4个科室，干部职工共21人。

【2004年主要工作】　全年接待参观游览客人75.9万人次，同比2003年增长49%。①碑林远景发展规划初稿完成。该项工作将确定碑林中长期发展方向，初稿经过完善和补充后，将请专家论证、审核、定稿。②由于2003年建成的大坝一期工程存在安全隐患，2004年，把进行大坝加固处理作为碑林的二期重点工程，年内大坝二期工程圆满完成。③为进一步增加经营项目，更好地为游客服务，碑林依托自然优势，在生态环保上下功夫，使用天然深层矿井水，环保式装修，建成生态茶馆，在“五一”节前正式开业。④为提高碑林建设的百望山森林公园知名度，特在紧邻碑林大门南侧，正对农大桥处新建长9.15米，高1.8米影壁，请著名书法家贾冠华题写了“百望山森林公园”，起到很好的宣传效果。⑤碑林在5月和10月分别举办了“百望山花节”和“百望山红叶节”，通过活动加大宣传力度，多家新闻媒体报道了这两次活动，扩大了碑林的社会影响。⑥为缅怀小平同志的丰功伟绩，年内，碑林组织了“纪念邓小平诞辰100周年书画会”。焦若愚（原北京市市长）、郭献瑞（原北京市副市长）和赵凡（原农业渔业部副部长）等老领导，市林业局史贵升副局长和书画家参加了书画会活动。此次活动共收到书画作品60余幅。⑦碑林利用山区地形和森林资源，开发成具有自身特色、健康向上、培养团队精神和野外生存技能的定向越野活动，现逐渐成为碑林的一个稳定项目。年内，碑林在宣传营销上进一步加大了力度，使该项目实现的收入较往年有大幅度的增加。

（本单位由孟晓光供稿）

北京市绿化事务服务中心

【概　况】　1994年7月经市编办批准成立北京花卉服务中心，系首绿办直属的正处级差额拨款事业单位，编制10人。其中处级干部2人，处以下干部8人。2004年11月，经市编办批准北京花卉服务中心更名为北京市绿化事务服务中心。中心成立以来开展的主要工作：①对北京花卉批发市场和城市花店、花卉门市部进行了解调查。②组织5期（153人）赴新加坡进行花卉、绿化技术培训、交流。③配合北京花卉协会组织全国性和北京市花卉博览会、展示会，参与世界博览会以及专项花卉博览会北京参展团组织工作。④受国家林业局委派，组织实施中南海一号绿化工程，为党中央、国务院提供绿化工程服务。

【主要职责】 提供花卉相关服务，促进花卉发展；开展绿化科技推广、技术咨询和业务培训，为重点工程提供服务。

【2004年主要工作】 ①中南海一号绿化工程。完成绿化面积15万平方米；平整土地8万平方米；栽植各种树木、花卉46个品种10万株；新铺和更新冷季型草坪草5万平方米；安装喷灌系统3万平方米；完成古树复壮和节日摆花工作，工程共投资917万元。苗木的成活率在90%以上。②协助全国绿化委员会组织北京市绿化表彰会和首都绿化委员会常委会等绿化专业会议，为市委、市政府及相关单位提供绿化咨询、会议花卉等服务。③开展绿化科技引进、推广和业务培训。年内，进行了蓝柏和彩色地被植物的科技项目引进和试验繁育；参与无土草坪科技推广项目；邀请美国密西根州盆栽植物专家和日本花卉流通专家进行科技交流合作；开展技术人员业务培训，全年共举办3期绿化工程人员上岗培训班。④抓好行业内部的横向联合。促使下属华和公司与其他花卉公司、生产苗圃进行资源整合，减少流通环节，增强产品的市场竞争力。整合人才资源，实行一人多岗，提高工作效率。⑤为重点绿化工程提供服务。年内，承担了市政府、市人大、北京会议中心等市重点单位的庭院绿化改造项目。⑥协助举办全国和北京市专业展览。参与筹备组织第六届全国花展，积极配合筹备组招标审核花展设计方案，提供后勤保障。（本单位由周志荣供稿）

北京市西山试验林场

【概　况】 北京市西山试验林场（以下简称西山林场）位于北京市西郊五环路和六环路之间，地跨海淀、石景山和门头沟3个行政区，与香山、八大处、植物园等公园相邻，北起海淀区温泉，南到石景山区模式口，东自海淀区温颐公路，西至门头沟区军庄、永定河。

西山林场所处小西山属太行山系的低海拔石质山，山区平均海拔200~400米，最高峰克勒峪海拔800米，成土母岩以硬砂岩为主，还有辉绿岩、砾岩等，土壤为山地褐土。小西山土层较薄，一般30~50厘米，土壤中石砾含量多，不利于造林和树木生长。

西山林场经营总面积5949公顷，森林覆盖率93.32%，林木绿化率98.67%，有林地面积5492.2公顷，灌木林地面积377.5公顷，疏林地面积20.4公顷，未成林造林地面积48.5公顷，辅助生产林地10.4公顷。小西山有维管束植物90科、286属、517种。西山森林主要组成树种为：针叶树以侧柏、油松为主；阔叶树以刺槐、黄栌、元宝枫、栓皮栎、栾树占优；数量较少的珍贵树种有：白皮松、樟子松、赤松、黄波罗、银杏等；自然分布的乔木树种为：构树、蒙桑、臭椿、黑枣、小叶朴。西山森林的灌木组成，阳坡、半阳坡灌木建群种有：荆条、酸枣、小叶鼠李、孩儿拳头；阴坡、半阴坡灌木建群种有：锈线菊、蚂蚱腿子、薄皮木等。西山林区共有古树名木2914株，主要树种是油松、侧柏、栓皮栎等，其中静福寺古柏群有侧柏2736株。

西山林场前身是1952年建立的京郊林业

事务所。1953年改称西山造林事务所。1955年为适应市委3年绿化西山的决定，改称西山造林所。1960年，为适应北京市郊区林业发展的需要，改称北京郊区造林所。1962年正式定名北京市西山试验林场。1969年西山林场分割，由海淀、石景山和门头沟3个区分管，1980年，又恢复为一个整体，直属市林业局领导，为生态公益型国有林场。

西山林场下设6个科室（办公室、人事科、计财审计科、资源管理科、经营开发科和林业公安派出所），8个林业单位（卧佛寺、魏家村、福寿岭、黑石头、三家店、黑龙潭、东北旺等7个分场和西山林业生物防治研究推广中心），6个企业单位（丹青园林绿化公司、灭火器厂、绿化工程队、金山陵园、蓝狐天敌技术公司和香山加油站）。全场职工358人，其中离退休职工143人，在职职工215人。现有技术人员67人，占职工总数的31.2%。

【保障森林资源的安全和健康】 全年投入防火经费240万元，安排150名护林员，形成望塔（点）昼夜值守，巡逻队重点巡查，护林员死看死守，专业扑火队随时待命的森林资源安全保障格局。全年没有发生森林火灾和火警，保障了西山林区的安全。确立生物防火隔离带思路并顺利开展建设，共设计林缘、防火公路、小路、山脊和针叶林5种类型，全年建设完成36条。常规病虫害累计发生面积204.9公顷，均得到及时有效防治；建成150平方米西山林业生物防治研究推广中心昆虫饲养温室，完成林木病虫害常规调查1333.3公顷。林区释放肿腿蜂防治侧柏双条杉天牛200公顷次。完成西山林区有害生物普查工作。首次采用“3S”技术，完成了全市“十五”森林资源二类清查西山林区的调查工作。

【2004年主要工作】 ①市林业局委托北京市城市规划院开展北京西山国家森林公园总体规划，年内已完成初稿。②丹青园林公司完成园林绿化收入1800万元。承接并完成北京朝外MEN屋顶花园工程。③完成生产管氏肿腿蜂2545万头；生产周氏啮小蜂1.2亿头；生产平腹小蜂100万头；生产舞毒蛾病毒2万毫升。取得国家林业局森防总站的政府采购项目，向广东销售管氏肿腿蜂237万头。周氏啮小蜂面向全市12个区县首次规模化释放，共释放7650万头。④完成封山育林812.4公顷。开展爆破造林13.3公顷，栽植苗木1.62万株。完成中幼林抚育1733.3公顷，采用枝桠粉碎机处理抚育剩余物。繁育种苗23万株，扦插苗木22万株，嫁接樱花、矮紫樱、榆叶梅、碧桃、美人梅、紫叶李等品种苗木7000株，成活率95%。⑤完成西山火烧迹地更新造林技术研究、百望山集雨技术应用和北京市西山地区森林生态恢复机理的研究3项课题。开发研究了瓢虫和丽蚜小蜂两种新的天敌产品，使生物防治研究推广中心的产品达到6种。⑥成功举办林场首届职工羽毛球、首届职工乒乓球比赛和第三届职工登山比赛，丰富了职工业余文体生活。⑦建设开通西山林场网站。北京市西山试验林场网站域名为 http://www.bjxs.com.cn/，包括林场重要新闻、机构设置、森林旅游、园林绿化、生物防治、森林防火和科技兴林等7个栏目。

（本单位由王平玺供稿）

北京市十三陵林场

【概　况】　北京市十三陵林场始建于1962年，其前身为北京市农林局所属北郝庄苗圃和大宫门工区，隶属于北京市林业局，为国有公益型林场，位于北京市昌平区境内，总面积约8644公顷。林场场部位于昌平西关环岛西1000米处，距离市区约40千米。林区范围内有世界文化遗产两处：明十三陵和居庸关长城，还有沟崖自然风景区、蟒山公园等30多处景观，是首都的名胜旅游区和重点防火区。

林场所辖山地属燕山山系低山丘陵区，平均海拔约400米，最高峰沟崖中峰顶海拔954.2米。林区所处地区气候类型为温带大陆性半湿润半干旱季风性气候，春季干旱风沙多，夏季炎热雨水勤，秋季昼夜温差大，冬季寒冷降雪少。林区前脸山地大部分为石灰岩，其中长陵后山、上口北山以花岗岩为主，沙岭、碓石口附近有砂岩分布，蟒山一带有鞍山岩、页岩、砾岩分布。

全场各类土地面积8643.7公顷（其中有林地7311.5公顷、疏林地36.7公顷、灌木林地1217.1公顷、苗圃地19公顷、辅助生产林地26.7公顷、未成林造林地32.7公顷），森林覆盖率84.6%，林木覆盖率98.9%。

林场设人事科、计财科、森林资源管理科、开发科4个科室，有蟒山公园、苗圃、物业服务中心、龙山纪念林4个下属单位和长陵、南口两个分场等14个部门。全场现有职工164人，其中在职职工103人，37人具有大专和大学学历。按人员性质分：管理人员23人、技术干部20人（两类人员取得中级职称的5人、初级职称的34人）；技术工人60人（其中高级工27人、中级工29人、初级工4人）。

【林业生态建设】

中幼林抚育　2002～2004年，共完成抚育面积6258.7公顷（2004年完成抚育面积2226公顷），其中抚育间伐205.4公顷，补植造林26.7公顷，验收合格率为95.5%。该项工程的实施，初步缓解了林区侧柏纯林栽植密度大、林内烧膛现象等问题，改善了林木生长环境。

爆破造林和封山育林　作为京津风沙源治理工程项目，年内完成爆破造林任务20公顷，栽植各类苗木约2.5万株，其中侧柏、白皮松等针叶树苗约1.5万株，黄栌等阔叶树苗约1万株，验收成活率为98%。封山育林1228公顷。

全民义务植树　年内到十三陵地区参加植树的中央及市属39家义务植树单位人数达5.8万人次，共栽植树木约32.3万株，其中新植树约5.4万株，平均成活率为96%，各项抚育折合植树约26.9万株。

森林资源清查　①按照全市森林资源二类清查工作部署，制定适合场情的具体实施方案，加大人员和设备投入，进行统一培训，在外业调查中采取分组实施、随时抽验的办法，基本摸清了森林资源的消长情况。②对全场森林、可利用土地及苗圃资源现状进行摸底，根据区域特点，确立了分区建设和以重点工程推进基础建设的发展思路，初编出《十三陵林场2006～2010年林业可持续发展规划》报送市林业局。

中日环保纪念林工程　5月，继中日环保志愿者生态林一期工程竣工后，北京市绿化基金会、北京市环保基金会与林场签订生态林二期2004年工程合同。林场作为助资方，克服各种困难，严格履行合同，于10月底进行自查，11月20日，国家林业局派专家进行工程检查。媒体对此项工程启动仪式进行了报道，提高了生态林工程的社会效益。

【绿色产业建设】 ①引进优新品种，扩大良种繁育。年内，苗圃投资从豫、冀、辽、浙等地引进华山松、龙柏、水杉、造型桧、金叶瓜子黄杨等苗木3.2万株，以丰富本地苗木品种；全年繁育白皮松容器苗50万株，通过无性繁殖技术繁育紫叶黄栌1.5万株；成功引种北美鹅掌楸和欧洲乔松。②加强公园建设，游客显著增加。年内，围绕AA级景区的创建，蟒山公园完成高压电路改造工程，解决了用电困难，并加大了公园在《中国驾车自助游指南》、《北京人手册》、《中国绿色时报》、《昌平周刊》、中奥假日旅游网、蟒山公园门户网等媒体上的宣传力度，提高了社会知名度，全年接待游客12万人次，比2003年同期增长10%。

【森林资源保障建设】 ①森林防火。年内，新建燕子口瞭望塔1座，消除监测盲区700公顷，对3支扑火预备队、197名专（兼）职护林员进行统一培训与管理，明确责任区范围。通过修建防火宣传牌、发放宣传品、悬挂横幅、张贴标语、巡逻检查等加强宣传，杜绝火灾隐患，确保了该地区森林资源的安全，被评为昌平区2004年度森林防火先进单位。②林政资源管理。采纳专家意见，移栽了邓小平同志亲手植树的周围树木，改善了白皮松（名木）的生长环境；11月8日，同北京天池湖生态农业开发有限公司签订了林地认养协议。③病虫害防治完成指标。对侧柏上双条杉天牛采取了综合防治办法；加强了黄栌胫跳甲的化学防治；对锈色粒肩天牛、网幕毛虫等危险性病虫害加强了监测。全年该场饵木诱杀4000公顷，化学防治100公顷，全面完成计划指标任务。

【精神文明创建工作】 ①职工全面素质教育。林场以弘扬正气、提高职工文明素质为目标，倡导“爱国守法、明礼诚信、团结友善、勤俭自强、敬业奉献”的基本道德规范，营造文明有序、环境美好的工作、生活环境。通过开展纪念《为人民服务》发表60周年、井冈山红色之旅、党风廉政教育月、安全宣传月等各类主题活动，加强了职工有中国特色社会主义理想、社会公德、职业道德和公民道德素质教育。②开展中层以上干部读书活动，采取不指定书目自学形式，要求50岁以下干部完成8000字以上的读书笔记，11月中旬，组织读书学习心得座谈会，交流体会、共同提高；6月28～29日、11月15～16日分别举办中层干部理论培训班，以报告讲座的形式，集中学习了有关权力观、政绩观的树立、国际形势、政务礼仪以及人才强国等问题。③在参加首都绿化林业系统庆祝建国55周年文艺汇演中荣获组织奖，由15名青年职工表演的踢踏舞，荣获优秀节目奖和最佳表演奖。在第六届北京职工羽毛球比赛中，取得团体第四名。④林场组织职工体检，并写出健康状况报告；为解决机关工作人员饮水困难，安装了自动开水器；实施宿舍区道路维修及亮化、美化，设置了宣传橱窗；组织离退休人员参观北京植物园、蟒山、天池等地，免费为其打预防针；一次性改善单身职工的住宿条件。

（本单位由彭强供稿）

北京市共青林场

【概　况】　北京市共青林场（以下简称共青林场）位于顺义区，距市中心约30千米，沿潮白河两岸呈狭长带状分布，北起顺义镇，南至沿河乡，东接李遂镇、俸伯乡，西跨顺义城关，沿河全长38千米。林场地势平坦，海拔在28～30米之间。冲积沙壤土，有机质含量平均在1%以下。共青林场是北京市最大的平原林场，现有面积972.6公顷，林木总蓄积量为11.9万立方米，森林覆盖率80.45%。主要有乔木、灌木、草本三大植被类型。林场分布有杨树、栾树、楸树、银柳、油松、女贞、红叶李、花碧桃、丁香、白皮松、蝴蝶槐、黄刺玫、榆叶梅、侧柏、垂榆、丝棉木、桧柏、合欢、黄栌、锦带花、元宝枫、金枝槐树、皂荚、杜仲、梓树等百余种。

共青林场始建于1959年秋季。当年11月1日，团中央第一书记胡耀邦同志为共青林场命名题字。1962年，市委、市政府为根治潮白河两岸风沙危害，扩建共青林场为北京市潮白河林场，管理潮白河沿岸密云、怀柔、顺义、通县（今通州）、朝阳5个区县的国有林地及国有河滩地2882.8公顷。“文化大革命”期间，林场被肢解，面积仅余不到800公顷，归顺义县领导。1978年，重新归属市农林局。1979～1982年改名潮白河试验林场，属林业部与北京市双重领导。1982年再次更名为共青林场，归属北京市林业局。

共青林场下设办公室、人事劳资科、财务审计科、林政资源管理科和经营开发科等5个科室，管辖郝家疃、李遂、河南村、王家场、榆林5个分场以及润郁丰渗灌技术推广有限公司、北京市兴林苗圃两个林业股份公司和护林防火专业扑火队。建设有北京市高尔夫球俱乐部和北京市绿色度假村2个合作企业。现有在职职工69人，大专以上学历28人，高级工20人。

【2004年主要工作】　林场组织设计的潮白河森林公园总体规划得到市政府的认可，并将公园一期建设工程列入为民办56件实事之一。潮白河森林公园一期工程总建设面积866.67公顷，共青林场完成其中的376公顷，采用40多个品种、植树19.8万株。重点打造了俸伯桥头绿化工程和野生动物救护中心绿化工程。在造林上实现了三大突破：①树种选择。以乔、灌、花、草结合，常绿植物与色叶植物大量使用的方式，改变了杨树当家的传统局面；②栽植方式。摒弃了以往横、竖成行的“仪仗队”栽植方式，改用不同规格树木多层次搭配，苗木栽乱而不乱栽，以营造出较好的近自然林景观；③造林方式。通过全面铺设渗灌系统、对大规格针叶树木灌施生根粉、叶面喷施抗蒸腾剂、全面喷洒防啃剂等先进科学技术的广泛应用，确保树木成活率达到了98%以上。

全年中幼林抚育166.67公顷，播草盖沙333.33公顷，栽植固沙植物9万株，建设优质苗圃10公顷。

【获奖情况】　荣获北京市人民政府授予的首都绿化美化先进集体、首都文明单位；共青团北京市委授予的“五四”红旗团委称号。

李宝忠同志荣获北京市人民政府授予的先进工作者称号；刘永清同志荣获北京市总工会授予的经济技术创新标兵称号；孔繁雅同志荣获顺义区委授予的优秀党务工作者称号。

（本单位由石云供稿）

北京市八达岭林场

【概　况】　北京市八达岭林场（以下简称八达岭林场）位于北京市延庆县境内，距市区60千米，在延庆县和昌平区交界处的万里长城主要关口——居庸关、八达岭之间，是首都西北交通要道，京张公路和京包铁路的必经之地。东北部毗邻延庆县，南接昌平区，西部与河北省怀来县接壤，全场总面积2940公顷，划分为场部、三堡、“五七”和石峡4个作业区。

八达岭林场的前身是延庆八达岭林业工作站，1952～1957年，隶属河北省张家口专署。1958年2月，经河北省张家口专署批准，成立国营延庆县八达岭林场。1962年，八达岭林场划归北京市农林局领导。1968年，八达岭林场下放给延庆县。1981年底，市政府决定八达岭林场收归北京市林业局直属，更名为北京市八达岭林场。

八达岭林场设为青龙桥分场、“五七”分场和石峡分场3个分场。场部设有办公室、政工科、计财科、生产科、森林派出所、防火科和后勤中心共7个科室。有八达岭青年旅游服务公司、延康宁绿化服务中心、八达岭森林公园、北京新古都旅行社4个直属经营单位；另有八达岭陵园和八达岭熊乐园两个合作经营单位。现有在职职工117人，其中有专业技术人员75人，研究生2人，大学本科以上学历的24人。

八达岭地区属中山地形区，西高东低，沟谷纵横，平均海拔780米，最高海拔1238米，最低海拔450米，相对高差788米。该地区为大陆性季风气候区，半湿润半干旱的暖温带。春季干旱多风沙，夏季炎热多雨，秋季天高气爽，冬季寒冷干燥。林场辖区内有两条较大的河道，在青龙桥公路旁及长城处有水源4处。该地区地下水位较低，水资源比较缺乏，山沟多呈干涸现象，雨季水资源比较丰富。土壤为震旦纪花岗岩、石灰岩等母质上发育的山地褐色土，主要有典型褐土、碳酸盐褐土及淋溶褐土。

八达岭林场植物区系属华北区暖温带落叶阔叶林及山地垂直带的代表类型，从山下到山顶，分布有针叶林、落叶林和灌丛，是北京地区森林垂直谱系分布比较完整和典型的地区之一。场内的植物丰富多样，据植物调查统计为：蕨类植物门有8科18种、裸子植物亚门有3科8种、被子植物83科513种，共计有植物种类为549种。现植被覆盖率达到94.6%，现有森林覆盖率已达46.7%。随着保护区内生态环境的改善，野生动物数量有了明显增长。目前有国家重点保护动物8种，松鼠、大仓鼠、獾子、环颈雉、雉鸡、秧鸡等动物随处可见；昆虫资源十分丰富，已定名的有80多科，300多种。

【2004年主要工作】

林业生态建设　完成爆破造林13.3公顷，造林成活率为95.6%；完成彩叶工程33.3公顷，造林成活率达到94.5%；中幼林抚育总面积671.1公顷，经市林勘院检查，全部符合国家验收标准。北京市黄栌采种基地培育工程，完成疏伐、抚育管理等111公顷。

科技支撑项目　“八达岭封山育林综合技术应用与推广”项目总面积47.9公顷。采取在小班内进行以补植造林为主的封育管理，取得良好景观效果。“混交林造林模式在爆破造林应用”项目严格按照爆破造林技术规程进行，同时采用铺薄膜技术，造林成活率为95.6%。

林业国际合作项目 为了推进林业可持续发展的进程，提高森林经营管理水平，4月份与美国国家林务局合作立项建立中美合作森林健康经营示范项目，建设期为5年。9月份实施中韩技术合作八达岭地区森林经营管理示范项目总面积10公顷，已完成项目年度工作计划和标准地调查。

林业科研与调查 ①林业科研工作。开展了北京市八达岭风景区林业信息管理系统研究、土壤水分测定实验、气象观测、暴马丁香驯化实验、油松生长与气候的关系实验和西沟引种实验等林业科研项目的研究，提升了八达岭林区营林科技含量；出版发行了《北京林业大学学报特刊——数字八达岭林场实用性研究》一书。②森林资源二类调查。按照北京市林业勘察设计院2004年2月颁布的《北京市森林资源规划设计调查操作技术细则》的要求，历时40天，用工150人次，完成林场二类调查任务。

森林资源保护与管理 ①病虫害防治。病虫害监测工作，共计出动车辆56车次，技术人员160人次，达到了对病虫害实施动态监测的要求。病虫害防治面积13.3公顷，防治效果明显，有效地保护了森林资源。②森林防火。实现了八达岭地区连续21年无森林火灾的奋斗目标，全年未发生林业刑事治安案件，野生动物保护案件、为本地区经济和旅游事业的发展创造了稳定安全的社会治安环境。

林场基础设施建设 新建的职工餐厅竣工并投入使用，显著改善了职工就餐条件；完成了防火与生产办公楼的改造装修和场部大院园林绿化精品建设，有效地改善了整个场区面貌，树立起国有林场场部形象，林场荣获花园式单位称号。

林业产业经营 年内八达岭青年旅游服务公司共接待旅游车辆3.4万辆次，累计接待游客60万人次，完成营业收入340万元；延康宁绿化服务中心承接了国家1号绿化工程部分工程和延庆人民法院、八达岭陵园新园区绿化工程，制作了解放军305医院绿化效果图，配合江苏尧唐绿化公司，完成林场场部绿化工程。为北京新古都旅行社10个旅游团，1665人提供旅游服务。八达岭陵园为加快陵园发展速度，通过招商引资，在与延庆县民政局合作的基础上，9月份，联合华明石材有限公司，合力打造现代陵园管理营销模式，通过综合布局、人文升华和园林小品设置，规划在3年内建设成北京一流的，具有森林游览、园林审美和祭奠服务功能于一体的现代陵园。全年出售成型墓380座，完成经济收入350万元，实现利润150万元。

筹建八达岭森林公园 按照市林业局领导指示，为建设国家级森林公园开展系列基础准备工作。现已完成景区区划，西沟景区游览路线和游憩项目设置的规划，西沟清凉谷景区的基础建设已完成主干道铺碎石、支路的台阶建造和近自然长木凳架设等工作；根据季相变化，邀请专业摄影师到公园来选景创作8次，充分挖掘森林公园的丰富蕴涵，邀请电视台、报社来公园做宣传2次；科普教育基地、丁香谷景区已经投入运作，其中，科普教育基地自5月以来共接待社会培训120人次、社会实践370人次、军训及夏令营440人次，其他接待127人次。

（本单位由徐文供稿）

北京市天竺苗圃

【概　况】 北京市天竺苗圃（以下简称天竺苗圃）地处北京市顺义区，首都机场宿舍区内，行政区划属北京市朝阳区管辖，距北京市内15千米。东接顺义天竺岗山村，南接楼台村，西邻温榆河，北面是首都机场和顺义区天竺镇。

现有土地总面积43.23公顷，其中：合建建房用地10.51公顷，道路等其他用地14.45公顷，育苗地10公顷。建有职工宿舍楼、办公楼、康乐城、厂房，以及两座商业用房等一批建筑物，总建筑面积达10.5万平方米。47年来，苗圃的土地面积因机场扩建等原因而逐步缩减，现仅存苗圃地13.33公顷；但固定资产总值逐年递增。至2004年底，总资产已达2亿多元。

北京市天竺苗圃1958年建圃，由市农林局领导，1968年下放给顺义县农林局，1973年又归属市农林局，1980年起由北京市林业局直接领导。苗圃现有职工135人，党员70人，其中处级干部9人，科技干部14人，具有中级以上职称的技术干部12人，工人75人。

苗圃建立初期，为京郊养蚕业种植桑树提供树苗，以后育苗种类增加了加拿大杨、刺槐、紫穗槐等造林树种，定植苹果和桃树20公顷。“文化大革命”期间，苗圃下放，大面积土地改种农作物。1978年以后，重新确定了天竺苗圃生产发展方向。在管好果树的同时，大量培育引进优良品种的果树苗木。林木育苗的重点转移到大规格针、阔叶苗木和花灌木。1990～2004年，苗圃的苗木生产和花卉生产稳步发展，累计出圃各类苗木44.74万株，同时承揽园林绿化工程。针对首都国际机场扩建，苗圃林业用地逐年减少的情况，苗圃转变发展方向，调整产业结构，增加苗圃林业用地，在北京市房山区良乡地区租地开发异地苗圃。在发展苗木的同时，开展多种经营，增强苗圃实力。现在苗圃已发展成为育苗、花卉、绿化工程、肥料生产、餐饮及宾馆等多元化的经济实体，职工的生活、工作条件得到巨大改善。

【林业生产建设】 ①温室建设。为适应日益增长的温室花卉和室内绿植租摆业务的发展，方便客户来苗圃参观考察及提升企业竞争力，苗圃2004年秋季投资60万元，改建、新建3栋玻璃温室共计1000多平方米；安装独立供暖小锅炉3台；更换了部分老化的供水、供电线路；新建生产配套用房160多平方米；温室前道路铺装1100多平方米；硬化一条230米长的田间道路。②苗木花卉生产。2004年苗木花卉生产，主要栽植油松、雪松、银杏、法桐、槐树等绿化用苗。绿化工程、苗木销售及绿地养护、花卉、租摆等共创产值82万元。③异地开发苗圃。为了解决因苗圃地减少，影响林业发展的生产问题，年内4月份租得房山区良乡镇六环路两侧品种杨育苗地7.59公顷，地上房屋及设施等固定资产价值约15万元。

【基础设施建设】 为改善办公环境，对苗圃办公楼进行改造装修，并更新部分办公设备。此工程7月2日开工，10月底完工，总投资85万元，装修面积5430平方米，其中75万元用于改造装修，10万元用于购置空调、办公桌椅等设备。

【精神文明建设】 年内组织38名专业技术干部参加了“首都发展与人才能力建设”继续教育，21名技术工人进行了技术等级考核，有12名职工参加了学历文凭教育。为了使苗圃直属的京林大厦的经营更加规范化、制度化，2004年定期组织大厦职工进行岗位培训，岗位技能竞赛，提高员工的服务能力，还组织多名大厦管理人员参加社会培训，其中包括：注册饭店管理师赴美研修班、旅游行业安全管理干部培训、人力资源开发研讨班、员工考职称（餐厅服务、核算员）培训、旅行社经理资格培训、中国星级宾馆消防安全培训班等。

【获奖情况】2004年8月天竺苗圃被首都精神文明建设委员会评为2003年度首都文明单位；2004年7月，京林大厦被北京市残疾人联合会授予“情同手足，无私支援，扶残助残，品德高尚”锦旗；2004年7月，京林大厦被首届中国健康膳食发展大会组织委员会评为中国健康膳食企业；下属企业北京市陆联通农贸市场被评为北京市文明单位和北京市消防安全先进单位；曹晓同志获得中国健康膳食名厨荣誉称号。

（本单位由李艺琴供稿）

北京市大东流苗圃（北方国家级林木种苗示范基地）

【概　况】　北京市大东流苗圃位于北京市昌平区小汤山镇大东流村南，南距市中心37千米，西距小汤山镇7.5千米，东距顺义区仁和镇（原县城）18千米。苗圃占地总面积162.54公顷，其中生产用地136.2公顷，非生产用地26.34公顷。1963年，经国务院机关事物管理局与北京市农林局协商决定，将第一机械工业部、第六机械工业部、国家统计局与国务院机关事务管理局所属的4个副食基地移交给北京市农林局，改建为苗圃，因其地处昌平县大东流乡，定名北京市大东流苗圃。1968年，按所在行政区下放到昌平县，改为昌平县“五七”干校，后又改称昌平县大东流农场。1973年1月，划归北京市农林局领导，成为北京市农林局直属单位，定名为北京市大东流苗圃。1980年8月，成立北京市林业局，苗圃划归市林业局领导，定名为北京市林业局大东流苗圃。1999年5月，国家计委、国家林业局批准立项建设成为北方国家级林木种苗示范基地，2004年经市编办批准注册为北京市大东流苗圃（北方国家级林木种苗示范基地）。系北京市林业局直属差额拨款事业单位。

苗圃整体区划为6个功能区，即综合管理与科技开发区、工厂化育苗区、种质资源收集保存及试验示范区、大田生产示范区、多种经营区和生活区。拥有600平方米组培室、3万平方米温室、2万平方米炼苗场和容器苗装播综合生产车间，每年可生产各种优质苗木2000余万株，主要产品包括针阔叶容器苗、大田移植苗、温室绿化苗、组培苗、花卉等，并提供科技服务。

苗圃现有职工132人，其中硕士学历4人，大学本科26人，大专14人，中专17人，技术工人71人。专业技术人员中具有高级职称3人，中级职称15人，初级职称43人；技术工人中高级工15人，中级工30人，初级工25人。苗圃于2001年在国内种苗行业率先通过ISO9001-2000国际质量管理体系认证，使基地管理走上规范化、制度化、系统化轨道；建立并实行了职务消费包干制、财务政务公开制、岗位工资考核制、干部聘用制、职工合同制。

【2004年主要工作】

育苗生产　全年育苗146公顷（含外租地育苗），其中新育苗面积38.2公顷，留床育苗107.8公顷；苗木总产量578.2万株，其中针叶树30.2万株，阔叶树332.3万株，花灌木215.7万株。温室生产苗木和花卉248.46万株，其中容器育苗223.5万株，花卉24.96万株。在容器育苗中，主要品种有红叶臭椿、速生刺槐、雪松、石榴、玉兰、紫薇、金叶女贞等品种；在花卉中，主要品种为火鹤、蝴蝶兰。组培室累计生产组培瓶苗304.1万株，其中用于继代扩繁苗180.8万株，用于温室移栽生根苗123.3万株；生产品种为红花萱草、重瓣黄花萱草、美国红栌、脱毒切花百合种球和火鹤。采取合作方式为农民提供名优种苗以及育苗生产技术，年内新增合作育苗面积6.7公顷，育苗19.2万株。主要树种有红叶臭椿和蓝杉。

经营销售 ①年内苗圃绿化工程部完成工程施工项目6项，合同金额1093万元，其中南京润扬工程460万元、北京凉水河工程120万元、北京市丰台区五棵松工程200万元、北京市朝阳区常营工程200万元、北京市门头沟滨河路工程93万元、中南海绿化工程20万元。与2003年合同金额1034.2万元相比，增长了5.7%。②温榆河会议中心营业收入额102.1万元，盈利25.1万元。营业收入是2003年的3.64倍，实现了自主经营、自负盈亏、自我发展目标。③全年苗圃林木种苗、花卉销售额为902.54万元，其中市林业局调拨551.7万元，苗圃自行销售350.84万元，包括花卉（盆花）销售额167.26万元，大田苗木销售额99.25万元，温室容器苗销售额44.33万元。全年销售额与2003年1570万元相比，减少42.5%；年调拨额与2003年830万元相比，减少33.5%；苗圃自行销售额与2003年740万元相比，减少52.6%。全年销售花卉数量9.36万盆，调拨与销售苗木177.49万株，其中大田苗木96.97万株，容器苗80.52万株。

业务示范与交流 年内，苗圃与北京林业大学达成共建实习基地的意向；与甘肃林业职业高等学校签订了共建实习基地的协议；同北京林业大学、北京农学院、中国林业科学研究院、中国农业科学院、中科院遗传研究所、天津生物医药研究所、天津花卉研究所、广州花卉研究中心、承德市平泉县林业局、大兴安岭林科所建立了合作关系；接待了南方国家级示范基地和云南、青海、甘肃、宁夏、内蒙古、吉林、河北、陕西、黑龙江等省级种苗基地的参观与学习；为西藏省级种苗基地和朝鲜山林厅林科院培训了技术人员；举办了北京市种苗技术培训班和全国花卉基质技术应用与市场开发研讨会；为北京林业大学、甘肃林业职业高等学校、甘肃庆阳林校、张家口林校、北京农学院以及北京良乡农校1000多名学生提供了实习场所；为国家林业局场圃总站、治沙办举办的各省（区、市）种苗站、治沙办管理与技术人员培训班提供了讲课和参观场所；接待美国、加拿大、荷兰、法国、德国、芬兰、日本、韩国、朝鲜、澳大利亚、伊朗、伊拉克国外同行的参观。全年接待参观和学习人员3000多人次。 （本单位由张林玉供稿）

北京市温泉苗圃

【概　况】 北京市温泉苗圃（以下简称温泉苗圃）创建于1952年，位于北京市海淀区温泉镇，距北京颐和园13千米，是北京市林业局直属苗圃。

温泉苗圃前身是中法大学第二农林试验场。1950年1月由国营彰化农场接管，以经营洋麻、水稻、棉花为主；1952年9月正式定名为北京市温泉苗圃（其中包括普安店、杨庄子、冷泉3个分圃），隶属北京市农林水利局种苗所；1965年归属北京市西山试验林场；1980年7月，改由北京市林业局直接领导。总面积45.3公顷，作业面积37.3公顷；2004年因温泉路扩建修路工程占用作业面积2.54公顷，同时1994年投入使用的500

平方米商业用房被拆除。

现有职工58人。其中在职36人，离退休22人，在职职工中干部18人、工人18人；具有高级专业技术职称3人，中级专业技术职称1人，初级专业技术职称14人；高级技工16人，中级技工2人；大学专科以上学历14人，占苗圃在职职工总数的38%。

2004年温泉苗圃固定资产增加177万元，总额达到865万元；国有资产增加170万元，总额达到1005万元；苗木再生产投入102万元；销售收入251.9万元；年人均收入36 500元。

现在的温泉苗圃以培育常绿针叶树种苗木为主，2/3的土地面积用于生产针叶树种苗木，拥有白皮松、华山松等五大主体树种及河南桧、北京桧、蜀桧等10多个辅助树种。

【2004年主要工作】 通过ISO9001-2000质量体系认证。温泉苗圃以“真情培育特色苗木，优质服务诚信为本，美化环境提高品位”为方针，以苗木品种纯正率100%、苗木产品质量达到国家标准、无检疫对象、苗木病虫害发生率≤1%、有效防治率≥95%、常绿针叶苗木占在圃苗木面积的比例≥70%、顾客满意率≥98%为质量目标，建立质量管理体系，并于3月16日通过ISO9001－2000质量体系认证，取得了质量体系认证证书。

首次对常绿针叶树种进行修枝整形 在2003年试验取得成功的基础上，2004年首次在全圃范围内大规模对常绿针叶树种苗木进行修枝整形工作，并探索针叶树种大规格苗木的整形修剪技术。

为中央领导春季义务植树提供苗木 2004年是温泉苗圃连续第5年为中央领导同志春季义务植树提供高质量、高标准、大规格白皮松、华山松苗木，此项工作得到了各级领导和有关部门的充分肯定。

（本单位由吴亚洁、石来印供稿）

北京市黄垡苗圃

【概　况】 北京市黄垡苗圃（以下简称黄垡苗圃）1980年8月经市政府批准成立，位于北京市大兴区礼贤镇东黄垡村北，总面积161.7公顷。地处永定河冲积平原，地势平坦，海拔高度在26.7～26.8米，抗震能力较强，系地震稳定区。属暖温带半湿润季风气候，年平均气温11.5℃，最热平均气温25.9℃，最冷平均气温－5℃，降水量年际变化较大，60%集中在6～8月份，年降水量600～700毫米，常年主要风向为东北、西南风，最大风力达6级。

建圃初期直属市林业局领导，1982～1987年由市园林绿化设计工程公司领导，1988～1990年由市林工商公司承包，1991年收归市林业局直属。

黄垡苗圃拥有固定资产1500万元。落叶乔木有速生杨、槐树、合欢、银杏、大叶垂榆、龙爪槐等，针叶树有白皮松、雪松等，花灌木有樱花、玉兰、丁香、海棠、女贞、黄杨等，果树有韩国梨、樱桃、杏、桃、枣等，地被植物有鸢尾、石竹、丝兰等，以及冷季型草坪和暖季型草坪。

黄垡苗圃现有职工48人，其中固定职工18人，合同制职工30人，具有中级职称的2人，初级职称的6人，高级工18人，中级工16人，初级工4人。

【2004 年主要工作】

生产育苗 2004 年总投入 300 万元，其中生产投入 180 万元，基本建设投入 120 万元。育苗 131 公顷，140.61 万株，出圃 28 公顷，其中苗木 17.04 万株；草坪 29 公顷，291 966平方米。实现销售收入 278.30 万元，其中工程收入 34.43 万元；果品及果树收入 21.57 万元；草坪收入 119.30 万元。实现利润 1.6 万元，首次扭亏为盈。

产业结构调整 通过争取世界名果大观园、金叶刺槐等彩叶树种基地、隔离检疫苗圃、有机食品栽培、节水灌溉、电力增容等项目，形成以绿化工程、果品、旅游观光为先导，绿化苗木、果树果苗、草坪为支撑的产业结构，优先发展绿化工程，开拓果品市场，不断加强观光旅游基础设施建设。基本形成果树、草坪、绿化苗木三大生产格局。

人事制度改革 2004 年，苗圃废除了干部任命制，实现能者上，庸者下，平者让，调整人力资源结构。坚持民主推荐、民主测评、谈话、干部培训等制度，落实廉洁自律各项规定，提高干部队伍整体素质。提拔部门副经理以上 21 人，退下来 10 人，调换岗位 10 余人。同时提拔年轻干部，充实苗圃各科室。全年提拔科级 1 人，解聘 2 人，招聘职工 3 人，外聘 2 人。

加强制度建设 健全修订了苗圃内部管理制度，规范了激励制度、惩罚制度、淘汰制度及分配制度。同时落实责任制，与所属各部门签订包括社会治安、交通安全、安全生产、环境保护、计划生育的综合责任书，逐级落实，明确目标，分工到岗，各司其职，消除安全隐患，稳定职工队伍。

【获奖情况】 2004 年黄垡苗圃获全国无检疫对象苗圃称号。

（李淑文）

北京市蚕种场

【概　况】 北京市蚕种场（以下简称蚕种场）隶属于北京市林业局，为差额拨款事业单位，位于北京市良乡卫星城北街，北连京石高速，南通京周、京保、黄良路，交通便捷。场址所在地为清代皇帝行宫，占地 37 公顷，1957 年河北省在原实验农场的基础上建立河北省良乡蚕种场，1958 年划入北京市，由市农林局接管。“文化大革命”期间下放给房山县，1979 年由市农林局重新收回，改名为北京市蚕种场。1980 年组建市林业局后，蚕种场划归市林业局领导。现有职工 139 人，其中在职 61 人，离退休职工 78 人，有专业技术职称人员 29 人。

蚕种场原有桑园 17.3 公顷，苗圃地 1.3 公顷，后因环境污染，造成氟中毒，无法养蚕制种，从 1985 年起，逐年减少桑地，到 1990 年已全部改为林业苗圃用地。此后，因修筑京石高速、良乡卫星城建设以及房山区区政府东迁占地等，到 2004 年，原有林地减少到 2.1 公顷。从 1994 年起，先后在房山区卢村、韩村河等处租地 53.3 公顷，培育林业苗木，继续为首都林业建设服务。为加快经济发展，发挥地理优势，服务于良乡卫星城，蚕种场坚持“一业为主，多种经营”方针，从 1984 年起，相继创办一些场属企业。1998 年房山区政府迁至良乡后，为蚕种场的发展带来新的机遇。蚕种场加大对林业及多种经营的投入，经济发展迅速，收入逐年攀升，到 2004 年实现收入 1633 万元，创利 360 万元，分别比 2003 年增长 30% 和 11%，其中多种经营占总收入和利润的 60 % 以上。

【林业经济】 馨秀园园林公司在韩村河林木良种基地累计培育苗木18万株，近100个品种，创收55万元。2004年，经国家林业局验收，批准成立北京沙地柏、桧柏林木良种基地。

年内，蚕种场林业绿化实现收入800万元，创利50万元，其中绿化工程收入713万元，林木收入87万元，比2003年同期分别增长37%和40%。逐步形成“以工程带苗圃，以苗圃促工程，长短结合，持续发展”的经营模式。

【多种经营发展】 为提高服务水平，增强市场竞争力，蚕种场投资450万元，于2003年11月至2004年2月，对已连续经营8年的隆泽园宾馆进行装修和改造。改装后，隆泽园宾馆在接待能力、规模档次、服务水平等方面有了大的提高，配套设施更趋完善。宾馆在装修停业3个月的情况下实现收入500万元，利润100万元。年内，物业公司管理服务的小区面积增加到15万平方米，原有的供暖供电设施、设备已不能满足需要。蚕种场自筹资金275万元，对供暖设备和供电系统进行全面改造，新增两台10吨锅炉，更换了管线，用电增容至800千瓦，满足了社区居民的服务需求。

【获奖情况】 年内，蚕种场周艳芳表演的女声独唱《北京绿柳》获得北京市直机关举办的建国55周年文艺汇演优秀表演奖。

（本单位由胡光辉供稿）

北京市琅山苗圃

【概　况】 北京市琅山苗圃（以下简称琅山苗圃），位于北京市石景山区苹果园地区，坐落于金顶山东麓，北邻八大处公园和法海寺公园，东邻八大处高科技园区，距市中心25千米。刘娘府路和苹果园路将其分为西园、东园和南园3个园区，总面积24.53公顷，其中西园最大为14公顷。苗圃地势东倾，微碱性土壤，大部分地面1米以下为河卵石，局部是沙子，2.5米以下是石层，地下水源丰富，水质甘甜无异味，污染少。由于地处金顶山与翠微山之间的下风口，风力较大，地势及土壤条件适宜林果、花卉生长。

琅山苗圃前身是1929年湖北督军王占元征地所建的瑞生堂果园。后易主东北军阀张海鹏名下，改名为正明农场，是当时北京最大的私人果园，苹果园也因此得名。因其位于琅山，人们习惯称之为琅山果园，1945年日本投降后，正明农场归国有。1949年以后归北海幼儿园管理，1959年划归石景山区，1981年划归北京市林木种苗公司领导，1982年更名为琅山苗圃，直属市林业局，为差额拨款事业单位。1984年经市政府批准，在琅山苗圃内成立北京市环境优美服务公司，后更名为北京市环境优美绿化工程公司。

苗圃现有在职职工248人，其中专业技术人员47人，硕士3人，中级以上职称12人。

苗圃下设10余个多种经营单位，有固定资产2970万元，年收入2000万元。主要从事园林绿化工程设计施工、绿地养护管理、种苗花卉的生产经营、鲜花及绿植租摆、科技推广、技术咨询及多种经营服务，年施工面积达10万平方米以上，产值超过1000万元。1994年被中国花协评为首批全国花卉企业；1997年成为第一批中国花协成员；2000年所属北京市环境优美绿化工程公司被认定为北京市城市园林绿化二级企业；2002年被评为北京市及全国质量信得过苗圃以及全国苗木行业知名企业。为扩大生产规模，1998年琅山苗圃在市郊顺义区赵全营镇建成约28公顷的优质苗木生产基地，以生产种植大叶黄杨、金叶女贞、红叶小檗、月季等色带苗木为特色，年出圃量100万株，优质苗木出圃率达到95%以上。生产的色带苗木应用于北京一些大型重点绿化工程。（任丽荣）

【2004年主要工作】

生产生活管理 ①北京市林业局西部生活区开发项目启动。北京市林业局西部生活区地处琅山苗圃南园子，占地3.3公顷，规划建筑面积71900平方米。该生活区于1996年立项，经北京市林业局授权，1999年9月18日由北京市环境优美服务公司与北京奈伦房地产开发有限责任公司签订合作建房合同。该项目于2004年11月14日举行开工奠基仪式，开工面积为2万平方米。项目名称更名为金辉苑住宅小区。②投资置换家属区生活饮用水。苗圃家属区有居民420户，其中苗圃职工198户，居民饮用水一直靠一口自备井供应。近年来，由于地下水污染严重，水位不断下降，造成饮用水水质卫生不达标，用水高峰时供水量不足。苗圃本着群众利益无小事的原则，经过多方筹资，投资120万元，于12月中旬完成了城市自来水置换供生活饮用自备井水工程，使小区居民喝上了放心水。③安全生产管理。1981年从美国引进11栋自控温室大棚，用于花卉、苗木、鲜切花生产。1996年大棚作用期已过，失去原有的使用价值，开始对外出租，3个社会自然人租用后，在大棚内违章搭建临时房屋，出租给外来人口居住，由于设施简陋，安全、防火隐患较大。市林业局决定将11栋大棚内的违章建筑拆除。为彻底消除隐患，经多方努力，年内拆除了7栋大棚及大棚内建筑物。④调整苗木结构拓展业务空间。随着北京奥运会的临近和市场的需求变化，苗圃对未来北京绿化需求进行了大胆的预测，决定“长短结合，创名牌苗木”。一是继续发展主打产品色带苗，达到规模化生产，做到出圃苗木健壮整齐，形成名牌苗木；二是调整苗木结构，对生长期长的名优落叶乔木、针叶树及花灌木成片定植、科学养护，形成阶次式出圃生产；三是整合苗圃苗木营销队伍，提高市场竞争力，抓住西部大开发的有力时机，把业务空间拓展到西部园林市场。使琅山苗圃真正走上持续、稳定、发展的道路。

2004年苗圃将闲置的房屋、土地对外出租，盘活资产，增加收入，创收200万元。

工会工作 经苗圃党委和市林业局工会同意，7月22日苗圃工会召开了第五届换届改选大会，选举产生苗圃第五届工会委员会。工会主席汪成元作了题为《以“三个代表”重要思想为指导，团结动员全体职工以非凡的努力谱写琅山苗圃更加辉煌的新篇章》的报告。

新一届工会成立后，本着以提高职工身体素质，丰富职工业余文体生活为宗旨，根据职工自身条件，成立了职工篮球队、乒乓球、羽毛球3支运动队，并配备了相应的体育器材和运动服装。先后参加了市林业局举办的羽毛球比赛，邀请各友邻单位以联谊为目的的“优美杯”乒乓球赛，增进了与各单位之间的友谊。

计划生育工作 2004年，琅山苗圃针对本圃外来人口多、流动量大的特点，决定把计划生育工作的重点放在对外来人口的管理上，坚持以人为本，分类指导，实行动态管理和“以内管外、以外管外”的工作模式，以宣传教育为主，保证服务到位，强化婚育措施，以满足外来人口计划生育的要求，收到了较好效果，2004年连续第五年荣获市林业局计划生育红旗单位、石景山区计生协会先进集体称号。（安永德 陈振泉 任丽荣）

北京市南大荒苗圃

【概　况】　北京市南大荒苗圃（以下简称苗圃）位于北京市石景山区西南部，永定河左岸，五环路外。1950年初建立，时为北京市农林局下属单位，土地面积仅1.5公顷，3名工作人员。1952年更名为南大荒造林站，任务是配合首都城市建设，培育苗木，供应小西山及永定河两岸绿化，为消灭荒山、减少风沙危害、保护堤岸，重点抚育营造防护林，协助石景山区、丰台区、南苑区的林业工作。1953年有干部职工47人，国营育苗地增加到36.6公顷。1955年更名为南大荒苗圃，为3年绿化小西山和营造永定河畔防护林，集中力量培育健壮苗木，通过开荒和征地，国有耕地扩展到155.6公顷。1957年苗圃开始定植果树，到1960年果树面积占到苗圃土地总面积的51.11%，苗圃从以育苗为主转化为以果树为主的果园。1961年苗圃职工达到130人。"文化大革命"期间，苗圃更名为北京市石景山区"五七"干校，有学员405人，其中苗圃职工234人，石景山区下放干部171人。1970年大部分干部转出，干校更名为永定苗圃。1974年苗圃安置知识青年1200多人。1977年更名为石景山区南大荒苗圃。1980年划归市林业局直属，并经市编办批准更名为北京市永定林工商公司，成为以林为主、多种经营的事业单位。1998年经市编办批准，更名为北京市南大荒苗圃。

2004年，苗圃占地总面积141.6公顷。其中苗木地120公顷，工副业用地20公顷，办公厂房建筑2.8万平方米，固定资产1.2亿元，总注册资金3200万元。苗圃职工总人数255人，其中中级以上专业技术人员15人，中高级管理人员37人，中高级技术工人165人，中层以上干部80%为大专以上学历。

苗圃经过几代人50余年的艰苦奋斗，发展成为包括苗木果品生产、制药、化工、机械加工、仓储运输、汽车修理、电力工程施工（三级资质）、服务业、商贸经营等10多个单位的中型综合企业，年创经营收入超亿元。其中制药年产值达3000万元，仓储运输年经营收入3000万元，电力工程年经营收入5500万元。直属的北京市永定液压件厂和北京市林业送变电工程处，2003年7月通过了ISO9001：2000国际质量管理体系认证，直属的北京市龙泰基药业有限公司，2004年6月通过了GMP标准体系行业认证。

【2004年主要工作】

苗木生产管理和基础建设　2004年苗圃有育苗地18公顷，占可育苗面积的68%，育苗总株数18.12万株。新育苗木1.29万株。出圃苗木4.7万株。比2003年同期多出圃苗木3.88万株。果树15.5公顷，果品产量220吨。

在育苗生产方面，对原有苗木进行优化去劣，加大了苗木出圃量，增加了白蜡和银芽柳两个品种，移育了一批雄性毛白杨和金丝柳。为保证苗木灌溉机井用电安全，对老、旧电力线路进行改造，更换了设施、设备。在圃苗木16.02万株为林木良种，占在圃苗木总株数的88.4%。出圃的良种苗木，占出圃苗木总株数的87.28%。本年度苗圃被国家林业局授予全国质量信得过种苗基地称号。

人事制度改革　按照市林业局《关于进一步深化事业单位人事制度改革的实施办法》要求，苗圃党委严格把好干部任用选拔关。坚持把表现优秀、年轻有为、政治过硬的同志选拔到领导岗位，年内提拔和新任用干部10名。苗圃7月份开始实行工资分配制度改革，实行以效益工资为主岗位工资为辅、岗位工资为主增收节支奖为辅、职务工资为主效益工资为辅3种不同的分配办法，充分调动干部职工的积极性和创造性，形成有效的激励机制。

产业建设 ①中药厂产权主体改造。苗圃根据自身特点，对所属中药厂进行产权主体改造，抓住药厂GMP认证的机遇，以中药厂现有的部分设备，经过资产评估，以资金入股方式与河南3个自然人投资1000万元组成股本，成立了北京龙泰基药业有限责任公司，使中药厂实现了产权主体多元化。对该厂在岗的41名职工进行了妥善安置。6月12~14日，北京市龙泰基药业有限公司通过市医药监督管理局北京药品GMP认证中心的现场检查验收顺利达标，获得了GMP标准体系行业证书。②抓住公路建设占地机遇，调整内部产业结构。年初，市公联公司莲花池至石门营（莲石路）城市快速路建设工程全面启动，占用苗圃土地12.3公顷和建筑用地1.1万平方米，涉及所属7个单位和73户住户的搬迁安置。9月30日签订了拆迁补偿合同。苗圃组成4个工作小组负责拆迁工作。经过努力，在1个月时间内基本完成任务。利用此次占地拆迁机遇，苗圃对企业内部结构进行调整。对东部厂区4.7公顷工业用地实施整体规划利用，投入近千万元资金进行基础设施建设和电力改造，建立了集仓储、加工、运输一体化的标准工业区。12月28日苗圃所属北京市金属材料厂整体搬迁后正式开业。

【获奖情况】 年内，南大荒苗圃工会被北京市总工会授予义务服务队称号；南大荒苗圃被市林业局、石景山区评为计划生育先进集体。南大荒苗圃被北京市公民献血委员会授予北京市2004年度献血先进单位称号。

（本单位由孙丽君供稿）

北京市森林旅游开发公司

【概　况】 1993年4月14日经北京市计划委员会批准成立北京市森林旅游开发公司，注册资本为250万元人民币，1994年1月18日正式对外挂牌经营。公司主营：森林公园、森林别墅、自然保护区、旅游景点、度假村的开发建设；组织接待国际国内旅游者、旅游广告咨询、信息服务、动物植物展览；兼营购销百货、工艺美术品、花卉。

公司所属的北京大森林酒店、北京大森林建筑装饰工程公司、北京沟崖自然风景区3家为全资企业，北京市康辉出租汽车有限公司、北京森林旅游服务中心和北京大森林生态旅游发展有限责任公司3家为投资企业，北京森林国际旅行社、北京中蔬大森林花卉交易市场有限公司和北京纵横商旅咨询有限公司3家为生态公司投资企业，北京市森林新型建筑材料有限责任公司和北京天宝大森林园林科技发展有限公司2家为品牌管理企业。

【2004年经营情况】 全年实现经营收入总额累计为6758.93万元，比2003年增长28.39%。其中：旅游接待3.31万人次、收入总额为4513.44万元；园林绿化工程产值达2800多万元，花卉市场出租率超过90%、经营收入511万元；建材产品及机械销售收入360万元；酒店经营收入430万元。全公司纳税总额累计超过131万元，正式员工人均年收入达到了2.31万元，比2003年增长10%。年内公司对投资结构和企业资源进行

调整和整合，突出了旅游、花卉、酒店在企业结构和经营管理的核心地位和重要作用；遏制了部分投资资本亏损程度，降低了投资收益风险；集中经营管理力量，促进了企业效益提高。

推出特色旅游线路 设计推出了以植树绿化、森林健身、医疗康复、动物观赏、沙漠探险、艺术创作、绿色科普、成年仪式及迈好青春第一步等为主体的特色旅游线路，接待游客近4000人次。

开发“红色旅游”产品 抓住纪念建国55周年契机，开发营销了以革命根据地如井冈山、延安、遵义、西柏坡、狼牙山为旅游目的地的“红色旅游”系列线路产品。

接待青少年主题冬令营和夏令营 2004年寒假和暑假期间，接待了北京海外旅游联谊会组织的北京海联青少年主题冬令营和夏令营，成员主要来自世界20多个国家和地区共计200余名华裔青少年。

推出“春华秋实”观光果园采摘活动 2004年与北京市果树产业协会等11家单位联手，推出了“春华秋实”观光果园采摘系列活动，开放观光果园414个，面积1.67万公顷；接待游客497万人次，比2003年增长56%；采摘果品5.34万吨，占果品总量的6.8%；采摘收入达2.1亿元，比2003年增长85%，占全市果品收入的11.9%。

举办“庆三八教您学插花”活动 3月8日，北京中蔬大森林花卉市场与全国妇联合作，举办了“庆三八教您学插花”活动，来京参加两会的妇女代表和全国知名女企业家近千人参加了本次活动。

起草《墙板挤压机技术条件》 2004年，北京市森林新型建筑材料有限责任公司受国家建筑工业机械标准化技术委员会委托，以自行设计产品“森林王”牌墙板挤压机生产技术参数为基础，负责起草了《墙板挤压机技术条件（中华人民共和国建材行业标准JC/T 969－2005）》。

发展“餐茶”项目 北京大森林酒店与“五福茶艺”合作，发展“餐茶”项目，2004年已发展有5类12个品种。

（本单位由王逯屏供稿）

北京市林业建筑工程公司

【概　况】 1984年6月经市林业局批准，成立北京市林业建筑工程公司，注册资本金70万元。初期由市永定林工商公司代管，性质为集体所有制。1986年1月，根据规范建筑业资质管理的要求和发展多种经营的需要，收归市林业局直接领导，成为局直属企业。1999年1月注册资本金增至1516万元，2002年6月注册资本金增至2016万元。公司机关管理层设一部一科一室，由工程部、财务科、综合办公室组成。工程部下设工程科、技术科、生产科、合同预算科、安全科；综合办公室下设人事劳资科、法制科、保卫科、行政办公室。公司对所属各工程处（队），依据项目管理制度，按工程项目设立动态的项目经理部进行管理。

1984年4月经北京市城乡建设委员会审批，被核定为建筑施工三级资质；1999年1月核定为工业与民用建筑工程施工（暂定）二级；2002年6月在北京市建筑业企业资质重新审核就位时，晋升为房屋建筑工程施工总承包二级资质，可承担单项建安合同额不超过企业注册资本金5倍的下列房屋建筑工程的施工：①28层及以下、单跨跨度36米及以下的房屋建筑工程；②高度120米及以下的建筑物；③建筑面积12万平方米及以下的住宅小区或建筑群体。同时取得建筑装修装饰工程专业承包二级资质，可承担单位工程造价1200万元及以下建筑室内、室外装修装饰工程（建筑幕墙工程除外）的施工。

【2004年主要工作】 全年签订合同额8780万元，完成施工总产值8250万元，工程结算收入7629万元。已竣工工程质量全部达到合格以上标准，其中有两个建筑施工工地获得北京市市级文明安全工地称号。连续16年保持了无重大质量和安全事故的良好记录。截至2004年，已连续第三年保持了无贷款、无债务的良好经济状况。

（本单位由张连强供稿）

区县林情

朝阳区绿化局

【概　况】　朝阳区绿化局由原区园林局、区管委绿化办公室与原区农林局的林业、资源和森林公安三处室合并组建而成，于2002年1月28日正式挂牌成立，是朝阳区政府对全区城乡绿化美化施行统一建设规划管理的职能部门。全局在职人员1043人，其中副处级以上领导干部9人，中层干部67人，专业技术人员162人。机关内设科室10个，直属单位13个。管辖城市街道办事处绿化科（室）27个，乡村林业科（站）24个，公园22处。局机关有（林业科、绿化资源科、森林公安处）3个科（室）专门负责全区农村林业建设、绿化资源、森林防火和动物保护管理工作。

2004年，朝阳区绿化美化建设形成“点上绿化成景、线上绿化成林、面上绿化成荫、环上绿化成带”的美化新景观，并荣获首批全国绿化模范城市（区）称号。年内全区新增绿化面积956公顷，完成计划的125.8%，植树400万株，栽草52.2万平方米，全区绿化覆盖率42%，比2003年增加一个百分点，人均公共绿地12平方米，同比增加1.5平方米。

【林业资源】　全区森林面积50.99万公顷，其中国有林地17.77万公顷，集体林地32.06万公顷，其他林地1.16万公顷。全区森林覆盖率20%。森林资源活立木生长量5.35万立方米。经济林及散生经济树林地总面积595.2公顷，国有经济林地58公顷，集体林地537.2公顷。

【林业工作】

隔离地区绿化建设　坚持“生态优先、景观优美、产业优化、高质高效”的目标，建设了一批亮点精品工程，办事处与房地产项目联动开发，建成南磨房地区“快乐森林主题公园”和东风地区“姚家园路东风文化广场大绿地”。绿化隔离地区建设共涉及21个乡，政府在做好新村建设、农民搬迁等前期工作的基础上，第一道绿化隔离地区建设实现绿化面积366.7公顷，第二道实现绿化面积497.3公顷，有10个绿化建设工程列入首都绿化隔离地区优质工程，被评为市林业系统绿化隔离地区建设先进区。东五环路农村段实现绿化面积763.52公顷，植树241万株。百米绿化带建设以扩大绿色板块、增加彩叶树种的栽植量为主要手段，实现“绿不断带、景不断线”的绿化效果，完成绿化面积33.45公顷。运用增加新、优植物和花卉品种，突出农村路段绿化景观效果，十八里店大洋路、来广营乡红军营南路和北苑东路等23条农村道路，参照城市化绿化美化标准进行绿化建设和改造，注重增加绿化厚度，强化立体美化，带动其他乡村逐步改变“一条路两行树”的旧格局，推进农村城市化进程，有10个农村地区办事处被评为首都绿化美化花园式单位。

绿地认建认养　通过建立网站开通认养热线，推动社会单位与个人认养工作的开展。北京国华置业、日本东芝三广医疗株式会社、红缨束女子打击乐团等140多家知名企业和普通市民400多人认养绿地256万平方米、树木2200株。依靠社会力量，完善绿化监督机制，推行绿化监督员制度。引入市场竞争，探索养护管理新机制，部分街道办事处将绿化养护管理市场化、社会化，率先打破以往自管绿地自行养护的固有模式，以承包的方式交给专业绿化企业进行养护，办事处只需按照养护管理的标准和要求，加强巡查、监督，实现绿化养护管理层面和作业层面的分离，带动其他街、乡和绿化。

实施优质果园基地建设战略 推广郎家园枣接穗嫁接、PBO生长素示范应用和“高接换优”等高新丰产技术，建设完成东坝千亩观光果园、黄港乡郎家园枣、平房千亩丰水梨和黑庄户乡千亩爱宕梨基地。王四营乡郎家园枣枣园定为北京枣种质资源基地，被列为北京市重点农发建设项目，投入资金270万元启动一期工程。

绿化资源管理 按照市林业局的部署，高标准做好“十五”期间森林资源二类调查工作，林木限额采伐采用常规检查和抽查相结合，实现乡村合格证发证率100%和伐区凭证采伐率100%的目标，顺利通过市级验收。森林案件查处结办68起。贯彻《野生动物保护法》，成立了有200人参加的野生动物协会和爱鸟养鸟朝阳协会，实施野生动物救助行动13起，解救动物19只，没收30只。高效完成禽流感防治工作。全区林业行政立案3起，刑事案1起，收缴罚款5426.24元，责令单位和个人补种林木269株。

义务植树 ①党和国家领导人到朝阳公园参加全民义务植树劳动。4月3日上午，胡锦涛、江泽民、吴邦国、温家宝、贾庆林、曾庆红、黄菊、吴官正、李长春、罗干等党和国家领导人到朝阳公园与朝阳区呼家楼中心小学少先队员们以及各界群众共同参加植树劳动。②中央军委、解放军四总部和驻京解放军武警部队军职以上领导在朝阳公园参加植树劳动。3月25日，在市委书记刘淇、市长王岐山陪同下，郭伯雄、徐才厚、梁光烈、廖锡龙、李继耐等部队首长及官兵300多人和市领导，在朝阳公园参加义务植树活动，栽植常绿、落叶乔木580株。

市领导强卫、牛有成参观北京第二届国际农产品交易会郎家园枣展品 10月11～13日，朝阳区林业站携“朗家园枣”亮相在北京农展馆举办的北京第二届国际农产品交易会引起关注。北京市领导强卫、牛有成等听取了专业技术人员所作的郎家园枣发展情况汇报，对北京朗家园枣科技产品推广工作给予充分肯定。郎家园枣原产于朝阳区郎家园一带，以产地命名，有300多年的栽培历史。该枣具有果形匀整、美观、皮薄而光亮、果汁甘美、果肉致密酥脆、果核细小等特点，是清代皇宫御果房的贡品枣之一。日本引进此枣后，将其列为国家保存的果品优种之一。经北京市林木果树专家鉴定，郎家园枣快速繁殖培育技术在全国居领先地位。具有苗木繁育快、枣树座果率高、果实品质好、见效周期短、投资回报率高等优点。2002年，郎家园枣项目被北京市科委正式立项，并在朝阳区王四营乡建成郎家园枣观赏园33.33公顷。2003年，移植郎家园枣大株树3000株，引进枣树品种40余个，繁育优质成品苗100万株。观赏园平均每株产枣7.5千克，总产量达5000千克。此外，朝阳区还在黄港乡、金盏乡蟹岛度假村、东坝观光果园、孙河乡栽植郎家园枣21万株，栽植面积192.67公顷。 （王荣先　常纪秋）

【高碑店污水处理厂绿化建设工程】 高碑店污水处理厂绿化工程始于2003年初，2004年4月正式竣工，工程总投资120余万元，完成绿化面积30.03万平方米，占总面积的40.5%。种植草坪面积28.22万平方米，色带6067平方米，花卉1980平方米，绿篱90.51万米，常绿苗木、乔木与灌木总计5.3万株，厂区绿化率40.2%。绿化浇灌完全使用处理中水浇灌，年绿化养护投资113万元。改变以往绿化带粗放式管理模式，改变花卉、树木品种的单调性，丰富品种，突出人造景观亮点效果。基本实现四季有绿，三季有花，突出局部绿化景观效果。新增绿化面积1.68万平方米，草坪1000余平方米，种植树木112株，种植色带与花卉2000余平方米，建人工湖泊1座，拆墙透绿70余米。

（彭秀清）

【古树名木保护】 年初，下达全区2004年古树名木养护工作任务，要求养护单位做好古树名木的养护和环境的治理工作。绿化局在春、秋两季对全区906株古树名木管护情况进行全面检查。对检查中发现的违章建筑、堆物、堆料等违章行为及时进行纠正，督促管护责任单位落实管护责任。对严重违反古树生长的违章行为，及时下达《保护古树名木通知书》，责令养护单位限期改正。针对开发建设征地牵扯管护责任变更问题，绿化局及时与用地单位联系，上门宣传《北京市古树名木保护管理条例》，与建设单位重新签订古树养护责任书，对有古树生长的建设区域，对建筑单位施工进行全程监督。请专家现场进行讲解和指导，帮助全区管护人员掌握养护管理知识和实操技术，确保古树健康生长。

（赵秀红）

【朝阳区林业苗木销售工作实行网上服务】 发挥北京林木种苗信息网（网址www.bjzm.com.cn）的管理、指导功能，为林木种苗生产、经营者提供信息服务。区林业站为各苗圃分别建立网上用户名、密码，苗圃可随时登陆网站更新维护企业信息，利用网络发布苗木生产、销售信息，实现网上定期公布苗木品种、价格，推动销售。对个别不具备上网条件的苗圃，还代为进行企业和苗木销售信息网上登记。

（常纪秋）

海淀区农林委员会

【概　况】 海淀区位于北京市区和近郊区的西部和西北部，地处北纬39°53′～40°09′，东经116°03′～116°23′，全区总面积43.06万公顷。东临朝阳区、西城区，南接宣武区、丰台区，西接石景山区、门头沟区，北临昌平区。辖区呈不规则平行四边形，东西相距约29千米，南北相距约30千米。全区总人口244.6万人，户籍人口178.4万人。海淀区第一个林业行政主管机构——区农林水利局成立于1959年1月，随后历经多次变迁。主管机构按时间段分别为：1959～1971年为区农林水利局，1971～1984年为区农业局，1984～1992年为区农林水利局，1992～1994年为区农林局，1995～2001年为区农业管理局，2001年至今为区农林委。1984年以前，职能科室为林业科（林业组）；1984年11月林业科分成林业科和果树科；1988年设置林管科，职能科室3个；1989年林管科更名为林业公安科，同时设置林政资源科，职能科室增加到4个；1991年林业科和林政资源科合并为林业林政科，职能科室减少到3个；2001年底，林业林政科分为林业科和林政科，同时果树科职能并入种养业科，职能科室变为3个；2003年3月，林业公安科更名为海淀区森林公安处，同时成立了北京市公安局海淀分局凤凰岭森林公安派出所。各职能科室负责全区的造林绿化、林木抚育、林木种苗、义务植树、林果富民、林政资源管理、林木病虫害防治、野生动植物保护、森林防火和森林公安等工作。

现有林业在岗职工18人，均为公务员。其中专业技术人员9人，高级职称2人，中级职称3人，初级职称4人。全区7个乡镇，其中3个乡镇有林业站；4个乡镇的林业工作均归口农业综合服务中心。

【林业资源】 海淀区有林地面积1.55万公顷，灌木林地821.7公顷，“四旁”占地4187.4公顷，森林覆盖率36.09%，林木覆盖率46.49%，活立木总蓄积69.31万立方米。

【林业工作】

北清郊野休闲园 该园位于北清路（北安河段）以北、颐阳路以西，是区政府投资1655万元建设的北部地区景观林提升项目。公园建设总面积13.33公顷，于2004年9月28日建成并对外开放。公园由景区和休闲设施两部分组成：景区东北部为以黄栌、红栌等秋季色叶树为主要植物构成的“红叶沾衣”景区，东南部为以月季、紫薇等花灌木为主的“三季观花”景区；西南部为以二月兰、紫花地丁等丰富的花卉地被为主的“花茎寻踪”景区，中部为以华山松、油松等疏林草地为主的“鸟鸣林静”景区；休闲设施包括800平方米的茶楼和餐厅、2000平方米停车场、1000平方米健身场等，可集中提供餐饮休闲健身服务。园路由青石板、鹅卵石等石质材料铺设而成，茶楼、餐厅均为木制结构。

翠湖湿地公园一期工程 翠湖湿地公园一期工程总面积100公顷，位于海淀区上庄镇。一期工程对上庄水库北侧原来的洼地进行生态修复，环湖生态渠将它同周边环境分开，共建设荷花塘、芦苇荡、水禽保护区等项目，通过绿化造林营造适宜的环境气候条件。2004年完成一期工程绿化，造林69.33公顷，总投资499.2万元。

防火路硬化一期工程 1999～2001年，海淀区通过共3年的努力，建设了从四季青镇到苏家坨镇南北贯通的山区防火初级路，总长度为72.5千米。防火初级路全面硬化工程从2004年开始分3年实施完成，共需资金5971.39万元。2004年完成一期工程24.3千米。

森林防火监测系统 2003年海淀区建成了森林防火指挥中心。为了完善森林防火监测系统，2004年投资307万元，在4个分指挥部建成了4个指挥室，并在山区瞭望塔安装了6个监测探头，瞭望覆盖率达到65%。

皮地瞭望塔 海淀区为加强苏家坨镇一级防火区的森林防火工作，经过实地考察和勘测，投资60万元在苏家坨镇皮地建设瞭望塔1座，于2004年10月31日建成并投入使用。

扑火物资储备库 为保证扑火物资的储备充足，2004年9月，在海淀区森林消防大队建成物资储备库1座，建筑面积243平方米，投资35万元，已正式投入使用。

第四届樱桃节 5月21日，海淀区第四届樱桃节开幕式在苏家坨镇举行。海淀区有樱桃面积340公顷，是北京市樱桃的主产区。现有北京市果树产业协会、北京市百万市民观光果园采摘活动组委会指定的定点果园7个。

北京名果大家评——早熟樱桃评比活动 5月26日，北京名果大家评——早熟樱桃评比活动在海淀区四季青镇举行。此次评比，共有8个区县30余个果园选送了60余个样品，其中海淀区12个樱桃园选送了近30个参赛样品。在17个奖项中，海淀区选送的样品获得了11项。其中四季青果林所选送的红艳品种获得此次评比的最高奖项——品种金奖和红艳单项评比一等奖，苏家坨镇车耳营民俗旅游樱桃观光园选送的红蜜获得红蜜单项评比一等奖。

第三届冬枣节 11月9日，海淀区第三届冬枣节在西北旺镇唐家岭村开幕。海淀区种植冬枣45万余株，面积在533公顷以上，分布于北京市著名的百望山、凤凰岭、翠湖、航天城以及中关村高科技园区等自然和人文旅游景点周围。冬枣是海淀区农业主导产业之一，特别是环航天城的唐家岭村，已成为全区种植冬枣的专业村。

（本单位由凌宏勤供稿）

丰台区林业局

【概　况】　丰台区位于北京西南部，地处东经116°4′～116°28′，北纬39°46′～39°54′，东临朝阳区，南连大兴区，西与房山、门头沟区接壤，北与崇文、宣武、海淀、石景山区相邻。丰台区历史悠久，是首都的南大门，也是外省（区、市）进京的主要门户，全区共有6个乡镇（卢沟桥、南苑、老庄子、花乡、长辛店、王佐镇），71个村；2个国营农场（和义农场、卢沟桥农场）；16个街道办事处；丰台区西部是山区和山前地带，东部是平原，具有不同的地质条件。

丰台区林业局于1999年由农林局、畜牧水产局、农业机械局合并成立。机关设办公室、人事科、财务科、行政科、林业科、林政科、森林公安处、法制科、花卉科、农业科及全程代理制办事大厅等10个科（处）。局属基层单位10个，全局共有干部职工400余人。经过近几年来的不懈努力，丰台地区的森林覆盖率由20世纪90年代中期不足20%提高到现在的36.56%，丰台西部山区接近50%，大大改善了丰台区的整体环境和空气质量。

【林业资源】　丰台区区域东西长34千米，南北宽14千米，总面积3.06万公顷。区内有林网1043条，林业用地8038.1公顷。其中，有林地面积6741.2公顷，包括针叶林1249公顷，阔叶林3426.8公顷，针阔混交林2065.4公顷；灌木林468.2公顷；苗圃地212.7公顷；无立木林地74.8公顷；宜林地541.2公顷；非林业用地2.26万公顷。全区森林覆盖率22.04%，林木覆盖率36.56%。丰台区各类林木蓄积总量40.12万立方米，其中国有活立木蓄积量为25.64万立方米，集体活立木蓄积量为13.4万立方米；森林蓄积15.88万立方米，占39.6%。

【林业工作】

林业生态体系建设

绿色通道　高标准、高质量超额完成了五环路绿色通道建设任务82.4公顷，并按照园林式标准完成了20公顷的“绿堤公园”建设，建设后的五环路已形成景观大道和靓丽的休闲场所。10千米道路绿化已形成林网，小城镇绿化美化工程已成生态景观。完成了二道绿化面积198.2公顷。

北宫森林公园生态示范区　66.7公顷风景林建设竣工；66.7公顷彩叶工程全部完成；荒山绿化66.7公顷按期完工；两栋1000多平方米的管理用房建成运营；5000平方米的绿色生态停车场已投入使用；815千瓦的电力增容工程已经完成；800米的深水井工程已验收；廊坡顶古建筑群显现规模；5100平方米的“森林浴”建成；小龙潭周边景观改造完毕。

山区绿色生态屏障建设　抚育林地166.7公顷，新增植树面积10公顷；1333.3公顷中幼林抚育达到优化环境的目的；3333.3公顷林地经过飞防治虫，幼虫量和虫口密度都低于北京市规定的指标。义务植树

12 批次，爆破造林 66.7 公顷任务提前完成，太行山绿化工程被评为全国先进单位。

绿色产业体系建设

果树产业　发展的重点在长辛店镇，共新发展果树 73.4 公顷 6.48 万株，其中重点发展树种是枣，共栽植 62.8 公顷 5.61 万株，其余为梨、桃、鲜杏、李子、樱桃、核桃等。为了提高新植果树成活率，根据近些年的气候条件和长辛店镇的立地条件，结合丰台区近几年果树发展经验，总结出提高新植果树成活率的几条措施，在年内进行推广，如蘸生根粉，根据灌水进度确定栽植进度，灌水后及时覆盖地膜，既保墒又提高地温。2004 年果品产量 230.59 万千克，产值 531.48 万元，其中大枣产量 23.5 万千克，产值达 223 万元。

花卉产业　丰台区的花卉产业在北京市占有重要地位，花卉产业目前已成为丰台区第一产业的支柱行业，年内全区花卉生产面积为 158.2 公顷。年产盆花 586.4 万盆，其中花乡花木集团、盛芳园、区花卉园区三大花卉基地共组织销售高档年宵花 53 万多盆；鲜切花 79 万支；花灌木 89.8 万株，草坪草 13 万平方米，种球（苗）47.9 万头（株），全年花卉生产总产值预计达 1.26 亿元，从业人数达 2234 人，全区花卉市场 9 个，总面积 11.34 万平方米。

森林资源安全保障体系建设

森林资源管理　2004 年市林业局下达丰台区的采伐限额 4000 立方米，实际采伐 3883.1 立方米，有效地保护了林木资源；对滥伐林木、毁坏树木、私搭乱建侵占林地等违法违章行为予以打击；发放违章通知书 46 份，责令拆除私搭乱建违章建筑 100 余间，清理外来居住人员 630 人，恢复林地面积 6500 平方米。

“十五”森林资源二类调查工作　调查面积 3.06 万公顷，其中国有 1.3 万公顷，集体 1.76 万公顷，森林覆盖率 22.04%，林木覆盖率 36.56%。完成丰台区第三次荒漠化和沙漠化测监工作。

森林防火　①发挥设施设备的基础作用。新修防火公路 2.5 千米，升级了防火自动监控系统，改建了 1 座瞭望塔，更新了一批现代化的防火设备，对现有的装备和基础设施进行了维护保养。②充分发挥森林公安、森林消防、森林防护 3 支队伍在护林防火中的骨干作用、应急作用和防护作用，确保未发生重大火灾。③发挥措施的保障作用。建立健全防火责任制等各项制度措施 20 余项，签订责任书 500 余份，开设防火道 10 万延长米，清理林内可燃物 83 公顷，清理坟头 3600 余座；对照防火应急预案，组织 10 余次应急演练，达到了反应快、出动快、扑灭快的要求，防火工作连续 3 年在全市考核评比中夺冠。

林业执法　重点抓了 5 个方面的工作：①强化法制队伍建设，不断提高执法人员素质；②依法行政，严格执法程序；③广泛开展普法宣传教育活动；④从严查处各类案件，共组织行政执法检查 181 次，联合执法 40 次，行政处罚 32 起，罚款 5.55 万 493 元；⑤全面开展政务公开和全程办事代理工作。筹资近 30 万元，改善了办公室条件和服务环境，对林业局行政职能重新进行了规范，突出抓了组织、服务、监督 3 个模块的落实，共受理行政审批事项 106 个，满意率达 100%，被评为全国林业系统先进单位。

（本单位由高胜印、黄朝明、鲍海福供稿）

石景山区农业委员会

【概　况】　石景山区位于北京市西部，地处北纬39°53′~39°59′，东经116°04′~116°14′，东部、北部与海淀区接壤，南接丰台区，西部与门头沟区毗邻。东西宽约12.25千米，南北长约13千米，东南部为平原地区，西北部为低山区，总面积8574公顷，人口32万。

石景山区农委于1983年成立，代行区林业局职能，共有人员63人，下设两委办（中共北京市石景山区委农村工作委员会办公室、北京市石景山区农业委员会办公室）、组宣部、纪检监察办、群团部、经济综合办、农业办、人事科、房地产科、企管科、财审科、统计科等12个科（室）。主要负责石景山区农业发展规划、乡镇企业发展指导和农、林、水、牧、渔、农机等基本建设并进行检查督导，负责石景山区农业行政管理和农业行政执法等工作，其中农业办公室3人，负责林地使用、林木采伐、野生动物保护、林业统计、森林防火等林业管理工作和农、牧、渔等其他工作。

【林业资源】　全区林业用地2804公顷，占总面积的32.7%；森林总蓄积65 347立方米；山地有林地面积2775公顷。

【林业工作】

资源保护　全年批准林木采伐4件，无违法侵占林地现象，无违法审批事项。开展野生动物保护执法检查，放飞野生鸟类250只，救助其他野生动物10只，其中国家二级保护的鸟类7只。加强山林防火工作，进行防火检查17次，排除隐患2次，保证了全年无山林火情发生。

衙门口休闲绿洲农庄　衙门口休闲绿洲农庄为石景山区衙门口农工商公司绿色产业项目，该项目占地53公顷，位于衙门口村东，莲池路南，集采摘、休闲于一身。到2004年底，已投入资金2000万元。预计2006年完工。

黑石头3条经济沟　黑石头3条经济沟为石景山区黑石头农工商公司绿色产业项目，地处石景山区西部山区，占地面积500公顷，共包括板凳沟民俗度假村、玫瑰谷观光、南马场水库垂钓、三叉沟特色果菜区、果品采摘等项目。2004年已完成果品采摘之南队樱桃园项目。　（本单位由杨闯供稿）

门头沟区林业局

【概　况】　门头沟区位于首都最西部，全区总面积14.55万公顷，山区占98.5%，为太行山和燕山山系。东西长62千米，南北宽约为34千米，南凹北凸，大致呈扇形分布。东与海淀区、石景山区接壤；南与房山区、丰台区相连；西与河北省涞水县、涿鹿县为邻；北与昌平区及河北省怀来县交界。

全区共辖9个镇、4个办事处，189个行

政村，总人口23.56万人。2001年11月经区委研究决定，门头沟区林业局与区绿化委员会办公室合属办公。门头沟区林业局负责全区林业行政管理和行业行政执法工作，组织全区造林绿化、保护管理森林资源、护林防火、林业生产及科学技术的推广应用、果蜂生产的产前、产中、产后一条龙服务。现有职能科室6科1处1室、10个下属单位，干部职工195人。截至2004年，门头沟区森林防火工作连续8年被评为北京市森林防火先进区，区绿化办已连续10年荣获首都绿化委员会的首都全民义务植树服务奖。区林业局已连续4年在市林业局业务考核评比中荣获优秀奖。2004年门头沟荣获全国封山育林先进区、全国质量信得过种苗基地等荣誉称号，门城新城被首绿委和市政府授予首都绿化美化园林城镇称号。

【林业资源】 全区林业用地面积13.27万公顷，占全区总面积91.2%，其中有林地面积3.99万公顷，灌木林地面积7.29万公顷，疏林地面积0.04万公顷，未成林造林地0.12万公顷，荒山荒地面积1.96万公顷。有林地面积中包括天然林2.1万公顷，主要分布在边远山区，人工林1.89万公顷，主要分布在低山、浅山地区。累计封山育林已达4.51万公顷，在封面积1.23万公顷。林木覆盖率77.02%。活立木蓄积99.58万立方米。全区有植物种类129科476属997种，占北京市植物总科数的69%，动物种类700余种。

【林业工作】

小渊基金项目 3月18日，中日林业合作小渊基金项目水源涵养林示范工程启动仪式在门头沟区永定镇九龙山举行。仪式由北京市林业国际合作项目管理办公室主任王小平主持，副区长何震芳致欢迎词。市林业局和区林业局的领导参加了启动仪式。中日代表栽下了象征着友谊长存的常青树500株。该项目计划在3年内全部完成，将种植火炬等9万余株，为京西再添一道靓丽的风景线。

湿地专家评审会 12月15日，由区林业局组织召开北京市永定河门头沟段湿地自然保护区科学考察与总体规划专家评审会。与会专家来自水利部、市林业局、市环保局、北京林业大学等单位。专家一致认为：科考报告系统、科学，内容丰富；规划指导思想明确，结构完整，总体布局合理，方案和目标切实可行，一致通过评审。保护区总面积1.3万公顷，核心区546.9公顷，实验区1.24万公顷。重点保护黑鹳、大天鹅等国家珍稀濒危水禽、浮萍等湿地植物。

国家审计署植树基地揭牌 5月18日，国家审计署义务基地纪念牌揭幕仪式在九龙山举行。国家审计署审计长李金华、国家林业局副局长张建龙、市林业局副局长王苏梅、区委书记董瑞龙、区长伊欣欣、常务副区长王兰栋、副区长翟云峰等领导出席了揭牌仪式，并参加了植树活动。国家审计署将义务植树基地作为爱国主义教育的一个重要载体，号召大家积极参加植树活动，全署600多名党员干部踊跃捐款8.3万元。在门头沟区绿化委员会办公室的协助下，为门头沟区九龙山再添新绿，从而为建设绿色北京、绿色奥运作出自己的贡献。当天共100多名干部职工参加了义务植树活动，栽植黄栌、火炬、白皮松等树种300余株。

生态林补偿机制进入划定管护范围阶段 全区生态林总面积9.39万公顷，落实管护人员5190人，涉及207个自然村，到2004年11月26日，全区各镇全面完成了生态林管护人员的落实和公示工作，正式进入划定管护范围阶段。

“十五”森林资源二类调查 门头沟区森林资源二类调查工作于2004年3月开始到12月结束，历时10个多月。共抽调18人分成9个调查组，在全区9个镇、5个林场开展调查。调查结果如下：全区总面积14.55万公顷，林业用地13.53万公顷，其中：有林地4.4万公顷，疏林地717.8公顷，灌木林地7.62万公顷，未成林造林地0.35万公顷，苗圃地0.02万公顷，无立木林地72.5公顷，宜林地0.11万公顷，辅助生产林地7.9公顷。非林业用地1.03万公顷森林覆盖率30.03%，林木覆盖率50.94%。

种苗基地 2004年，门头沟区西峰寺林场被评为全国质量信得过种苗基地和质量信得过林木种苗生产基地。3月25日，该场正式举行全国质量信得过种苗基地挂牌仪式。目前该林场已发展成具有侧柏、油松、金叶女贞、早园竹、月季九大品系、共计60多个品种的育苗基地。初步达到了在一家苗圃就能购买到一般绿化工程所需苗木、花卉，年产值120万元。

马栏森林公园公路拓宽 马栏林场始建于20世纪60年代初期，1996年被北京市林业局批准为市级森林公园。2004年该场共投资72万元拓宽路基3.5千米（路基宽6.5米），这样不仅解决了马栏林场出行难和护林防火工作的难题，同时也为今后马栏林场森林公园的开发打下了良好的基础。

有害生物普查 2004年2～11月，历时11个月，抽调52名工作人员，投入资金20万元，对永定镇等14个镇、办事处和4个林场进行了普查。制作大量珍贵标本（包括昆虫、害虫），共采集害虫标本1000余头，涵盖18个目100余科。采集杂草12种，病害40余种，并拍摄了鼠、虫、病及有害杂草的照片1000余张。通过普查摸清了本区林业有害生物及本土林业有害生物种类、分布及危害情况，详细掌握了有害生物对森林资源及林业生产造成的损失，为今后加强区域间的联防联治、制定有害生物预警方案提供了科学依据。

（本单位由白丽红供稿）

房山区林业局

【概　况】 房山区位于北京市西南部，素有“北京西南门户”之称，总面积20.19万公顷。全区地貌特征由西北向东南依次为中山、低山、丘陵、岗台地和冲击平原。京石高速路（107国道）、108国道、北京六环路、京广铁路和京原铁路穿境而过。

区政府设在良乡镇，全区现有人口83万，下设21个乡镇；房山区林业局于1980年成立，是区林业行政主管部门，1985年改为房山林业公司，1987年改名为房山区林业局，2001年10月房山区林业局与房山区绿化委员会办公室合署办公，内设办公室、森林公安处（包括5个林业派出所）、林政科、林业科、绿化科和人事科等6个科（室）和2个木材检查站，下设房山区林果科技服务中心、房山区良种繁育中心、周口店林场和房山区第一、第三林业消防队等5个基层单位，全系统共有职工218人，其中林业科技人员76人，具有中级以上职称的有13人。

【林业资源】 近些年来，房山区林业先后启动了太行山绿化造林工程、生态示范区建设工程、前脸山爆破造林工程、退耕还林工程、风沙区治沙造林工程、小城镇绿化美化工程、京石公路和永定河绿色通道建设工程、农田防护林更新改造工程等一系列重点造林绿化工程。经过近些年来的探索与发展，房山区的林果业已经形成了3条颇具优势的产业带：山区的优质核桃产业带、丘陵浅山区的磨盘柿产业带、位于永定河、小清河沿岸以黄金梨为主的优质梨产业带；以这三大产业带为主体构建了房山区林果产业系统，果品基地总面积1.6万公顷。

2004年，绿化工程的实施对改善房山区的生态环境，建设首都西南的绿色屏障发挥了至关重要的作用。据房山区"十五"森林资源二类调查结果，房山区林地面积13.6万公顷，其中：有林地面积4.6万公顷，灌木林地6.6万公顷，宜林地1.6万公顷，未成林造林地0.4万公顷，苗圃用地0.3万公顷，疏林地及其他林地0.1万公顷。林木蓄积量122.5万立方米。全区的林木覆盖率由1999年的42.26%增加到2004年的50.33%，5年内增长了8.07个百分点，年均增长1.61个百分点，是房山区有史以来绿化造林发展最快、成效最显著的一年。

2004年，市、区两级共投资8500余万元，完成人工造林0.4万公顷、飞播造林0.13万公顷、封山育林0.13万公顷，共植树580万株，完成中幼林抚育0.67万公顷。新发展和更新果树面积0.2万公顷。加强林政资源管理，做好"全程代理"办公工作，全年共受理1055项审批，已办结1055项，没有出现投诉复议案件；做好林木病虫害测报、普查、检疫及防治工作，飞机防治林木病虫害0.28万公顷；加大护林防火工作力度，新建瞭望塔4座、瞭望哨4座，全区共有瞭望塔25座，瞭望哨18座。

【林业工作】

林业生态体系建设　全年绿化造林3966.67公顷，共完成12项重点林业绿化生态工程（被区政府列为2004年富民工作重点项目）：退耕还林1733.33公顷、荒山造林1000公顷、封山育林1333.33公顷、中幼林抚育6666.67公顷、爆破造林206.67公顷、生态环境综合治理400公顷、太行山绿化造林1333.33公顷、飞播造林1333.33公顷、农田防护林更新改造230公顷、彩叶工程100公顷、市级公路河道绿化27千米、第二道绿化隔离地区造林68.67公顷。重点绿化工程苗木实行政府招标采购，共采购苗木299万株。琉璃河、窦店两个镇通过首绿办园林式小城镇达标验收，有30个单位被首绿办验收为花园式单位。全年组织赴驻区义务植树单位完成义务植树27万株。

果树发展　2004年共新发展和更新果树面积2057公顷。其中：在浅山区发展磨盘柿596.2公顷、在深山区发展优质核桃563公顷，仁用杏377.4公顷，使全区果树面积达到1.55万公顷；并重点在张坊、青龙湖、河北、佛子庄等乡镇完成标准化栽培和老柿树树体改造200公顷。

为增加果树种类，2004年引进优新品种17个，其中：美国杏李品种4个，杏品种1个，彩色油桃品种1个，日本甜柿和涩柿品种11个。

农田防护林更新改造　4月11～12日，国家林业局农田林网采伐更新管理试点工作会议在房山区召开。国家林业局森林资源管理司司长肖兴威、副司长苏春雨出席会议，北京、河北、辽宁、吉林、山东、河南、江苏的主管林业厅（局）长及国家林业局有关部门负责人参加了会议。房山区介绍了农田防护林采伐更新管理经验，与会人员还参观了农田防护林采伐更新现场。2004年，国家林业局下达给房山区农田防护林采伐更新指标是3万立方米，经各乡镇申报和区林业局审批，这次采伐涉及全区13个乡镇，采伐残次林网261条，长度13.18万米，面积0.02万公顷，采伐林木4.63万株。

中华蜜蜂保护　2004年区林业局投资4万余元，购买10吨砂糖支持中华蜜蜂的繁殖工作。中华蜜蜂由原来的30群扩繁到现在的400群，主要分布在蒲洼乡的森水、议合两个自然村。建成自然保护区面积1000公顷，栽植蜜源植物40公顷，使中华蜜蜂得到了有效的保护，逐步形成了房山区的特色养蜂产业。

绿化龙乡，美化家园捐款活动 3月11日，在房山区召开的第12次绿化美化动员会上，区武装部、区总工会、区工商联、区妇联、团区委联合向全区83万龙乡人民发出倡议，积极响应区委、区政府号召，做绿化龙乡、美化家园的宣传者、组织者和志愿者，为打造绿色产业示范区贡献力量。2个月内区绿化办收到政府机关干部、驻区部队、企事业单位和个人为绿化美化事业捐款104.96万元。

荣获“全国柿产业十强县”特别奖 12月，在中国果菜产业论坛组委会和中国果菜专家委员会主办的第二届中国果菜产业发展论坛上，房山区荣获全国柿产业十强县特别奖，这是继2001年被国家林业局命名为中国磨盘柿之乡、在第六届全国农副产品产销会上荣获中华名果称号后，再次获得的国家级称号。

荣誉称号 被国家林业局评为全国森林经营示范区县、全国资源林政管理先进单位、太行山绿化工程建设先进单位；房山区林业局副局长马玉林、林业科吴政颂被授予太行山绿化工程建设先进个人荣誉称号；区林业局复兴苗圃毛白杨苗木标准化基地是全市第一家林业苗木标准化基地；房山区实施的“4S”技术在森林防火工作中的应用项目获得北京市农业技术推广三等奖；区林业局主持的房山区林木种子基础设施建设和马褂木良种繁育基地项目被国家林业局定为国家级项目；薛新华、郑仲明当选为2004年度北京市劳动模范，穆希凤获得市委组织部优秀人才资助款。 （本单位由朱华俊供稿）

通州区林业局

【概　况】 通州区位于北京市东南部，京杭大运河北端，地处北纬39°36′～40°02′，东经116°32′～116°56′，总面积9.12万公顷，耕地面积3.02万公顷。西邻朝阳区、大兴区，北与顺义区接壤，东隔潮白河与河北省三河市、大厂回族自治县、香河县相连，南和天津市武清县、河北省廊坊市交界。全区地处永定河、潮白河冲积平原，地势平坦，平均海拔高程20米。区内分布有13条河流，总长245.3千米，属暖温带大陆性半湿润性季风气候，年日照2181.3小时，年平均气温13.0℃，降水449.8毫米左右。

西汉初（公元195年）始建路县，后先后改称通路亭、潞县、通州、通县。1948年12月通县解放，分置通县、通州市。1958年3月通县、通州市由河北省划归北京后，合并为北京市通州区，1960年复称通县。1997年4月通州撤县设区。通州区辖10个镇、1个乡、4个街道，常住人口61.04万人。

1949年3月通县人民政府设建设科，负责全县农林生产工作，1997年成立通州区林业局。2001年12月，经通州区人民政府批准通州区绿化委员会办公室与通州区林业局合署办公，下设5个职能部门：党政办公室、林业科、果树科、林政资源科和森林公安处，下属7个单位：通州区木材检查站、林业技术推广站、林业保护站、林场、苗圃、果园、永乐店林业站，在职人员188人。

2004年通州区完成造林470公顷，植树361.64万株。

【林业资源】 全区林地总面积2.29万公顷，其中，有林地2.01万公顷，灌木8.5公顷，未成林造林地1.2公顷，苗圃0.27万公顷，辅助生产林地 81 公顷。林木覆盖率为 28.33%，森林覆盖率为 22.15%，林木蓄积量为 88.43 万立方米。

【林业工作】

第二道绿化隔离地区建设 2004 年完成第二道绿化隔离地区绿化建设任务 103.8 公顷，共植树 8.09 万株，成活率达 90%。其中景观生态林 28.73 公顷，速生丰产林 44.67 公顷，果树 6.67 公顷，苗圃 23.73 公顷，主要分布在马驹桥、张家湾、宋庄、台湖、永顺、梨园 6 个镇。

果品产业 2004 年，通州区新植果树 96.2 公顷，植树 28.3 万株。全区形成了以葡萄、樱桃、梨、桃为主打品种的果品特色。以星湖园、运河生态公园等为主要景点的绿色生态游也在通州区全面展开，果品采摘成为生态旅游中的热点。2004 年通州区 21 个果园共接待采摘的游客近 7 万人次，采摘果品 27 万千克，收入近 228 万元。同时，在通州区重点果园启动了有机果品的发展工程。为保护葡萄种质资源，发展培育适合通州区生长的葡萄品种，2004 年葡萄种质资源基地（北京葡萄大观园）一期建设工程在通州区张家湾镇大北关村启动。此基地占地 22 公顷，建有 13 座温室大棚，葡萄品种 80 余个，每年 6～10 月为采摘期，常年供应保鲜果品。

苗木花卉生产 累计育苗面积 2460 公顷，其中 2004 年新育 70 公顷；花卉总面积 495.58 公顷，其中草坪面积 326.7 公顷。在市场化运作方面，2004 年由华源发公司投资的华源发苗木花卉市场正式开业，市场总面积 73.33 公顷，投资 1000 余万元，入住商户 120 家，为全国的苗木花卉交易搭建了一个平台。

速生丰产林建设 2000～2003 年共种植速生丰产林 5893 公顷。以提高林地生产能力、增加收入为目的，永乐店镇开展林菌间作试种工作，当年获得可观的收益。

彩叶林工程 结合治沙造林工程，在北运河沿岸的漷县镇曹庄村发展彩叶林工程 33.33 公顷，栽植火炬树 30 万株。并完成张采路 7 千米、通马路 7 千米市级公路绿化，增加绿化面积 28 公顷，植树 2.66 万株，使用了千头椿、元宝枫等彩叶树种，丰富了公路河岸绿化景观。

林政资源管理 受理伐移林木申请 513 件，8.15 万株，2.62 万立方米；批准伐移 463 件，6.81 万株，2.45 万立方米，减少伐移 50 件，1.34 万株，0.17 万立方米。保证了通马公路、张采路、彩叶工程等一批重点工程的顺利实施。开展森林资源管理年活动，对征占用林地进行了清理整顿大检查、农村林地承包流转管理的指导工作，实施了农田防护林采伐更新试点工作，开展了“托管合作造林”调研工作。完成了通州区“十五”森林资源二类清查工作，共投资 100 余万元，购置了调查设备，确保了资源清查和荒漠化普查任务的按时完成。10 月，国家林业局植树造林司、森林资源管理司领导到通州区永乐店镇对“托管合作”造林情况进行调研，市林业局甘敬副局长带队，造林处、林政处、法规处领导陪同视察。

义务植树 连续 20 年开展义务植树活动，2004 年共有 20.2 万人次参加全民义务植树活动，共计完成义务植树 74.46 万株。

林业保护 2004 年初，南方部分省（市）发生了禽流感。随着候鸟迁徙期的到来，为做好通州区禽流感的预防工作，2 月初通州区林业局成立了防治禽流感领导小组，制定了详细的宣传、防治计划，加强候鸟迁徙期的禽流感预防工作。由于工作及时，措施得当，通州区没有发现禽流感。同时，通州区还注意做好生物病虫害普查工作，加大网幕毛虫监测力度和飞防与地面防治工作力度。年内共计飞防 119 架次，飞防面积 7333.33 公顷。

护林防火与野生动物保护 参加了全国统一行动——"候鸟二号行动"。在这次严厉打击破坏鸟类资源违法犯罪集中统一行动中，共出动车辆18名次，行程2060千米，出动人员64人次，清理市场11处，检查林地果园123处，发现3处无主粘网共5片，未发现具体违法和犯罪行为人。在2004年度防火期中，通州区没有发生林地火警和火灾，被市森林防火指挥部评为北京市森林防火先进单位。

帮扶工作 2004年4月，在区委的统一部署下，确立了永乐店镇陈辛庄村为通州区林业局后进党支部帮扶对象，帮扶时间暂定2年，林业局帮扶工作队及时进驻陈辛庄村并与村两委班子取得联系。截至12月，林业局共投资31万元为陈辛庄村改造了村民饮水管道，同时建成便民桥1座，还为陈辛庄村引进了"手工编织技术"和"林菌间作"项目，使陈辛庄的村民看到了致富的希望。8月，通州区永乐店镇在林业局帮扶工作队的协助下，实施了林菌间作项目。

（本单位由刘畅供稿）

顺义区林业局

【概　况】 顺义区位于北京市东北郊，城区距市中心30千米，地处北纬40°00′～40°18′，东经116°28′～116°58′，区境东西长45千米，南北宽30千米，总面积10.2万公顷，东邻平谷，北连怀柔、密云，西接昌平区、朝阳区，南界通州区、河北三河市。地处燕山南麓，华北平原北端，属潮白河冲积扇下段，平原面积占95.7%，平均海拔35米。境内有大小河流20余条，径流总量1.7亿立方米。气候属暖温带半湿润大陆性季风性气候，年平均气温为11.5°C，年日照2750小时，无霜期195天左右，年均降雨量约625毫米。

顺义区设12镇7个地区办事处、2个街道办事处，常住人口55万人。顺义区林业局原为河北省顺义县农林局，1958年3月顺义县划入北京市后，历经农林水利局、农林局等机构名称，1984年2月成立顺义县林业局。1998年更名为顺义区林业局。2001年10月顺义区绿化委员会办公室与林业局合署办公。顺义区林业局下设林业科、林政资源管理科、果树科、政工科、财务科、办公室和森林公安处等部门，下属单位有林业技术服务中心、北大沟林场、义务植树服务中心、花卉技术推广中心等。全局共有干部职工208人，其中：具有高级职称的4人，中级职称的28人，初级技术职称的45人，技术工人65人。各镇和地区办事处均设有林业站，总计51名专职工作人员。2004年，顺义区林业工作获得的主要奖励有：国家林业局授予的全国林业种苗质量年活动先进单位；首绿委颁发的顺义区潮白河森林公园一期绿化工程、顺义区第二道绿化隔离地区李桥镇头二营景观林绿化工程优质工程奖，顺义区潮白河森林公园一期绿化设计获首都绿化美化设计一等奖、首都绿化执法奖、首都林木绿地养护管理奖；北京市林业局颁发的2004年度播草盖沙工程一等奖等。

【林业资源】 全区土地总面积10.15万公顷，林地总面积2.83万公顷，林木覆盖面积3.03万公顷（有林地面积2.28万公顷，灌木林地0.16万公顷，村镇"四旁"林木折合占地面积0.59万公顷），林木覆盖率27.95%。全区乔木林全部是人工林，面积1.65万公顷，天然林全部为山区灌木林，面积109.1公顷；林木覆盖总面积中有落叶乔木2.67万公顷，占88.1%，常绿针叶林0.12万公顷，占4%，混交林779.4公顷，占2.6%，灌木林0.16万公顷，占5.3%；经济林面积0.62万公顷，占有林地的27.2%。

【林业工作】

潮白河森林公园 公园位于顺义区潮白河两岸，南起通州交界，北至怀柔、密云交界，全长38千米，规划建设面积1666.7公顷。公园内设五景（水景、堤景、桥景、灯景和树景）、四园（湿地园、生态园、野生园和体育健身园）、三区（休憩疗养区、郊野观光区和远景发展区）。工程分绿化造林和基础设施建设两部分。2004～2005年完成绿化造林面积1666.7公顷。其中2004年完成绿化造林面积866.7公顷，从牛山桥以北500米至苏庄桥，全长22千米。栽植油松、桧柏、云杉、华山松、白皮松、沙地柏、银杏、刺槐、香花槐、榆树、皂角、栾树、楸树、紫叶矮樱、毛白杨、泡桐、黄刺梅、连翘、金银木、丁香、山桃、山杏等树种百余种80万株，人工撒播二月兰、石竹、草苜蓿等地被草籽666.7公顷。

基层林业站建设 全区19个乡镇全部按国家级示范县的标准重新筹建了林业站，正在争取进入全国基层林业站建设示范县。全区基层林业站的51名正式职工中，有农艺师5人，助理农艺师8人，技术员7人，职工平均年龄37岁。林业站基础设施完备、办公条件较为完善，均具备独立的办公场所，配备了电脑、电话、交通工具，区林业局对基层林业站实施了规范化管理。

森林防火 自2002年起，该区累计投入400余万元，新建了现代化的森林防火指挥中心，4个高倍探头可24小时监控顺义区全境10.2万公顷的火情。新修森林防火公路4千米、瞭望塔2座，装备了60人的两支专业森林消防队，更新了森林防火车辆，充实了森林防火专用设施，树立防火宣传牌1500块。为保护北部山区森林资源的安全，3月成立了北京市公安局顺义分局北大沟森林公安派出所，截至2004年，顺义区连续4年实现无火警、火灾。

彩叶工程 在东北部的荒山绿化中，结合旅游景区建设开展了山区造林彩叶工程，栽植黄栌、火炬、元宝枫、山桃、山杏等树种8万株，面积66.67公顷，实现了“山山看红叶”的景观效果。

林木种苗产业 截至2004年，苗圃总面积3733.33公顷，在圃苗木100多种，1.12亿株。其中：常绿树占育苗总面积的23%，花灌木占10%，落叶乔木占67%。经营体制主要有外埠投资、农民投资、集体投资、各类股份制等。当年全区销售各类绿化美化苗木1500万株，销售产值1.3亿元。

果品大赛和农博会 9月20～29日成功举办了'2004北京顺义金世纪杯精品梨大赛、'2004北京顺义新特新杯葡萄大赛以及顺义区第二届农业博览会果品展销活动，扩大了顺义果品的影响。从展销活动开始至“十一”黄金周期间，全区接待前来采摘的游客15万人次，果品观光采摘量达150万千克，实现采摘收入1500万元，比2003年同期增长30%。

观光果业 全区现有观光果园51家，市定点观光采摘园24家，分别占全市总数的12%；已形成东山暖带、顺平路两侧、潮白河两岸、京密路—北运河4条果品采摘带。采摘果品总量600万千克，占全区果品总产量的9.2%，占全市果品采摘总量的11.2%；实现综合收入5000万元，占全区果品总产值的27.8%，占全市观光果业综合收入的25%。

双河果园樱桃获大奖 在2004年市农委、市林业局、“春华秋实”北京市百万市民观光采摘组委会共同举办的“北京名果大家评”樱桃专场早熟品种评比中，南彩镇双河果园选送的“红灯”、“红艳”、“先锋”3个品种，获得4项大奖。其中“红灯”和“先锋”获得了单项评比一等奖，“红艳”获得了单项评比二等奖，“红灯”获得了综合评比银奖。

植物检疫 全区274家计3733.3公顷苗圃，于年内开展了争创国家级、市级无检疫对象苗圃的活动，玄鸿燕塞园林绿化工程有限公司苗圃、顺丽鑫园林绿化工程有限责任公司苗圃、松杉佳卉园林绿化工程有限公司苗圃被国家林业局确认为全国无检疫对象苗圃，北京市北郎中村花木中心被授予市级无检疫对象苗圃称号。

森林病虫害预测预报 全区共设置监测测报点56个，其中国家级中心测报点1个，市级测报点37个，区级测报点18个，对春尺蠖、杨树溃疡病、美国白蛾、松材线虫等林木病虫害实施了监测。同时，通过与区森林防火指挥中心监测系统的联网，配套了专用的监测软件，构建起全区范围内的远程森林病虫害监测网络体系，实现了远程监控与测报网点的有机结合。

节水灌溉 在顺义区潮白河森林公园一期工程牛栏山闸桥至河南村闸桥区间的林地，建设“小管出流”节水灌溉工程340公顷。该工程建设解决了公园部分林地地处潮白河两岸流沙区，不适于采用普通灌溉方式的难题，节水、节能效率达60%，年节水近5万吨，节约用工1900个，保证了灌溉的质量和速度，显著提高了林木的成活率。

蜂产业 现存蜜蜂蜂群数量3000群，主要蜂产品有蜂蜜、蜂王浆、蜂花粉、蜂胶等，年总产值300万元，其中出口创汇额100万元，蜂产品企业年接待旅游观光人数15万人次。2004年引进雄蜂1500群，加上部分蜜蜂蜂群，为果树观光旅游园、特色蔬菜基地和设施栽培的经济作物授粉面积近千公顷。

（本单位由黄平供稿）

昌平区林业局

【概　况】 昌平区是首都北大门，位于北京市西北郊，太行山脉与燕山山脉交汇处，地理坐标为北纬40°2′～40°23′，东经115°50′～116°29′。区政府所在地距北京市区32千米，区南端距市区4千米。南与朝阳、海淀两区为邻，北与延庆相交，西及西南与河北省的怀来县、北京门头沟区毗连，东与顺义区、怀柔县接壤。全区总面积13.52万公顷，其中，山区7.25万公顷，占总面积的53.6%；平原6.27万公顷，占总面积的46.4%。

昌平区林业局是主管全区林业工作的政府职能部门，1978年1月成立，2001年10月昌平区机构改革后与区绿化委员会办公室合署办公。目前，全局系统共有干部职工142人，其中研究生学历1人、大学本科学历39人、大专学历40人；具有高级职称的4人，具有中级职称的18人。局机关下设办公室、政工科、义务植树科、林业科、林政科、果树科、科技科、森林公安处、流村镇森林公安派出所9个科（室、处、所）；直属9个事业单位（林业工作站、林业植保站、林业调查队、退耕还林管理站、林业试验场、苗木良种场、果树研究所、九龙池纪念林管理处、景秀绿化基地），全区有镇级基层林业站17个。

【林业资源】 全区林地面积8.76万公顷，

其中有林地4.18万公顷，疏林地67.6公顷，灌木林地3.8万公顷，其余林地0.77万公顷。有林地中：防护林1.56万公顷，特种用途林面积1.03万公顷，用材林13.7公顷，经济林1.59万公顷。活立木总蓄积量101.18万立方米。森林覆盖率30.48%，林木绿化率57.82%。

【林业工作】

绿化工程

爆破造林工程　实施地点为南口镇等4个镇的前山地区。2004年共完成建设面积253.3公顷，栽植各类苗木28.12万余株。规划设计方案结合彩叶工程，加大彩叶树种栽植比例，突出景观效果。栽植中，全部采用带土坨大规格苗木，人力背扛上山，确保成活率。栽植后，为克服当地干旱缺水的不利条件，在山下打井集水，及时浇水，并采取了覆草、铺膜等保墒管护措施。

退耕还林工程　实现退耕还林1000公顷，栽植杨树、板栗、核桃、苹果等各类苗木82万株，并完成区级自查工作，为3000名农户颁发了退耕还林证书。目前，全区已累计完成退耕还林3333.3公顷。

荒山造林工程　按照退耕还林“退一还二”的原则，在流村镇等3个镇完成退耕还林配套荒山造林1000公顷，栽植各类苗木15.48万株。

飞播造林工程　实施地点为流村镇，2004年完成建设面积666.7公顷，撒播树籽3000余千克。工程中加大了橡栎等乡土树种比例，乡土树种成活率95%以上。

封山育林工程　流村镇等5个镇完成封山育林3333.3公顷。年内，对封育区实施了全面封禁，并适时采取了平茬、割灌、间株等技术措施。目前全区封山育林面积已达1.5万公顷。

水源涵养林工程　实施地点为兴寿镇百合村和木厂村，2004年共完成建设面积66.7公顷，栽植各类苗木8.45万余株。新造林长势良好，达到了涵养水源、改善水质、防止土壤侵蚀的目的。

大秦铁路（昌平段）绿色通道工程　实施地点为兴寿镇下庄村域内，完成绿化面积100公顷，绿化长度3.08千米，栽植各类苗木16.5万株。规划设计方案坚持以确保绿化工程建设高起点、高标准、高质量为原则，在保持原有生态基础上，营造和谐、美观的生态景观。工程实施大规格整地，采用大规格苗木，全部由绿化专业施工队造林、管护。

彩叶工程　该工程建设面积100公顷，位于沿八达岭高速进京（南口）路段，2004年共栽植黄栌、栾树等彩叶树种共12万余株。目前，全区已连续3年结合彩叶工程栽植各类彩叶树种200余万株，形成了秋季“山山看红叶”的优美景观。

播草盖沙工程　该工程涉及沙河、南邵、百善、小汤山、北七家5个镇，2004年完成建设面积266.7公顷，播撒草木樨、二月兰等草籽7500余千克。不但达到了防风固沙的效果，还改善了当地景观。

中幼林抚育工程　年内，完成中幼林抚育面积5333.3公顷，均为幼林，适时采取了割灌、定株、修埯、补植补造等抚育措施，5月底通过市级验收。目前，全区中幼林抚育面积已达14 666.7公顷。

京津风沙源治理工程核查　昌平区代表北京市接受了国家发改委、国家林业局、国家水利部、国家农业部4部委对2003年京津风沙源治理工程的核查，核查组对昌平区京津风沙源治理绿化造林工程的质量和效果给予了高度评价，并题写了“京北风光好，生态立新功”的对联。在15个核查区县中，昌平区排名第一；在接受核查的华北5省（市）中，北京市排名第一。

苹果产业　昌平区是全国第一批、北京市唯一的“国家级苹果标准化示范区”，目前有苹果3200公顷，其中进入盛果期的

2000公顷，主栽品种为红富士。2004年，全区苹果产量2650万千克，优质果率突破70%，产值达1亿元，被评为“北京市果树产业发展建设先进区县”。

第一届昌平苹果节 10月13日，昌平区第一届苹果节在兴寿镇桃林果园开幕。副市长牛有成以及市林业局局长宋希友、副局长康德铭、昌平区委、区政府、区人大、区政协主要领导参加了开幕式。组委会邀请了多名国内果树专家组成评选组，共评出富士苹果优质奖、树王奖、果王奖等七大奖项，苹果节一直持续至10月31日。

苹果出口 11月4日，昌平区50吨优质红富士苹果出口欧盟，这是北京市历史上第一批大规模销往海外的苹果。

观光采摘果园建设 目前，全区“北京市观光采摘园定点果园”已达到30家，面积600公顷。据统计，全年全区接待观光采摘人数达80万人次，实现收入约4000万元。此外，区财政年内又拨出专项资金300多万元，对12家苹果重点旅游观光果园基础设施进行了建设和完善。

柿子合营企业 北京鲜绿安果业有限公司和大韩民国（株）GAMNARU公司在昌平区建立柿子合营公司。公司经营范围为柿子脱涩、加工和销售。合营公司成立后，将利用韩方技术和设备对全区柿子进行贮藏保鲜、脱涩和深加工；利用韩方的市场网络和管理经验，拓展昌平柿子销路，从而为带动本区柿农增收，促进本区柿子产业良性发展开辟新路。

种苗产业 全区累计育苗面积3580公顷，其中新育苗圃为480公顷，新育苗木853.3万株；苗木出圃面积413.3公顷，出圃苗木742.02万株。年内，昌平区顺利通过国家标准化管理委员会验收，成为北京市第一个“国家级种苗标准化示范区”。

森林防火 1月14日，牛有成副市长和市森林防火指挥部相关领导赴昌平检查森林防火工作，对昌平区在预防、控制森林火灾中提出“三个十五”（即十五分钟赶到现场、十五分钟扑灭明火、最大过火面积不超过十五亩）的目标表示肯定，并慰问了护林员和专业森林消防员。2004年，全区已连续4年无森林火灾，被评为北京市森林防火工作先进区（县）。

（本单位由靳浥供稿）

大兴区林业局

【概　况】 大兴区位于首都南郊，地处北纬39°00′~39°26′，东经116°14′~116°43′，距市区21千米。北与丰台、朝阳两区相连，西部以永定河为界与房山区相望，南及西南与河北省涿州市、廊坊市接壤，东与通州毗邻。北京五环路六环路从此经过，境内京津塘、京开高速公路，104国道，京津、京九铁路穿过，大兴素有京南门户之称。

大兴区（原大兴县，2001年1月撤县设区）总面积10.31万公顷。下辖14个镇，512个自然村，户籍人口55.5万人。1986年成立大兴县林业局，2001年4月成立北京市大兴区林业局，2001年底进行机构改革，林业局与绿化委员会办公室合属办公。

大兴区林业局办公地址设在黄村卫星城兴政街20号。局机关设8个科（处、室），即：党政办公室、森林公安处（下设榆垡森林公安派出所）、绿化联络科、林业科、林政科、果树科、科技科、花卉产业科。局下属7个单位：林业工作站、林业保护站、林果服务中心、榆垡木材检查站、大兴区苗圃、大兴区林场、六合庄林场。全区14个镇都设有林业工作站，属事业编制，镇财政开支。全局系统正式职工167人，其中干部83人（含国家公务员36人），工人84人；具有高级职称的8人，具有中级职称的17人。大兴区曾被评为全国平原绿化先进县，全国绿化造林先进县，“三北”防护林体系一、二期工程建设先进单位，全国治沙先进单位，全国高标准平原绿化试点县，全国科技兴林示范县，全国生态农业试点县，全国绿化造林百佳县，全国林业生态建设先进县（市）、全国营造林工作先进单位，全国经济林生产先进县，并荣获中国梨乡称号；大兴区林业局2003年被人事部、国家林业局授予全国林业系统先进集体称号。（王亚民）

【林业资源】 全区林地总面积3.06万公顷，林木覆盖率30.24%。林木总蓄积183.04万立方米。区内有古树名木178株，其中古树36株，名木142株。分布野生动物三类（兽类、鸟类、两栖类）178种，被保护动物三类96种，其中珍稀特有野生动物三类21种。全区农田林网化率为98%。经济林面积1.28万公顷，以栽培梨、葡萄、桃为主，是北京市梨和葡萄重点果品生产基地。花卉生产面积512.7公顷，产值8132万元。年生产切花1273万枝，盆花492万盆。主要品种有火鹤、蝴蝶兰、切花菊等。境内有北京野生动物园，北京濒危动物驯养繁殖中心（建于榆垡万亩片林内），半壁店森林公园，星明湖度假村等森林旅游景点。定期举办庞各庄万亩梨园踏青赏花节、采育葡萄采摘节、魏善庄梨王擂台赛、安定桑葚文化节等系列森林旅游活动。（高云生　胡振赢）

【林业工作】

区委区政府出台关于加快林业发展的决定 2004年12月14日，大兴区委、区政府作出《关于加快大兴区林业发展的决定》。《决定》指出，面对争创首都文明区和全国文明区的总要求，要加快高标准平原林业生态体系建设；加快高效益平原林业产业体系建设；加快高水平的平原森林资源安全保障体系建设。《决定》提出：全区林业由“单纯追求量的增长向全面提升整体质量转变；由单一追求生态防护功能向追求生态、经济、社会综合服务功能转变”。“量质并重”将作为全区林业发展的主攻方向。《决定》对林业管理体制改革提出具体要求。明确基层林业站为全额拨款事业单位，所需经费由镇财政承担。

农田林网建设 农田林网从20世纪50年代开始营建，通过多年的不懈努力，已建成总长8000多千米、3800多个网格的较为完善的农田防护林体系。2004年完成更新、新建农田林网144条，长度143.18千米，植树17.47万株。重点实施了中低产田改造林网配套和生态综合治理工程。

兴果富民工程 大兴区委、区政府于2000年1月启动了兴果富民工程。截至2004年，全区共完成果树改造6633.3公顷。其中高接换优2120公顷，新植及更新定植4513.3公顷。建冷库30座，总储量达到5500吨。建设市级标准化生产示范园8个，市级旅游观光采摘园34个。5个果园通过ISO9001、ISO14001认证，魏善庄千亩精品梨基地通过绿色食品认证，御林古桑园通过有机食品认证。建立果树中介服务组织16个。建成梨品种储备园一个。2004年全区果品总产量1.15亿千克，果品总产值1.57亿元。完成果树更新改造543.7公顷。建成北京市农业生产示范基地3个，建设大兴区有机果品生产基地8个，发展洋梨生产示范基地73.3公顷。建成20万千克贮量的果品冷库5座。新建大兴区果品花卉网。培训果农1.3万人次，带动1.6万户果农增收。

林业有害生物防治 2004年，林业有害生物发生面积1200公顷，防治作业面积4266.67公顷次，防治对象为春尺蠖、杨扇舟蛾等食叶害虫，其中飞防2933.33公顷次，地防1333.33公顷，防治率100%。成灾率下降到0.03%。使用生物制剂和仿生制剂占92%。

花卉产业 花卉生产是大兴区自1996年以来发展起来的一项新兴产业。2004年全区花卉种植面积512.7公顷，年产值8132万元。主要花卉品种为火鹤、蝴蝶兰、一品红、月季、菊花等。建组培室600平方米，基础设施面积50.56万平方米。现有大兴苗圃、北京蜂鸟、人地科技、安海、合众力源有限公司等大中型花卉生产企业30余家。花卉销售覆盖华北、东北、西北等十几个省（区、市）。2004年共出口切花菊80万支，出口创汇20万美元。花卉从业人员1540人，其中研究生4人、大学生55人，科研人员占总人数的20%。区苗圃被评为全国十大花卉生产示范基地。2004年3月14日，大兴区参加香港国际园林花卉展，参展盆花火鹤被组委会评为"最具特色奖"。

大兴古桑国家森林公园 2004年12月6日经国家林业局批准正式建立。公园位于区东南部，距北京市区35千米。总面积1164.79公顷，林木覆盖率82.47%。公园地貌属永定河近代洪积平原，有自然沙丘及原始次生林。植被主要为天然次生阔叶林、人工阔叶林和人工经济林，植物分属93科472种，园区内有近70万株林木，主要有桑、小叶杨、大青杨、杜梨等，其中桑树42余万株，百年以上的古桑776株。野生动物分属23目50科179种，主要有獾、刺猬、野兔、猫头鹰、蟾蜍等。公园建设以生态系统的保护、恢复、完善、提高为发展主题，着意恢复近自然生态森林景观，分为核心区和延展区。

梨王擂台赛 由中国经济林协会、北京果树学会、北京市果树产业协会联合举办，大兴区政府承办的中国梨王擂台赛从2002年开始，在每年的9月份举办一次。2004年9月6~7日举办的第三届中国梨王擂台赛，来自北京、山东、辽宁、山西、河南、河北等地区的190份样品参加了评比。在本届擂台赛上评出了梨王奖1个，砂梨系、白梨系、洋梨系、秋子梨系优质奖及新品种奖金奖5个、银奖6个、铜奖3个。本届评出的梨王重1870克，由大兴区北臧村镇果农毕士成获得。

采育葡萄文化节 大兴区采育镇葡萄栽培面积1333.33公顷，是北京市重要的葡萄生产基地。为展古镇风采，扬葡萄文化，促经济发展，富裕农民，自2001年开始，每年8月18~22日，采育镇举办"采育葡萄文化节"。已成功举办了4届，共接待游人200余万人次。2004年的采育葡萄文化节举办了第三届中国优质葡萄擂台赛、驻华大使联谊酒会、全国百杰书画家现场原创作品大赛、《采育之恋——走进京南吐鲁番》大型文艺演出等活动，前来观光、采摘的游客60余万人次。

（本单位由运乃玉、张勇、张宝增、秦怡供稿）

平谷区林业局

【概　况】 平谷区位于北京东北部，东、南、北三面环山，中间为平川谷地，区中心城距市区70千米，是北京市的一个远郊区，2002年4月撤县设区。全区总面积10.75万公顷，山区、半山区面积7.2万公顷，占全区总面积的2/3。现有16个乡镇，273个行政村，有兴谷、滨河2个开发区。总人口39.4万。

1979年2月4日，单建县林业局，从县农林局中分出。2001年11月县机构改革，绿化委员会办公室与林业局合署办公。

全局系统共有干部职工169人，局机关内设政办室、林业科、绿化办公室、林政科、森林公安处（设1科2所）等5个职能科室，实有行政工作人员49人。下设林业站、调查队、林保站、森林消防大队、绿化造林工程办等5个事业站（室），实有事业工作人员28人。局属事业单位5个：丫吉山林场、四座楼林场、峪口果园、南独乐河果园、种苗站，实有基层干部职工92人。现有在职林业科技人员93人，其中具有高级职称的3人，具有中级职称的15人，助理工程师、技术员75人。下设16个乡镇林业站，共有干部职工63人，其中高级技术职称1人，中级技术职称8人，助理工程师21人，技术员1人。

1990年获全国“七五”平原绿化先进县称号、1991年获全国绿化达标县称号、1994年获全国林政资源管理先进单位称号、1997年列入全国山区综合开发示范县、1999～2004年连续6年获市山区综合开发先进县称号，2002年列入全国生态建设重点县、中国社会林业工程示范县，2004年获全国封山育林先进单位称号。

【林业资源】 林业用地面积7万公顷，占全区总面积的65.12%。有林地面积5.87万公顷，占全区林业用地总面积的83.86%，其中果树占地面积2.8万公顷，防护林占地3.1万公顷，森林覆盖率60.49%。林木覆盖率62.32%。林木总蓄积量49. 7万立方米。其中2004年新增加有林地面积0.32万公顷，栽植各类苗木359.6万株，森林覆盖率增加1%。境内野生植物有500余种，其中有经济价值的野生植物122种。野生动物300余种，其中受国家级保护动物28种，市级保护动物200余种。

【林业工作】

绿化造林十大重点工程

封山育林工程　自1984年实施封山育林以来，累计完成封育面积3万公顷，成林成灌面积2.53万公顷，成效达到84%。2004年封山育林任务0.34万公顷，实际完成面积0.34万公顷。2004年获全国先进单位称号。

彩叶造林工程　2004年彩叶造林任务266.66公顷，实际完成造林面积278.66公顷，完成率为105%。彩、针叶树种栽植比例由原来的4∶6提高到6∶4；共栽植黄栌、红栌、合欢、金枝国槐、红叶臭椿、侧柏等12个品种，植树36.5万株。平均造林苗木成活率90%以上。

退耕还林配套造林工程　配套造林任务0.133万公顷，实际完成0.133万公顷。共栽植侧柏、黄栌、山杏、洋槐苗木198万株。

爆破造林工程　爆破造林任务186.7公顷，实际完成186.7公顷。共栽植侧柏、黄栌、红栌、油松、刺槐等各类苗木26万株，平均造林苗木成活率95%以上。

飞播造林工程　飞播造林任务0.1万公顷，实际完成0.1万公顷。经检查，有苗样方率58%以上。

水源涵养林工程　水源涵养林任务66.66公顷，实际完成66.66公顷，共栽植侧柏、黄栌、红栌等各类苗木9万株，平均造林苗木成活率94%。

播草盖沙工程　播草盖沙任务100公顷，实际完成119.33公顷，任务完成率为120%。以播种三叶草、柠条、荆条为主，苗木成活率95%以上。

中幼林抚育工程　2004年完成0.66万公顷。范围涉及全区13个乡镇及3个国有林场，共规划小班190个，其中：中林面积0.16万公顷，幼林面积0.5万公顷。此项工程于2002年3月启动，累计完成2万公顷，山区林分质量明显提高。

全民义务植树　完成各种义务植树23.5

万株，超额完成全年20万株任务的17.5%，与2003年同比增加18%。新创建花园式单位28个。

五河十路绿色通道建设工程　顺平路东延长线是2004年全市“五河十路”绿化重点工程，也是区政府确定的绿化重点工程，该路段全长16千米，可绿化长度11.4千米，规划绿化面积66.66公顷，实际完成68.43公顷，超额完成规划任务的2.7%。其中永久绿化带19.33公顷，产业带49.1公顷。共栽植17个树种4.04万株，新增绿地68.33公顷。2004年市下达区级绿色通道建设任务28千米，实际完成29千米，超额3.6%完成任务。新增绿化面积41.3公顷。

森林资源安全保障体系建设

森林防火、基础设施建设　平谷区森林消防大队在原有3个中队、100名队员的基础上，2004年投资100万元，完成区森防培训中心及组建森林消防第四、第五中队，每队20人，使森林消防大队队员达到140名。配备了相应的灭火工具及通讯器材、办公设备，购置防火用车4辆。同时为5座防火瞭望塔重新安装了避雷装置。2004年发生各类火情12起，其中一般火灾1起，荒火11起，面积23.3公顷，过火面积占0.42/1000。

森林病虫害防治　2004年林木病虫害发生面积6833公顷，有效防治面积6800公顷，防治率99.51%，监测覆盖率98.61%，全区共飞防99架次，是历年的3倍。防治面积6600公顷，占有效防治面积的97%，涉及全区14个乡镇，3个国有林场。应实施产地检疫种苗面积740公顷，种苗产地检疫率99.11%。

林业执法　林业公安处共查处各类林业案件44起，其中林业行政案件39起，行政罚款18万元，补种树木6268株，处理违法责任人21人，违法单位17个。刑事案件5起，6人被依法追究刑事责任，案件破案率96%以上，未发生一起行政诉讼、行政复议案件，信访结案率100%。共救助、保护野生动物156只，其中国家二级保护动物19只，市级保护动物137只。

林政资源管理　共受理伐移林木申请506件，8.856万株，9140立方米。批准采伐373件，7.8569万株，7630立方米，占全年7900立方米采伐限额的96.6%。办理工程建筑伐移项目92项，0.89万株。减少伐移林木52件，0.26万株。接到申请征占用林地项目4项，面积13.58公顷，批准2项，面积7.1公顷，减少林地消耗6.48公顷，收取森林植被恢复费46.7万元。

绿色产业体系建设　种苗产业。全区共有林业苗木、花卉700公顷，其中林业苗木566公顷，花卉134公顷，总产值3150万元。2004年出圃500万株，新育苗木400万株。

林业站建设　平谷区政府平编办［2004］47号《关于加强乡镇林业站建设的通知》批复意见提出：①健全各乡镇林业站机构，专职负责林业工作。②纳入编制，山区乡镇林业站编制5人，半山区乡镇编制3人，平原乡镇编制1～2人。③将林业站建设纳入财政预算。④理顺体制，将林业站作为区林业行政主管部门派出机构，接受区林业行政主管部门垂直领导。

林业科技　平谷区具有丰富的栓皮栎资源，2001年国家林业局在平谷建成了150公顷的栓皮栎采种基地。为解决栓皮栎种子直播上山前的储藏和拌药处理以及播种方式的问题，林业科技人员在山东庄镇桃棚和夏各庄镇大岭后两个村进行了栓皮栎种子直播造林技术项目的研究，2004年该项目已被列为北京市风沙源治理工程市级科技支撑项目。

（本单位由纪永茂、王兴富供稿）

平谷区果品办公室

【概　况】　平谷区人民政府果品办公室是1991年3月成立的管理果品生产的行政机构，主要职责是负责全区果品生产、果树科研、技术推广、经济林、山区水利富民工程开发等项业务，定编17人，隶属区机关党委，1995年机构改革时改为事业单位，定编20人。现有人员25人，其中具有高级职称的5名，中级职称7名，初级1名。

【果树资源】　平谷区现有果树面积28 236.2公顷，产量2.28亿千克，连续19年居京郊之首。

【果树工作】

设施果品生产成为果品产业新亮点　平谷区有设施桃面积533.33公顷，主要品种早露蟠桃、大久保和油桃，产量300万千克；设施梨面积10公顷，品种以日韩梨为主，黄金、丰水、绿宝石等18个品种，使用SOD生物专利技术，产量15万千克；有设施杏、李、葡萄、樱桃、果桑面积6.67公顷，产量5万千克。

中共中央总书记胡锦涛接见挂甲峪村书记　2004年10月2日，中共中央总书记胡锦涛接见北京市基层干部代表，亲自听取了平谷区大华山镇挂甲峪村书记张朝起汇报工作。挂甲峪村是山区综合开发典型。实施了道路修上山、水利引上山、大桃栽上山、畜牧养上山、科技跟上山的“五上山工程”，共投入资金3000万元，修路35千米，硬化水泥路面16万平方米，栽果树12万棵；并根据自身的旅游资源，投入700万元，改建村招待所、建旋转餐厅、小木屋、民俗大饭店等服务设施，安装1000盏夜景灯，建了观景台、望山亭等十几处景点。年人均收入由18年前不足300元，提高到现在的6200元。

实施“66166”果农增收行动　区果品办实施“66166”果农增收行动。①开展6项工作：桃树疏花芽技术、高光效树体结构调整技术、果实套袋技术、无公害防治病虫害技术、科学施肥灌水技术、退耕还林工程；②实现6个增效，即提质增效、促销增效、品种增效、观光采摘增效、反季节栽培增效、品牌增效；③实现2004年全区果品增收1亿元；④山区半山区15万人口人均增收660元的目标。

实施“611113”工程　从2004年11月起，区乡镇村举办冬季技术培训班600期以上；推广树体结构调整、长枝修剪技术6666.67公顷（10万亩）；推广其他树种落头开心100万株；果树品种结构调整666.67公顷（1万亩）；实施沃土工程，做到1棵果树施用1推车腐熟有机肥或农家肥；实施以农业防治为基础的病虫害综合防治工程，实施面积2万公顷（30万亩）。

有机果品基地建设　平谷区有4个果品基地进入有机产品转换期，包括光远岩巍农业科技有限公司桃基地、广顺成鹏科技有限公司果品基地、天甲农业种植中心桃基地、绿都林科技公司梨基地，总面积114.72公顷。其中北京光远岩巍农业科技有限公司桃基地成为国内有效认证的最大的有机桃生产基地，面积54.53公顷。

大桃奖励兑现　为鼓励本地和外埠客商运销平谷大桃，区委、区政府从7月1日开始，在峪口镇云峰寺村、刘家店镇北店村、金海湖检查站、大旺务检查站4个路口设置奖励兑现站，24名经过培训的工作人员昼夜上岗值班，为符合条件的运桃车兑现奖励，历时77天，兑现车辆1.71万辆，51 899吨，奖励金额92.98万元。

牛有成慰问果品销售能人 3月6日，副市长牛有成慰问镇罗营镇桃园村果品销售女能人刘书环（桃园村70%的农户从事果品销售，每户年平均销售收入2万元）。

法国大桃专家进行考察交流 5月30日，中科院植物研究所首席果树研究员李绍华博士带领法国大桃专家和中国农业大学教授来平谷区，就大桃修剪、植保、育种情况进行考察交流活动。

新选育两个地方芽变品种 平谷区从大久保和八月脆桃的芽变中，选育出两个新品种通过了北京市农作物审认定委员会果树专业组专家肯定，推荐参加2005年北京市农作物品种审定。大久保芽变品种8月10日成熟，果实发育期115天，平均单果重300克，最大果重470克，果实大部着红色，肉质脆，较耐贮运，味甜，果汁多，果肉白色，离核，花粉多，丰产；八月脆芽变品种8月15日开始成熟，平均单果重260克，最大果重350克，果面着红色，风味甜，硬度高，离核，丰产，优良性状表现稳定。

赴韩国考察有机果品生产 区果品办组织科技人员11人于9月1~9日赴韩国考察有机果品生产，重点对苹果、梨、桃、葡萄4个树种有机栽培情况进行考察，参观了全州、井邑、完州、金堤、茂州有机低农药栽培、有机无农药栽培、有机栽培13个果园，并与韩国有机农业协会研修部长进行了座谈。

第六届北京平谷国际桃花节 于4月15日在京郊桃乡大华山镇小峪子桃花海举行开幕式。本次桃花节，突出赏花休闲、观光采摘、民俗旅游、文化活动、经贸洽谈五大主体，推出体现平谷精神的“旭日奔马”标识和“准备好了，京东绿谷”的标语。自1999年以来，平谷区委、区政府以花为媒，广交朋友，成功举办了5届国际桃花节，取得了可喜的成果。5年中，通过开展广泛的经贸洽谈活动，共签约项目563个，投资总额达107亿元，现已建成项目432个，年创产值21亿元，上缴税收2亿元，安排劳动就业3万余人。

应用现代手段普及科技知识 平谷区区果品产业协会、区果办筹集40万元，购置10套电教设备（笔记本电脑、投影仪），用于冬季培训，把果农们需要的各种知识制成图文并茂、声像合一的音像制品，直接送到果农手中，普及果树科技知识。

成立百余个技术骨干队 全区16个乡镇在12月份，成立百余个村级科技示范骨干服务队，人员1000多人，以身作则，从我做起，开展科技示范，技术骨干队员包户为果农进行有偿服务。

获全国桃产业十强县（市、区）特别奖 平谷区获中国果菜产业论坛组委会授予的“全国桃产业十强县（市、区）特别奖”称号。平谷区果品总产量连续19年居京郊之首，2004年全区各类干鲜果品总产2.28亿千克，比2003年增长7.27%。

果品生产状元 平谷区果品生产涌现众多生产状元，包括露地桃公顷收入状元户范长河，日光温室桃亩效益和株效益状元户屈海全等。其中范长河0.11公顷桃园连续7年实现高产优质高效，2004年实现每公顷收入43.5万元（每亩收入2.9万元）；屈海全0.09公顷大棚设施栽培桃，2004年总收入7.3万元，平均价格20元，公顷效益84万元（每亩效益5.6万元），为平谷区设施桃公顷（亩）收入最高。其中一棵20年生久保桃树株效益达到1.8万元。

获奖情况 在第三届中国梨王擂台赛中，由区果品办选送的黄冠梨获新品种金奖，八月红梨、红香酥梨获优质奖。区果品办选送的金海湖镇里扎马特葡萄在第三届中国优质葡萄擂台赛获欧亚种组优质奖。在“北京名果大家评”樱桃专场活动中，平谷区选送的雷尼樱桃获优秀品种奖银奖；在“北京名果大家评”柿子专场活动中，平谷区选送的“八月黄”柿获一等奖，“杵头柿”、“火柿”获二等奖，引进的日本“富有”柿子品种获引进品种奖。平谷区在北京市百万市民观光采摘组委会开展的“走进果园”摄影和“心系果园”征文比赛中，共有20多名同志参赛，有7位获奖，占全市获奖总数的1/3，在全市区县中名列第一。

区果品办主任邢彦峰获2004年度平谷区科技突出贡献奖，副主任许跃东被评为2004年度北京市劳动模范。

（本单位由杜相堂供稿）

怀柔区林业局

【概　况】　怀柔区位于北京市东北部，属燕山山脉南麓，距城区50千米，地处北纬40°14′～41°04′，东经116°17′～116°53′，地势北高南低，南北狭长。南北长90千米，东西最窄处11千米，呈哑铃形。全区总面积21.29万公顷，以山区为主，山地占总面积的88.7%，多集中在西部、北部。年平均气温6～12℃，年平均降雨量500～700毫米。1956年，怀柔县成立林业科，从属县政府，负责全县的林业工作，在马家坟、琉璃庙、沙峪、汤河口、长哨营建立了区域性的林业技术推广站；1958年，县农业局和林业科合并，成立农林局，原来的5个林业技术推广站归并到乡镇；1979年，怀柔县农林局分家，林业局正式成立。怀柔区林业局内设科室7个：行政科、人财科、造林科、果树科、绿化科、林政科、公安处；直属单位12个：林业工作站、林木病虫防治检疫站、板栗试验站、木材检查站、林业调查队、森林消防大队、汤河口森林公安派出所、喇叭沟门森林公安派出所、桥梓森林公安派出所、北台上林场、雁栖林场和喇叭沟门林场。全系统干部职工304人，其中具有高级职称的4人，中级职称的26人。

【林业资源】全区有林地面积15.97万公顷，林木覆盖率75.1%，活立木蓄积170.8万立方米，林业总资产价值30.4亿元。果树栽培历史悠久，资源丰富，现有果树栽培面积2.67万公顷，全区从事果品生产4.2万户、11.1万人，占全区总人口40%以上。干果品种主要有板栗、仁用杏、核桃、枣等，鲜果主要有梨、苹果、桃、葡萄、柿子等。地方品种板栗在全区大面积种植；红螺脆枣主要分布在怀柔镇；红宵梨主要分布在琉璃庙镇和怀北镇河防口村；糖梨在南北两沟均有分布。全区有古树名木3101株，主要分布在全区的14个乡镇的59个村、4个单位和2个旅游区。其中，红螺寺院内的紫藤寄松树龄超过800年，雌雄银杏超过1000年，历史最为久远。怀柔境内野生动植物种类繁多，有野生动物260余种，野生植物500余种。2004年全区完成人工造林面积0.17万公顷，植树468.8万株。

【林业工作】

爆破整地造林工程裸岩造林　全区完成爆破整地造林面积220公顷，共栽植侧柏、油松、黄栌、爬山虎等30.4万株，主要集中在前脸山、主要干线公路沿线、景区周围。长哨营乡政府后山爆破造林地块立地条件差，部分地段人工凿岩无法实施，采用人工和爆破相结合进行整地，部分地区使用炸药爆破。共组织了2支专业队130余人，出动人力1.6万人次，完成造林66.67公顷，栽植黄栌、侧柏等各类树木9.2万株。

彩叶林建设 结合爆破造林、水源林、景区绿化等重点工程，加大红叶树栽植规模和造林密度。全年栽植黄栌、五角枫、火炬、爬山虎等各类红叶树81万株。其中，红螺山景区造林140公顷，栽植黄栌红叶树15万株；各乡镇加强主要干线公路边的垂直美化，实现绿化长度40千米，栽植爬山虎9万株。在怀丰路、红螺山景区等地形成多处红叶观赏区。

封山育林 全区完成封山育林面积4000公顷，建围栏22千米，立封山牌12块。宝山镇转年村大河东封山育林地块666.67公顷，封山地块海拔为380~1020米，坡度为30°，土层厚度为25厘米，现有幼苗幼树为油松、侧柏。自年初开始，共投入人工近6000个，其中补植33.33公顷，补播66.67公顷，人工促进整地66.67公顷，建围栏2500米，立封山牌2块，封山育林地实现了无牲畜损害。

公路绿化美化 完成京密路开放环岛至密云交界处绿化10千米，实现绿化面积66.67公顷，植树5.6万株。结合播草盖沙工程，在京密公路两侧完成播草及栽植灌木66.7公顷，共播种波斯菊、红三叶等1500千克，栽植连翘、黄刺梅等花灌木5.6万株，重点区内的地表盖度达到98%。同时，做好后期的管护工作，在村旁路口设置封育禁牧牌，路两侧架设水泥桩护栏2.1万米，打井7眼，配移动管道5000米。使京密路这一进怀形象工程，初步形成了四季常绿三季有花的景观。

板栗主导产业建设 全区板栗栽培总面积1.87万公顷，产量810万千克，收入7000多万元。2004年，结合退耕地造林工程发展板栗0.09万公顷，与中国农科院、北京农学院等科研院所合作，解决了板栗“空篷”等影响板栗产量的问题；新选育了3个表现良好的早、中熟品种，解决了板栗生产中早熟品种少、不丰产等突出问题。培育销售大户，解决销售问题，年内共奖励销售大户5户，25万元，提供板栗收购贷款2000万元。

观光果园建设 结合旅游资源开发，重点在怀丰、怀九等4条旅游沿线实施观光围栏建设工程，提升观光果园管理水平，建围栏总长5万余米、门楼104座，涉及果园面积0.05万公顷，建栏后观光果园平均每亩效益增加927元。重点建设了绿湖旅游休闲观光示范园和怀北镇果品观光示范园，并于9月举办了采红节，带动了周边30个果园观光采摘。观光果园全年接待游人60万人次，采摘果品316.3万千克，收入720万元，带动全区果品销售133.8万千克，增收267.6万元，创综合收入3650万余元。

优良果树品种保护开发与引进 加强地方特色品种保护，区政府出台相关扶持政策，鼓励果农利用野生资源嫁接大枣，共完成嫁接红螺脆枣、凤山脆枣19万株，繁育红宵梨、糖梨苗木2万株。年内引进了4个树种17个优良品种，分别栽植在5个鲜果示范园内，成活率在95%以上。加大对板栗自育优良品种怀黄、怀九的开发力度，推广嫁接666.67公顷，新选育表现良好的早、中熟品种3个。

森林资源保护队伍建设 4月15日和9月29日分别在喇叭沟门和桥梓成立了森林公安派出所，新增森林公安警察10名，分别负责喇叭沟门自然保护区森林资源的保护工作和渤海、九渡河、桥梓3个镇林业案件的查处及护林防火工作。并成立了桥梓第四支专业森林消防中队，全区森林消防队员增加到125名。为提高病虫害防治水平，组建了森林病虫害防治专业队伍4支，有防治队员130名。

护林防火 严格坚持“三严四早六到位”的原则，成立了150人的护林防火巡查

乡、珍珠泉乡、千家店镇、四海镇、刘斌堡乡已全面禁牧，实行圈养。井庄乡、八达岭镇基本禁牧，野外放牧牛、羊不足百只，其余8个乡镇野外放牧正逐渐减少。

山区生态林补偿 2004年，开始启动山区生态林补偿工作，制定了《延庆县生态林补偿机制实施办法》、《延庆县山区生态林补偿资金管理暂行办法》等相关规定，成立了领导小组，设立了专门机构——林业生态管理站，办公地点设在县林业局。延庆县山区生态林管护面积12.1万公顷，其中，中幼林8.93万公顷，成林0.76万公顷，灌木林2.4万公顷。涉及15个乡镇356个自然村。2004年上岗护林员8610名，签订责任书1.7万份，上岗培训9000人次。发放工资总额342.11万元，护林员人均年工资4800元，全县农业人口人均年增收200余元。

（本单位由刘艳萍供稿）

延庆县果品服务中心

【概　况】 延庆县果品服务中心的前身是延庆县林业局果树站，1985年11月15日与县林业局脱离，成立延庆县果品生产经营公司、果品生产经营办公室。

2002年3月29日经县政府批准将延庆县果品生产经营办公室更名为延庆县果品服务中心。延庆县果品服务中心属县二级班子，其主要职能是果树的良种繁育及技术推广、果树病虫害防治技术的研究及技术推广、果品加工技术的研究及推广、退耕还林工程建设及全县优质果品基地规划建设。中心机关设立：业务科、办公室、政工科；下设基地开发站、技术管理站。全中心现有职工68人（不包括退休8人），其中：农艺师53人（高级3人、中级12人、初级38人）行政管理人员15人。延庆县果树场为中心的企业管理的事业单位，现有在职职工29人，退休17人。

【果树资源】 延庆县位于首都北京的西北部，海拔高，光照充足，昼夜温差大，具有发展优质果品得天独厚的条件。近十几年以来，通过不断建设和完善，现已具备1.6万公顷的生产规模，年产各种果品总量5万吨。形成了以南北山山前暖带为区域的苹果基地，以东部山区为主的板栗基地和仁用杏基地，以张山营镇为主的优质鲜食葡萄基地，初步形成了“山干川鲜”的合理化生产布局。其中：苹果2000公顷，主要品种为红富士、国光，年产量3.2万吨，分布于张山营镇、旧县镇、香营乡、井庄镇、八达岭镇等山前坡地；葡萄733公顷，品种以红地球、黑奥林为主，年产量2800吨，分布于张山营镇、旧县镇的山前坡地；李子400公顷，以黑宝石及原有的小品种为主，年产量1000吨，主要分布于井庄镇和张山营镇的下营村、东门营村；鲜杏333公顷，以偏头、葫芦、串枝红等品种为主，年产量4000吨，主要分布于香营乡的新庄堡村和延庆镇的八里庄、赵庄村；仁用杏6667公顷，以龙王帽、一窝蜂为主，年产核4000吨，主要分布于千家店镇、延庆镇、康庄镇、旧县镇、永宁镇等；板栗2000公顷，以怀黄、怀九为主，年产量550吨，主要分布在大庄科乡、四海镇、珍珠泉乡；红果800公顷，年产量2500吨，集中分布在大庄科乡；核桃500公顷，以薄壳香、辽核为主，年产量1000吨，集中分布在东部山区乡镇，近两年沈家营镇、井庄镇也小有发展。其他树种2367公顷，年产量2700吨。

全县以协会为主的农民合作组织7家，会员人数达到1480人。年销售各类干鲜果品总量10 000吨，占总产量的1/5。

延庆县现有300吨以上保鲜库3座，家庭式节能保鲜库16座，总保鲜储藏能力2000吨。

【果树工作】

延庆县果品基地发展思路 以科技为依托，以生产绿色安全果品为基础，加强生产中综合技术的应用能力，大力推广标准化管理技术和旅游观光果园建设，提高果品生产档次，创名牌、出精品，增加农民的经济效益。

退耕还林工程 2004年，市下达延庆县退耕还林工程任务200公顷。各级政府高度重视，主管部门全力以赴，完成栽植面积200公顷，完成了计划任务的100%。工程涉及到全县的15个乡镇，87个村，930个地块，698户。其中：完成生态林195公顷，林种比例97.45%；经济林5公顷，林种比例2.55%，整体工程从规划设计到栽植管理符合退耕还林的要求。从6月中旬到9月中旬，对退耕情况进行了全面的核查验收，合格率85%以上。

旅游观光果园建设 八达岭镇里炮村2004年被市林业局确立为旅游观光重点果园，按照规划，完成了进村路两侧绿化600米，栽植了垂柳、连翘等树种300株，修建了占地8000平方米的科技文化广场，共栽植观赏绿化乔灌木3854株，配备修建了2000平方米的垂钓池，1000平方米的停车场，750米的葡萄长廊，5000米的环形路面，安装了1.1万米的围栏，构筑了红苹果雕塑，配套完成了观赏亭、卫生间、冷藏库等附属设施。园区基本上达到了旅游观光的建设标准。辛庄堡杏园、兰英农业生态园、佛峪口水库果园、东门营李子园，实行了市级挂牌采摘。白草洼葡萄园、后所屯果园、西洋坊农业生态区、下营综合果园已逐步对社会开放。

标准化基地建设 2004年完成了松湖苹果园、黄柏寺桃园、辛庄堡杏园的标准化基地建设，总面积240公顷。11月份通过了市级有关部门组织的综合验收。其中：松湖苹果园被评为市级标准化基地建设优秀单位，黄柏寺桃园、辛庄堡杏园被评为标准化基地建设合格单位。

苹果树形改造 以八达岭镇里炮果园和张山营镇松湖果园为试点，对20公顷的红富士苹果树采取疏除过密的大枝，压低树体高度（落头）的方法，进行了树形改造，使树体全方位达到通风透光。通过试验，产量没有降低，果品质量得到提高。经调查：果重在250克以上的占76.8%（对照37.5%）；全红果占86.5%（对照21.8%），总体评价优质果率达到51%，效果理想。

仁用杏节水抗旱技术 2004年，在旧县三里庄村、四海镇王顺沟村、康庄镇西红寺村采用铺地膜、覆盖秸秆或草、增施农家肥等方法，进行了不同区域的仁用杏节水抗旱和施肥技术的实验示范，结果表明，0.2米深的土壤含水量分别减少了8%和7.5%，而对照减少了8.8%；0.4米深的土壤含水量分别减少了5.4%和2.7%；0.6米深的土壤含水量分别减少了5.7%和1.9%；而未进行覆盖的地块土壤含水量减少8.6%，从产量上分析，施肥、铺秸秆、铺地膜的出仁率分别比对照提高了6%、12%和6.5%，效果明显。

果树病虫害防治在花盆、香屯、西洋坊农业生态园新增虫情观测点3处，观测点总量达16个，主要观测桃仁蜂、潜叶蛾、桃小食心虫、核桃举肢蛾、天幕毛虫及有可能发生的其他虫情。根据预测预报，在重点果园发放了黑光灯20盏，挂糖醋液罐1000个，并结合树干涂白、树干绑草、果实套袋等多项技术措施，推广了生化防治面积4000公顷，使病虫害防治工作逐步向无公害安全生产和有机果品生产方向转化。

技术培训 结合冬闲时节和生产当中的各个环节，重点对果农进行了实用技术的培训。2004 年培训果农 48 次，培训人数 2100 人，发放技术书籍 200 余册，技术材料 3000 余份，组织果农外出参观 2 次，158 人次。

果品宣传与销售 利用“七一”、农历八月十五、“十一”等重大节日，举办了“延庆县果品采摘启动仪式”、“延庆县首届葡萄节”、“延庆县首届果品擂台赛”3 项大型活动和“阳光庄园民俗采摘开园仪式”，宣传了延庆县的特色果品，提高了延庆县果品在市民当中的知名度，促进了延庆县观光采摘业的发展。 （本单位由丁金山供稿）

荣誉记载

【2003年度全国绿化奖章获得者】 全国绿化委员会授予以下12人为2003年度全国绿化奖章获得者：

胡宝庄　朝阳区洼里乡林业站站长
张鸿逵　海淀区农林委副主任
苗　华　丰台区园林局局长
付建国　石景山区园林局局长
史维德　门头沟区绿化委员会办公室副处级调研员
顾金锁　房山区林业局局长
赵广利　平谷区林业局副局长
黄玉忠　北京市温泉苗圃主任
廉国钊　市园林局城市绿化处处长
李宝威　市水利局建管处副处级调研员
孟令友　石景山区人大副主任
李士祥　朝阳区区委书记

（董晓军）

【首都文明单位标兵】 首都精神文明建设领导小组授予北京市西山试验林场为首都文明单位标兵。

（卜志勇）

【首都文明单位】 首都精神文明建设委员会授予以下单位为首都文明单位：

首绿办市林业局机关
北京市天竺苗圃
北京市森林旅游开发公司

（卜志勇）

2004年全部林业生产情况

单位：公顷

单位	行代码	(一)造林面积	1. 按经济成分论				2. 按造林方式分			3. 按林种用途分					
			(1)公有经济造林			(2)非公有经济造林	(1)人工造林		(2)飞播造林	(1)用材林		(2)经济林	(3)防护林	(4)薪炭林	(5)特种用途林
			合计	①国有经济造林	②集体经济造林		合计	其中：竹林		合计	其中：速生丰产林				
合计	1	31527	23479	498	22981	8048	23527	—	8000	1621	752	6776	21218	—	1912
朝阳区绿化局	2	681	681	—	681	—	681	—	—	—	—	—	—	—	681
丰台区林业局	3	353	353	—	353	—	353	—	—	—	—	57	73	—	223
海淀区农林委	4	368	357	21	336	11	368	—	—	36	36	70	—	—	262
石景山区农委	5	—	—	—	—	—	—	—	—	—	—	—	—	—	—
门头沟区林业局	6	2035	1300	—	1300	735	1369	—	666	—	—	690	1225	—	—
昌平区林业局	7	2547	2055	—	2055	492	1880	—	667	—	—	527	2020	—	—
顺义区林业局	8	603	440	—	440	163	603	—	—	127	109	92	117	—	267
通州区林业局	9	182	149	—	149	33	182	—	—	158	158	12	12	—	—
大兴区林业局	10	583	451	27	424	132	583	—	—	75	75	160	339	—	9
房山区林业局	11	4618	3246	7	3239	1372	3285	—	1333	33	33	1432	2946	—	207
平谷区林业局	12	3347	3329	397	2932	18	2347	—	1000	—	—	18	3261	—	68
平谷区果办	13	983	—	—	—	983	983	—	—	325	325	629	—	—	29
怀柔区林业局	14	5288	3621	—	3621	1667	3621	—	1667	330	—	1337	3621	—	—
密云县林业局	15	5053	2853	—	2853	2200	4053	—	1000	521	—	1679	2853	—	—
延庆县林业局	16	4598	4598	—	4598	—	2931	—	1667	16	16	42	4540	—	—
延庆县果品服务中心	17	242	—	—	—	242	242	—	—	—	—	31	211	—	—
市局直属单位	18	46	46	46	—	—	46	—	—	—	—	—	—	—	46
西山林场	19	13	13	13	—	—	13	—	—	—	—	—	—	—	13
共青林场	20	—	—	—	—	—	—	—	—	—	—	—	—	—	—
十三陵林场	21	20	20	20	—	—	20	—	—	—	—	—	—	—	20
八达岭林场	22	13	13	13	—	—	13	—	—	—	—	—	—	—	13
温泉苗圃	23	—	—	—	—	—	—	—	—	—	—	—	—	—	—
天竺苗圃	24	—	—	—	—	—	—	—	—	—	—	—	—	—	—
大东流苗圃	25	—	—	—	—	—	—	—	—	—	—	—	—	—	—
黄垡苗圃	26	—	—	—	—	—	—	—	—	—	—	—	—	—	—
蚕种场	27	—	—	—	—	—	—	—	—	—	—	—	—	—	—
琅山苗圃	28	—	—	—	—	—	—	—	—	—	—	—	—	—	—
南大荒苗圃	29	—	—	—	—	—	—	—	—	—	—	—	—	—	—
市种苗站	30	—	—	—	—	—	—	—	—	—	—	—	—	—	—

（续）

单　位	行代码	(二)年末实有封山(沙)育林面积		1. 无林地和疏林地封育面积		2. 有林地封育面积		3. 灌木林地封育面积		(三)迹地更新面积		(四)低产低效林改造面积	(五)零星(“四旁”)植树	(六)幼林抚育作业面积(公顷次)	(七)幼林抚育实际面积
		合 计	其中：本年新封	合 计	其中：本年新封	合 计	其中：本年新封	合 计	其中：本年新封	合 计	其中:人工更新面积				
合　计	1	118688	27373	54079	12136	37894	8112	26715	7125	811	811	577	686	63217	39922
朝阳区绿化局	2	—	—	—	—	—	—	—	—	—	—	—	—	9712	4856
丰台区林业局	3	—	—	—	—	—	—	—	—	—	—	—	7	—	—
海淀区农林委	4	103	—	—	—	—	—	103	—	143	143	—	2	—	—
石景山区农委	5	—	—	—	—	—	—	—	—	—	—	—	—	—	—
门头沟区林业局	6	16300	4000	9277	2067	2533	400	4490	1533	—	—	—	—	4450	4450
昌平区林业局	7	15067	3333	7734	—	—	—	7333	3333	—	—	—	77	—	—
顺义区林业局	8	—	—	—	—	—	—	—	—	220	220	—	42	4346	1901
通州区林业局	9	—	—	—	—	—	—	—	—	13	13	—	170	11374	4314
大兴区林业局	10	—	—	—	—	—	—	—	—	—	—	475	130	12768	4313
房山区林业局	11	7589	1333	—	—	—	—	7589	1333	146	146	—	90	447	184
平谷区林业局	12	14812	3333	735	735	13153	2598	924	—	7	7	37	22	19756	19756
平谷区果办	13	—	—	—	—	—	—	—	—	—	—	—	—	—	—
怀柔区林业局	14	20295	4000	—	—	14525	3133	5770	867	—	—	—	66	—	—
密云县林业局	15	18000	4667	18000	4667	—	—	—	—	52	52	—	60	—	—
延庆县林业局	16	18333	4667	18333	4667	—	—	—	—	3	3	—	20	—	—
延庆县果品服务中心	17	—	—	—	—	—	—	—	—	—	—	—	—	—	—
市局直属单位	18	8189	2040	—	—	7683	1981	506	59	227	227	65	—	364	148
西山林场	19	2471	812	—	—	2099	753	372	59	—	—	—	—	53	40
共青林场	20	—	—	—	—	—	—	—	—	227	227	65	—	271	68
十三陵林场	21	4518	1228	—	—	4518	1228	—	—	—	—	—	—	—	—
八达岭林场	22	1200	—	—	—	1066	—	134	—	—	—	—	—	40	40
温泉苗圃	23	—	—	—	—	—	—	—	—	—	—	—	—	—	—
天竺苗圃	24	—	—	—	—	—	—	—	—	—	—	—	—	—	—
大东流苗圃	25	—	—	—	—	—	—	—	—	—	—	—	—	—	—
黄垡苗圃	26	—	—	—	—	—	—	—	—	—	—	—	—	—	—
蚕种场	27	—	—	—	—	—	—	—	—	—	—	—	—	—	—
琅山苗圃	28	—	—	—	—	—	—	—	—	—	—	—	—	—	—
南大荒苗圃	29	—	—	—	—	—	—	—	—	—	—	—	—	—	—
市种苗站	30	—	—	—	—	—	—	—	—	—	—	—	—	—	—

（续）

单位	行代码	（八）成林抚育面积		（九）抚育改造出材量（万立方米）		（十）林木种子采集量（吨）	（十一）当年苗木产量（万株）	（十二）育苗面积		（十三）年末实有母树林面积	（十四）年末实有种子园面积	（十五）全部木材采伐量（万立方米）		（十六）全部木材产量（万立方米）	
		合计	其中：中、幼龄林抚育面积	合计	其中：中、幼龄林抚育出材量			合计	其中：本年新增育苗面积			合计	其中：村及村以下	合计	其中：村及村以下
合　计	1	102455	95258	0.1	0.09	278.67	12515.65	19860	1498	7	330.3	20.13	18.21	11.1	10.01
朝阳区绿化局	2	7273	7273	—	—	—	85	757	134	—	—	0.53	0.53	0.29	0.29
丰台区林业局	3	5462	5440	—	—	—	46	265	27	—	—	0.33	0.33	0.18	0.18
海淀区农林委	4	6610	5778	0.01	—	—	737.8	1227	86	—	—	0.55	0.48	0.3	0.26
石景山区农委	5	—	—	—	—	—	—	—	—	—	—	—	—	—	—
门头沟区林业局	6	3550	3550	0.04	0.04	0.07	833.13	126	—	—	40	0.39	0.29	0.22	0.16
昌平区林业局	7	5333	5333	—	—	—	812	3375	117	—	—	1.32	1.23	0.73	0.68
顺义区林业局	8	3345	2626	—	—	—	1505.13	3716	105	—	—	2.03	1.89	1.12	1.04
通州区林业局	9	6957	3979	—	—	—	299.09	2637	23	—	—	2.45	2.11	1.35	1.16
大兴区林业局	10	6603	3957	—	—	—	812	1535	27	—	—	4.29	4.14	2.37	2.28
房山区林业区	11	6667	6667	—	—	2.4	1017.3	2195	220	—	—	3.66	3.64	2.01	2
平谷区林业局	12	6667	6667	0.05	0.05	220	230	817	—	—	150	0.76	0.7	0.42	0.39
平谷区果办	13	—	—	—	—	—	—	5	—	—	—	—	—	—	—
怀柔区林业局	14	14667	14667	—	—	—	771.1	1007	253	—	—	0.94	0.85	0.52	0.47
密云县林业局	15	14667	14667	—	—	4.8	4000	673	137	—	133.3	1.49	1.12	0.83	0.61
延庆县林业局	16	10333	10333	—	—	51.4	885	1000	201	—	—	0.98	0.9	0.54	0.49
延庆县果品服务中心	17	—	—	—	—	—	100	2	1	—	—	—	—	—	—
市局直属单位	18	4321	4321	—	—	—	382.1	523	167	7	7	0.41	—	0.22	—
西山林场	19	1733	1733	—	—	—	—	—	—	—	—	0.02	—	0.01	—
共青林场	20	68	68	—	—	—	—	33	3	—	—	0.39	—	0.21	—
十三陵林场	21	2226	2226	—	—	—	7.1	39	4	7	7	—	—	—	—
八达岭林场	22	294	294	—	—	—	—	—	—	—	—	—	—	—	—
温泉苗圃	23	—	—	—	—	—	44	43	8	—	—	—	—	—	—
天竺苗圃	24	—	—	—	—	—	—	—	8	1	—	—	—	—	—
大东流苗圃	25	—	—	—	—	—	183	146	38	—	—	—	—	—	—
黄垡苗圃	26	—	—	—	—	—	—	17	131	61	—	—	—	—	—
蚕种场	27	—	—	—	—	—	23	56	26	—	—	—	—	—	—
琅山苗圃	28	—	—	—	—	—	108	43	23	—	—	—	—	—	—
南大荒苗圃	29	—	—	—	—	—	—	18	1	—	—	—	—	—	—
市种苗站	30	—	—	—	—	—	—	6	2	—	—	—	—	—	—

附　录

【北京生产的野生花卉品种】　蓝刺头、狼尾花、华北蓝盆花、黄花龙芽、马蔺、白花地丁、紫花地丁、粉花地丁、南山堇菜、桔梗、珠光香青、牛扁、贯叶连翘、八宝景天、阔叶风铃草、紫石蒲、景天三七、毛茛、蒲公英、千屈菜、沙参、瓣蕊唐松草、草本威灵仙、大叶铁线莲、长尾婆婆纳、白花蒲公英、白头翁、白屈菜、荠苨、歪头菜、旋复花、翻白委陵菜、红升麻、黄莲花、藿香、黄芩、地黄、续断、狭苞橐吾、垂盆草、野鸢尾、百里香、蛇莓、红旱莲、射干、红蓼。

【1999～2003年北京城市绿地花卉应用情况】

年　度	绿地实有草坪（万平方米）	当年新栽草坪（万平方米）	绿地实有宿根花卉（万株）	当年新栽宿根花卉（万株）	全年摆花（万盆）	其中：节日摆花（万盆）
1999年	4606.2	566.8	1092.4	141.5	—	—
2000年	5642.0	423.2	453.5	72.4	—	—
2001年	6177.0	579.9	498.0	34.6	384.0	328.2
2002年	6543.8	437.4	624.5	141.2	915.4	774.4
2003年	7007	525	824	243	1222.3	867.6

北京2004年鲜切花批发价格表

单位：枝，元

价格 时间 名称	1月4日	1月15日	2月4日	2月18日	3月4日	3月18日	4月4日	4月18日	5月7日	5月19日	6月7日	6月18日	7月8日	7月18日	8月3日	8月18日	9月4日	9月21日	10月4日	10月18日	11月5日	11月15日	12月6日	12月17日
红玫瑰	1.21	0.87	3	3.25	1.68	2.46	1.25	0.48	0.41	0.47	0.5	0.5	0.43	0.46	0.45	0.45	0.4	0.57	0.48	0.45	0.8	1.22	1.3	1.5
黄玫瑰																								
白玫瑰	0.83	0.58	2.4	3			1.19	0.38	0.43	0.48	0.45	0.45	0.28	0.35	0.35	0.35	0.35	0.45	0.45	0.4	0.65	0.83	0.83	0.95
粉玫瑰	0.88	0.93	2.5	3	1.58	1.9	0.92	0.38	0.43	0.51	0.45	0.45	0.3	0.35	0.35	0.38	0.33	0.45	0.45	0.4	0.65	0.83	0.83	0.95
康乃馨	0.35	0.39	0.43	0.85	0.75	0.45	0.35	0.23	0.26	0.09	0.23	0.22	0.09	0.13	0.11	0.13	0.29	0.23	0.23	0.16	0.25	0.23	0.24	0.25
红剑兰	0.53	0.57	0.83	1.38	1.55	1.1	1.1	0.75	0.63	0.38	0.35	0.18	0.18	0.11	0.18	0.25	0.25	0.25	0.25	0.25	0.55	0.55	0.55	0.7
粉剑兰	0.53	0.57	0.83	1.38	1.55	1.1	1.1	0.75	0.63	0.38	0.35	0.18	0.18	0.11	0.18	0.25	0.25	0.25	0.25	0.25	0.55	0.55	0.55	0.7
黄剑兰	0.53	0.57	0.83	1.38	1.55	1.1	1.1	0.75	0.63	0.38	0.35	0.18	0.18	0.11	0.18	0.25	0.25	0.25	0.25	0.25	0.55	0.55	0.55	0.7
黄菊(单头)	0.11	0.28	0.23	0.63	0.7	0.65	0.74	0.12	0.17	0.33	0.2	0.2	0.18	0.18	0.15	0.15	0.15	0.15	0.15	0.14	0.15	0.45	0.25	0.25
白菊(单头)	0.14	0.55	0.23	0.95	0.85	0.65	0.75	0.12	0.2	0.33	0.2	0.2	0.18	0.18	0.35	0.35	0.35	0.25	0.22	0.22	0.25	0.55	0.45	0.35
多头菊	0.35	0.45																						
东方百合	6	6.08	9.8	6	9.38	7.75	7.25	5	8	4.5	2.9	2.5	2.25	2.7	2.5	3.13	3.25	4.9	5.15	5.8	6.3	5.7	6	8
亚洲百合																								
铁炮百合	2.75	2.4	1.8	1.5			3							0.94		0.8	1	1.2	1.8	2.4	1.4	1.7	1.5	
亚百黄百	0.9	1.15	1.5	1.5	1.45	1.3	1.02	0.65	0.65	0.25	0.3	0.3	0.25	0.31	0.3	0.4	0.25	0.6	0.6	0.65	1	1	1.3	1.2
亚百金百	0.9	1.15	1.5	1.5	1.45	1.3	1.02	0.65	0.65	0.25	0.3	0.3	0.25	0.31	0.3	0.45	0.25	0.6	0.6	0.65	1	1	1.3	1.3
非洲菊	0.53	0.41	0.51	0.5	0.3		0.53	0.15	0.15	0.12	0.15	0.18	0.21	0.17	0.2	0.23	0.29	0.47	0.35	0.21	0.32	0.41	0.44	0.53
桔梗																								
红掌																								
鹤望兰	8	11	8.5	5	3	3	2.57	2	2.5	3.5	4	3.5	2	2.3	2	1.3	1.4	3.5	3.5	1.7	3	3	3.7	6
马蹄莲																								
富贵竹	0.58	0.68	0.7	0.88	0.8	0.85	0.8	0.75	0.7	0.65	0.58	0.55	0.53	0.63	0.6	0.65	0.62	0.64	0.65	0.67	0.58	0.78	0.55	0.55
洋兰	0.88	0.79	1.33	1	1.3	1.2	1.01	1.08	1.58	2.08	2	1.5	1.38	1.33			0.75	0.67	0.63	0.63	0.83	0.79	0.63	0.67
黄金鸟	0.45	0		0.45	0.6		0.7	0.48	0.4	0.4	0.4	0.3	0.2					0.25	0.4	0.4				

（续）

价格 时间 / 名称	1月4日	1月15日	2月4日	2月18日	3月4日	3月18日	4月4日	4月18日	5月7日	5月19日	6月7日	6月18日	7月8日	7月18日	8月3日	8月18日	9月4日	9月21日	10月4日	10月18日	11月5日	11月15日	12月6日	12月17日
黄莺	0.33	0.5		1.9	1.25	0.9	0.36	0.37	0.3	0.22	0.15	0.15	0.15				0.13	0.17	0.3	0.17				
睡莲																								
荷花																								
满天星	42.5	27.5	50	17.5	30	40	20.86	35	35	30	27.5	22.5	22.5	27	25	25	25	45	45	55	50	60	45	65
情人草	32.5	22.5	35	10	20	30	8.86	25	25	30	25	25	22.5	24	25	25	25	25	30	25	25	25	25	50
勿忘我	5	5	35	10	25	35	8.5	7.5	6.25			35	22.5	24	25	25	25	25	25	25	25	25	25	30
针葵叶	0.28	0.24	0.25	0.42	0.42	0.4	3.29	0.3	0.24	0.24	0.24	0.24	0.24	0.24	0.24	0.24	0.24	0.2	0.2	0.2	0.2	0.2	0.24	0.24
散尾葵叶	0.4	0.4	0.45	0.42	0.5	0.4	4.5	0.48	0.42	0.37	0.4	0.45	0.47	0.4	0.4	0.4	0.4	0.4	0.4	0.4	0.4	0.44	0.47	0.46
肾蕨叶		0.05	0.04	0.55	0.5	0.04	0.04	0.04	0.04	0.04	0.04	0.04	0.04	0.04	0.04	0.04	0.04	0.04	0.04	0.04	0.04	0.04	0.04	0.04
巴西铁叶	0.25	0.2	0.25	0.28	0.5	0.25	0.25	0.2	0.2	0.2	0.2	0.2	0.2	0.2	0.2	0.2	0.2	0.2	0.2	0.22	0.2	0.22	0.23	0.23
鱼尾葵叶	0.11	0.14	0.12	0.16	0.14	0.14	14	0.14	0.14	0.15	0.14	0.13	0.13	0.12	0.12	0.12	0.12	0.12	0.12	0.12	0.12	0.12	0.12	0.12
龟背竹叶	0.5	0.5	0.55	0.55	0.4	0.45	0.5	0.5	0.45	0.45	0.5	0.45	0.45	0.45	0.5	0.5	0.5	0.5	0.5	0.5	0.5	0.5	0.45	0.45

注:满天星、情人草、勿忘我为每千克价,其他无注名的为每枝价,单位为元。